IÖR-Schriften / Band 37

Ulrich Graute

Kooperation in der Europäischen Raumentwicklungspolitik

Mehrebenenkooperation in komplexen Politikprozessen analysiert am Beispiel der Formulierung und Implementierung einer Politik zur integrierten Entwicklung des europäischen Raums

Meinem Vater Günter Graute (1931-2000) gewidmet

Herausgeber:
Institut für ökologische Raumentwicklung e. V.
Direktor Prof. Dr. Bernhard Müller
Weberplatz 1
D-01217 Dresden
Tel.: (0351) 46790
Fax: (0351) 4679212
E-Mail: Raumentwicklung@ioer.de
Homepage: http://www.ioer.de

Vorwort

Sehr geehrte Leserin,
sehr geehrter Leser,

die nun in gedruckter Form vorliegende Arbeit zur Kooperation in der Europäischen Raumentwicklungspolitik bildet den Abschluss einer mehrjährigen Arbeitsphase. Seit dem Oktober 1997 war beim IÖR das Nationale Sekretariat der EU-Gemeinschaftsinitiative INTERREG II C zur transnationalen Zusammenarbeit im Mitteleuropäischen, Adriatischen, Donau- und Südosteuropäischen Raum (CADSES) angesiedelt. Als Leiter dieses Sekretariats bekam ich auf vielfältige Weise Einblick in die Zusammenarbeit innerhalb dieser ersten Strukturfondsintervention im Bereich der Raumentwicklung. Für diese Arbeit wurden die dabei gesammelten Erfahrungen ausgewertet und zur einer politikwissenschaftlichen Dissertation weiterentwickelt, in der ich mich neben der Politikimplementierung im Rahmen von INTERREG II C (CADSES) auch mit der Politikformulierung (EUREK-Prozess) beschäftigte.

Die Verknüpfung der subjektiven Innensicht eines Programmmanagers mit der Perspektive eines Wissenschaftlers stellte im Arbeitsprozess eine besondere Herausforderung und im Ergebnis hoffentlich einen besonderen Mehrwert dar. Der Wechsel im Betrachterstandpunkt gelang nicht zuletzt auch wegen der in Politikwissenschaft und Raumentwicklungszusammenarbeit unterschiedlichen Ansätze. Um dem von mir gewählten politikwissenschaftlichen Ansatz des Akteurzentrierten Institutionalismus entsprechen zu können, musste ich Begriffe und eigene Praxiserfahrungen zunächst in die Sprache und Erklärungsmodelle der Politikwissenschaft übertragen. Mit der Verwendung politikwissenschaftlicher Begrifflichkeiten wird den politikwissenschaftlichen Anforderungen keine bloße Schuldigkeit erwiesen. Vielmehr hat die Wahl eines politikwissenschaftlichen Ansatzes den Vorteil, dass dabei die Kooperation im Politikfeld geradezu zwangsweise neu gesichtet und interpretiert wird. Der Theorieansatz und die dabei verwendeten Begriffe helfen, Erscheinungen im Zusammenhang zu betrachten, welche in der Praxis eher getrennt voneinander behandelt werden. Es lohnt sich daher, die manchen Praktikern vielleicht fremde Brille des Politologen aufzusetzen.

Umgekehrt lohnt es sich meines Erachtens auch für Leserinnen und Leser aus der Politikwissenschaft, sich die Brille der Raumentwicklung aufzusetzen. Raumbedeutsame Politiken finden in der Politikwissenschaft bisher viel zu wenig Beachtung. Hierin mag sich der relativ geringe Stellenwert der Raumordnung in nationalen Politiken und in den internationalen Beziehungen widerspiegeln. Doch letztendlich sind Räume bzw. Territorien die Orte, an denen ökonomische, ökologische und gesellschaftliche Entwicklungen physisch Gestallt annehmen. Angesichts beschränkter Flächen und Ressourcen auf dieser Erde, wird der koordinierten Entwicklung des Raums eine zunehmende politische Bedeutung zukommen. In der Europäischen Union wird dies an der zunehmenden Beachtung raumbedeutsamer Politiken deutlich, während die Politikwissenschaft die Union nach wie vor vorwiegend als ein von physischen Räumen gelöstes politisches System behandelt.

So sehr diese Dissertation eine eigenständige Arbeit des Verfassers ist, so gilt es doch, all denen zu danken, von denen ich in den vergangenen Jahren viel gelernt habe. Nennen möchte ich insbesondere Herrn Professor Arthur Benz als Betreuer meiner Dissertation an der FernUniversität Hagen, der mir mit seinen Anforderungen und Anregungen den Blick für die politikwissenschaftliche Analyse schärfte und der sich mit Herrn Prof. Dr. Bernhard Müller vom IÖR dafür einsetzte, dass diese Arbeit im Grenzbereich zwischen Politikwissenschaft und Raumordnung letztlich den Anforderungen beider Fachrichtungen entspricht. Danken möchte ich aber auch den vielen Partnern in der INTERREG II C. Ohne die anregende Zusammenarbeit mit ihnen wäre mein eigener Arbeitsprozess sicherlich schwieriger und langwieriger verlaufen.

Dresden, im März 2002 Ulrich Graute

Inhaltsverzeichnis

1 Einführung

Die Europäische Raumentwicklungspolitik auf der Suche nach handlungs- und entscheidungsfähigen Kooperationsstrukturen

Im Zuge des europäischen Integrationsprozesses verlieren Grenzen innerhalb Europas zunehmend ihren trennenden Charakter[1], und es entstehen neue und sich intensivierende Beziehungen und Verflechtungen zwischen den Regionen und Staaten der Europäischen Union sowie des größeren Europa[2]. Die Ziele und Ausrichtungen der dabei stattfindenden Interaktionen sind je nach Akteurskreis und Gegenstand der Kooperation sehr unterschiedlich, doch sowohl ökonomische, ökologische als auch gesellschaftliche Tendenzen hinterlassen ihre gestalterischen Spuren im Raum bzw. im Territorium[3]. Da zudem Veränderungen in einem Staat heute erhebliche Auswirkungen auf die Raum- und Siedlungsstruktur in anderen Staaten haben können[4], setzt sich zunehmend die Einsicht durch, dass es einer Politik bedarf, welche die Entwicklung des Raums gemäß bestimmter Grundsätze und Leitvorstellungen begünstigt und die raumrelevanten Prozesse auf den verschiedenen politischen Ebenen zu einer integrierten Raumentwicklung im europäischen Kontext koordiniert. Eine solche Politik wird als Europäische Raumentwicklungspolitik bezeichnet. Die Bedeutung des diesbezüglichen, noch sehr jungen Politikfelds besteht vor allem in dem damit verbundenen Versuch, im Bereich der Europäischen Union und darüber hinaus im größeren Europa eine sektorübergreifende Politik zu entwickeln und umzusetzen, die

---

[1] Vgl. Beiträge von Albert, Kohler-Koch und Wolf in *Kohler-Koch, Beate (Hrsg.),* 1998: Regieren in entgrenzten Räumen, Politische Vierteljahresschrift, Sonderheft 29, 39. Jg., Opladen/Wiesbaden: Westdeutscher Verlag.

[2] Die Literatur zu diesem Thema ist sehr reichhaltig. Im Hinblick auf den Kontext dieser Arbeit vgl. *Akademie für Raumforschung und Landesplanung (ARL),* 1995b: Towards a New European Space, Aufbruch zu einem Neuen Europäischen Raum, Vers un nouvel espace européen, Hannover. *Blaas, Wolfgang (ed.)*, 1998: A New Perspective for European Spatial Development Policies, Aldershot: Ashgate Publishing. *Bullmann, Udo (Hrsg.),* 1994: Die Politik der dritten Ebene, Regionen im Europa der Union, Baden-Baden: Nomos Verlagsgesellschaft.

[3] Raum wird als Dimension der Strukturierung verstanden, die sich erst in Prozessen der Kooperation von Akteuren und Organisationen konstituiert, während sich der Begriff Territorium auf Gebietskörperschaften und Verwaltungsbezirke bezieht. Vgl. hierzu *Benz, Arthur/Fürst, Dietrich/Kilper, Heiderose/Rehfeld, Dieter,* 1999: Regionalisierung, Theorie – Praxis – Perspektiven, Opladen: Leske und Budrich, 19-20.

[4] *Europäische Kommission,* 1999b: EUREK, Europäisches Raumentwicklungskonzept, Auf dem Wege zu einer räumlich ausgewogenen und nachhaltigen Entwicklung der Europäischen Union, Absatz 2, Angenommen beim Informellen Rat der für Raumordnung zuständigen Minister in Potsdam, Herausgegeben von der Europäischen Union, Mai 1999, Luxemburg, Seite 7. *Zukünftige Zitierweise des EUREK in dieser Arbeit:* <EUREK, Absatznummer, Seiten-Nr.>, z. B.: EUREK, 2, Seite 7.

primär auf eine nachhaltige Entwicklung des europäischen Territoriums ausgerichtet ist. Wie hochgesteckt und schwer zu erreichen derartige Ziele deutlich sind, hat die weltweite Nachhaltigkeitsdiskussion in den 90er Jahren bereits ausreichend gemacht.[5]

Das erste Europäische Raumentwicklungskonzept (EUREK) wurde 1999 vorgelegt, doch mit diesem politischen Dokument der für Raumordnung zuständigen Minister der EU-Staaten wurde weder die Politikformulierung abgeschlossen noch wurde eine kurzfristige und gar vollständige Implementierung der Politikziele ins Auge gefasst. Zu komplex ist die Thematik und zu zahlreich sind die einzubeziehenden Akteure, um schnelle Erfolge in Aussicht stellen zu können. Um so bemerkenswerter ist, dass es überhaupt schon zur Entwicklung des EUREK kam und dass mit der Gemeinschaftsinitiative INTERREG II C (1997-1999) und ihrem Folgeprogramm INTERREG III B (2000-2006) sogar ein Förderinstrument der Europäischen Union zur Anwendung des EUREK existiert. Die Arbeit am EUREK und die Durchführung von INTERREG II C sind die zentralen Aktivitäten, mit denen die zunächst nur in Fachkreisen diskutierte Idee einer Europäischen Raumentwicklungspolitik zu einer praktischen Politik wurde. Beide Aktivitäten zusammen charakterisieren das neue Politikfeld als eines, das politische Steuerung nicht durch regulative Instrumente, sondern sowohl durch persuasive Politik[6] als auch durch Leistungen[7] anstrebt.

Als Maßstab für die Leistungsfähigkeit der neuen Politik ist der Grad zu betrachten, indem die selbstgesetzten Ziele erreicht werden. Die Leistungsfähigkeit wird jedoch erst in einer späteren Entwicklungsphase untersucht werden können, da es im Politikfeld zurzeit noch vor allem um die Formulierung der Politik und um deren erste Implementierungsversuche geht. Zu fragen ist in dieser Phase vor allem nach der Handlungs- und Entscheidungsfähigkeit der Kooperation und ihrer Strukturen. Damit sollen keineswegs die fachlich-inhaltlichen Probleme der Politik als von ihrer Bedeutung her sekundär bezeichnet werden. Sekundär sind sie allenfalls in zeitlicher Hinsicht, denn zunächst müssen die Strukturen und Kooperationen aufgebaut werden, von denen anschließend erwartet werden kann, dass sie zur Lösung sowohl von

---

[5] *United Nations,* 1993: The Global Partnership for Environment and Development, a Guide to Agenda 21, post Rio edition, New York; *Rat von Sachverständigen für Umweltfragen (Hrsg.),* 1994 und 2000: Umweltgutachten 1994, Für eine dauerhaft-umweltgerechte Entwicklung, Umweltgutachten 2000 – Schritte ins nächste Jahrtausend, Stuttgart; *Wuppertal Institut für Klima, Umwelt, Energie/Bund für Umwelt und Naturschutz Deutschland/MISEREOR,* 1996: Zukunftsfähiges Deutschland – ein Beitrag zu einer global nachhaltigen Entwicklung. Studie des Wuppertal Instituts für Klima, Umwelt, Energie GmbH, Basel: Birkhäuser.

[6] *Benz, Arthur,* 1994: Kooperative Verwaltung: Funktionen, Voraussetzungen und Folgen. Baden-Baden: Nomos Verlags-Gesellschaft, 58-59; vgl. auch *Jachtenfuchs, Markus,* 1996: Regieren durch Überzeugen: Die Europäische Union und der Treibhauseffekt, in *Markus Jachtenfuchs und Beate Kohler-Koch (Hrsg.),* 1996: Europäische Integration, Opladen: Leske und Budrich, 429-454.

[7] *Benz, Arthur:* 1994, 56-58.

Einzel- als auch von komplexen Problemen in einem dynamischen Prozess geeignet erscheinen.

Die Schlüsselrolle der Kooperation

Die Raumentwicklungspolitik ist ein sektorübergreifendes Politikfeld. Während sich sektorale Politiken auf die Gestaltung eines größeren, aber doch abgegrenzten Themenbereichs in einem Gemeinwesen konzentrieren (z. B. die Umwelt oder die Wirtschaft), hat die Raumentwicklungspolitik das ganze für die Entwicklung des Territoriums relevante Geschehen im Auge. Dabei berührt sie zwangsläufig eine Vielzahl sektoraler Aspekte und ist spätestens bei der Implementierung auf die Kooperation mit Repräsentanten anderer Politiken angewiesen. Für die Raumentwicklungspolitik ergeben sich aus dieser Lage quer zu anderen Politiken eine große fachliche und politische Herausforderung und eine Vielzahl möglicher Konflikte. Hinzu kommt die vertikale Verflechtung zwischen den Ebenen. Denkbar wäre es zwar, eine Europäische Raumentwicklungspolitik allein auf der europäischen Ebene zu formulieren, da aber die Anwendung bzw. Umsetzung einer jeden Raumentwicklungspolitik letztlich auf die Implementierung von Maßnahmen im Territorium der Mitgliedstaaten, ihren Regionen und Kommunen abzielt, sind die Kompetenzen der unteren politischen Ebenen zu berücksichtigen. Zudem sind die Akteure auf den unteren Ebenen näher an den Problemen vor Ort, weshalb bei Ihnen von einer Problemnähe und Sachkompetenz auszugehen ist, die in ihrem Umfang auf den oberen Ebenen nicht vorhanden sein kann.[8] Es ist damit sowohl formal als auch sachlich geboten, Akteure der verschiedenen politischen Ebenen sowohl in die Politikformulierung als auch die Implementierung einzubeziehen. Angesichts der sich aus den vielfachen Bezügen ergebenden horizontalen und vertikalen Verflechtung der Raumentwicklungspolitik erscheint das Politikfeld als eines, dessen eigenständiger Charakter einerseits vom Raumbezug und anderseits vor allem von der notwendigen Koordination der relevanten horizontal und vertikal verflochtenen Politikprozesse gekennzeichnet ist.

Die angestrebte integrierte Raumentwicklungspolitik soll nicht mit hoheitlich-hierarchischen Steuerungsversuchen auf der Basis einer einseitigen Machtstrategie, sondern durch kooperatives Verwaltungshandeln entwickelt und umgesetzt werden. Statt formaler Interaktionsregeln wird auf informale Kooperation gesetzt.[9] Den Mitgliedstaaten steht es zwar frei, zur Unterstützung der europäischen Politik eigene Steuerungsinstrumente einzusetzen, aber die gemeinsame europäische Politik der Mitgliedstaaten verzichtet auf eigene hoheitlich-hierarchische Strukturen im Politik-

[8] *Fürst, Dietrich,* 1994: Europäische Tendenzen der Regionalisierung und Dezentralisierung der Raumplanung, in *Peter Pernthaler (Hrsg.)*: Föderalistische Raumordnung – eine europäische Herausforderung, Wien: Universitäts-Verlagsbuchhandlung, 3-15.

[9] Zur genaueren Unterscheidung zwischen formaler und informaler Kooperation vgl. Kapitel 5.1.3 dieser Arbeit.

feld und vertraut stattdessen auf freiwillige Zusammenarbeit, die durch ein finanzielles Anreizinstrument (INTERREG) unterstützt wird.

Damit begibt sich die Raumentwicklungspolitik auf einen Weg, der innovativ und daher hoch interessant ist, der aber auch Zweifel aufkommen lässt an seiner Fähigkeit, Probleme in Hinblick auf das angestrebte Politikziel zu lösen. Die Zweifel beziehen sich nicht auf die Schlüsselrolle der Kooperation an sich. Kooperativem Verwaltungshandeln wird sowohl seitens der Politik- und Verwaltungswissenschaften als auch in der praktischen Verwaltung eine zunehmende Bedeutung beigemessen. In der nationalen Raumordnung hat es bereits eine lange Tradition, doch es gibt einen gravierenden Unterschied zur Entwicklung im neuen Politikfeld. Während man in der Europäischen Raumentwicklungspolitik die Kooperation zum Schlüssel für eine erfolgreiche Politik erklärt, ohne gleichzeitig über hoheitlich-hierarchische Steuerungsinstrumente zu verfügen, geht man in anderen Politikbereichen vom Vorhandensein eines hoheitlich-hierarchischen Verwaltungsrahmens aus. Dieser ist zwar unzureichend und daher Anlass für Reformbestrebungen, aber er ist eben vorhanden und die Kooperation findet somit zumindest im „Schatten der Hierarchie" (Scharpf) statt.[10] Nicht so in der Raumentwicklungspolitik, der niemand Schatten spendet, d. h., es gibt für sie keine einseitigen Steuerungsinstrumente, auf die zurückgegriffen werden könnte, wenn die freiwillige Kooperation nicht zum angestrebten Ziel führt.

These

Nach einer Definition von Benz handelt es sich bei Kooperativem Staats- und Verwaltungshandeln um einen Prozess der Interaktion zwischen den für eine Entscheidung zuständigen Verwaltungseinheiten sowie den Adressaten und Betroffenen einer Entscheidung.[11] Diese Definition ist offen bezüglich der Ergebnisse der Interaktion und muss dies angesichts der Eigendynamik von Interaktions- bzw. Kooperationsprozessen[12] auch sein. Bemerkenswert am vorherrschenden Verständnis im analysierten Politikfeld ist die Tatsache, dass Kooperation nicht nur als Alternative zu einer ein-

---

[10] *Scharpf, Fritz W.,* 2000: Interaktionsformen, Akteurzentrierter Institutionalismus in der Politikforschung, Opladen: Leske und Budrich, 323-335.

[11] *Benz, Arthur:* 1994, 67.

[12] Interaktion umfasst sämtliche Interakte zwischen Individuen. Kooperation dagegen umfasst nur die Interakte, welche auf der Basis gegenseitigen Einvernehmens zwischen den beteiligten Akteuren stattfinden. Zum Problem der Kooperation vgl. *Axelrod, Robert,* 1997: Die Evolution der Kooperation, München und Wien: Oldenbourg Verlag; zur Problematik der Kooperation in Verhandlungsprozessen vgl. *Benz, Arthur/Scharpf, Fritz W./Zintl, Reinhard,* 1992: Horizontale Politikverflechtung: Zur Theorie von Verhandlungssystemen, Frankfurt/Main New York: Campus; *Benz, Arthur:* 1994; *Grande, Edgar,* 1995: Regieren in verflochtenen Verhandlungssystemen, in: *Renate Mayntz und Fritz W. Scharpf (Hrsg.)*: Gesellschaftliche Selbstregelung und politische Steuerung, Frankfurt am Main: Campus, 327-368.

seitigen Machtstrategie sondern auch als Alternative zur Institutionenbildung und rechtlichen Verankerung des neuen Politikfelds gesehen wird.[13] Die Kooperationsbereitschaft ist somit von vornherein eingeschränkt, denn eine Institutionalisierung als mögliches Kooperationsergebnis soll ausgeschlossen sein, obwohl zu Beginn des von seinen Zielen her sehr weitreichenden Kooperationsprozesses kaum objektiv erkennbar sein kann, welcher institutionelle Kontext[14] für eine zielorientierte Kooperation am besten geeignet ist. Da aber dennoch gleich zu Beginn ausgesprochen wurde, was das EUREK nicht sein soll und welche Kooperationsergebnisse nicht angestrebt werden, stellt sich die Frage, warum es zu dieser Position kam. Die zweite sich hieran anschließende Frage ist die, ob der dabei formulierte Kooperationsansatz als geeignet erscheint, um das Ziel einer integrierten Raumentwicklungspolitik in Europa zu erreichen und die dabei anfallenden Probleme zu lösen. Sowohl beim institutionellen Kontext der einzelnen Akteure als auch bezüglich der Eignung des auf eine Formalisierung der Handlungsgrundlagen in der europäischen Kooperation verzichtenden Ansatzes besteht der Verdacht, dass diese in wesentlichen Punkten defizitär sind. Aus dieser Vermutung wurde als Ausgangspunkt für die Analysen dieser Arbeit die folgende *These* entwickelt:

Der auf der Gemeinschaftsebene informal geregelten Kooperation der Organisationen und Arenen in der Europäischen Raumentwicklungspolitik fehlt eine ausreichende Entscheidungsfähigkeit, um eine nachhaltige Entwicklung der Europäischen Union wirksam unterstützen zu können. Der aufgrund heterogener Interessen formulierte Formelkompromiss einer gemeinsamen, aber auf der Gemeinschaftsebene dennoch nur informalen Zusammenarbeit führt in eine Entflechtungsfalle und hat in der Implementierung keinen Bestand. An seine Stelle tritt dort eine vorwiegend gemeinschaftliche Kooperation. Deren institutioneller Kontext ermöglicht eine Intensivierung der Raumentwicklungszusammenarbeit, konfrontiert deren Akteure jedoch auch mit den etablierten Gemeinschaftspolitiken und insbesondere mit den formalen Regeln der Strukturfonds. Statt der Entflechtungsfalle droht nun eine Instrumentalisierung der Raumentwicklungspolitik durch die Strukturfondspolitik. Um die Umsetzung der im EUREK formulierten Raumentwicklungsziele nicht zu gefährden, ist die Entwicklung geeigneter formaler Regeln der Interaktion für die Europäische Raumentwicklungspolitik auch auf der Gemeinschaftsebene notwendig.

Das Besondere an dieser These besteht weniger darin, dass der Kooperation und insbesondere kooperativem Verwaltungshandeln eine zentrale Rolle in den laufenden Politikprozessen des Politikfelds beigemessen wird, denn dies sagen die Akteure nicht nur selbst, sondern dies lässt sich empirisch auch leicht belegen. Die Heraus-

[13] EUREK, 22, Seite 11-12.

[14] Der institutionelle Kontext ist nach Scharpf ein Sammelbegriff zur Beschreibung der wichtigsten Einflüsse auf Akteure mit ihren Handlungsorientierungen und Fähigkeiten, Akteurskonstellationen und Interaktionsformen, vgl. *Scharpf, Fritz W.*: 2000, 78.

forderung liegt vielmehr in der dem EUREK und anderen Stellungnahmen widersprechenden Aussage, dass es einer zumindest teilweisen Formalisierung der Kooperation und ihrer Grundlagen bedarf, um eine langfristig erfolgreiche Raumentwicklungspolitik betreiben zu können.

Zur Überprüfung der These ist sowohl eine Auseinandersetzung mit der Argumentation gegen eine Formalisierung als auch eine Auseinandersetzung mit der an dieser Position ausgerichteten Kooperationspraxis notwendig. Gelingt es, die Argumentation zu entkräften und gleichzeitig deutliche auf den Politikansatz zurückgehende Schwächen in der laufenden Kooperation offen zu legen, so müssten sich daraus Hinweise auf Maßnahmen zur Verbesserung des institutionellen Kontexts sowie der Kooperation ableiten lassen.

Analyseansatz

Um die These und die daran anknüpfenden Überlegungen überprüfen zu können, wurde eine problemorientierte Politikfeldanalyse durchgeführt, die dem handlungstheoretischen Ansatz des akteurzentrierten Institutionalismus von Mayntz und Scharpf folgt.[15] Dabei handelt es sich um einen Ansatz, der akteurstheoretische bzw. rationalistische und institutionelle bzw. strukturalistische Paradigmen integriert. Zwar werden Entscheidungen im Politikfeld immer von Individuen getroffen, was mehr für einen *Rational Choice*-Ansatz[16] spräche, aber die Akteure, um die es bei der Politikformulierung und Implementierung in der Europäischen Raumentwicklungspolitik geht, handeln als Repräsentanten (*agents*) von Organisationen (*principals*). Über das *Principal-Agent*-Verhältnis[17] werden der strukturelle Kontext und die Verhaltensprämissen der *principals* zu entscheidenden Einflussfaktoren auf das Verhalten der *agents,* und die so wirkenden Organisationen werden zu komplexen Akteuren. Die Kooperation findet letztlich nicht zwischen den Organisationen, sondern zwischen ihren Repräsentanten statt. Diese bilden eigene Handlungsarenen, in denen die Verhandlungsprozesse stattfinden. Wie diese verlaufen und welche Eigendynamik sie entwickeln, kann vorab zwischen den *principals* und *agents* nicht in jeder Hinsicht abgestimmt werden. Es ist daher notwendig, das die *agents* einen Freiraum zu ei-

---

[15] *Scharpf, Fritz W.,* 1997: Games Real Actors Play, Actor-Centered Institutionalism in Policy Research, Boulder: Westview; deutsche Übersetzung vgl. *Scharpf, Fritz W.:* 2000.

[16] Zur handlungstheoretischen Relevanz des Rational Choice-Ansatzes vgl. *Braun, Dietmar,* 1997: Handlungstheoretische Grundlagen in der empirisch-analytischen Politikwissenschaft, in *Arthur Benz und Wolfgang Seibel (Hrsg.),* 1997: Theorieentwicklung in der Politikwissenschaft – eine Zwischenbilanz, Baden-Baden: Nomos Verlagsgesellschaft, 45-73, und *Coleman, James S./Fararo, Thomas J. (eds.),* 1992: Rational Choice Theory, Advocacy and Critique. Newbury Park London New Delhi: SAGE Publications, IX-XII.

[17] Zum Principal-Agent-Verhältnis vgl. *Jansen, Dorothea,* 1997: Das Problem der Akteursqualität korporativer Akteure, in: *Arthur Benz und Wolfgang Seibel (Hrsg.),* Theorieentwicklung in der Politikwissenschaft – eine Zwischenbilanz, Baden-Baden: Nomos Verlagsgesellschaft, 197-198.

genständigem Handeln haben, um auf unterschiedliche Phasen und Verläufe des Kooperationsprozesses flexibel reagieren zu können. Gleichzeitig ermöglichen die Freiräume den Repräsentanten prinzipiell auch die Verfolgung von eigenen Interessen, die von denen der zu repräsentierenden Organisation abweichen.

Für die Analyse der Europäischen Raumentwicklungszusammenarbeit ist der akteurzentrierte Institutionalismus ideal, weil mit ihm am besten auf die Besonderheiten im entstehenden Politikfeld eingegangen werden kann. Gerade weil das Politikfeld erst im Entstehen ist, sind die Kooperationsprozesse in ihrem Verlauf und bezüglich ihrer Ergebnisse kaum prognostizierbar. Daraus erwächst für die Akteure einerseits ein großer Handlungsspielraum im Kooperationsprozess, aber andererseits ist zu erwarten, dass *principals* gerade wegen der noch unklaren koordinationsbedürftigen Problemverflechtung und den noch unbekannten bzw. unerprobten Kooperationsinstrumenten im neuen Politikfeld ihren *agents* nur eine sehr begrenzte Entscheidungsvollmacht geben. Insofern ist die spezifische Situation im Politikfeld mitbestimmend für das Verhalten der Akteure, und dieses wiederum wirkt sich über die Kooperationsprozesse auf die Entwicklung des Politikfelds aus. In Anlehnung an Scharpf lässt sich folgern, dass erst die Kenntnis der Zusammenhänge zwischen den Arten koordinationsbedürftiger Problemverflechtung, den verfügbaren Koordinationsinstrumenten und den institutionellen Strukturen Aussagen darüber erlaubt, „ob für die Bearbeitung gegebener transnationaler Probleme bestimmte autonomieschonende Koordinationsformen ausreichen würden, oder ob umgekehrt gegebene institutionelle Strukturen den Einsatz bestimmter Koordinationsmechanismen erschweren oder ausschließen würden".[18]

Fallanalysen

Die dieser Arbeit zugrunde liegende Analyse besteht im Kern aus zwei Fallanalysen. Analysiert wurde zunächst die Kooperation im Kontext der Politikformulierung (vgl. Teil 1), gefolgt von einer Analyse der Politikimplementierung im Rahmen eines spezifischen Förderprogramms (vgl. Teil 2). Für die Politikformulierung wurde der EUREK-Prozess ausgewählt. Dieser Prozess wird hier nicht nur verstanden als der unmittelbare Arbeitsprozess am Text des Europäischen Raumentwicklungskonzepts, sondern als der übergreifende Politikprozess zur Formulierung einer gemeinsamen Raumentwicklungspolitik der Mitgliedstaaten der EU, welcher mit den ersten informellen Ministertreffen begann und mit der abschließenden Diskussion des EUREK-Dokuments im Informellen Rat seinen vorläufigen Höhepunkt fand, zu dem aber auch der vielfältige von Gutachtertätigkeiten bis hin zu den EUREK-Foren reichende Konsul-

[18] *Scharpf, Fritz W.,* 1993: Legitimationsprobleme der Globalisierung, Regieren in Verhandlungssystemen in *Carl Böhret und Göttrik Wewer (Hrsg.),* 1993: Regieren im 21. Jahrhundert – zwischen Globalisierung und Regionalisierung, Festgabe für Hans-Hermann Hartwich zum 65. Geburtstag, Opladen: Leske und Budrich, 177.

tationsprozess mit einem breiten Akteursspektrum außerhalb des Informellen Rats gehört.

Demgegenüber steht die Analyse der Politikimplementierung am Beispiel der EU-Gemeinschaftsinitiative INTERREG II C zur transnationalen Raumentwicklungszusammenarbeit im mitteleuropäischen, adriatischen, Donau- und südosteuropäischen Programmraum (CADSES). Der dabei analysierte Zeitraum reicht von 1997 bis zur Vorbereitung des Nachfolgeprogramms INTERREG III B (CADSES) im Winter 2000/2001. Die Analyse von INTERREG II C ist wichtig, weil diese Gemeinschaftsinitiative im EUREK als das wichtigste Instrument zur Anwendung der Raumentwicklungspolitik bezeichnet wird und umgekehrt INTERREG-Dokumente auf die programmatische Relevanz des EUREK hinweisen. EUREK-Prozess und INTERREG II C sind die beiden Hauptkooperationsstränge im Rahmen der Europäischen Raumentwicklungspolitik. Die Handlungsarenen sind teilweise unmittelbar untereinander sowie mit anderen Arenen des europäischen Mehrebenensystems[19] verknüpft. INTERREG II C ist aber auch im Hinblick auf die Regeln der Kooperation im Politikfeld höchst interessant, denn im Rahmen der Gemeinschaftsinitiative stoßen die informalen Formen der Kooperation auf die formalen Regeln der Implementierung von Strukturfondsinterventionen der Gemeinschaft[20]. Diese Schnittstelle unterschiedlicher Kooperationsformen ist gerade in Hinblick auf die These dieser Arbeit von besonderer Relevanz für die Analyse. Der aus den verschiedenen Programmen ausgewählte CADSES-Raum war für die Analyse deshalb von vorrangigem Interesse, weil die dort kooperierenden mitgliedstaatlichen Akteure die Vielfalt des politikfeldspezifischen Akteursspektrums in der Gemeinschaft repräsentieren (vgl. hierzu Kap. 2.2.2), was die Akteursanalyse für die verschiedenen Teile der Arbeit erleichtert.

Mit den beiden Fallstudien wird nur ein Teil der Interaktionen und Handlungsarenen im Politikfeld analysiert, aber es kann doch davon ausgegangen werden und wird an

---

[19] Zum europäischen Mehrebenensystem vgl. *Jachtenfuchs, Markus/Kohler-Koch, Beate (Hrsg.):* 1996; *Hooghe, Liesbet (Hrsg.):* 1996; *Benz, Arthur,* 1998: Politikverflechtung ohne Politikverflechtungsfalle – Koordination und Strukturdynamik im europäischen Mehrebenensystem, Politische Vierteljahresschrift, Heft 3, 39. Jg., Opladen: Westdeutscher Verlag, 558-589; *Czada, Roland,* 1997: Vertretung und Verhandlung, Aspekte politischer Konfliktregelung in Mehrebenensystemen, in *Arthur Benz und Wolfgang Seibel (Hrsg.)*: Theorieentwicklung in der Politikwissenschaft – eine Zwischenbilanz, Baden-Baden: Nomos Verlagsgesellschaft, 237-259; *Scharpf, Fritz W.,* 1998: Die Problemlösungsfähigkeit der Mehrebenenpolitik in Europa, Politische Vierteljahresschrift, Sonderheft 29/1998, 39. Jg., 121-144; *Benz, Arthur,* 1992: Mehrebenen-Verflechtung: Verhandlungsprozesse in verbundenen Entscheidungsarenen, in *Arthur Benz, Fritz Scharpf, und Reinhard Zintl*: Horizontale Politikverflechtung: Zur Theorie von Verhandlungssystemen, Frankfurt/Main New York: Campus, 147-205.

[20] *Heinelt, Hubert (Hrsg.),* 1996: Politiknetzwerke und europäische Strukturfondsförderung, Ein Vergleich zwischen EU-Mitgliedstaaten, Opladen: Leske und Budrich; *Marks, Gary,* 1996: Politikmuster und Einflußlogik in der Strukturpolitik, in: *Jachtenfuchs, Markus/Kohler-Koch, Beate (Hrsg.),* 1996: Europäische Integration, Opladen: Leske und Budrich, 313-344; *Hooghe, Liesbet (Hrsg.),* 1996: Cohesion Policy and European Integration: Building Multi-Level Governance, Oxford: Oxford University Press; *Europäische Kommission,* 1998b: Leitfaden der Gemeinschaftsinitiativen 1994-1999, 2. Teil, Brüssel und Luxemburg.

verschiedenen Stellen im Rahmen der Arbeit näher erläutert, dass die Fallanalysen die Grundsituation der Kooperation im Politikfeld weitestgehend repräsentieren und daher die abschließende Ableitung von verallgemeinernden Empfehlungen zulässig ist.

Aufbau der Arbeit

Die Arbeit gliedert sich entsprechend den Fallanalysen zur Politikformulierung (vgl. Teil 1) und Implementierung (vgl. Teil 2) und schließt mit einem vergleichenden Resümee sowie einem Ausblick auf die Perspektiven der Kooperation im Politikfeld (vgl. Teil 3).

Teil 1: Kooperation im Kontext der Politikformulierung

Im *Teil 1* der Arbeit wird zunächst der gewählte Ansatz näher erörtert, bevor die Akteure und ihr institutioneller Kontext analysiert werden. Ihr Kontext wird dabei vor allem in Bezug auf die für die europäische Zusammenarbeit maßgeblichen Gesichtspunkte betrachtet. Diese werden beschrieben und Hinweise auf diesbezügliche Interessen und Orientierungen herausgearbeitet. Die anschließende Analyse der Arenenbildung skizziert die in den 90er Jahren entstandenen Kooperationsstrukturen im Politikfeld. Am Ende dieses Kapitels wird diskutiert, inwiefern sich die herausgearbeiteten Interessen und Orientierungen der Akteure in der Arenenbildung widerspiegeln. Ausgehend von den zuvor genannten Arbeitsschritten wird danach in mehreren problemorientierten Kapitelabschnitten die Hypothese verfolgt, dass maßgebliche Rahmenbedingungen des institutionellen Kontextes national zu unterschiedlich und die gemeinsamen Vorstellungen vom Gegenstand, Handlungsbedarf und Politikzielen zu wenig präzise formuliert sind und dass vor diesem Hintergrund die vorweggenommene Einschränkung der Kooperationsformen und -ergebnisse nicht mit einer objektiven Bedarfseinschätzung, sondern vorrangig mit den Interessen und Orientierungen zu erklären ist. Mit der Bestätigung dieser Hypothese sollen Schwächen bei den Handlungsgrundlagen sowie im Kooperationsprozess zur Politikformulierung aufgezeigt und die Argumentation gegen formale Interaktionsregeln entkräftet werden. In den Kapitelabschnitt zum Gegenstand der Raumentwicklungspolitik werden zudem die notwendigen Abschnitte zum Forschungsstand eingefügt. Dies bietet sich an, weil der wissenschaftliche und der politische Diskurs zur Raumentwicklungspolitik miteinander verflochten sind und der Forschungsstand deswegen auch als Teil der für die Kooperation zur Verfügung stehenden kognitiven Ressourcen zu verstehen ist.

Methodisch konzentriert sich die Analyse im Wesentlichen auf die Auswertung veröffentlichter und unveröffentlichter Dokumente sowie auf publizierte Beiträge von Akteuren. Dies ist notwendig, weil es bisher keine wissenschaftlichen Arbeiten gibt, welche diese Auswertung bereits geleistet haben und auf die daher auch nicht verwiesen und aufgebaut werden kann. Als Einschränkung ist dieses Vorgehen allerdings auch nicht problematisch im Hinblick auf das Analyseziel, denn nahezu alle Organisationen und auch ihre Repräsentanten sind mit eigenen Publikationen an die Öffentlichkeit getreten, in denen sie ihren Standpunkt erläutern und meist auch den Kooperationsprozess aus ihrer Sicht darlegen. Wichtige diesbezügliche Quellen sind Dokumentationen von Konferenzen und Arbeitsgruppen. Für die entscheidenden Handlungsarenen bei der Politikformulierung, den Informellen Rat und seinen Ausschuss für Raumentwicklung, liegen zudem neben Beiträgen von Beteiligten erste Ergebnisse wissenschaftlicher Analysen vor.[21]

Teil 2: Kooperation im Kontext der Implementierung

Die im *Teil 2* verfolgte Hypothese lautet, dass sich die vorherrschenden Interessen und Orientierungen aus der Politikformulierung auch unmittelbar auf die Implementierung auswirken. Warum dies für die Implementierung separat analysiert wird und warum eine solche Untersuchung überhaupt notwendig erscheint, dies liegt insbesondere am institutionellen Kontext, welcher aufgrund der formalen Vorgaben der Strukturfonds in der Implementierungsphase im Rahmen von INTERREG wesentlich verändert ist. Die Analyse zu INTERREG II C (CADSES) soll zeigen, dass zur Implementierung der intergouvernementalen und informalen Politik eine gemeinschaftliche und formale Kooperationsform gewählt wurde. Da die formalen Rahmenbedingungen der Strukturfonds und insbesondere des EFRE gelten, kommt es zu einer teilweise losen und teilweise engen Kopplung[22] informaler mit formal institutionalisierten Kooperationsbeziehungen[23]. Hierbei handelt es sich um eine der ersten Kopplungen der weichen Förderkriterien und Kooperationsformen der Raumentwicklungspolitik mit Bedingungen der Regional- und Strukturpolitik der Gemeinschaft. Die dem Text in Teil 2 zugrunde liegende Analyse konzentriert sich auf die damit zusammenhängenden Probleme im Kooperationsprozess. Neben der Kopplung unterschiedlicher Kooperationsformen betrifft das die Frage der damit verbundenen Legitimität, und zudem wird analysiert, ob und, wenn ja, wie angesichts der teilweise unpräzisen Handlungsgrundlagen in diesem Kontext eine Zielorientierung der Zusammenarbeit möglich ist. Abschließend wird die CADSES-Kooperation in Hinblick auf die erreichte Handlungs- und Entscheidungsfähigkeit bewertet.

Im Gegensatz zum Teil 1 konnte sich die zweite Fallstudie nicht auf die Auswertung publizierter Dokumente konzentrieren, da das kooperative Verwaltungshandeln zur Durchführung von INTERREG II C sich auf nicht öffentliche Handlungsarenen konzentriert, zu deren Wirken nur wenige Publikationen und Studien vorliegen. Um das

---

[21] *Janin-Rivolin, Umberto (ed.),* 2000: Le politiche territoriali dell'Unione europea – esperienze, analisi, riflessioni, Milano: Franco Agneli; *Faludi, Andreas/Zonneveld, Wil, (eds.)* 1997: Shaping Europe: The European Spatial Development Perspective, Built Environment, Volume 23, Number 4.

[22] *Weick, Karl E.,* 1995: Der Prozeß des Organisierens, Frankfurt: Suhrkamp, 130.

[23] *Benz, Arthur:* 1994, 200-203.

Analyseziel der zweiten Fallstudie zu erreichen, wurden daher insbesondere die Quellen des deutschen Programmsekretariats von INTERREG II C (CADSES) ausgewertet. Zu diesen Quellen gehören sämtliche Protokolle und Unterlagen der Programmgremien, die Projektanträge und -bewertungen sowie die Monitoring- und Evaluierungsunterlagen zum Programm (vgl. Quellensystematik im Anhang). Des Weiteren hat der Verfasser seit 1997 an den Sitzungen der Programmgremien, des Programmsekretariats und an einer Reihe weiterer Seminare und Sitzungen zur INTERREG-Kooperation teilgenommen und dabei ein unmittelbares Bild von der Kooperation gewonnen.

Teil 3: Zusammenfassung und Schlussfolgerungen

Liefern die Analysen für die Politikformulierung (Teil 1) und Politikimplementierung (Teil 2) einen Nachweis dafür, dass die Handlungs- und insbesondere Entscheidungsfähigkeit der Akteure ohne politikfeldspezifische und die Kooperation fördernde formale Regeln gefährdet oder zumindest wesentlich eingeschränkt ist, dann ist die These der Arbeit als hinreichend begründet anzusehen. Dem dazu notwendigen vergleichenden Resümee der relevanten Ergebnisse aus den Fallanalysen sowie der Formulierung von Schlussfolgerungen ist der *Teil 3* gewidmet.

Der darüber hinausgehende Versuch, ein zukünftiges Scheitern der Kooperation an den genannten Schwächen ex ante zu verifizieren, wäre unseriös, schon allein weil er die Eigendynamik von Kooperationsprozessen und deren Konsequenzen nicht im Voraus kennen kann und daher außer Acht lassen müsste. Einen solchen Beweis kann daher letztlich nur die zukünftige Entwicklung und deren Analyse liefern. Doch schon das bescheidenere Ergebnis der Ermittlung von Stärken und Schwächen sowie Chancen und Risiken für den Kooperationsprozess ist erstrebenswert, weil es den beteiligten Akteuren die Möglichkeit zur Reaktion auf die ermittelten Schwächen und Risiken gibt, womit eine Stärkung des institutionellen Kontextes eingeleitet werden könnte, bevor ein Scheitern irreversibel würde.

In Hinblick auf den Umgang mit Schwächen und Risiken ist es daher sinnvoll, sich im Rahmen der Arbeit nicht nur auf eine kritische Analyse der Raumentwicklungszusammenarbeit zu beschränken, sondern deren Ergebnisse in Vorschläge zur zukünftigen Entwicklung und Stärkung der Kooperation münden zu lassen. Ziel von Teil 3 ist es daher, nicht zuletzt auch einige Schlussfolgerungen zur Stärkung der langfristigen Zielorientierung und zur Erhöhung der Handlungs- und Entscheidungsfähigkeit zu formulieren. Dabei soll es nicht um Vorschläge zu einer umfassenden Formalisierung, einem weitgehenden staatlich-hierarchischen Steuerungsinstrumentarium oder eigenen Institutionen zur Implementierung einer rechtlich verankerten Politik gehen. Als ausreichend erscheinen vielmehr die Verankerung der Ziele der Raumentwicklungspolitik im Vertragswerk der Union sowie einzelne Festlegungen dazu, wie die Organe der Union zur Einhaltung der Ziele beitragen sollen. Alles weitere, insbesondere die Anwendung und diesbezügliche Konkretisierung der Ziele in den Raumentwicklungsprozessen auf den verschiedenen Handlungsebenen sollte weiterhin den Akteuren auf der nationalen bzw. den subnationalen Ebenen überlassen bleiben, um eine möglichst große Nähe der Entscheidungsträger zu den jeweiligen Entwicklungsräumen zu gewährleisten. Insgesamt wird es damit als möglich erachtet, die Zielorientierung und Entscheidungsfähigkeit mit einigen Verbesserungen im Bereich der Grundlagen der europäischen Zusammenarbeit deutlich zu erhöhen, ohne dabei die nationalen Planungssysteme grundsätzlich reformieren und in ihren Kompetenzen beschneiden zu müssen (Minimumharmonisierung). Da der Verfasser dieser Arbeit allerdings genauso wenig wie die Akteure im EUREK-Prozess die Dynamik und sich ändernden Herausforderungen des Kooperationsprozesses vorausschauend kennt, handelt es sich bei den Ausführungen zur Perspektive der Raumentwicklungszusammenarbeit konsequenterweise nur um die Skizzierung von möglichen nächsten Schritten und nicht um die Beschreibung sämtlicher Vorkehrungen zur Sicherung des langfristigen Erfolgs einer integrierten Raumentwicklungspolitik. So offen die Entwicklung der Kooperation im Politikfeld ist, so wenig kann ihre wissenschaftliche Analyse im Rahmen dieser Arbeit einen abschließenden Charakter haben. Sie ist vielmehr als ein erster Beitrag zu verstehen, die Kooperation in der Europäischen Politik zu analysieren und zu bewerten.

Teil 1:

Kooperation im Kontext der Politikformulierung: der EUREK-Prozess

2 Organisationen und Arenen im institutionellen Kontext der Europäischen Raumentwicklungspolitik

2.1 Akteure im Gegenstandsbereich der interaktionsorientierten Policy-Forschung zur Europäischen Raumentwicklungspolitik

Handlungsträger bei der Formulierung einer Europäischen Raumentwicklungspolitik sind vorwiegend Personen, die nicht als autonome Individuen, sondern als Repräsentanten von Organisationen an den Interaktionen im Politikfeld teilnehmen. Den Beginn ihrer Zusammenarbeit markiert ein wissenschaftlich-konzeptioneller Diskurs[24] zum Gegenstand, dem Bedarf, den Zielen und Regeln einer die nationalen Grenzen überschreitenden Raumentwicklungszusammenarbeit. Dessen Anfang ist nicht mit einem einzelnen Datum zu beziffern, aber er fällt mit den Anfängen der grenzübergreifenden Kooperation nach dem Zweiten Weltkrieg zusammen.[25] Damals wurde die grenzüberschreitende Zusammenarbeit unter den verschiedensten Gesichtspunkten diskutiert und intensiviert, wobei die raumordnerische Zusammenarbeit anfangs keine bedeutende Rolle gespielt hat und selbst heute in der grenzüberschreitenden Zusammenarbeit nur einen wichtigen Themenkomplex neben anderen darstellt.[26] Da der Diskurs in den ersten Jahrzehnten jedoch nur sporadisch geführt wurde und die anwendungsbezogene Raumentwicklungszusammenarbeit auf vereinzelte Kooperationen innerhalb einzelner Grenzregionen beschränkt blieb, kann für die Zeit vor 1983, als der Europarat eine erste Raumordnungscharta für Europa[27] verabschiedete, nicht von einem eigenständigen Politikfeld gesprochen werden.

---

[24] So dokumentiert beispielsweise in *Bundesforschungsanstalt für Landeskunde und Raumordnung (BfLR),* 1995: Trendszenarien der Raumentwicklung in Deutschland und Europa, Beiträge zu einem Europäischen Raumentwicklungskonzept, Bonn: Selbstverlag der Bundesforschungsanstalt für Landeskunde und Raumordnung, I.

[25] *Malchus, Viktor Freiherr von,* 1998: Transfrontier Cooperation in Spatial Planning at the External Border of the European Union, in: *Graute, Ulrich (ed.)*: Sustainable Development for Central and Eastern Europe, Spatial Development in the European Context, Berlin Heidelberg New York: Springer-Verlag, 65-75.

[26] *Arbeitsgemeinschaft Europäischer Grenzregionen,* 1996: 25 Jahre Gemeinschaftsarbeit, Gronau: AGEG; *Europäische Kommission*, 1997b: Praktisches Handbuch zur grenzüberschreitenden Zusammenarbeit, 2. Auflage, Gronau: AGEG.

[27] *Europarat – Council of Europe,* 1983: European regional/spatial planning Charter, Torremolinos Charter, Strasbourg.

Erst langsam entwickelte sich aus dem in den 80er und vor allem dann in den 90er Jahren von Wissenschaftlern, Planern und verschiedenen Regierungsvertretern geführten Diskurs eine politische Zusammenarbeit, welche zum Europäischen Raumentwicklungskonzept (EUREK) und zur EU-Gemeinschaftsinitiative INTERREG II C zur transnationalen Zusammenarbeit im Bereich der Raumordnung führte. Doch wie es aus dem anfänglichen Diskurs zur Formulierung einer Europäischen Raumentwicklungspolitik kam, erschließt sich nicht auf den ersten Blick. Es fehlen herausragende das Politikfeld konstituierende Momente wie politische Entscheidungen zur Bildung von politikfeldspezifischen Institutionen und Strukturen oder andere Schlüsselereignisse, wie sie beispielsweise für die Entwicklung der Umweltpolitik von großer Bedeutung waren.[28] Als Ersatz dienen Beschlüsse wie die von Torremolinos (1983), der Beschluss über die Leipzig-Prinzipien (1994) und die Potsdamer Verabschiedung des EUREK (1999). Sie sind wesentliche Meilensteine des *agenda setting* und insbesondere zur Dokumentation des im europäischen Diskurs inzwischen erreichten gemeinsamen Verständnisses von Europäischer Raumentwicklungspolitik.

Warum es dazu kam, warum gerade in den 90er Jahren und warum andererseits nicht mehr geschah, dies sind Grundfragen zum Verständnis der Politikformulierung. Denkbar wären neofunktionalistische Erklärungsmodelle, denen zufolge die auf eine nachhaltige Entwicklung ausgerichtete Europäische Raumentwicklungspolitik beispielsweise als ein Reflex bzw. eine Folge des Makrophänomens der globalen Nachhaltigkeitsdebatte interpretiert werden könnte, die sich funktional in der Etablierung eines entsprechenden Politikfelds in Europa auswirkt. Auch könnte das Entstehen des Politikfelds gemäß dem *Spill-over*-Konzept[29] als Teil eines europäischen Prozesses gedeutet werden, demzufolge Kompetenzen der Gemeinschaftsorgane in einem Politikfeld (wie der Regional- oder Umweltpolitik) geradezu zwangsläufig zur Schaffung entsprechender europäischer Kompetenzen in anderen Politikfeldern wie der Europäischen Raumentwicklungspolitik führen. Ausgehend von solchen Makrophänomenen wäre das Handeln der individuellen Akteure irrelevant, weil sie nur ausführen, was institutionell und strukturell vorgegeben ist. Doch so wichtig funktionalistische oder auch intergouvernementalistische Ansätze zur Interpretation von Makrophänomenen sein mögen, zur Erklärung einzelner politischer Entscheidungen tragen

---

[28] Zur Relevanz von Schlüsselereignissen für das Entstehen der Umweltpolitik vgl. *Sale, Kirkpatrick,* 1993: The Green Revolution, The American Environmental Movement 1962-1992, New York: Hilla and Wang. *Wilhelm, Sighard*, 1994: Umweltpolitik, Bilanz – Probleme – Zukunft, Opladen: Leske und Budrich.

[29] Nach dem Spill-over-Konzept von Haas wird eine einmal begonnene, erfolgreiche Zusammenarbeit in einem Funktionsbereich aufgrund sachlogischer Verknüpfungen mit anderen Aufgabenbereichen auch zur Integration in weiteren Sektoren führen. Vgl. hierzu sowie zur Diskussion anderer funktionalistischer Erklärungsmodelle in der europäischen Integrationsforschung *Giering, Claus,* 1997: Europa zwischen Zweckverband und Superstaat, Die Entwicklung der politikwissenschaftlichen Integrationstheorie im Prozeß der europäischen Integration, in: *Werner Weidenfeld (Hrsg.)*: Münchner Beiträge zur Europäischen Einigung, Band 1, Bonn: Europa Union Verlag, 58-59; *Cram, Laura,* 1996: Integration theory and the study of the European policy process, in: *Richardson, Jeremy (ed.)*: European Union, Power and Policy-making, London and New York: Routledge, 40-58.

sie nur wenig bei.[30] Um zu analysieren, wie es zu politischen Dokumenten (wie dem EUREK) und Anwendungsinstrumenten (wie INTERREG II C) kam, und um schließlich im Hinblick auf die Kernthese dieser Arbeit zu Erkenntnissen darüber zu gelangen, ob die Kooperationsprozesse im Politikfeld der Entwicklung formaler Interaktionsregeln bedürfen, dazu muss das Handeln aus der Nähe beobachtet werden, und damit geraten automatisch die handelnden Personen ins Blickfeld.

Bei den Akteuren im Politikfeld handelt es sich in der Regel um Akteure, die nicht allein für sich und ihre eigenen individuellen Interessen tätig werden, sondern sie treten als Repräsentanten von Institutionen oder präziser gesagt als Repräsentanten von formalen Organisationen auf. Die formale Einbindung der Akteure widerspricht wiederum der sich alternativ zum Funktionalismus anbietenden Mikroperspektive des methodologischen Individualismus[31], die sich auf die Analyse der Interaktion zwischen Individuen konzentriert und den institutionellen und strukturellen Kontext vernachlässigt. Die formalen Organisationen – internationale Organisationen, Ministerien, Planungsbehörden, Institute etc. – und ihre strukturelle Einbindung bilden jedoch einen institutionellen Kontext für die Akteure, der ihre Handlungen wesentlich stärker einschränkt als dies bei autonomen Individuen der Fall ist.[32] Eine am methodologischen Individualismus eng angebundene Analyse wäre nicht in der Lage, den institutionellen Kontext der Akteure im notwendigen Maße zu berücksichtigen. Kann dieser Kontext in den konkreten Handlungssituationen als bestimmend angesehen werden, so ist die Analyse der persönlichen Handlungsorientierungen sogar vernachlässigbar. Faktisch bedarf es für die Analyse der Kooperation im Politikfeld eines Ansatzes, der akteursorientiert ist, aber auch den institutionellen und strukturellen Kontext einbezieht. Um einen Ansatz, der handlungstheoretische, institutionalistische und strukturalistische Paradigmen integriert, handelt es sich bei dem von Mayntz und Scharpf entwickelten „akteurzentrierten Institutionalismus".[33] Gemäß diesem

---

[30] Die Auseinandersetzung mit neofunktionalistischen und intergouvernementalistischen Erklärungsmodellen ist kein unmittelbarer Gegenstand dieser Arbeit. Da diese Modelle jedoch in der Integrationsforschung vielfach verwendet werden, wurden sie vor Beginn der Analyse neben dem handlungstheoretischen Ansätzen bzgl. ihrer Aussagefähigkeit im Hinblick auf das Thema dieser Arbeit überprüft. Zum Intergouvernementalismus vgl. *Giering, Claus:* 1997; *Moravcsik, Andrew,* 1994: Preferences and Power in the European Community: A Liberal Intergovernmentalist Approach, in: *Simon Bulmer/Andrew Scott* (eds.), Economic and Political Integration in Europe, Internal Dynamics and Global Context, Oxford u. a., 29-80; *Moravcsik, Andrew,* 1993: Preferences and Power in the European Community: A Liberal Intergovernmentalist Approach, in: Journal of Common Market Studies, 31, 473-524.

[31] *Wiesenthal, Helmut,* 1997: Methodologischer Individualismus als Akteurstheorie, in *Arthur Benz und Wolfgang Seibel (Hrsg.)*: Theorieentwicklung in der Politikwissenschaft – eine Zwischenbilanz, Baden-Baden: Nomos Verlagsgesellschaft, 75-99; und im selben Band *Zintl, Reinhard,* 1997: Methodologischer Individualismus und individualistische Theorie, 33-43.

[32] *Scharpf, Fritz W.,* 2000: Interaktionsformen, Akteurzentrierter Institutionalismus in der Politikforschung, Opladen: Leske und Budrich, 35-36.

[33] Vgl. *Mayntz, Renate/Scharpf, Fritz W.,* 1995b: Der Ansatz des akteurzentrierten Institutionalismus, in *dies. (Hrsg.)*: Gesellschaftliche Selbstregelung und politische Steuerung, Frankfurt am Main: Campus, 39-72; *Scharpf, Fritz W.*: 2000, 36-50.

verfügen die Organisationen über relativ einheitliche Handlungsorientierungen sowie relativ große Handlungsressourcen und können daher vereinfacht als komplexe (das heißt aggregierte, kollektive oder korporative) Akteure betrachtet werden. Der akteurzentrierte Institutionalismus setzt damit durchaus auf der Makro- bzw. Mesoebene an, erlaubt die Analyse komplexer Akteure, ihrer Handlungen und Handlungsgrundlagen, aber er setzt eben auch voraus, dass bei Bedarf immer die Möglichkeit besteht, auf die Mikroebene zurückzugreifen und einzelne Interaktionen zu analysieren.[34] Der Ansatz des akteursorientierten Institutionalismus wird von Scharpf in einen engen Zusammenhang mit einer problemorientierten Sichtweise der materiellen Policy-Analyse gesehen (vgl. Abb. 2.1).

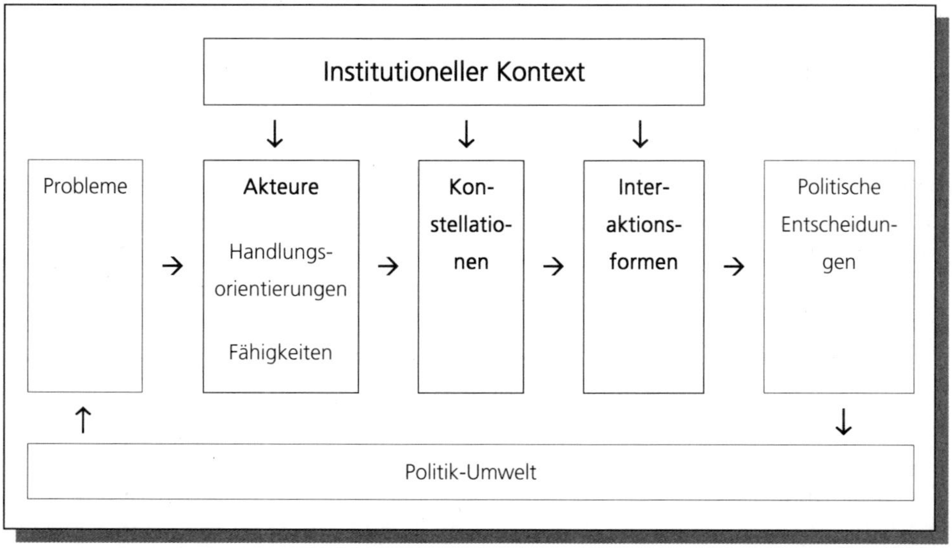

Abb. 2.1: Der Gegenstandsbereich der interaktionsorientierten Policy-Forschung[35]

Im Verlauf des Kapitels 2.2 werden nur formale Organisationen und somit ausschließlich komplexe Akteure beschrieben, da andere Institutionen und alle autonomen Individuen in ihrer Relevanz als vernachlässigbar eingestuft wurden. Nachdem dies im vorangegangenen Absatz mit dem Ansatz des akteurzentrierten Institutionalismus bereits theoretisch begründet wurde, bedarf es noch einer Erläuterung, warum dies auch im konkreten Fall der Europäischen Raumentwicklungspolitik gerechtfertigt ist. Zunächst zu den Organisationen.

Unter formalen Organisationen sind soziale Gebilde zu verstehen, „die dauerhaft ein Ziel verfolgen und eine formale Struktur aufweisen, mit deren Hilfe Aktivitäten der

[34] *Scharpf, Fritz W.*: 2000, 35.

[35] *Scharpf, Fritz W.*: 2000, 85.

Mitglieder auf das verfolgte Ziel ausgerichtet werden".[36] Diese Definition umfasst ein Spektrum meist staatlicher oder halbstaatlicher Organisationen, das im konkreten Fall von den Organen der Europäischen Union über nationale Raumordnungsministerien bis hin zu privaten Vereinigungen auf den verschiedenen räumlichen Ebenen reicht. Alle in diesem Kapitel behandelten komplexen Akteure haben gemeinsam, dass sie unabhängig von und zeitlich vor der Europäischen Raumentwicklungspolitik entstanden sind, denn im zeitlichen Kontext des Politikfelds sind bisher keine formalen Organisationen neu entstanden. Neu entstanden sind in den letzten Jahren allenfalls einzelne Organe wie der Ausschuss der Regionen in der Europäischen Union und selbst dieser Ausschuss entstand unabhängig von der Europäischen Raumentwicklungspolitik.

Wenn autonome Individuen, die nur für sich selbst und die eigenen Interessen agieren, im Kontext der Untersuchung als eine vernachlässigbare Größe angesehen werden, so ist damit implizit auch die Aussage verbunden, dass sich die Europäischen Raumentwicklungspolitik ohne nennenswerte Beteiligung der Teile der Gesellschaft entwickelt (gleich ob formal organisiert oder nicht), welche nicht über die komplexen Akteure ohnehin eingebunden sind. Dieser Position widerspricht die Intention von zentralen Akteuren wie den Mitgliedstaaten, die beispielsweise auf der informellen Ratstagung in Noordwijk im Juni 1997 beschlossen hatten, auf europäischer Ebene eine breite Diskussion über die im EUREK-Entwurf umrissenen politischen Orientierungen für die Entwicklung des Raums einzuleiten.[37] Zu diesem Zweck veranstaltete die Europäische Kommission acht auf das Gebiet der EU verteilte so genannte EUREK-Foren. Diese waren insofern öffentlich, als die Einladungen an einen breiten Verteiler geschickt und auch die Presse eingeladen worden war. In der Praxis handelte es sich aber bei den Veranstaltungen um Konferenzen von und für die Fachöffentlichkeit. Eine breite Diskussion in der Öffentlichkeit der Mitgliedstaaten wurde durch die Foren nicht eingeleitet. Es gibt auch unabhängig von den Foren keine Ereignisse, an denen sich eine europaweite öffentliche Diskussion über Fragen der Raumentwicklungspolitik entzündet hätte. Mit der Eingrenzung des Akteurskreises im Rahmen dieser Arbeit auf komplexe Akteure und deren Repräsentanten wird nicht behauptet, dass es keine Experten oder andere Personen gäbe, die sich außerhalb der analysierten Organisationen und Handlungsarenen mit der Raumentwicklungszusammenarbeit auseinandersetzen. Diese gibt es durchaus, aber als Akteure im Politikfeld sind sie in der Regel nur dann relevant, wenn sie als Mitglied einer Or-

---

[36] *Jansen, Dorothea,* 1997: Das Problem der Akteursqualität korporativer Akteure, in: Benz, Arthur, und Seibel, Wolfgang (Hrsg.), Theorieentwicklung in der Politikwissenschaft – eine Zwischenbilanz, Baden-Baden: Nomos Verlagsgesellschaft, 202.

[37] *Europäische Gemeinschaft – European Communities (publisher, no editor),* 1997: European spatial development perspective, First official draft, Presented at the informal meeting of Ministers responsible for spatial planning of the member states of the European Union, Noordwijk, 9 and 19 june 1997, Luxembourg, 69-72.

ganisation (z. B. einer wissenschaftlichen Akademie) oder als von einer anderen Organisation beauftragte Gutachter in Erscheinung treten.

Angesichts der Vielzahl an Akteuren[38] ist schließlich eine weitere Einschränkung notwendig. Bezüglich der europäischen Ebene werden alle wesentlichen transnationalen und komplexen Akteure analysiert und beschrieben (Kap. 2.2.1), während es bei den nationalen Akteuren um eine Analyse der für die europäische Zusammenarbeit relevanten Akteure ausgewählter Länder geht (Kap. 2.2.2). In den folgenden Abschnitten des Kapitels (Kap. 2.3) wird die von diesen Akteuren betriebene Arenenbildung und die sich aus der Vernetzung dieser Akteure und Arenen ergebende Mehrebenenverflechtung analysiert.

In den folgenden Abschnitten wird zwischen transnationalen Akteuren (Kap. 2.2.1) und Akteuren auf der nationalen und regionalen Ebene (2.2.2) unterschieden, wobei die regionale Ebene in föderalen Staaten der Länderebene entspricht. Diese Unterscheidung von Akteuren nach ihrer Ebenenzugehörigkeit bezieht sich jeweils auf die Ebene ihrer konstitutionellen Zugehörigkeit bzw. auf die Ebene, auf der sie vorwiegend tätig sind. Der Begriff transnational bezieht sich dabei nicht nur auf internationale Nicht-Regierungsorganisationen (INGOs) sondern auch auf internationale Regierungsorganisationen (IGOs), einschließlich der Europäischen Union und ihrer Organe. Die in der Integrationsforschung diskutierte Frage, ob für die Europäische Union eine eigene Kategorie, die der Supranationalität, verwendet werden solle, ist im Rahmen dieser Arbeit unerheblich, da keines der Gemeinschaftsorgane in Bezug auf das analysierte Politikfeld eine Funktion ausübt, die mit den Vorstellungen von Supranationalität übereinstimmen.[39] Von der getrennten Betrachtung der transnationalen komplexen Akteure einerseits und den entsprechenden Akteuren auf der nationalen bzw. regionalen Ebene andererseits wird eine Unterscheidung zwischen den traditionellen Akteurskonstellationen auf der letztgenannten und neueren Akteurskonstellationen auf der erstgenannten Ebene erwartet.

2.2 Organisationen als komplexe Akteure – wer sind die Akteure im Politikfeld?

2.2.1 Transnationale komplexe Akteure

2.2.1.1 Europarat

Seit seiner Gründung 1949 beschäftigt sich der Europarat mit Fragen der Raumordnung. Beraten werden sie sowohl im Ministerkomitee (der Entscheidungsinstanz), in

[38] An den erwähnten EUREK-Foren nahmen jeweils mehrere hundert Vertreter von öffentlichen und privaten Organisationen teil.

[39] *Giering, Claus:* 1997, 61-69 und 178.

der Parlamentarischen Versammlung (einem demokratischen Forum) sowie im Kongress der Gemeinden und Regionen Europas, dessen Ziel vor allem darin besteht, die demokratischen Strukturen an der Basis zu stärken, insbesondere in den neuen Demokratien. Unterstützt werden die Organe durch das Generalsekretariat. Seit 1970 trifft sich zudem regelmäßig die *Europäische Konferenz der für Raumordnung zuständigen Minister (CEMAT bzw. EMKRO)*, welche 1983 in Torremolinos die Europäische Raumordnungscharta[40] verabschiedet hat. Während der Europarat zunächst die einzige internationale Organisation in Europa war, die sich mit Fragen der Raumordnung beschäftigte, gewann diesbezüglich die Europäische Union erst in den 90er Jahren an Gewicht. Aufgrund der Mitgliedschaft fast aller europäischen Staaten besteht die Bedeutung des Europarats heute vor allem darin, die Aspekte im „größeren Europa" (d. h. im Europa der Europaratsmitglieder) zu behandeln und somit eine Brücke zwischen der Raumentwicklungspolitik in der Union und anderen europäischen Staaten zu bauen.[41] So ist es keine Konkurrenz, sondern eine wichtige Ergänzung, wenn im Jahr 1999 einerseits das Europäische Raumentwicklungskonzept (EUREK) von den EU-Mitgliedstaaten angenommen wurde und dieselben Staaten zusammen mit den anderen Mitgliedern des Europarats gleichzeitig im Kontext der CEMAT „Leitlinien für eine nachhaltige Entwicklung auf dem europäischen Kontinent" entwickelten.[42] In der praktischen Arbeit werden derartige Dokumente entwickelt, indem die Ministerkonferenz einen entsprechenden Auftrag an seinen *Ausschuss der Hohen Beamten* erteilt. In diesem Gremium wird regelmäßig der Bearbeitungsstand (Fortschrittsberichte) diskutiert. In die weitere Arbeit werden Stellungnahmen aus den Mitgliedstaaten des Europarats, der Parlamentarischen Versammlung und dem Kongress der Gemeinden und Regionen Europas eingearbeitet, bevor das jeweilige Dokument der Ministerkonferenz zur Verabschiedung vorgelegt wird.[43] Die Beschlüsse sind für die Mitgliedstaaten durchaus verpflichtend, jedoch ist zu beachten, dass der Europarat nur beschränkte Kontroll- und kaum Sanktionsmöglichkeiten hat und dass er die wenigen Sanktionsmöglichkeiten (wie Ausschluss aus dem Europarat) wohl kaum in Fragen der Raumentwicklungszusammenarbeit einsetzen wird.

---

[40] *Europarat – Council of Europe:* 1983.

[41] *Bassi, Tarcisio,* 1998: Sustainable Development for Greater Europe, in: *Ulrich Graute, (ed.):* Sustainable Development for Central and Eastern Europe, Spatial Development in the European Context, Berlin Heidelberg New York: Springer-Verlag, 29-30; im selben Band vgl. auch: *Malchus, Viktor Freiherr von,* 1998: Transfrontier Cooperation in Spatial Planning at the External Border of the European Union, 65-75. *Europarat – Council of Europe,* 1992b: European Regional Planning Strategy, CEMAT, Strasbourg. *Europarat – Council of Europe,* 1983: European regional/spatial planning Charter, Torremolinos Charter, Strasbourg.

[42] *Europarat – European Conference of Ministers responsible for Regional Planning (CEMAT),* 2000: Guiding Principles for Sustainable Spatial Development of the European Continent, prepared by the Committee of Senior Officials, Hanover, September 7 and 8, 2000.

[43] Bezüglich einer Übersicht zu den Resolutionen der Organe des Europarats siehe den Anhang von *Europarat – Council of Europe,* 1992b: European Regional Planning Strategy, CEMAT, Strasbourg.

Der Europarat hat sich als Forum für Fragen der Europäischen Raumentwicklungspolitik und aufgrund der nun schon fast drei Jahrzehnte andauernden Zusammenarbeit im Rahmen der CEMAT den Ruf eines aktiven Befürworters der Raumentwicklungszusammenarbeit erworben. Dabei sind zahlreiche Konferenzen veranstaltet worden und Publikationen erschienen, welche vielfältige Aspekte wie die Rolle der Regionen, die Öffentlichkeitsbeteiligung, den Tourismus, das Subsidiaritätsprinzip oder die Rolle der Frau in der Raumentwicklung behandeln und dabei die diesbezügliche Diskussion in der CEMAT oder im Kongress der Gemeinden und Regionen Europas widerspiegeln[44].

Die Organe des Europarats beschäftigen sich nicht zuletzt auch mit Entwicklungen innerhalb der Europäischen Union. Im *Kongress der Gemeinden und Regionen Europas* hat sich insbesondere dessen zweite Kammer, die Vereinigung der Regionen Europas mit ihren 135 Mitgliedsregionen intensiv mit der Entwicklung der Europäischen Raumentwicklungspolitik innerhalb der Union beschäftigt und die diesbezügliche Sichtweise der Regionen im Bericht „Regions and Territories in Europe" dokumentiert.[45] Diese umfassende Betrachtung der Raumentwicklungspolitik aus der Sicht der Regionen Europas stellte 1995 ein Novum dar. In ihr wird vor den Folgen der regionalen Differenzen gewarnt, und entsprechend werden auch Aktivitäten für den räumlichen Zusammenhalt in Europa als Notwendigkeit dargestellt. Dennoch blieb dieses Dokument in seiner politischen Bedeutung sehr begrenzt. Nur jede zweite Region wirkte an ihr mit, die Beiträge spiegeln selbst aus der Sicht der Herausgeber nicht die geografische, ökonomische und politische Realität in Europa wider und jede Region formulierte stets den eigenen Standpunkt und versuchte nicht, einen gemeinsamen Standpunkt der Regionen zu formulieren. Das gleiche Bild wie die Studie vermittelte auch die vom 3. bis 5. April 1997 vom Kongress der Gemeinden und Regionen Europas in Posen durchgeführte „Conference paneuropéenne de l'aménagement du territoire", auf der die Studie vorgestellt wurde und auf der zahlreiche Vertreter von Kommunen und Regionen ihre unterschiedlichen Erwartungen präsentierten, ohne dass daraus eine einheitliche Position entwickelt werden konnte.[46]

Die im September 2000 verabschiedeten Leitlinien der CEMAT für eine nachhaltige Raumentwicklung auf dem europäischen Kontinent bauen auf der Charta von Torremolinos auf und beschreiben Maßnahmen für eine Raumentwicklungspolitik, die zu gleichwertigen Lebensverhältnissen in Europa führen soll[47]. Mit den Leitlinien un-

---

[44] Siehe hierzu die Publikationen des Europarates im Literaturverzeichnis.

[45] Assembly of the European Regions – Commission V „Infrastructure and regional development", 1995: Regions and Territories in Europe, The Region's View of the Territorial Effects of European Policies, Report presented by Robert Savy assisted by Claude Husson, Strasbourg.

[46] Diese Aussage baut auf eigenen Beobachtungen des Verfassers als Teilnehmer der Konferenz auf.

[47] European Conference of Ministers responsible for Regional Planning (CEMAT): 2000,1.

terstreichen die Raumordnungsminister die räumlich relevante Dimension von Menschenrechten und Demokratie, womit die Raumentwicklungspolitik von der CEMAT in einen unmittelbaren Zusammenhang zu den Hauptthemen des Europarats gestellt wird.[48] Trotz dieser erklärten Bedeutung werden die Leitlinien nur als ein Angebot an die Mitgliedstaaten, deren Regionen und Kommunen bezeichnet, eine freiwillige Raumentwicklungszusammenarbeit in Hinblick auf die im Dokument formulierten Ziele zu beginnen bzw. zu intensivieren. Zu unterstreichen ist der freiwillige und unverbindliche Charakter des Dokuments.[49]

Der Europarat als kollektiver Akteur[50] ist einer der wichtigsten Akteure im Politikfeld, obwohl sein diesbezügliches Instrumentarium nur ein weiches ist. Seine Stärke besteht in der Existenz der genannten Organe an sich, denn in diesen Handlungsarenen treten regelmäßig Repräsentanten von Ministerien, Parlamenten, Regionen und Kommunen aus allen Mitgliedsländern zusammen. Die einzelnen Organe bilden zwar jeweils für sich eine eigene Handlungsarena, sie sind jedoch über das institutionelle Gefüge des Europarats aneinander gekoppelt. Bewertet man die Rolle des Europarats im Politikfeld anhand seiner Erfolge und Arbeitsergebnisse, so liegt die Stärke des Europarats insbesondere beim *agenda setting* und teilweise auch in der sich daran anschließenden Politikformulierung, während der Europarat bei der Implementation keine Rolle spielt. Der Europarat hat die Thematik der Europäischen Raumentwicklung als erster und immer wieder auf die internationale Tagesordnung gesetzt, seine Leitlinien für eine Raumentwicklungspolitik aus dem Jahr 2000 lehnen sich eng an das EUREK der EU-Mitgliedstaaten an und im Kapitel zur Anwendung der Leitlinien und Stärkung der Kooperation wird nur noch auf die EU Gemeinschaftsinitiative INTERREG und weitere Aktivitäten der Mitglieder des Europarats und der in seinen Organen vertretenen Organisationen verwiesen. Hinweise auf eigene Ziele und Aufgaben der Organe des Europarats im weiteren Prozess der Politikformulierung und Implementierung enthalten die Leitlinien jedoch nicht.

Der Europarat hat sich in der Vergangenheit und dürfte sich auch in Zukunft vor allem als ein Forum bewähren, auf dem Probleme der Europäischen Raumentwicklung und Vorschläge zur Europäischen Raumentwicklungszusammenarbeit erörtert werden. Die Umsetzung wird weiterhin nicht seine Aufgabe sein, und ihm fehlt auch das für eine Steuerung der Europäischen Raumentwicklung notwendige Instrumentarium. Der Europarat kann die Implementation nur durch Diskurse und Überzeu-

[48] „The Guiding Principles stress the territorial dimension of human rights and democracy", European Conference of Ministers responsible for Regional Planning (CEMAT): 2000,1.

[49] „Acceptance of these policy guidelines is based on voluntary co-operation. They are not legally binding", European Conference of Ministers responsible for Regional Planning (CEMAT): 2000,1.

[50] Eine weitere Kategorisierung gemäß Scharpfs Arten kollektiver Akteure (Scharpf, Fritz W.: 2000, 101-106) fällt schwer. Da der Europarat gemeinsame konsensual vereinbarte Ziele verfolgt, dafür aber kaum Ressourcen hat, ist er zwischen den Kategorien der zweiten Reihe Verband, Club und Koalition einzuordnen.

gungsarbeit im Rahmen seiner Organe, Veranstaltungen und Veröffentlichungen unterstützen und somit einen Beitrag zur Steuerung durch Persuasion[51] leisten. Eine stärker auf politische Entscheidungen und deren Umsetzung orientierte Raumentwicklungszusammenarbeit ist vom Europarat nicht zu erwarten, weil die Zahl der dabei zu koordinierenden nationalen, regionalen und kommunalen Akteure sehr hoch ist und das Beispiel der bedeutend weniger Mitgliedstaaten umfassenden Europäischen Union zeigt, wie zögerlich sich selbst dort der Kooperationsprozess entwickelt.

2.2.1.2 Europäische Union

Handelt es sich schon beim Europarat um einen kollektiven Akteur, dessen Binnendifferenzierung mindestens drei für das Politikfeld relevante Arenen aufweist, so gilt dies umso mehr für die Europäische Union (EU): Die Akteursfunktion der EU ist nach Policies und Gemeinschaftsorganen zu unterscheiden, da der Vertrag von Amsterdam[52] für diese jeweils eigene Festlegungen trifft. Zudem finden die Politiken in einem Mehrebenensystem[53] statt, denn insbesondere der Vertrag stellt eine Kopplung zwischen EU-Organen und mitgliedstaatlichen Organen her. Daneben wird dieses vertraglich definierte Mehrebenensystem durch die Dynamik des Integrationsprozesses sowie Entwicklungen in anderen nationalen oder internationalen Politikarenen beeinflusst, was sich auch auf die Rolle der einzelnen Akteure auswirkt. Im weiten Verständnis besteht das EU-Mehrebenensystem also nicht nur aus konstitutionell gekoppelten Organen, sondern auch aus interdependenten Politikarenen.[54] Dieses weite Verständnis ist insbesondere für die Analyse von Phasen der Formulierung neuer Politiken notwendig, in denen sich neue Probleme stellen, Akteurskonstellationen entwickeln und politische Entscheidungen gefällt werden, bevor oder auch ohne dass dies zu einer Formalisierung der Politiken und zur Entwicklung eines spezifischen institutionellen Kontextes führt. Bei der Europäischen Raumentwicklungspolitik handelt es sich um eine dieser jungen Politiken, und daher ist es notwendig, bezüglich der Gemeinschaftsorgane nicht nur ihre konstitutionelle Funktion im eu-

---

[51] *Benz, Arthur:* 1994, 58-59.

[52] Vgl. Vertrag über die Europäische Union (EUV) sowie Vertrag zur Gründung der Europäischen Gemeinschaft (EGV), jeweils in der Fassung vom 2. Oktober 1997.

[53] *Jachtenfuchs, Markus/Kohler-Koch, Beate,* 1996b: Regieren im dynamischen Mehrebenensystem, in *dies. (Hrsg.):* Europäische Integration, Opladen: Leske und Budrich, 15-44; *Grande, Edgar/Jachtenfuchs, Markus (Hrsg.)*: Wie problemlösungsfähig ist die EU? Regieren im europäischen Mehrebenensystem, Baden-Baden: Nomos; *Middlemas, Keith,* 1995: Orchestrating Europe, The Informal Politics of the European Union 1973-1995, London: Fontana Press; *Richardson, Jeremy (ed.),* 1996: European Union, Power and Policy-making, London and New York: Routledge.

[54] *Grande, Edgar,* 2000: Mulit-Level Governance: Institutionelle Besonderheiten und Funktionsbedingungen des europäischen Mehrebenensystems, in: *Grande, Edgar/Jachtenfuchs, Markus (Hrsg.)*: 2000, 11-30.

ropäischen Mehrebenensystem, sondern gegebenenfalls auch ihre informale Rolle im neuen Politikfeld zu betrachten.

Der *Europäische Rat* ist die oberste Entscheidungsinstanz der Union, er vertritt gleichzeitig die Interessen der Mitgliedstaaten und legt die allgemeinen politischen Zielvorstellungen für die Entwicklung der Europäischen Union fest (EUV Art. 3, ex-Artikel D[55]). Als Handlungsträger in Hinblick auf die Europäische Raumentwicklungspolitik trat der Rat 1992 bei der Aufnahme des damaligen Artikels 130s (2) (jetzt: Art. 175) in den EG-Vertrag in Erscheinung, auch wenn damit keine Festlegung von konkreten Kompetenzen und Zielen verbunden war. Zu den Aktivitäten des Europäischen Rats, welche die Raumentwicklung in Zukunft beeinflussen dürften, gehört die deutliche Erhöhung der Strukturfondsmittel im Jahr 1993.[56] Ansonsten ist an den Aktivitäten des Rats bemerkenswert, dass er den EUREK-Prozess zumindest toleriert und seine Mitglieder über die entsprechenden Ministerien an diesem sogar aktiv beteiligt sind. Die Orientierung des Rats kann daher insgesamt als eine interpretiert werden, welche eine Politik zur Entwicklung des europäischen Raums begünstigt, die primär an bestehenden Gemeinschaftspolitiken wie der Regional- und Strukturpolitik ausgerichtet ist. Die Tolerierung einer informalen Europäischen Raumentwicklungspolitik neben den offiziellen Gemeinschaftspolitiken deutet darauf hin, dass diese als Instrument in Dienste der Gemeinschaftspolitiken eingesetzt werden könnten. Dies wäre etwa der Fall, wenn das EUREK in Zukunft herangezogen würde, um die Strukturfonds daran auszurichten.

Neben dem Europäischen Rat gibt es den Rat der Europäischen Union (auch Ministerrat, aber meist nur Rat genannt). Dieser Rat ist das zentrale Beschluss- und Lenkungsorgan der Gemeinschaft. Der EG-Vertrag weist dem Rat erhebliche Kompetenzen zur Gestaltung raumrelevanter Politiken wie der Umwelt- und Regionalpolitik zu. In Bezug auf die Raumentwicklungspolitik im engeren Sinne besteht die Rolle des Rats insbesondere darin, auf Vorschlag der Kommission und nach Anhörung des Europäischen Parlaments und des Wirtschafts- und Sozialausschusses einstimmig Maßnahmen im Bereich der Raumordnung zu erlassen (Art. 175 (2) EGV, ex-Artikel 130s). Der Rat ist jedoch diesbezüglich bisher nicht in Erscheinung getreten, da aufgrund unterschiedlicher nationaler Vorstellungen von Raumordnung und deren Stel-

---

[55] Im Rahmen der Arbeit werden Verträge prinzipiell in ihrer aktuellsten Fassung verwendet. Für den EG- und den EU-Vertrag ist dies jeweils die Fassung vom 2. Oktober 1997 (Vertrag von Amsterdam). Da die Diskussion zur rechtlichen Verankerung der Europäischen Raumentwicklungspolitik in der Literatur jedoch besonders intensiv in der Mitte der 90er Jahre geführt wurde und dies auf der Basis des EG- und des EU-Vertrags in der Fassung vom 2. Februar 1992 (Vertrag von Maastricht) geschah, ist es zum besseren Verständnis dieser Diskussion verschiedentlich sinnvoll, auf die ältere Fassung ebenfalls hinzuweisen.

[56] *Selke, Welf,* 1999: Einbindung der Bundesraumordnung in die europäische Raumordnungspolitik, in: *Akademie für Raumforschung und Landesplanung (ARL)*: Grundriß der Landes- und Regionalplanung, Hannover, 119.

lenwert auf Gemeinschaftsebene das notwendige Einvernehmen zwischen den Mitgliedstaaten bisher nicht erreicht werden konnte.

Infolge erheblicher Kompetenzverlagerungen von der mitgliedstaatlichen auf die EU-Ebene in den letzten Jahren werden weitere Kompetenzverlagerungen von den Mitgliedstaaten kritisch geprüft. In Bezug auf eine Europäische Raumentwicklungspolitik wird insbesondere befürchtet, dass sie je nach Kompetenzzuweisung dem in Art. 5 EGV (ex-Artikel 3b) verankerten Subsidiaritätsprinzip widersprechen könnte.[57] Obwohl ohne eigene Beschlüsse in Sachen Raumentwicklungspolitik, ist der Rat dennoch als Akteur im Politikfeld tätig, denn gerade seine Passivität verhindert die formale Einbeziehung des Politikfelds in die Organisationsstruktur der Europäischen Union. Die Passivität des Rats findet ihren Niederschlag auch in der Zusammensetzung des Rats selbst. Je nach Sachthema, das behandelt werden soll, tagt der Rat in Gestalt der zuständigen Fachminister. Bisher wurde jedoch noch nie der Rat der für Raumordnung zuständigen Minister einberufen. Diese treffen sich zwar dennoch und kooperieren durchaus intensiv, aber nicht als formaler Rat, sondern als informal tätiger *Informeller Rat der für Raumordnung zuständigen Minister,* der von einem *Ausschuss für Raumentwicklung (CSD)* unterstützt wird.[58] Dieser informelle Status ist für die Europäische Raumentwicklungspolitik höchst folgenreich, weil all seine Aktivitäten und Beschlüsse keinen formalen Bezug zu den Verträgen der Union haben und somit außerhalb der formalen Organisation stattfinden[59]. Die Rollen des Informellen Rats sowie des CSD sollen daher an anderer Stelle analysiert werden (vgl. Kapitel 2.3.1.1).

Neben seiner unmittelbaren Bedeutung wirken sich Ratsentscheidungen in anderen raumrelevanten Politikfeldern mittelbar auch auf die Raumentwicklungspolitik aus, wenn der Rat beispielsweise in der EFRE-Verordnung der Kommission die Befugnis überträgt, auf eigene Initiative Studien zu erstellen, in denen die räumlichen Auswirkungen bestimmter von nationalen Behörden geplanter Maßnahmen, vor allem bei

---

[57] *Biehl, Dieter,* 1996: Ein Plädoyer für eine Europäische Raumentwicklungskonzeption, in: *Helmut Karl und Wilhem Henrichsmeyer*: Europäische Raumentwicklungspolitik: Notwendigkeit einer vertraglichen Verankerung? Bonner Schriften zur Integration Europas, Band 8, Bonn, 14; *Akademie für Raumforschung und Landesplanung (ARL),* 1996: Europäische Raumentwicklungspolitik. Rechtliche Verankerung im Vertrag über die Europäische Union, ARL-Arbeitsmaterial, Nr. 233, Hannover, 26.

[58] *Faludi, Andreas/Zonneveld, Wil, (eds.)* 1997: Shaping Europe: The European Spatial Development Perspective, Built Environment, Volume 23, Number 4.

[59] Diese Feststellung des fehlenden formalen Bezugs zum System der EU war im Rahmen der Analyse Anlass zu dem Anfangsverdacht, dass sich die Raumentwicklungspolitik gar nicht innerhalb der EU, sondern parallel zu ihr in einem eigenständigen policyspezifischen internationalen Regime entwickelt. Dieser Verdacht konnte jedoch nicht erhärtet werden. Zwar spiegelt der Informelle Rat Kriterien von Regimen in ihrer Entstehungsphase wider, aber die Anlehnung des Rats an die Strukturen in der Union, die vielfältigen Bezüge des EUREK zur Union sowie die auf Kooperation der verschiedensten Akteure ausgerichtete Intention der Politik widersprechen eindeutig der Bildung eines eigenen Regimes; *Müller, Harald,* 1993: Die Chance der Kooperation: Regime in den internationalen Beziehungen, Darmstadt: Wissenschaftliche Buchgesellschaft, 1-53.

großen Infrastrukturen, deren Auswirkungen den nationalen Rahmen überschreiten, untersucht werden.[60] Entsprechendes gilt für Aktivitäten des Rats in den Themenbereichen Umwelt oder Transeuropäische Netze. Insgesamt lässt sich die Rolle des Rats im Politikfeld als sektoral orientiert bezeichnen: Einerseits werden im Rat viele raumrelevante Beschlüsse im Kontext der verschiedenen Politiken gefasst, aber andererseits fehlen sektorübergreifende Entscheidungen zu unmittelbar raumentwicklungspolitischen Aktivitäten.

Solange die Mitglieder des Europäischen Rats keinen Rat der für Raumordnung verantwortlichen Minister einberufen, wird der Ministerrat die Entwicklung des europäischen Raums allein über die bestehenden Gemeinschaftspolitiken beeinflussen können. Dies wiederum begünstigt die Instrumentalisierung der Europäischen Raumentwicklungspolitik im Interesse der Gemeinschaftspolitiken.

Das *Europäische Parlament* besteht aus Vertretern der Völker der in der Gemeinschaft zusammengeschlossenen Staaten (EGV Art. 189). Im Kontext von Ratsbeschlüssen im Bereich der Raumordnung (EGV Art. 175 (2)) muss das Europäische Parlament vom Rat angehört werden. Die Beschäftigung des Parlaments mit Fragen der Raumordnung bzw. der Europäischen Raumentwicklung ist jedoch nicht von diesem Artikel abhängig. Entsprechende Fragen können je nach Bedarf auf die Tagesordnung des Plenums oder des für Raumordnung zuständigen Ausschusses gesetzt werden. In den 90er Jahren hat das Parlament mehrfach zu Fragen der Europäischen Raumentwicklungspolitik Entschließungen gefasst und ist dabei als Befürworter einer europäischen Raumentwicklungspolitik aufgetreten.[61] Ein Entwurf des Parlaments für den Vertrag zur Gründung der Europäischen Union aus dem Jahre 1994 sieht in der „Entwicklung eines europäischen Rahmens für die Raumordnungspolitiken der in jedem Mitgliedstaat dafür zuständigen Stellen" eine Aufgabe der Regionalpolitik der Union.[62] Auch zu den Leitlinien für die EU Gemeinschaftsinitiative INTERREG wird das Parlament von der Kommission vor seiner Entscheidung gehört. Bedeutende Aktivitäten des Parlaments bezüglich einer Raumentwicklungspolitik sind vor allem die grundsätzlichen Entschließungen zur „konzertierten Raumordnungspolitik" vom 26. Oktober 1990[63] und zum Entwurf des EUREK vom 2. Juli 1998[64]. Die Position, welche das Parlament dabei einnimmt, ähnelt der Rolle des Rats

---

[60] Zur EFRE-Verordnung siehe Amtsblatt der Europäischen Gemeinschaften, Nr.: L 193/34, Verordnung 2083/93 vom 20. Juli 1993.

[61] *Selke, Welf,* 1999: Einbindung der Bundesraumordnung in die europäische Raumordnungspolitik, in: *Akademie für Raumforschung und Landesplanung (ARL)*: Grundriß der Landes- und Regionalplanung, Hannover, 117.

[62] *Pernthaler, Peter/Prantl, Barbara,* 1994: Raumordnung in der europäischen Integration, Rechtliche und rechtspolitische Auswirkungen des EG-Rechts und der EG-Planungen auf die österreichische Raumordnung und ihre Organisation, Wien: Literas-Universitätsverlag, 45-46.

[63] Amtsblatt der Europäischen Gemeinschaften: Nr. C 295/652 vom 26.11.1990.

[64] Amtsblatt der Europäischen Gemeinschaften: Nr. C 226/42 vom 20.07.1998; Bundesministerium für Verkehr, Bau- und Wohnungswesen: 1998.

der Europäischen Union und der Versammlung der Regionen beim Europarat. In allen drei Organen wird die Europäische Raumentwicklungspolitik prinzipiell begrüßt, wenn nicht sogar ausdrücklich gefordert. Was die Kompetenzen der Europäischen Gemeinschaft und ihrer Organe betrifft, überwiegt jedoch eine große Zurückhaltung. Dabei sind die Einhaltung des Subsidiaritätsprinzips und, damit verbunden, die Betonung der nationalen, regionalen und lokalen Zuständigkeit im Kontext der Raumentwicklungspolitik stets wiederkehrende Argumente. Obwohl ein Organ der Union begünstigt das Parlament somit keineswegs automatisch die Entwicklung einer neuen Gemeinschaftspolitik. Vielmehr vertreten seine Mitglieder im konkreten Fall primär die Interessen der Mitgliedstaaten und ihrer Regionen.

Die *Europäische Kommission* ist die Hüterin des EG-Vertrags (Art. 211 EGV). Ihre Aufgabe ist es insbesondere, für die Anwendung des Vertrags sowie der aufgrund dieses Vertrags getroffenen Bestimmungen Sorge zu tragen. Sie gibt Empfehlungen oder Stellungnahmen auf den in diesem Vertrag bezeichneten Gebieten ab, soweit dies ausdrücklich vorgesehen ist oder soweit die Kommission dies für notwendig erachtet. Darüber hinaus kann sie nach Maßgabe des Vertrags in eigener Zuständigkeit Entscheidungen treffen (Art. 211 EGV). Im Rahmen dieser Kompetenzen entschied die Kommission beispielsweise am 8. Mai 1996 über die Durchführung der Gemeinschaftsinitiative INTERREG II C im Bereich der transnationalen Raumentwicklung.[65] Zuvor waren bereits die Studien Europa 2000 und Europa 2000+ auf der Basis von Artikel 10 der Verordnung über den Europäischen Fonds für regionale Entwicklung (EFRE)[66] durchgeführt worden. Innerhalb der Kommission ist die Generaldirektion Regionalpolitik (GD XVI) in Fragen der Europäischen Raumentwicklung federführend[67], und sie gilt derzeit als die treibende Kraft bei der Gestaltung der Raumentwicklungszusammenarbeit auf europäischer Ebene.[68] Von hier wurden die genannten Studien in Auftrag gegeben, die GD XVI nimmt die Funktion des Sekretariats für den Ausschuss für Raumentwicklung wahr, ist zuständig für die Gemeinschaftsinitiative INTERREG und unterstützt den EUREK-Prozess z. B. durch die Veranstaltung der EUREK-Foren und die Herausgabe des EUREK-Dokuments.[69] Über diese unmittelbar für die Europäische Raumentwicklungspolitik relevanten Aufgaben hinaus liegt bei dieser Generaldirektion die Zuständigkeit für den Europäischen Fonds

---

[65] Amtsblatt der Europäischen Gemeinschaften: Nr. C 200/23 vom 10.07.1996.

[66] Amtsblatt der Europäischen Gemeinschaften: Verordnungen Nr. 4254/88, 2052/88, 2083/93 und 1261/99.

[67] *Bundesamt für Bauwesen und Raumordnung (BBR),* 2000b: Raumordnungsbericht 2000, Bonn, 211.

[68] Diese Position ergibt sich u. a. aus dem Kontext dieser Arbeit. Sie wird aber auch unabhängig davon vertreten z. B. von *Selke, Welf,* 1999: Einbindung der Bundesraumordnung in die europäische Raumordnungspolitik, in: *Akademie für Raumforschung und Landesplanung (ARL)*: Grundriß der Landes- und Regionalplanung, Hannover, 117.

[69] Die bisher detaillierteste Analyse der Rolle der Kommission bieten die Beiträge in *Faludi, Andreas/ Zonneveld, Wil, (eds.)* 1997: Shaping Europe: The European Spatial Development Perspective, Built Environment, Volume 23, Number 4.

für regionale Entwicklung, den Kohäsionsfonds und seit dem Jahr 2000 auch für das neu geschaffene strukturpolitische Instrument zur Vorbereitung auf den Beitritt (ISPA).[70] Mit diesem Instrumentarium, dessen Bedeutung vor allem aus den ökonomischen Anreizen der verschiedenen Interventionen erwächst, verfügt die Generaldirektion über einen großen Einfluss auf raumrelevante Fragen in der Union. Für die Europäische Raumentwicklungspolitik erfüllt sie zudem eine Art Gateway-Funktion zur Kommission insgesamt.

Der Vertrag über die Europäische Union sieht zwar keine Raumordnungskompetenz vor, legt aber andere Kompetenzen fest, die in einem engen sachlichen Zusammenhang mit Fragen der Raumentwicklung stehen: Transeuropäische Netze (Art. 154-156 EGV), wirtschaftlicher und sozialer Zusammenhalt (Art. 158-162 EGV) und Umwelt (Art. 174-176 EGV). Zwar sind für Umwelt, Verkehr und andere raumrelevante Bereiche andere Generaldirektionen zuständig, doch sind diese nur selten unmittelbar an der Raumentwicklungszusammenarbeit beteiligt[71]. Allerdings sind sie mittelbar über die Interservice-Konsultationen innerhalb der Kommission an der Behandlung der ihre jeweilige Zuständigkeit betreffenden Aspekte beteiligt. Für die Untersuchung der Wechselbeziehungen zwischen Gemeinschaftspolitik und räumlicher Entwicklung wurde eine eigene Interservice-Gruppe eingerichtet.[72] Vermittelt werden ihre Beiträge jeweils über die GD XVI. Gerade auch in extrem kontroversen Fragen wie dem bisher nicht zuletzt wegen fehlender Kompatibilität der Programme meist scheiternden Einsatz von PHARE-Mitteln im Rahmen der transnationalen Raumentwicklungszusammenarbeit ließ sich die für Erweiterung der Union und damit auch für das PHARE-Programm zuständige Generaldirektion I.A bisher häufig über die GD XVI vertreten.[73]

---

[70] Amtsblatt der Europäischen Gemeinschaften: Nr. L 161/68, Verordnung Nr. 1266/1999 des Rats vom 21. Juni 1999. Zur Zuständigkeit der DG XVI siehe auch *Europäische Kommission – Generaldirektion Regionalpolitik,* 1999: Die strukturpolitischen Maßnahmen in der Prodi-Kommission, Brüssel: GD XVI, F.2.

[71] Vgl. hierzu beispielsweise *Europäische Kommission – Kommission der Europäischen Gemeinschaften,* 1993: Für eine dauerhafte und umweltgerechte Entwicklung, Ein Programm der Europäischen Gemeinschaft für Umweltpolitik und Maßnahmen in Hinblick auf eine dauerhafte und umweltgerechte Entwicklung, GD XI – Umwelt, nukleare Sicherheit und Katastrophenschutz, Brüssel und Luxemburg. Die GD XI beschäftigt sich in ihrem Umweltprogramm mit sektoraler Planung und Raumplanung (Kap. 7.3), ist aber innerhalb der Kommission nicht für die Europäische Raumentwicklungspolitik zuständig.

[72] *Europäische Kommission – Kommissionsdienststellen,* 1998a: Bericht über die Gemeinschaftspolitiken und Raumentwicklung, Arbeitsunterlage der Kommissionsdienststellen, unveröffentlichtes Manuskript, Brüssel; vgl. auch EUREK, 167, 40.

[73] Das PHARE-Programm wurde 1989 zunächst nur für Polen und Ungarn aufgelegt und trug daher ursprünglich den Namen: „Poland and Hungary: Aid for Restructuring Economies". Bis 1997 gehörten bereits dreizehn mittel- und osteuropäische Staaten zu den Empfängerländern von PHARE. Die Bedeutung dieses unabhängig von der Raumentwicklungspolitik entstandenen Programms ergibt sich daraus, dass die aus dem EFRE stammenden INTERREG-Mittel nicht außerhalb der Union eingesetzt werden dürfen. Für die Raumentwicklungskooperation mit den MOE-Staaten stellt PHARE daher (neben dem neuen ISPA-Programm) eines der wenigen prinzipiell einsetzbaren Förderinstrumente dar.

Unter den Organen der Europäischen Union ist die Europäische Kommission der aktivste Handlungsträger in Sachen Europäischer Raumentwicklungspolitik und nutzt hierbei die ihr eingeräumten Freiräume zur Stärkung des Politikfelds aus. Sie unterstützt als Sekretariat den Ausschuss für Raumentwicklung, d. h. ein offizielles Organ der Europäischen Union unterstützt den Ausschuss eines intergouvernementalen Rats. Die für Regionalpolitik zuständige Generaldirektion der Kommission gibt jedes Jahr Studien zu Fragen der Regionalentwicklung und Raumordnung in Auftrag, die sowohl als Basis für die Politikformulierung als auch für die Vorbereitung von Programmen dienen. Die für die Raumentwicklungspolitik wichtigsten Impulsgeber der frühen 90er Jahre waren die Dokumente „Europa 2000"[74] und „Europa 2000+"[75]. In Arbeit ist derzeit ein Europäisches Raumentwicklungskompendium.[76] Des Weiteren ist die Kommission Veranstalterin nicht nur der EUREK-Foren, sondern auch anderer die Raumentwicklungszusammenarbeit fördernder Konferenzen. Auf solchen Veranstaltungen thematisiert sie auch die Zusammenarbeit im größeren Europa und bezieht dabei den Europarat in die Kooperation mit ein.[77] Die Politikarenen von Union und Europarat sind dadurch lose aneinander gekoppelt. Schließlich sind auch die Aktivitäten im Zusammenhang mit der Gemeinschaftsinitiative INTERREG II C und III B im Bereich der europäischen Raumentwicklungszusammenarbeit von großer Bedeutung, werden mit diesen Interventionen doch (für viele Mitgliedstaaten erstmals) relativ hohe finanzielle Mittel als Anreizinstrument der Raumentwicklungszusammenarbeit zur Verfügung gestellt.

Betrachtet man das Fehlen formaler Kompetenzen für die Raumentwicklungspolitik einerseits und das starke diesbezügliche Engagement der Kommission andererseits, so wird ein Widerspruch offenbar. Dieser kann nur mit einem hohen Eigeninteresse der Kommission und insbesondere der Generaldirektion für Regionalpolitik erklärt werden. Die neue Politik wird unterstützt, weil sie die Rolle der Kommission in der europäischen Politik stützt bzw. sogar weiter stärken könnte.

Zwei weitere Gemeinschaftsorgane sind der Wirtschafts- und Sozialausschuss (Art. 257-262 EGV) sowie der Ausschuss der Regionen (Art. 263-265 EGV). Der *Wirt-*

---

[74] *Europäische Kommission – Commission of European Communities,* 1991: Europe 2000, Outlook for the development of the Community's territory, Brussels and Luxembourg.

[75] *Europäische Kommission – European Commission,* 1994a: Europe 2000+, Cooperation for European territorial development, Brussels and Luxembourg.

[76] Die ersten Bände des Kompendiums mit einer Synopse zur Raumplanung in den Mitgliedstaaten im ersten Band hat die Kommmission bereits veröffentlicht: *Europäische Kommission – European Commission,* 1997a: The EU compendium of spatial planning systems and policies, Regional development studies, vol. 28, Luxembourg.

[77] Beispielsweise kam es 1995 zu einer gemeinsamen Konferenz zu Fragen der europäischen Raumplanung: *Europäische Kommission – European Commission,* 1996c: The regional planning of greater Europe in co-operation with the countries of central and eastern Europe, Proceedings of a joint conference held in Prague 16-17 October 1995, Brussels and Luxembourg.

schafts- und Sozialausschuss besteht aus Vertretern der verschiedenen Gruppen des wirtschaftlichen und sozialen Lebens, während der *Ausschuss der Regionen* aus Vertretern der regionalen und lokalen Gebietskörperschaften zusammengesetzt ist. Beide Ausschüsse haben beratende Funktionen. Im Kontext von Ratsbeschlüssen im Bereich der Raumordnung (Art. 175 (2) EGV) muss der Wirtschafts- und Sozialausschuss gehört werden. Sofern eine Anhörung der Ausschüsse nicht vertraglich vorgeschrieben ist, werden sie vom Rat oder von der Kommission nur dann angehört, wenn diese dies für zweckmäßig erachten. Beide Ausschüsse haben zu den Kommissionsdokumenten „Europa 2000" und „Europa 2000+" sowie zum EUREK-Entwurf Stellung genommen. In den verschiedenen Stellungnahmen[78] werden die Vorteile einer Raumentwicklungszusammenarbeit hervorgehoben, womit die fachliche Kooperation vom Erfahrungsaustausch bis hin zur Berücksichtigung raumordnerischer Belange bei der Fortentwicklung der Gemeinschaftspolitiken gemeint ist. Die Kommission solle diesbezüglich konsultieren, informieren und koordinieren. Ansonsten verweist insbesondere der Ausschuss der Regionen auf die Notwendigkeit, das Subsidiaritätsprinzip anzuwenden. Vorschläge, der europäischen Ebene politische Kompetenzen für die Europäische Raumentwicklung zuzuweisen, machen die Ausschüsse nicht. Die Akteursfunktion beider Ausschüsse beschränkt sich weitgehend auf die Beratung der verschiedenen Organe der Europäischen Union. Hinzu kommt jedoch noch die Möglichkeit, über ihre eigene Klientel insbesondere in den einzelnen Mitgliedstaaten politische Prozesse zu beeinflussen. Im Hinblick auf die Europäische Raumentwicklungspolitik ist beispielsweise von Bedeutung, dass der Ausschuss der Regionen die Gebietskörperschaften vertritt, die in vielen Mitgliedstaaten die Zuständigkeit für die Raumordnung besitzen und um deren Kompetenzen es folglich geht, wenn über die Entwicklung einer Raumentwicklungspolitik auf europäischer Ebene diskutiert wird. Nach dem Europäischen Rat und dem Europäischen Parlament ist der Ausschuss der Regionen nun das dritte Organ der Union, in dem die Idee einer koordinierten Entwicklung des europäischen Raums aus der Sicht regionaler und nationaler Interessen diskutiert und von diesen geprägt wird. Somit wirken hier mehrere Gemeinschaftsorgane als Vertreter von Interessen der unteren Ebenen.

Der Europäische Gerichtshof (Art. 220-245 EGV) gehört zu den wichtigsten Organen der Europäischen Union und ist für die Wahrung des Rechts bei der Auslegung und Anwendung der Verträge zuständig. Somit sind viele seiner Entscheide zumindest mittelbar auch für die Europäische Raumentwicklungspolitik bestimmend, wohingegen sich der Gerichtshof bisher noch nicht unmittelbar mit Fragen der Europäischen Raumentwicklungspolitik beschäftigt hat. Bemerkenswert ist diese Passivität

[78] *Wirtschafts- und Sozialausschuss*: Amtsblatt der Europäischen Gemeinschaften: Nr. C 339/94 vom 31.12.1991, Nr. C 133/32 vom 31.05.1995, Nr. C 301/10 vom 13.11.1995; siehe auch Hinweis in Bundesministerium für Verkehr, Bau- und Wohnungswesen: 1998, Anhang 3, Seite 2. *Ausschuss der Regionen*: Amtsblatt der Europäischen Gemeinschaften: Nr. C 100/65 vom 02.04.1996; Nr. C 244/19 vom 11.08.1997; C 116/1 vom 14.04.1997.

des Gerichtshofs vor dem Hintergrund, dass der Gerichtshof in den zurückliegenden Jahrzehnten durch seine Interpretation der Verträge im Rahmen seiner Urteile den Integrationsprozess in vielen Politikfeldern entscheidend mitgeprägt hat[79] und einzelne Autoren die Anwendung des bestehenden EG-Rechts auch auf nationale Raumordnungsvorschriften für möglich erachten[80]. Offensichtlich aber misst der Gerichtshof der neuen Politik bisher keinen Handlungsbedarf seinerseits bei.

Als letztes noch fehlendes Organ der EU ist der Europäische Rechnungshof zu erwähnen, der im Rahmen seiner Zuständigkeit die Rechtmäßigkeit und Ordnungsmäßigkeit der Einnahmen und Ausgaben prüft und sich von der Wirtschaftlichkeit der Haushaltsführung überzeugt (Art. 246-248 EGV). Da die EU Gemeinschaftsinitiative INTERREG aus den Strukturfonds finanziert wird, unterliegen somit auch deren raumentwicklungsbezogene Ausrichtungen INTERREG II C bzw. III B der Kontrolle des Rechnungshofs. Es gibt also prinzipiell Berührungspunkte zwischen Rechnungshof und Europäischer Raumentwicklungspolitik, die zum Tragen kommen, sobald INTERREG II C- und III B-Programme geprüft werden.

Die Analyse der einzelnen Gemeinschaftsorgane zeigt deutlich, wie unterschiedlich ausgebildet die Akteursfunktion der einzelnen Organe in Bezug auf das Politikfeld ist, dass aber gleichzeitig selbst die bisher nicht aktiven Organe mit der politikfeldspezifischen Mehrebenenstruktur verflochten sind. Die Interdependenzen zwischen den Politikarenen der EU und deren jeweilige Bezüge zum Politikfeld zeigen zudem, dass die Unterscheidung zwischen dem generellen europäischen Mehrebenensystem, wie es in der Literatur verwendet wird, und einem Mehrebenensystem der Europäischen Raumentwicklungspolitik allenfalls eine analytische Kategorie sein könnte und keine wahre Differenzierung zwischen zwei separaten Systemen. Das politikfeldspezifische Mehrebenengeflecht ist als Subsystem des europäischen Mehrebenensystems zu betrachten. Eine eigenständige Betrachtung dieses Subsystems ist aber notwendig, da der institutionelle Kontext im Politikfeld selbst für die Gemeinschaftsorgane ein spezifischer ist (vgl. Kap. 2.3.4).

Die Interessen und Orientierungen der Gemeinschaftsorgane sind unterschiedlich. Während die Europäische Kommission die Raumentwicklungszusammenarbeit aktiv und auf verschiedenerlei Art unterstützt, halten sich andere Gemeinschaftsorgane wie der Europäische Rat zurück oder vertreten wie im Fall des Ausschusses der Regionen und des Europäischen Parlaments aktiv die Interessen der Regionen und Mitgliedstaaten. Auffallend ist dabei, dass die Vertretung dieser Interessen bei den

---

[79] *Middlemas, Keith,* 1995: Orchestrating Europe, The Informal Politics of the European Union 1973-1995, London: Fontana Press, 365-382; *Wincott, Daniel,* 1996: The Court of Justice and the European policy process, in: *Jeremy Richardson (ed.)*: European Union, Power and Policy-making, London and New York: Routledge, 170-184.

[80] Vgl. hierzu *Pernthaler, Peter/Prantl, Barbara,* 1994: Raumordnung in der europäischen Integration, Rechtliche und rechtspolitische Auswirkungen des EG-Rechts und der EG-Planungen auf die österreichische Raumordnung und ihre Organisation, Wien: Literas-Universitätsverlag, 44.

Gemeinschaftsorganen besonders ausgeprägt ist, deren Repräsentanten eine enge Rückbindung in den Regionen haben. Was im Gemeinschaftsinteresse ist, wird von den einzelnen Organen somit unterschiedlich bewertet und folglich kann auch nicht von einem einheitlichen Interesse und einer entsprechenden Orientierung der Union gesprochen werden.

2.2.1.3 Europäische Vereinigungen regionaler Gebietskörperschaften und europäische Nicht-Regierungsorganisationen

Neben dem Europarat und der Europäischen Union gibt es eine Vielzahl weiterer komplexer Akteure oberhalb der nationalen Ebene, von denen sich allerdings nur einige im Bereich der Europäischen Raumentwicklungspolitik engagieren. Im Rahmen der Analyse wurde die verfügbare Literatur (siehe Literaturverzeichnis) bezüglich dieser Akteure ausgewertet. Im Ergebnis ist festzustellen, dass als komplexe Akteure insbesondere die europäischen Vereinigungen regionaler Gebietskörperschaften sowie einige europäische Nicht-Regierungsorganisationen zu beachten sind.

1971 wurde die Arbeitsgemeinschaft Europäischer Grenzregionen (AGEG) gegründet. 1996 gehörten dieser Dachorganisation bereits 58 Mitglieder an, die rund 90 Grenzregionen aus allen Teilen Europas repräsentieren. Seit 1990 unterhält die AGEG-Geschäftsstelle in Gronau ein EU-finanziertes Observatorium für grenzüberschreitende Zusammenarbeit LACE (Linkage Assistance and Co-operation for European Border Regions). Durch Ihre Veranstaltungen, Publikationen und allgemeine Beratertätigkeit hat sich die AGEG zu einer Lobbyorganisation für die Interessen der Grenzregionen entwickelt.[81] So engagiert sich die AGEG zusammen mit der Versammlung der Regionen beim Europarat und der Konferenz der peripheren Küstenregionen Europas (CPMR), einer weiteren Interessenvertretung von Regionen, stark im Kontext der Weiterentwicklung der Gemeinschaftsinitiative INTERREG. Alle drei Vereinigungen von Regionen (AdR, AGEG und CPMR) unterstützen dabei die Entwicklung einer Europäischen Raumentwicklungspolitik insofern, als sie den Interessen der von ihnen vertretenen Regionen entspricht. Im Fall der Gemeinschaftsinitiative INTERREG, bei der die grenzübergreifende Zusammenarbeit im Rahmen von INTERREG II A bzw. III A stattfindet, setzt sich die AGEG im Interesse ihrer Mitglieder in der neuen Förderperiode 2000-2006 für eine möglichst hohe Finanzausstattung von III A und damit faktisch gegen die vorwiegend im Rahmen von III B vorgesehene Raumentwicklungszusammenarbeit ein.[82]

---

[81] *Arbeitsgemeinschaft Europäischer Grenzregionen (AGEG),* ohne Jahr: 25 Jahre Gemeinschaftsarbeit, Gronau: AGEG; *Europäische Kommission*, 1997b: Praktisches Handbuch zur grenzüberschreitenden Zusammenarbeit, 2. Auflage, Gronau: AGEG; *Arbeitsgemeinschaft Europäischer Grenzregionen (AGEG),* 1998: Institutional Aspects of Cross-border Cooperation, Working Document, Gronau: AGEG.

[82] Siehe hierzu u. a. die Beiträge der AGEG-Vertreter in: *Regione Autonoma Fruili-Venezia Giulia (ed.),* 1999: European Conference on the New INTERREG III Initiative, Trans-European Co-operation for the Promotion of Cohesion and Economic Development, Grado, 9-10 April 1999, Triest.

Eine weitere Regionalvereinigung ist die Arbeitsgemeinschaft Alpen-Adria, in der sich seit 1987 19 Regionen aus sieben Ländern zusammengeschlossen haben. Konsultativorgan der Vereinigung ist die Versammlung der jeweiligen Vorsitzenden der Mitgliedsregionen. Im Rahmen der langfristigen Kooperation beschäftigen sich die Mitglieder mit den gemeinsamen Problemen der Regionen, wozu auch Fragen der Raumordnung gehören.[83] Ähnliche multilaterale und interregionale Kooperationen sind die Arbeitsgemeinschaft der Donauländer (ARGE Donauländer), die Konferenz für Regionalentwicklung in Nordwesteuropa (KRENWE)[84], die Arbeitsgemeinschaft der Länder der Westalpen (COTRAO) und die VASAB-Initiative im Ostseeraum (vgl. Kap. 2.3.1.2).[85]

Neben den genannten Organisationen gibt es eine Reihe von Institutionen, die sich zumindest punktuell mit Fragen der Europäischen Raumentwicklungszusammenarbeit beschäftigen. Diese befassen sich mit Einzelfragen wie beispielsweise dem integrierten Küstenzonenmanagement im Ostsee- oder Schwarzmeerraum und stoßen dabei auf übergeordnete Raumentwicklungsaspekte.[86] Zu den Organisationen, die zum Entwurf des EUREK Stellung nahmen, gehören beispielsweise neben AGEG und CPMR auch die Konferenz Oberrheinischer Regionalplaner (KOR), die Regionalkommission Saar-Lor-Lux-Trier/Westpfalz, die Wirtschaftlichen und Sozialen Regionalausschüsse des Atlantischen Raums (RESC), das Europäische Umweltbüro, BirdLife International und das Office International du Coin de Terre et des Jardins Familiaux.[87] Die Wissenschaft tritt nicht durch eigene formale transnationale Organisationen in Erscheinung, obwohl es zum Beispiel mit der Europäischen Sektion der Gesellschaft für Regionalforschung (ERSA) oder europäischen Vertretern der Internationalen Vereinigung für Politische Wissenschaft (IPSA) durchaus potenzielle Akteure gibt. Die Aktivitäten der Akteure aus der Wissenschaft liegen im Bereich der gutachterlichen oder sonstigen beratenden Tätigkeit für die genannten formalen Organisationen bzw. sie beeinflussen deren Arbeit indirekt, wenn die Ergebnisse außerhalb der Wissenschaft rezipiert werden (vgl. Kap. 2.3.2).

---

[83] *Regione Autonoma Fruili-Venezia Giulia,* 1997: La Regione Fruili-Venezia Giulia, Trieste, 4-5.

[84] *Schmitz, Gottfried,* 1999: Grenzüberschreitende europäische Bezüge, Einführung, in: *Akademie für Raumforschung und Landesplanung (ARL)*: Grundriß der Landes- und Regionalplanung, Hannover, 114.

[85] *Scott, James,* 1999: Grenzübergreifende Planungsorganisationen, in: *Akademie für Raumforschung und Landesplanung (ARL)*: Grundriß der Landes- und Regionalplanung, Hannover, 145-154.

[86] *Fischer, Helle,* 1998: Sustainable Development and Coastal Zone Management around the Baltic Sea, in: *Ulrich Graute (ed.),* 1998: Sustainable Development for Central and Eastern Europe, Spatial Development in the European Context, Berlin Heidelberg New York: Springer-Verlag, 181-199; und im selben Band vgl. auch *Kharitonov, Igor A.,* 1998: Integrated Coastal Zone Management around the Black Sea, 233-242.

[87] *Bundesministerium für Verkehr, Bau- und Wohnungswesen (BMVBW),* 1998: Europäisches Raumentwicklungskonzept, Auf dem Wege zu einer nachhaltigen Europäischen Union, Entwurf Dezember 1998, Arbeitsdokument für die CSD-Beratung am 18./19. Januar 1999 in Brüssel, Bonn.

Die Auflistung in diesem Abschnitt ist bezüglich der Regionalorganisationen in Europa keineswegs vollständig.[88] Vollständigkeit beansprucht sie nur für den Mittel- und Südosteuropäischen Raum, der im zweiten Teil der Arbeit näher analysiert werden soll und für den hier die wichtigsten über die Grenzen einzelner Staaten hinausgehenden Regionalorganisationen genannt wurden. Doch schon diese Beschreibung für den Teilraum zeigt, dass die Aggregierung und gemeinsame Vertretung von Interessen bei den Grenzregionen weiter entwickelt ist und fast alle Grenzregionen einbezieht, während großräumige Kooperationen, wie die im Ostseeraum oder die der Donauländer noch eher selten und untereinander auch nicht vernetzt sind. Sie haben zwar innerhalb ihrer Räume Politikarenen gebildet, aber eine nennenswerte Interaktion oder gar eine gemeinsame Interessenvertretung nach außen konnte nicht festgestellt werden. Insofern nutzt es der Raumentwicklungspolitik auch wenig, wenn übergreifende Interessen der Raumentwicklungspolitik in großräumigen Kooperationen einen stärkeren Widerhall finden als in der stärker kleinräumlich und sektoral orientierten Grenzraumkooperation.

2.2.1.4 Internationale Organisationen im weiteren Akteurskreis

Wenn policyorientierte Mehrebenenstrukturen wie das der Europäischen Raumentwicklungszusammenarbeit nicht separat vom allgemeinen europäischen Mehrebenensystem existieren, sondern mit diesem zumindest partiell verflochten sind, dann ist auch mit Interaktionen oder gar Verflechtungen mit Akteuren und Arenen des über Europa hinausgehenden internationalen institutionellen Kontexts zu rechnen. Aus diesem Grunde wurden in die Akteursanalyse auch die internationalen Organisationen UNO und OECD mit einbezogen. Keine der beiden Organisationen ist zu den Hauptakteuren zu zählen, dennoch wirken beide mit ihrer Tätigkeit auf die Europäische Raumentwicklungspolitik ein.

Die Organisation der Vereinten Nationen (UNO) wirkt insbesondere durch die weltweite Nachhaltigkeitsdiskussion, die auf der UN-Konferenz in Rio de Janeiro[89] im Jahre 1992 ihren bisherigen Höhepunkt gefunden hat, auf die Raumentwicklungszusammenarbeit in Europa ein. Das Ziel einer nachhaltigen Entwicklung wurde von der Europäischen Raumentwicklungspolitik aufgegriffen.[90] Im Ergebnisbericht des Infor-

---

[88] Bzgl. einer systematischen Darstellung der Europäischen Regionalorganisationen vgl. *Schmitt-Egner, Peter,* 2000: Handbuch der Europäischen Regionalorganisationen Akteure und Netzwerke des Transnationalen Regionalismus von A bis Z, Baden-Baden: Nomos.

[89] *United Nations,* 1993: The Global Partnership for Environment and Development, a Guide to Agenda 21, post Rio edition, New York.

[90] Das Verständnis vom Begriff ‚Nachhaltigkeit' und seine Verwendung sind zwar nach wie vor nicht unumstritten, jedoch gibt es kaum ein wichtiges Dokument, in dem nicht in der einen oder anderen Form von Nachhaltigkeit gesprochen wird (vgl. beispielsweise Raumordnungsgesetz der Bundesrepublik und EUREK).

mellen Rats der für Raumordnung verantwortlichen Minister vom September 1994 in Leipzig wird im Kapitel zur nachhaltigen Entwicklung eine direkte Linie vom Brundtland-Bericht der Vereinten Nationen über die Konferenz in Rio zum Europäischen Raumentwicklungskonzept gezogen und damit die Relevanz der UN-Aktivitäten unterstrichen.[91] Auch im fünf Jahre später fertiggestellten EUREK wird direkt auf die Rio-Konferenz Bezug genommen.[92] Die Vereinten Nationen beeinflussen also durch Aktivitäten in ihren Politikarenen auch die Kooperation in den Arenen der Europäischen Raumentwicklungszusammenarbeit, wobei die Arenen in der Regel nicht eng oder gar personell aneinander gekoppelt sind.[93] Die UNO ist im Verhältnis zu anderen internationalen Organisationen hervorzuheben, weil sie dazu beigetragen hat, den Terminus der Nachhaltigkeit zu einem der Schlüsselbegriffe der Europäischen Raumentwicklungspolitik werden zu lassen und weil sie diesbezüglich in den Rio-Dokumenten selbst einen direkten Bezug zwischen dem Begriff der Nachhaltigkeit und Themen der Raumentwicklung hergestellt hat.[94] Da diese Dokumente für die selbst nicht formal konstituierte Raumentwicklungspolitik keinen formal bindenden Charakter haben konnten und da der UNO keine finanziellen Anreizinstrumente zur Verfügung stehen, kann es sich beim Handeln der UNO nur um Steuerung durch Persuasion gehandelt haben.

Die Organisation für wirtschaftliche Zusammenarbeit und Entwicklung (Organization for Economic Cooperation and Development / OECD) hat als Zusammenschluss der wichtigsten Industrieländer vor allem das Ziel der Vertiefung der wirtschaftlichen Zusammenarbeit sowie der Koordinierung der Entwicklungshilfe. Trotz zunehmender Bedeutung der Europäischen Union erfüllt die OECD nach wie vor wichtige Funktionen auch innerhalb Europas, insbesondere durch die Abstimmung der nationalen Wirtschaftspolitiken und Entwicklungshilfen. Fragen der Raumentwicklung spielten hierbei bis in die jüngste Vergangenheit keine bedeutendere Rolle, während Aspekte der Stadtentwicklung und der Stadtentwicklungspolitik schon früher an Bedeutung gewannen. Warum die OECD sich seit der zweiten Hälfte der 90er Jahre auch allgemeineren Fragen der Raumentwicklung geöffnet hat, erklärt sie in einer Selbstdar-

---

[91] *Bundesministerium für Raumordnung, Bauwesen und Städtebau (BMBau),* 1995: Grundlagen einer Europäischen Raumentwicklungspolitik, Principles for a European Spatial Development Policy, Principes pour une politique d'aménagement du territoire européen. Bonn: Selbstverlag der Bundesforschungsanstalt für Landeskunde und Raumordnung, 5.

[92] EUREK, 17, Seite 10, und 82, Seite 23.

[93] Eine prominente Ausnahme ist Prof. Dr. Klaus Töpfer, der während der Konferenz von Rio 1993 Bundesumweltminister die deutsche Delegation leitete, später dann zum Bundesminister für Raumordnung, Bauwesen und Städtebau wurde und in dieser Funktion 1994 das Informelle Ratstreffen der Raumordnungsminister in Leipzig leitete. 1998 übernahm er dann die Leitung des Umweltprogramms der Vereinten Nationen (UNEP).

[94] Eine Analyse ausgewählter UN-Texte ist Teil des Beitrags von *Graute, Ulrich,* 1998b: The European Debate on Sustainable Development, in: Ulrich Graute (ed.) Sustainable Development for Central and Eastern Europe, Spatial Development in the European Context; Berlin Heidelberg New York: Springer-Verlag, 11-14.

stellung so: „In a world of free trade and rapid movements of capital, space is increasingly relevant to economic policy. The planning approaches of the post-war era are no longer appropriate, but new strategies for territorial development consistent with decentralization and globalization are still in the formative stage, and reflect a rethinking of the geographic dimension of the economy."[95]

Im Jahr 1994 wurde bei der OECD der Territorial Development Service als neue Forschungs- und Beratungseinheit eingerichtet. In ihm wurden vier bisher separat arbeitende Einheiten zusammengefasst: Group of Council on Rural Development, Group of Urban Affairs, Local Economic and Employment Development (LEED) Programme sowie die Working Party on Regional Development.

Innerhalb des TDS ist die Territorial Development Policies and Prospects Division (TD-PPD) unmittelbar mit Fragen der Raumentwicklung und Raumentwicklungspolitik befasst. Sie berät Mitgliedstaaten bei der Entwicklung ihrer Raumentwicklungspolitik, informiert Regierungen über den Einfluss ökonomischer, sozialer, technologischer und ökologischer Trends auf Räume[96] von nationaler oder auch lokaler Bedeutung und unterstützt diese bei der Erreichung von Nachhaltigkeitszielen. Die traditionell ökonomische Schwerpunktsetzung bleibt aber auch in diesem neuen Tätigkeitsgebiet der OECD erhalten, denn der TDS soll insbesondere untersuchen, wie die staatliche Raumordnungspolitik mittelfristig Marktversagen korrigieren und wie ineffektive Politik vermieden werden kann. Der TDS zielt insgesamt ab auf eine einheitliche und kohärente Antwort auf die sich ändernden Bedingungen und Muster wirtschaftlichen Wachstums.[97] Auf ihrer Sitzung im April 1994 betonten die für Regionalpolitik zuständigen Minister der OECD die Notwendigkeit, Lösungsansätze für die stärker ausdifferenzierten Disparitäten zu finden, die insbesondere im europäischen Raum entstehen.[98]

Zum 1. Januar 1999 wurde ein Ausschuss für Raumentwicklungspolitik gebildet, dessen Mitglieder vorwiegend nationale Wirtschafts-, Finanz- und Raumordnungsministerien vertreten. Außerdem nehmen Vertreter der Generaldirektion für Regionalpolitik der Europäischen Kommission an den Ausschusssitzungen teil. Bei seiner ersten Sitzung am 17. und 18. Mai 1999 in Paris verständigten sich die Mitglieder darauf, den Ausschuss vor allem zur Beratung raumrelevanter und administrativer Fragen sowie zur Beratung politischer Empfehlungen zu nutzen.[99] Welche Bedeutung dem Ausschuss und im weiteren Sinne der OECD insgesamt im Kontext der Eu-

---

[95] *Homepage der OECD:* http://www.oecd.org, Stand: Januar 2000.

[96] Die OECD verwendet hier den Begriff „places".

[97] Ebenda: http://www.oecd.org//tds/new/generalTDPC.htm, Stand: Januar 2000.

[98] *Europäische Kommission – European Commission,* 1994a: Europe 2000+, Cooperation for European territorial development, Brussels and Luxembourg, 14.

[99] Homepage der OECD: http://www.oecd.org/tds/new/TDPC.htm

ropäischen Raumentwicklungspolitik zukommen wird, ist noch offen. Gleiches gilt für das Verhältnis der OECD zu den entsprechenden Aktivitäten des Europarats und der Europäischen Union. Angesichts der wenigen Handlungen, die bisher festgestellt werden können, sind die Handlungsorientierungen und Fähigkeiten der OECD als Akteur im Politikfeld noch nicht überprüfbar.

Wichtig ist es festzuhalten, dass sich mit der OECD eine weitere internationale Organisation, und zwar eine vorwiegend ökonomisch ausgerichtete Organisation, mit Fragen der Raumentwicklungspolitik als Instrument der Wirtschaftspolitik innerhalb und außerhalb Europas zu beschäftigen begonnen hat. Die Aktivitäten dieses Akteurs können durchaus als ein Indiz dafür gewertet werden, dass Fragen der Europäischen Raumentwicklung auch zunehmend in Organisationen diskutiert werden, die sich nicht schon vorher mit Fragen der Raumordnung in Europa bzw. in einzelnen Staaten beschäftigt hatten. Gleichzeitig ist festzustellen, dass dieser neue Akteur auch eigene Orientierungen in die Kooperation mit einbringt, wozu insbesondere der instrumentelle Ansatz im Kontext der OECD-Wirtschaftspolitik gehört. Ob und wie dieser Ansatz das Verständnis von Europäischer Raumentwicklungspolitik und die diesbezügliche Kooperation verändern wird, kann derzeit nur vermutet werden. Im Gegensatz zum Fall der UNO konnte die Analyse der OECD nur zur Feststellung deklarierter Handlungsorientierungen und ersten Arenenbildung kommen. Darüber hinausgehende problemorientierte Aktivitäten konnten bisher nicht festgestellt werden.

2.2.2 Komplexe Akteure auf nationaler und regionaler Ebene – Beispiele aus dem CADSES-Bereich

Wegen der auf Gemeinschaftsebene fehlenden Kompetenz für Raumentwicklungspolitik sind die Mitgliedstaaten und dort wiederum die für Raumordnung bzw. für Europäische Raumentwicklungszusammenarbeit verantwortlichen Ministerien die oft wichtigsten Handlungs- und Entscheidungsträger im Politikfeld. Raumordnungsrelevante Fragen liegen jedoch innerhalb der Mitgliedstaaten nicht allein in der Zuständigkeit nationaler Organisationen, sondern die entsprechende Verantwortung ist in vielen Mitgliedstaaten vor allem auf der regionalen und teilweise auch auf der kommunalen Ebene angesiedelt. Im Rahmen der Analyse war es daher notwendig, neben den Akteuren der nationalen auch Akteure der regionalen Ebene[100] mit einzu-

[100] Unter der regionalen Ebene wird im Kontext dieser Arbeit jeweils die subnationale Ebene innerhalb der Mitgliedstaaten verstanden, welche in die Europäische Raumentwicklungszusammenarbeit aufgrund ihrer Zuständigkeiten eingebunden ist. Für Deutschland und Österreich sind dies beispielsweise die Bundesländer, während im Falle Italiens die Regionen einzubeziehen sind. Andere Gebietskörperschaften wie etwa die italienischen Provinzen oder die Regierungsbezirke in einigen deutschen Bundesländern werden damit nicht grundsätzlich als Akteure der Raumentwicklungszusammenarbeit ausgeschlossen, aber von ihrer Bedeutung fallen sie so deutlich hinter die zuerst genannten zurück, dass sie im Rahmen dieser Arbeit vernachlässigt werden können.

beziehen. Sie werden hier getrennt von den transnationalen komplexen Akteuren behandelt, weil trotz der inzwischen erreichten Interaktionsdichte die nationale und regionale Raumordnung formal nach wie vor nicht an spezifische Vorgaben oder Konzepte von transnationalen Organisationen gebunden ist und von diesen also auch nicht sanktioniert werden kann. Dies ermöglicht nicht nur eine separate Betrachtung sondern die Unabhängigkeit der Mitgliedstaaten zwingt geradezu zu einer für jeden Mitgliedstaat getrennten Analyse.

Im Unterschied zur Gemeinschaftsebene gibt es in den einzelnen europäischen Staaten eine oft jahrzehntelange Tradition der Raumordnung. Je nach Verfassungsstruktur und Zuständigkeit für Raumordnung handelt die nationale Ebene eigenständig, in Abstimmung mit den Regionen bzw. liegt die Zuständigkeit für die Raumordnung sogar auf der regionalen Ebene. Gerade in Bezug auf den institutionellen Kontext erweist sich die begriffliche Unterscheidung zwischen Raumentwicklung für die europäische und Raumordnung für die nationale bzw. regionale Ebene als hilfreich. Der institutionelle Kontext ist auf den unteren Ebenen wesentlich entwickelter, und der Akteurskreis ist größer. Neben dem Vorhandensein einer gesetzlichen Kompetenzverteilung und staatlich-hierarchischen Verwaltungsformen besteht der Hauptunterschied in der konkreten Raumplanung, die auf der Gemeinschaftsebene oder anderen transnationalen Ebenen (wie der des Europarats oder der Ebene europäischer Teilräume) fehlt, aber insbesondere auf der regionalen bzw. kommunalen Ebene zur Einbeziehung eines viel größeren Akteurskreises führt. Raumplanungen auf den unteren Ebenen führen beispielsweise bei der Planung von Trassen für Verkehrswege oder der Standortplanung von Kraftwerken oder Deponien zu einer hohen Politisierung der Diskussion, an der sich neben Planern und Politikern auch die Betroffenen, die Medien sowie die allgemeine Öffentlichkeit beteiligen.[101] Die nationalen Unterschiede in den Planungssystemen und Planungskulturen sind jedoch so groß, dass keineswegs von einer in allen Mitgliedstaaten gleichen Raumordnung gesprochen werden kann. Vielmehr ist zwischen den Raumordnungspolitiken und -strukturen der einzelnen Staaten zu unterscheiden.[102]

Die folgenden Abschnitte berücksichtigen die Notwendigkeit einer nach Staaten differenzierten Betrachtung, wobei sich die Analyse auf die für die europäische Zusammenarbeit relevanten Aspekte konzentriert und diese Untersuchung zudem nur am Beispiel der Mitgliedstaaten Deutschland, Österreich, Italien und Griechenland

---

[101] Vgl. dazu die detaillierte Fallstudie von *Flyvbjerg, Bent,* 1998: Rationality and Power, Democracy in Practice, Chicago and London: The University of Chicago Press; zum europäischen Vergleich der Öffentlichkeitsbeteiligung siehe *Europarat – Council of Europe,* 1995: Public participation in regional/ spatial planning in different European countries, The challenges facing European society with the approach of the year 2000, European regional planning, No. 58, Strasbourg.

[102] Eine Übersicht zu den verschiedenen Planungssystemen der EU-Mitgliedstaaten bietet *Europäische Kommission – European Commission,* 1997: The EU compendium of spatial planning systems and policies, Regional development studies, Vol. 28, Luxembourg.

durchgeführt wurde. Für diese Länderauswahl spricht u. a., dass sie es sind, die auch an der im Teil 2 dieser Arbeit näher zu analysierenden Kooperation im CADSES-Programmraum von INTERREG II C teilnehmen. Für die Zusammenarbeit in der Europäischen Union ist jedoch wichtiger, dass diese Staatengruppe die Breite des Spektrums der Mitgliedstaaten repräsentiert. Deutschland und Österreich sind zwei föderale Staaten, Italien ist ein Staat mit erst in den vergangenen Jahren verstärkten föderalen Elementen, und mit Griechenland wird ein reiner Zentralstaat in die Analyse einbezogen. Entsprechend der Grundstruktur sind auch die nationalen Strukturen im Bereich der Raumordnung unterschiedlich.

Für das Analyseziel der Arbeit ist es nicht entscheidend, ob der institutionelle Kontext sämtlicher EU-Staaten analysiert wird. Entscheidend für die Analyse der Kooperation in der europäischen Mehrebenenverflechtung der Raumentwicklungszusammenarbeit ist es vielmehr, ob die ausgewählten Staaten die Vielfalt institutioneller Kontexte im Grundsatz repräsentieren, um aufbauend auf deren Analyse zu verallgemeinerbaren Aussagen zu kommen. Hiervon wird im vorliegenden Fall ausgegangen. Die Analyse der Organisationen in Deutschland, Griechenland, Italien und Österreich ist ausreichend, um die mitgliedstaatlichen Aspekte des institutionellen Kontextes der Europäischen Raumentwicklungszusammenarbeit in seiner Vielfalt und Komplexität erfassen zu können. Die vier ausgewählten Staaten repräsentieren die Vielfalt der Raumordnungsstrukturen und -kulturen in Europa, ohne dass sie jede einzelne Facette des Gesamtspektrums widerspiegeln.[103]

Nicht repräsentativ sind die vier ausgewählten Staaten allerdings, wenn man neben den EU-Mitgliedstaaten auch die europäischen Staaten außerhalb der Union betrachtet. Methodisch lassen sich diese Staaten zwar aufgrund ihrer Nichtzugehörigkeit zur Union leicht aus einer Analyse zur Europäischen Raumentwicklungspolitik der EU-Mitgliedstaaten ausgrenzen, und dies geschieht auch in weiten Teilen dieser Arbeit. Sie ganz auszugrenzen, ist jedoch aus der Sicht des Gegenstands der Raumentwicklungspolitik und der damit zusammenhängenden Kooperation nicht geboten, denn die Mitgliedstaaten haben ein erklärtes Interesse an einer gesamteuropäischen Zusammenarbeit.[104] Besonders hervorgehoben wird in Dokumenten wie dem EUREK der Kooperationsbedarf zu den Staaten Mittel- und Osteuropas, die zurzeit mit der Union über ihren Beitritt zur Gemeinschaft verhandeln. Im EUREK setzen sich die Mitgliedstaaten mit den räumlichen Auswirkungen der Erweiterung auf die Regio-

---

[103] So repräsentiert keiner der ausgewählten Mitgliedstaaten die besondere Rolle, welche die Kommunen in den nordischen Ländern bei der Raumentwicklung spielen. Vgl. hierzu *Lindström, Bjarne*, 1996: Regional Policy and Territorial Supremacy, Nordic Region Building and Institutional Change in the Wake of European Integration, Stockholm: NordREFO.

[104] EUREK, Kap. 4.6

nen der EU auseinander[105] und formulieren spezifische Aufgaben für die europäische Raumentwicklungspolitik in den künftigen Mitgliedstaaten[106]. Auch die Leitlinien des Europarats für eine gesamteuropäische Raumentwicklungspolitik unterstreichen umgekehrt den engen Bezug zur Raumentwicklungspolitik innerhalb der Union.[107] An der Implementierung des EUREK im Rahmen der Gemeinschaftsinitiativen INTERREG II C und III B in den Programmräumen an den östlichen EU-Außengrenzen nehmen die Staaten Mittel- und Osteuropas teilweise gleichberechtigt teil. Vor dem Hintergrund des engen Bezugs zu Akteuren außerhalb der Union war vor allem der Europarat bereits in Kap. 2.2.1.1 als transnationaler komplexer Akteur im Politikfeld betrachtet worden. Im Rahmen dieses Kapitels zur nationalen und regionalen Ebene wird es noch notwendig sein zu analysieren, ob die im Europarat kooperierenden Staaten und Regionen auch unabhängig vom Europarat als für die Raumentwicklungspolitik der Mitgliedstaaten relevante Akteure in Erscheinung treten oder ob sie nur zum Adressatenkreis des EUREK gehören (vgl. Kap. 2.2.2.5).

2.2.2.1 Organisationen in Deutschland

Die Anfänge der Raumordnung reichen in Deutschland in die zwanziger und dreißiger Jahre zurück, und somit verfügt dieses Politikfeld über eine über siebzigjährige Entwicklungsgeschichte.[108] Den gesetzlichen Auftrag der Bundesraumordnung sowie ihren Europabezug regelt in Deutschland das Raumordnungsgesetz (ROG)[109]. Den traditionellen Kern der raumordnerischen Tätigkeit in Deutschland bildet das Bemühen um „verbindliche Vorgaben in Form von räumlich und sachlich bestimmten oder bestimmbaren, vom Träger der Landes- oder Regionalplanung abschließend abgewogenen textlichen oder zeichnerischen Festlegungen in Raumordnungsplänen zur Entwicklung, Ordnung und Sicherung des Raums" (§ 3 (2) ROG). Doch die Vorstellung von Raumordnung weicht in Deutschland in den letzten Jahren zunehmend

---

[105] EUREK, Kap. 5.4

[106] EUREK, Kap. 5.3

[107] *Europarat – European Conference of Ministers responsible for Regional Planning (CEMAT),* 2000: Guiding Principles for Sustainable Spatial development of the European Continent, prepared by the Committee of Senior Officials, Hanover, September 7 and 8, 2000.

[108] Einen historischen Überblick über die Anfänge der Raumordnung in Deutschland bietet *Richter, Gerhard,* 1994: Entwicklung der Landesplanung und Raumordnung in Sachsen, Von ihren Anfängen bis zur Auflösung der Länderstruktur, IÖR-Schriften, 07, Dresden: Institut für ökologische Raumentwicklung, 20-42.

[109] Raumordnungsgesetz in der Fassung der Bekanntmachung vom 18.08.1997. Zum Europabezug siehe *Selke, Welf,* 1999: Einbindung der Bundesraumordnung in die europäische Raumordnungspolitik, in: *Akademie für Raumforschung und Landesplanung (ARL)*: Grundriß der Landes- und Regionalplanung, Hannover, 115-130.

einem neueren Verständnis, das neben der Schärfung der formalen Planungsinstrumente nicht zuletzt der Nutzung weicher Kooperations- und Handlungsformen eine große Bedeutung einräumt[110].

Auf Bundesebene liegt die Zuständigkeit für die Raumordnung seit der Regierungsbildung im November 1998 beim Bundesministerium für Verkehr, Bau- und Wohnungswesen (BMVBW), jedoch sind grundsätzlich die Länder für die Raumordnung in ihrem Gebiet (Landesplanung) zuständig (§ 6 ROG). Die einzelnen Länder verfügen über eine eigene Gesetzgebung und Verwaltung, welche die Raumordnung im jeweiligen Bundesland regelt bzw. durchführt. Da Fragen der Europäischen Raumentwicklung jedoch über die Länderebene hinausgehen, ist in diesem Bereich die Zusammenarbeit mit den anderen Ländern sowie mit dem Bund notwendig. § 18 des Raumordnungsgesetzes regelt die Raumordnung im Bund. Demnach wirkt das für Raumordnung zuständige Bundesministerium unbeschadet der Aufgaben und Zuständigkeiten der Länder auf die Verwirklichung der Grundsätze der Raumordnung hin. Mit der Novellierung des Raumordnungsgesetzes wurde die rechtliche Grundlage geschaffen, dass Bund und Länder an der Raumordnung in der Europäischen Union mitwirken. In Bezug auf die europäische Zusammenarbeit besagt das Gesetz: „Der Bund beteiligt sich in Zusammenarbeit mit den Ländern an einer Raumordnung in der Europäischen Gemeinschaft und im größeren europäischen Raum" (§ 18 (2) ROG). Außerdem wirken Bund und Länder bei der grenzüberschreitenden Zusammenarbeit mit den Nachbarstaaten im Bereich der Raumordnung eng zusammen (§ 18 (3) ROG). „Grundsätzliche Fragen der Raumordnung und Zweifelsfragen sollen von dem für Raumordnung zuständigen Bundesministerium und den für Raumordnung zuständigen obersten Landesbehörden gemeinsam beraten werden" (§ 10 ROG). Die Gesetzeslage führt in Deutschland zu einer insgesamt sehr engen Abstimmung zwischen dem Bund und den Ländern in Fragen der Europäischen Raumentwicklungspolitik. In diesem Zusammenhang spielen die Ministerkonferenz für Raumordnung (MKRO) und deren Arbeitsgruppe Europa des Hauptausschusses eine wichtige vermittelnde und koordinierende Rolle. So ist die Erstellung des Raumordnungspolitischen Orientierungs- und Handlungsrahmens zwar eine Aufgabe des Bundesministeriums, doch schon dabei wirkt die MKRO mit.[111] Des Weiteren wird das Ministerium (BMVBW) vom Beirat für Raumordnung (§ 20 ROG) in Grundsatz-

---

[110] Vgl. *Krautzberger, Michael,* 1997: Brauchen wir noch Raumordnungspolitik?, Raum, Österreichische Zeitschrift für Raumplanung und Regionalpolitik, Heft 28, 45-49; *Müller, Bernhard,* 1999: Krise der Raumplanung – Chancen für neue Steuerungsansätze?, in: *Axel Bergmann, Klaus Einig, Gérard Hutter, Bernhard Müller und Stefan Siedentop (Hrsg.),* Siedlungspolitik auf neuen Wegen. Steuerungsinstrumente für eine ressourcenschonende Flächennutzung, Berlin: Edition Sigma, 65-80; *Akademie für Raumforschung und Landesplanung (ARL),* 1998: Methoden und Instrumente räumlicher Planung, Handbuch, Hannover.

[111] *Bundesministerium für Raumordnung, Bauwesen und Städtebau (BMBau),* 1993b: Raumordnungspolitischer Orientierungsrahmen – Leitbilder für die räumliche Entwicklung in der Bundesrepublik Deutschland, Bonn.

fragen der Raumordnung beraten.[112] Diesem gehören Vertreter der kommunalen Selbstverwaltung sowie Sachverständige u. a. aus den Bereichen der Wissenschaft, der Landesplanung und des Städtebaus an. Das zum Geschäftsbereich des BMVBW gehörende Bundesamt für Bauwesen und Raumordnung (BBR, bis Ende 1998 Bundesforschungsanstalt für Landeskunde und Raumordnung, BfLR) unterstützt den Bund bei seinen Aufgaben z. B. dadurch, dass es in regelmäßigen Abständen das Bundesministerium über die Auswirkungen der Politik der Europäischen Gemeinschaft auf die räumliche Entwicklung des Bundesgebiets unterrichtet (§ 21 ROG). Neben dem Bundesamt gibt es in der Bundesrepublik Deutschland eine Reihe raumwissenschaftlicher Institute wie das Institut für ökologische Raumentwicklung, welches mit rund einhundert Mitarbeitern das größte Institut seiner Art in Deutschland ist. Herausragend ist auch die Servicefunktion seitens der Akademie für Raumforschung und Landesplanung (ARL), die über ihre in Wissenschaft und Planung tätigen Mitglieder über ein enges nationales, aber auch transnationales Kooperationsnetz verfügt. Durch eigene Forschungstätigkeiten beschäftigen sich neben den genannten mehrere weitere universitäre und außeruniversitäre Institute mit Fragen der Europäischen Raumentwicklung. In der Regel sind diese über gutachterliche Tätigkeiten sowie Mitgliedschaften in Beiräten der Ministerien in die engere raumentwicklungspolitische Diskussion eingebunden.

Dass sich die Europäische Raumentwicklungspolitik zumindest in Deutschland aus einer wissenschaftlich-konzeptionellen Diskussion entwickelte, kann am Beispiel der deutschen Diskussion über die rechtliche Verankerung der Europäischen Raumentwicklungspolitik im Vertrag über die Europäische Union anschaulich demonstriert werden (vgl. Kap. 3.2.3.2). Seit den späten 80er Jahren haben wissenschaftliche Einrichtungen wie die ARL und BfLR (später BBR) mit einer Vielzahl von Seminaren, Konferenzen, Arbeitskreisen und -gruppen die wissenschaftliche Diskussion angeregt und durch die entsprechenden Publikationen auch die dabei entstandenen konzeptionellen Ansätze dokumentiert und verbreitet.[113] An dieser seither nicht abgeschlossenen Fachdiskussion sind neben Vertretern aus der Wissenschaft in der Regel auch Vertreter aus Politik und Verwaltung beteiligt.[114] Im Vordergrund stehen anwen-

---

[112] Vgl. *Beirat für Raumordnung,* 1997: Stellungnahme zum 1. offiziellen Entwurf des Europäischen Raumentwicklungskonzepts, Entwurf, Stand 08.10.1997, unveröffentlichtes Manuskript; Empfehlung des Beirats für Raumordnung „Konkretisierung und Anwendung des Europäischen Raumentwicklungskonzepts (EUREK)", verabschiedet am 05.09.2000, in: *Bundesamt für Bauwesen und Raumordnung (BBR),* 2000c: Das Europäische Raumentwicklungskonzept und die Raumordnung in Deutschland, Bonn, 225.

[113] Siehe hierzu die Publikationen insbesondere von ARL und BBR/BfLR im Literaturverzeichnis. Auffallend ist die relativ hohe Zahl an Publikationen in den Jahren 1995 und 1996 und somit in der Phase, als der erste Entwurf des Europäischen Raumentwicklungskonzepts erstellt wurde.

[114] Diese Aussage basiert auf einem Vergleich von Teilnehmerlisten zu EUREK-Foren, Autorenverzeichnissen in Sammelbänden sowie der Akteurskonstellation bei INTERREG II C-Projekten (vgl. SYS 3).

dungsbezogene Aspekte. Dass hierbei eine Politik aus einer zunächst weitgehend wissenschaftlichen Diskussion entstand (und nicht umgekehrt), bestätigte 1995 der damalige Bundesminister für Raumordnung Klaus Töpfer: „Die wissenschaftlich-konzeptionelle Diskussion über europäische Raumordnungspolitik hat sich zu einer Politik der transnationalen Zusammenarbeit entwickelt"[115]. Ein weiteres Indiz für die Bedeutung wissenschaftlicher Politikberatung für die Bundesregierung besteht in der Initiierung und Unterstützung einer Vernetzung raumwissenschaftlicher Forschungseinrichtungen durch das Bundesministerium (vgl. Kap. 2.3.2.2).

Bei keiner der angesprochenen Organisationen stehen europäische Interessen und Orientierungen im Vordergrund. Der Bedarf über die Landes- bzw. Bundesgrenze hinaus zu kooperieren, stellt in der Tradition der Raumordnung und -planung die Ausnahme dar und ist entsprechend gering verankert. Er widerspricht somit traditionellen Orientierungen und auch institutionellen Interessen, denn diese sind in der Regel eng an das Territorium eines Landes- bzw. der Bundesrepublik gebunden. Selbst wenn also der Bedarf zur europäischen Zusammenarbeit als zusätzliche Herausforderung zunehmend erkannt wird, so wirkt er im institutionellen Kontext doch noch wie ein Fremdkörper und wird entsprechend zurückhaltend aufgenommen.

2.2.2.2 Organisationen in Österreich

In der Republik Österreich fällt die Raumordnung weitgehend in die Zuständigkeit der Länder.[116] Allerdings wurde diese Zuständigkeit 1954 durch ein Urteil des Verfassungsgerichtshofes um die Planungsmaßnahmen eingeschränkt, die in die ausdrückliche Zuständigkeit des Bundes fallen. Dies betrifft vor allem die Bereiche Eisenbahnwesen, das überregionale Straßennetz, das Bergwesen, Forstwesen, Wasserrecht und den Denkmalschutz. Praktisch ergibt sich hieraus, dass Bund und Länder nebeneinander raumordnende Tätigkeiten ausüben.[117] Im Vergleich zu Deutschland, wo der Bund Ziele und Instrumente der überörtlichen Raumplanung gesetzlich vorgibt und die Länder zur Einhaltung dieser Vorgaben verpflichtet, sind in Österreich die örtliche und überörtliche Raumplanung ausschließlich Ländersache. Raumordnungspolitik auf Bundesebene besteht seit über 20 Jahren praktisch ausschließlich aus Regionalpolitik und hier wiederum vor allem aus regionaler Wirtschaftsförde-

---

[115] *Bundesministerium für Raumordnung, Bauwesen und Städtebau (BMBau),* 1995: Grundlagen einer Europäischen Raumentwicklungspolitik, Principles for a European Spatial Development Policy, Bonn, 1.

[116] Zur Raumordnung in Österreich siehe *Österreichische Raumordnungskonferenz (ÖROK),* 1998: Raumordnung in Österreich, Schriftenreihe, Nr. 137, Wien: ÖROK; *Schindegger, Friedrich,* 1999: Raum. Planung. Politik., Ein Handbuch zur Raumplanung in Österreich, Wien Köln Weimar: Böhlau; *Pernthaler, Peter/Prantl, Barbara,* 1994: Raumordnung in der europäischen Integration, Rechtliche und rechtspolitische Auswirkungen des EG-Rechts und der EG-Planungen auf die österreichische Raumordnung und ihre Organisation, Wien: Literas-Universitätsverlag.

[117] *Schindegger,* Seite 75.

rung. Es gibt kein Raumordnungsgesetz des Bundes, dafür aber je Bundesland ein eigenes Raumordnungsgesetz. Im Bereich der Raumordnung in Österreich gibt es somit eine stärkere Ausprägung des Föderalismus als in Deutschland.[118] In der Praxis gibt es jedoch einen Zwang zur konsensualen Zusammenarbeit zwischen Bund und Ländern, da mehrere Bundesministerien für wichtige raumwirksame Maßnahmenbereiche zuständig sind.

Die Koordination zwischen diesen Bereichen auf Bundesebene ist beim Bundeskanzleramt angesiedelt, dem auch die Koordination der Regionalförderung des Bundes und regionalpolitischer Maßnahmenprogramme im Rahmen der EU-Strukturfonds obliegt. Allerdings ist die Koordinationsaufgabe wegen fehlender gesetzlicher Grundlagen nur schwach ausgeprägt. Veränderungen an den aufgesplitterten und sensiblen Machtverhältnissen sind kaum möglich. Statt eine gesetzliche Grundlage zu schaffen, wurde daher 1971 die Österreichische Raumordnungskonferenz (ÖROK) eingerichtet. Diese einzige Plattform für die Raumordnung auf nationaler Ebene beruht auf einer freiwilligen Übereinkunft zwischen Bund, Ländern und Gemeinden (vertreten durch den Städte- und Gemeindebund). Die ÖROK erarbeitet das gesamtstaatliche Österreichische Raumordnungskonzept, gemeinsame Planungsgrundlagen (z. B. Bevölkerungsprognosen) sowie gemeinsame Positionen zu Konzepten und Programmen der EU-Regionalpolitik sowie der Europäischen Raumentwicklungszusammenarbeit.[119] Eine Koordination einzelner Planungen und Projekte, wie etwa beim italienischen Hauptausschuss des Ministeriums für öffentliche Arbeiten (vgl. Kap. 2.2.2.3), findet jedoch nicht statt.[120]

Die Situation der Österreichischen Raumordnung wird in den meisten Publikationen als nicht zufriedenstellend dargestellt. Pernthaler fasst die Situation wie folgt zusammen: „Diese europäischen Grundtendenzen der Raumplanung stoßen auf einen Zustand der österreichischen Raumordnung, der dafür schlecht gerüstet ist: Im österreichischen Bereich fehlt nicht nur bis heute eine integrative Raumordnung auf Bundesebene fast vollständig; es gibt auch keine ausreichenden Rechtsformen der Koordination und des Planungsverfahrens wichtiger Fachplanungen des Bundes"[121]. Als Kontrapunkt zur vorherrschenden Einschätzung sieht Faludi gerade in den von ihm als „parakonstitutionelle Arrangements" bezeichneten auf freiwillige Kooperation

[118] Der föderale Charakter wird in der Literatur intensiv diskutiert. *Dallhammer, Erich,* 1998: Landschaftsplanung und Raumordnung in Österreich, Schriftenreihe des Instituts für Landschaftsplanung und Gartenkunst der Technischen Universität Wien, Heft 19, Wien, 162.

[119] *Österreichische Raumordnungskonferenz (ÖROK),* 1996: Position Österreichs im Rahmen der Europäischen Raumentwicklungspolitik, Schriftenreihe, Nr. 125, Wien: ÖROK.

[120] *Schindegger, Friedrich,* 1999: Raum. Planung. Politik., Ein Handbuch zur Raumplanung in Österreich, Wien Köln Weimar: Böhlau, 77.

[121] *Pernthaler, Peter (Hrsg.),* 1994: Föderalistische Raumordnung – eine europäische Herausforderung, Wien: Universitäts-Verlagsbuchhandlung, V.

angewiesenen Strukturen in Österreich, die nicht disfunktional sind, ein Vorbild für die Europäische Raumentwicklungspolitik, die mit ähnlichen Rahmenbedingungen ausgestattet ist.[122]

Mit dem Beitritt Österreichs zunächst zum Europäischen Wirtschaftsraum und dann 1995 zur Europäischen Union hat sich die Sicht der Raumplanung in Österreich verstärkt den räumlichen Effekten europäischer Politik geöffnet.[123] Österreich hatte sich insgesamt sehr intensiv auf den EU-Beitritt vorbereitet, was für den Bereich der Raumordnung jedoch nicht uneingeschränkt festgestellt werden kann. Die ÖROK erstellte eine umfangreiche Dokumentation zu den raumrelevanten EU-Programmen.[124] Nach Pernthaler versäumte es Österreich allerdings, ein spezielles Koordinierungsverfahren für die Raumplanung zu entwickeln, das die Länderbeteiligung in Österreich auch für den Bereich der Raumplanung der Europäischen Union regelt.[125]

In der ersten Phase nach dem EU-Beitritt hatte Österreich dann mehr als 30 EU-Regionalprogramme zu erstellen und stand der Raumentwicklungszusammenarbeit im Rahmen von INTERREG II C zunächst ablehnend gegenüber. Der Mehrwert eines solchen Programmes neben den anderen war nicht zu vermitteln. Dies änderte sich jedoch schnell, sodass eine Teilnahme am Programm rechtzeitig zustande kam.[126] Inzwischen ist Österreichs Beteiligung an der Europäischen Raumentwicklungszusammenarbeit selbstverständlich und die Bedeutung einer Europäischen Raumentwicklungskonzeption sowie -politik wird zumindest in der Fachöffentlichkeit diskutiert.[127] ÖROK und Bundeskanzleramt unterstützen den EUREK-Prozess und sehen ihn als Chance für Österreich, seine Sichtweisen zu prioritären transnationalen Raumentwicklungsthemen in die europäische Diskussion einzubringen.[128] Im Unterschied zu Deutschland ist für Österreich zu bemerken, dass sich dort die für europäische Zusammenarbeit zuständigen Dienststellen (Europabeauftragte) des Bundes und der

---

[122] *Faludi, Andreas,* 1997: Österreich als Vorbild, Raum, Österreichische Zeitschrift für Raumplanung und Regionalpolitik, Nr. 27, 35-36.

[123] Ebenda, auf den Seiten 18-22 beschreibt Schindegger diese Effekte aus österreichischer Sicht.

[124] Siehe hierzu die Publikationen der *Österreichischen Raumordnungskonferenz (ÖROK)* im Literaturverzeichnis sowie *Röttinger, Moritz/Weyringer, Claudia (Hrsg.),* Handbuch der europäischen Integration, Strategie, Struktur, Politik der Europäischen Union, Wien: Manz.

[125] *Pernthaler, Peter,* 1994b: Neuordnung der Kooperation zwischen Fachplanungen des Bundes und der Landesraumordnung, in: *ders. (Hrsg.):* Föderalistische Raumordnung – eine europäische Herausforderung, Wien: Universitäts-Verlagsbuchhandlung, 36. Zu Vorbereitung Österreichs auf den Beitritt siehe in derselben Publikation auch die Beiträge von Schindegger und Prantl.

[126] *Arbter, Roland*, 1999: Think transnationally, act regionally ... ... and influence EU-policy making, Raum, Österreichische Zeitschrift für Raumplanung und Regionalpolitik, Nr. 36, 47.

[127] Zu einem Rückblick auf die ersten fünf Jahre Österreichs in der EU aus kommunaler Sicht vgl. *Magistratsdirektion Wien – Koordinationsbüro,* 2000b: Wien und Europa, Fünf Jahre Mitgliedschaft in der Europäischen Union 1995-2000, Wien.

[128] *Arbter, Roland*, 1997: Noordwijk: Etappenziel in einem politischen Prozeß, Raum, Österreichische Zeitschrift für Raumplanung und Regionalpolitik, Nr. 27, 22-24.

Länder viel intensiver daran beteiligen (vgl. in Kap. 4.2.3.2.3 den Abschnitt zu Österreich).

Der das Themenfeld am intensivsten bearbeitende nichtstaatliche Akteur in Österreich ist das Österreichische Institut für Raumplanung (ÖIR), eine inzwischen privatisierte Forschungs- und Beratungsgesellschaft, die u. a. für das Bundeskanzleramt, die ÖROK und Landesbehörden tätig ist und sich u. a. in ihrer Fachzeitschrift für Raumplanung und Regionalpolitik intensiv an der Diskussion über die Europäische Raumentwicklungspolitik beteiligt.[129] Daneben beschäftigen sich auch mehrere Hochschulinstitute und außeruniversitäre Einrichtungen mit den im Politikfeld behandelten Fachfragen.[130]

Die Interessen und Orientierungen in Österreich sind denen in Deutschland sehr ähnlich. In Österreich kommt lediglich hinzu, dass auch die Mitgliedschaft in der Union noch jung ist. Österreichische Akteure verfügen somit insgesamt über weniger positive aber auch weniger negative Erfahrungen im gemeinschaftlichen Verwaltungshandeln.

2.2.2.3 Organisationen in Italien

Bis 1970 war die Raumordnung (Coordinamento Territoriale) in Italien klar und hierarchisch organisiert. An der Spitze stand das für die Raumordnung zuständige Ministerium für öffentliche Arbeiten (Ministero dei Lavori Pubblici). Nur die Zuständigkeit für die das natürliche und kulturelle Erbe betreffenden raumordnerischen Aspekte lag bei einem anderen Ministerium (Ministero dei Beni Culturali). Das Ministero dei Lavori Pubblici hatte weitreichende Kompetenzen und erstellte über seine nachgeordneten Behörden in den Provinzen Raumordnungspläne, Infrastrukturprogramme und führte eigene Projekte durch. Des Weiteren prüften und genehmigten die nachgeordneten Behörden Masterpläne nach formalen und inhaltlichen Kriterien. Außerdem zeichnete das Ministerium für die Kohärenzkontrolle der Infrastrukturprogramme der großen staatlichen Unternehmen FS (Eisenbahn), ENEL (Elektrizität) und Soc. Autostrade (Straßen) verantwortlich. Doch angesichts dieser großen Unternehmen, der damals 92 Provinzen und knapp 8 000 Städte war das Ministerium mit den Auf-

---

129 *Arbter, Roland*, 1999, ebenda Seite 47; *Schindegger, Friedrich/Schneidewind, Peter*, 1997: Austria as a Bridgehead?, ebenda Seite 298-306. Siehe auch die Beiträge zum Thema „Europäische Raumordnung" in *Österreichisches Institut für Raumplanung (Hrsg.)* 1997: Raum, Österreichische Zeitschrift für Raumplanung und Regionalpolitik, Nr. 27, Wien. *Schindegger, Friedrich*, 1999: Raum. Planung. Politik., Ein Handbuch zur Raumplanung in Österreich, Wien Köln Weimar: Böhlau.

130 Zu diesen Einrichtungen gehören die TU Wien und das Institut für Föderalismusforschung. Zur Diskussion der Europäischen Raumentwicklung in der österreichischen Raumwissenschaft vgl. *Blaas, Wolfgang (ed.)*, 1998: A New Perspective for European Spatial Development Policies, Aldershot: Ashgate Publishing; *Wurzer, Rudolf (Hrsg.)*, 1994: Raumplanerausbildung in Europa, 20 Jahre – Raumplanung im Aufbruch, Institut zur Erforschung von Methoden und Auswirkungen der Raumplanung der TU Wien, Wien.

gaben überfordert und nicht in der Lage, eine vorausschauende Raumplanung zu betreiben. De facto prüfte das Ministerium meistens nur im Nachhinein.[131] Anfang der 70er Jahre kam es vor diesem Hintergrund und aufgrund der verfassungsmäßigen Vorgabe, dass Raumordnung eine Aufgabe der Regionen ist[132], die bisher jedoch keine Rolle spielten, zu einer Verwaltungsstrukturreform. Nun erhielten die Regionen die Zuständigkeit für die Siedlungs- und Infrastrukturplanung, für den Umweltschutz sowie für die Prüfung und Genehmigung von Masterplänen.[133] Zusätzlich wurden Kommunalverbände in den Bergregionen gebildet, welchen die Zuständigkeit für wirtschaftliche und soziale Programme sowie die Raumplanung für ihr Gebiet übertragen wurde. Parallel dazu hatten alle Regionen in ihrem Bereich Distrikte gebildet, die ebenfalls für die Raumordnung zuständig wurden. Diese Verwaltungsstrukturreform führte zu einer Vielzahl sich mitunter mehrfach überlappender Regional-, Distrikt- bzw. Fachpläne[134]. Das dabei entstehende Koordinationsdefizit wurde 1977 nur teilweise behoben durch eine neue Kompetenzzuweisung an die Generaldirektion für Raumordnung (Direzione Generale Coordinamento Territoriale / DICOTER) im Ministerium für öffentliche Arbeiten. Dieses Direktorat hat seither die Zuständigkeit, Leitlinien für die Entwicklung der nationalen Raumstruktur zu definieren, die regionale und lokale Planung zu beaufsichtigen und hierbei die Kohärenz zwischen nationaler und lokaler Planung sicherzustellen. Unterstützt wird DICOTER hierbei durch den aus externen Experten, Vertretern des Ministeriums sowie nachgeordneter Behörden zusammengesetzten Hauptausschuss des Ministeriums (Consiglio Superiore dei Lavori Pubblici).[135] Die Kooperation zwischen der nationalen Ebene und den Regionen sowie Autonomen Provinzen ist in Italien im Rahmen einer ständigen Konferenz institutionalisiert (Conferenza Permanente per i rapporti tra Stato, le Regioni e le Province Autonome), die sich u. a. mit der Europäi-

---

[131] *Coppo, Maurizio,* 1995: Report on the Allocation of Regional/Spatial Planning Power in Italy, in: *Europarat – Council of Europe*: Public participation in regional/spatial planning in different European countries, The challenges facing European society with the approach of the year 2000, European regional planning, No. 58, Strasbourg, 41-42.

[132] Art. 117 und 118 der italienischen Verfassung. Die Gliederung der Republik Italien in Regionen, Provinzen und Kommunen ist in Art. 114 verankert.

[133] Gesetz 382/1975 vom 22. Juli 1975, aktualisiert durch das Dekret (Präsidialerlass) 616 vom 24. Juli 1977.

[134] Eine Darstellung der verschiedenen Formen der Raumplanung oberhalb der kommunalen Ebene in Italien bietet *Campagnola, Antonio,* 1996: La pianificazione sovracomunale, in: *Mazzarelli, Valeria*: Fondamenti di Diritto Urbanistico, Studi superiori NIS, 291, Urbanistica, Roma: La Nuova Italia Scientifica, 229-260.

[135] Einen Einblick in die Tätigkeit des Beirates ermöglicht die Homepage des Ministero dei Lavori Pubblici (http://www.llpp.it). Die dort einsehbaren Sitzungsunterlagen der Jahre 1998 und 1999 belegen, dass der Beirat seine Empfehlungen nicht nur zu Leitlinien und Übergeordneten Planungen, sondern auch zu Einzelmaßnahmen abgibt.

schen Raumentwicklungspolitik beschäftigt.[136] Erneut erschwert wurde die Koordinierung durch die Bildung separater Ministerien für Umwelt und für Stadtentwicklung, die fortan eigene für die Raumentwicklung bedeutende Gesetze und Verordnungen erließen.[137] In den neunziger Jahren verständigten sich die Ministerien auf eine enge Zusammenarbeit. Insgesamt bleiben Raumordnungspolitik und Raumplanung in Italien jedoch zwei kaum koordinierte Bereiche auf nationaler Ebene und in der ebenenübergreifenden Koordination.[138]

Die Zuständigkeit für die Europäische Raumentwicklungszusammenarbeit Italiens wurde von Beginn an vom Ministero dei Lavori Pubblici wahrgenommen und koordiniert. Dabei handelt es jedoch in enger Abstimmung mit dem Außenministerium. Diese Kooperation geht bis in die Umsetzung einzelner Maßnahmen. So nehmen Vertreter des Außenministeriums beispielsweise auch an Sitzungen nationaler und transnationaler Programmgremien im Rahmen von INTERREG II C teil.[139] Innerhalb des Ministeriums wurde die internationale Kooperation zunächst als eine Angelegenheit des Kabinetts[140] betrachtet. Erst im Jahre 1999 wurde das für die Raumordnung zuständige Generaldirektorat (DICOTER) mit der Wahrnehmung bzw. Koordinierung der Europäischen Raumentwicklungszusammenarbeit innerhalb Italiens beauftragt. Dessen Generaldirektor Fontana, aber auch der ehemalige Ministerpräsident Prodi weisen bei ihrer Argumentation für eine Europäische Zusammenarbeit darauf hin, dass diese helfen solle, relative Defizite Italiens im Vergleich zu anderen Mitgliedstaaten aufzuarbeiten.[141] Unterhalb der nationalen Ebene unterscheidet sich das Engagement nicht zuletzt nach der Lage der Regionen und Kommunen. Die Europäische

---

[136] *Ministero dei Lavori Pubblici*, 1999a: Alcune Riflessioni sui Programmi e le Azioni Pilota di Iniziative Comunitaria INTERREG II C e Prospettive per INTERREG III, A cura della Divisione IV „Programmi Europei" – dirigente dott.ssa Cinzia Zincone, 29 novembre 1999, Seduta Communitaria, Bruxelles.

[137] *Coppo, Maurizio,* 1995: Report on the Allocation of Regional/Spatial Planning Power in Italy, in: *Europarat – Council of Europe*: Public participation in regional/spatial planning in different European countries, The challenges facing European society with the approach of the year 2000, European regional planning, No. 58, Strasbourg, 43-45.

[138] *Mazzarelli, Valeria,* 1996: Fondamenti di Diritto Urbanistico, Studi superiori NIS, 291, Urbanistica, Roma: La Nuova Italia Scientifica, 75-77. Die Kooperation zwischen Nation, Provinzen und Regionen ist nach wie vor konfliktreich. Siehe hierzu auch *Caldiroli, Vittorio M.,* 1994: Resume, in: *Europarat – Counseil de l'Europe*: La régionalisation en Europe: bilan et perspectives, actes, Genèves, 3-5 juin 1993, Strasbourg, 83-84.

[139] Vgl. hierzu in SYS 2.4.2 Teilnehmerlisten des Lenkungs- und Begleitausschusses INTERREG II C (CADSES).

[140] Offizielle Bezeichnung: Ministero dei Lavori Pubblici, Gabinetto, Ufficio Rapporti con l'Unione Europea e Affari Internazionale.

[141] *Fontana, Gaetano,* 1997: Politiche e strumenti di riqualificazione urbana, in: *Ministero dei Lavori Pubblici*: I Programmi di riqualificazione urbana, Roma: Istituto Nazionale di Urbanistica, 124-127; *Prodi, Romano,* 1999: Un'idea dell'Europa, Il valore Europa per modernizzare l'Italia, Bologna: il Mulino.

Raumentwicklungspolitik wird am intensivsten von den norditalienischen Regionen als Herausforderung begriffen, wo sich etwa die Region Friaul-Julisch Venetien gleich im Rahmen mehrerer regionaler Zusammenschlüsse Europas engagiert.[142] Wegen der Küstenlage der meisten italienischen Regionen ist aber auch die Raumentwicklungszusammenarbeit im über die EU-Grenzen weit hinausgehenden Mittelmeerraum von Bedeutung.[143] Der Stellenwert der Europäischen Raumentwicklungspolitik in der allgemeinen italienischen Europapolitik ist insgesamt als noch kaum bedeutend zu bezeichnen. Auch in neueren europapolitischen Publikationen spielt sie keine Rolle.[144] Andererseits wird die Europäische Raumentwicklungspolitik trotz ihrer relativ geringen allgemeinen Diskussion auch außerhalb der an der Raumordnungspolitik beteiligten staatlichen Organisationen wahrgenommen und diskutiert. Zu nennen sind universitäre und außeruniversitäre Einrichtungen wie die Universität Triest, das Istituto di studi e documentatzione sull'Europa comunitaria e l'Europa orientale (ISDEE) und insbesondere das Istituto Nazionale di Urbanistica (INU). In Italien fehlt außerhalb des administrativen Bereichs ein vorrangig die raumwissenschaftliche Diskussion vernetzender und koordinierender Akteur. Dies dürfte damit zusammenhängen, dass sich die Raumordnung in Italien kaum als eigenständiges Forschungsfeld entwickelt hat. Kompensiert wurde das Fehlen einer speziell die raumordnerische Fachöffentlichkeit prägenden Organisation durch Aktivitäten von Einrichtungen aus anderen Disziplinen wie der Stadtentwicklung, Umweltforschung oder vereinzelt auch der Entwicklungshilfe.[145] Insbesondere das private INU tritt diesbezüglich in Erscheinung. Im Auftrag des römischen Ministeriums veranstaltet es zahlreiche Seminare, nationale Konferenzen der Raumordnung und erstellt den italienischen Raumordnungsbericht.[146]

---

142 *Regione Autonoma Fruili-Venezia Giulia,* 1999b: INTERREG Notizie, La cooperazione transfrontaliera tra Friuli-Venezia Giulia, Austria e Slovenia, Trieste; *Regione Autonoma Fruili-Venezia Giulia,* 1997: La Regione Fruili-Venezia Giulia, Trieste.

143 Zum Kontext zwischen Raumentwicklung in Südeuropa und europäischer Mittelmeerpolitik siehe *Amoroso, Bruno,* 1995: The Euro-Mediterranean Dimension, in: *Akademie für Raumforschung und Landesplanung (ARL)*: Towards a New European Space, Aufbruch zu einem Neuen Europäischen Raum, Vers un nouvel espace européen, Hannover, 44-51.

144 *Prodi, Romano,* 1999: Un'idea dell'Europa, Il valore Europa per modernizzare l'Italia, Bologna: il Mulino; *Mammarella, Giuseppe/Cacace, Paolo,* 1999: Le sfide dell'Europa, Attualità e prospettive dell'integrazione, Saggi Tascabili Laterza, 230, Roma e Bari: Editori Laterza.

145 *Dematteis, Giuseppe/Bonavero, Piero (editori),* 1997: Il sistema urbano italiano nello spazio unificato europeo, Studi e Ricerche, CCCXCIII, Bologna: il Mulino. *Trevisiol, Erich Roberto,* 1995: L'Ambiente visto dal territorio, La pianificazione ambientale autosostenibile per i Paesi in via di sviluppo, Torino: L'Harmattan Italia.

146 *Ministero dei Lavori Pubblici*, 2000, 1999b, 1999c, 1997, Roma: Istituto Nazionale di Urbanistica; *Ministero dei Lavori Pubblici*, 2001a und 2001b: Rapporto sullo Stato della Pianificazione del Territorio 2000, volume primo e volume secondo. Roma: Istituto Nazionale di Urbanistica.

In jüngster Zeit verstärkt sich die raumentwicklungspolitische und raumwissenschaftliche Diskussion in Italien.[147] Zu nennen ist insbesondere der im Jahr 2000 von Umberto Janin-Rivolin erschienene Sammelband zur Europäischen Raumentwicklungspolitik.[148] In ihm sind überwiegend Beiträge von Wissenschaftlern enthalten. Dass der Band auch einen Beitrag aus dem Ministerium für öffentliche Arbeiten enthält, spricht für eine zumindest lose gekoppelte raumentwicklungspolitische und raumwissenschaftliche Diskussion in Italien.[149] Vor allem aber bezeugt der Band mit Beiträgen wie denen von Manzo, Dematteis, Palermo und Camagni[150], dass in Italien die Relevanz des EUREK für die nationale und regionale Raumordnung intensiv diskutiert wird.

Und noch eines ist neu an dem Band: Die Raumentwicklungspolitik wird vor dem Hintergrund der INTERREG II C-Erfahrungen und somit vor dem Hintergrund der ersten Anwendung des EUREK diskutiert. Die Diskussion mündet in Bewertungen der bisherigen Politik und Vorschläge zur Weiterentwicklung.[151] Vergleicht man dies mit dem klassischen Phasenmodell der Policy-Forschung so schließt sich hier der Policy-Zyklus, der mit der Problemdiskussion und Politikformulierung (EUREK) begann, dann erstmals implementiert wurde (INTERREG II C), nun evaluiert wird und dessen Politik daraufhin neu definiert wird. Der Unterschied zum klassischen Phasenmodell besteht darin, dass die einzelnen Phasen teilweise parallel laufen, denn die Umsetzung von INTERREG II C war bei Erscheinen des Bandes noch nicht abgeschlossen. Der Policy-Zyklus entwickelt sich somit letztlich weniger im Sinne des klassischen Phasenmodells als im Sinne der von Héritier diskutierten Neuorientierung, in der das Phasensequenzschema der ordentlichen sequenziellen Produktion von politischen

---

[147] Zur Diskussion über die Reform der Raumordnung innerhalb Italiens vgl. insbesondere die Beiträge von *Fabrizio Barca* und *Rosa Filippini* in *Ministero dei Lavori Pubblici*, 2001c: Le Domande di Territorio – otto confronti per l'innovazione, Conferenza Nazionale del Territorio, 8-9 febbraio 2001, Genova; vgl. auch *Fontana, Gaetano,* 2001: La conferenza sul governo del territorio, Conferenza Nazionale del Territorio, 8-9 febbraio 2001, Genova, 5-16, Roma: Ministero die Lavori Pubblici.

[148] *Janin-Rivolin, Umberto (ed.),* 2000: Le politiche territoriali dell'Unione europea – esperienze, analisi, riflessioni, Milano: Franco Agneli.

[149] Die lose Kopplung wird auch in anderen Zusammenhängen deutlich, vgl. die Beiträge aus Wissenschaft und Verwaltung in *Ministero dei Lavori Pubblici*, 2001c: Le domande di territorio – otto confronti per l'innovazione, Conferenza Nazionale del Territorio, 8-9 febbraio 2001, Genova.

[150] *Manzo, Rosario,* 2000: Lo Ssse nel contesto della programmazione territoriale nazionale, in: *Janin-Rivolin, Umberto (ed.)*, 31-43; *Dematteis, Giuseppe,* 2000: Il Territorio nelle Politiche dell'Unione Europea, in: *Janin-Rivolin, Umberto (ed.)*, 139-150. *Palermo, Pier Carlo,* 2000: Orientamenti e limiti territoriali delle politiche comunitarie, in: *Janin-Rivolin, Umberto (ed.)*, 151-164; *Camagni, Roberto,* 2000: Giustificazione teorica, principi e obiettivi di politiche di competitività territoriale in un'era di globalizzazione e nuovi ruoli per la pianificazione, in: *Janin-Rivolin, Umberto (ed.),* 165-193; *Janin-Rivolin, Umberto,* 2000b: Interreg e la cooperazione transnazionale per lo sviluppo del territorio comunitario, in: *ders.*, 45-68.

[151] Vgl. hierzu die Beiträge von Manzo und Janin-Rivolin im genannten Band.

Entscheidungen hinter Netzwerke zur Behandlung komplexer Prozesse zurücktritt.[152] Dies lässt sich für verschiedene Prozesse der transnationalen Zusammenarbeit belegen (vgl. u. a. Teil 2 dieser Arbeit). Für die einzelnen Staaten ist dies kaum nachzuweisen. Außer für Italien gibt es bisher kaum vergleichbare Dokumente für nationale Diskussionen in den anderen untersuchten Staaten. Die Akteure im italienischen Kontext sind anderen Ländern somit um einen Schritt voraus.[153]

Interessen und Orientierungen der italienischen Akteure sind denen der deutschen und österreichischen Akteure ähnlich. In Italien ist als Besonderheit zu vermerken, dass von Europa ausdrücklich wichtige Impulse für die eigene Entwicklung erwartet werden. Insofern wird der Kooperationsbedarf sogar höher eingeschätzt. Der erwähnte Vorsprung in der raumentwicklungspolitischen Analyse und Diskussion in Italien ist ein Indiz für eine stärkere Europaorientierung, doch wäre es überzogen, davon eine merklich höhere Kooperationsorientierung als in Österreich und Deutschland abzuleiten.

2.2.2.4 Organisationen in Griechenland

Wenn man die Entwicklungstendenzen in der deutschen Raumplanung einmal vereinfachend als Weg „vom Plan zum Diskurs"[154] bezeichnet, so könnte man den griechischen Weg als einen „von der Anarchie zur Ordnung"[155] bezeichnen. In Griechenland wurde 1923 das erste Dekret zur Stadtentwicklung erlassen. Die Voraussetzung für ein Raumordnungsgesetz wurde jedoch erst nach der Rückkehr zur parlamentarischen Demokratie mit der Verfassung von 1975 geschaffen, deren Artikel 24 in seinem zweiten Absatz die Raumordnung erstmals als Staatsaufgabe aufführt. Ein Raumordnungsgesetz wurde im folgenden Jahr verabschiedet.[156] Mit diesem Gesetz wird die Erarbeitung von Raumordnungsplänen und -programmen geregelt, welche

---

[152] *Héritier, Adrienne,* 1993b: Policy-Analyse. Elemente der Kritik und Perspektiven der Neuorientierung, in: *dies. (Hrsg.)*: Policy-Analyse, Kritik und Neuorientierung, PVS Sonderheft 24/1993, Opladen: Westdeutscher Verlag, 19.

[153] Weitere Belege für den Diskussionsvorsprung Italien sind die bereits im April 1999 durchgeführte INTERREG III-Konferenz in Grado sowie die Dokumente eines INTERREG III B-Seminars in Triest im Juni 2000; vgl. *Regione Autonoma Fruili-Venezia Giulia (ed.),* 1999: European Conference on the New INTERREG III Initiative, Trans-European Co-operation for the Promotion of Cohesion and Economic Development, Grado, 9-10 April 1999, Triest, und Triest-Dokumente in SYS 4-3.

[154] *Wiechmann, Thorsten,* 1998: Vom Plan zum Diskurs? Anforderungsprofil, Aufgabenspektrum und Organisation regionaler Planung in Deutschland, Baden-Baden: Nomos-Verlagsgesellschaft.

[155] *Pappas, Spyros A.,* 1994: De l'anarchie à l'aménagement du territoire en Grèce sous l'impulsion communautaire, in: *Akademie für Raumforschung und Landesplanung (ARL)*: Institutionelle Bedingungen einer europäischen Raumentwicklungspolitik, Conditions Institutionelles d'une Politique Européenne de Dévelopment Spatial, Institutional Conditions of an European Regional development Policy, Hannover, 113.

[156] Gesetz Nr. 360/1976.

sich nach nationalen, regionalen und Fachplänen und entsprechenden Programmen unterscheiden. Als Raumordnungsplan wird die Zusammenstellung der Texte und Pläne verstanden, welche die generellen Prinzipien und die Direktiven der Raumordnungspolitik in Griechenland widerspiegeln. Der Raumordnungsplan gilt wiederum als Teil der Programmatik zur wirtschaftlichen und sozialen Entwicklung. Raumordnungsprogramme enthalten demgegenüber die zur Umsetzung der Pläne notwendigen konkreten Maßgaben mit allen notwendigen finanziellen, organisatorischen, ökonomischen und administrativen Rahmensetzungen. Im EU-Kompendium der Raumplanungssysteme wird festgestellt, dass diese Instrumente bisher nur theoretisch existieren, weil entsprechende Pläne und Programme bisher noch nie erstellt wurden.[157] Festzustellen ist aber auch, dass in Griechenland durchaus Programme und Pläne, wenn auch ohne verbindlichen Charakter, formuliert wurden. So publizierte das Centre des Etudes Politiques (KEPE) bereits 1976 ein raumordnungspolitisches Entwicklungsprogramm für 1976-80.[158]

Die Verantwortung für die Raumordnung liegt innerhalb der Regierung beim 1980 gebildeten nationalen Ministerium für Raumordnung, Stadtentwicklung und Umwelt, dass die Zuständigkeit vom Ministerium für Nationale Ökonomie übernahm. Ebenfalls vom Wirtschaftsministerium übernommen wurde das Sekretariat des Nationalen Rates für Raumordnung und Umwelt. Unter dem Vorsitz des Raumordnungsministeriums bildet dieser Rat das oberste Organ zur Festsetzung der allgemeinen Raumordnungs- und Umweltpolitik in Griechenland. Dem Rat gehören die Ministerien für Wirtschaft, Finanzen, Äußeres, Inneres, Kultur, Bildung, Soziales und Öffentliche Arbeiten an. Auch wenn das Raumplanungssystem mehrere Ebenen und zudem regionalen Planungsverbänden ähnliche Institutionen kennt[159] (z. B. für die Großräume Athen und Thessaloniki), handelt es sich um eine weitgehend zentrale Planung unter Federführung des Raumordnungsministeriums[160]. Dieses delegiert seine Kompetenzen allenfalls an die Präfekturen in den 13 Regionen, doch handelt es sich bei den Regionen nicht um eine den deutschen Ländern vergleichbare föderale Ebene der Selbstverwaltung, sondern lediglich um nachgeordnete Verwaltungsinstanzen. Das Raumordnungsgesetz definiert weder für die regionale noch für die

---

[157] *Europäische Kommission – European Commission,* 1997a: The EU compendium of spatial planning systems and policies, Regional development studies, vol. 28, Luxembourg, 56. Eine ältere deutsche Synopse der raumordnerischen Zielvorstellungen u. a. in Deutschland, Österreich und Griechenland enthält *Bundesministerium für Raumordnung, Bauwesen und Städtebau (BMBau),* 1993c: Synopse der raumordnerischen Zielvorstellungen europäischer Länder, Schriftenreihe Forschung, Heft 496, Bonn.

[158] „Programme de Développement 1976-1980: Politique de l'aménagement du territoire/Organisation urbaine du Centre des Etudes Politiques KEPE", zitiert nach *Pappas, Spyros A.*: 1994, 99.

[159] Gesetzgebendes Dekret Nr. 1262/1972.

[160] *Pappas, Spyros A.,* 1994: De l'anarchie à l'aménagement du territoire en Grèce sous l'impulsion communautaire, 107.

lokale Ebene eigene Kompetenzen für die Raumordnung.[161] Die Verfassung sieht in Artikel 102, Absatz 1 zwar eine Dezentralisierung der Kompetenzen vor, aber diese bedarf noch der gesetzlichen Ausgestaltung. Bis dies soweit ist, verfügt die Raumordnung in Griechenland über ein rein zentrales Planungssystem.[162] Neben dieser Ausgestaltung fehlt in Griechenland vor allem eine Koordinierung der raumrelevanten Gesetzgebung, denn in den letzten Jahren wurde auf die Fehlentwicklungen der letzten Jahrzehnte mit einer Vielzahl teilweise widersprüchlicher, aber parallel gültiger Gesetzte geantwortet.[163] Ein weiterer Mangel ist das Fehlen eines öffentlichen Katasterwesens, ohne das die Einhaltung selbst einer koordinierten Gesetzgebung kaum kontrolliert werden kann. Vor diesem Hintergrund kommt Pappas zu dem Schluss, dass in Griechenland der Weg der Raumplanung von der „Anarchie zur Ordnung" führen müsse, dass es sich hierbei um einen langen Weg handle und dass angesichts der strukturellen und auch personellen Defizite in der griechischen Raumordnung die Hoffnung auch auf Impulse aus der Europäischen Gemeinschaft gesetzt werde.[164]

Eine innergriechische Auseinandersetzung mit der Europäischen Raumentwicklungspolitik ist außerhalb des Landes kaum wahrnehmbar. International tritt fast nur das Ministerium für Nationale Ökonomie und kaum das Ministerium für Raumordnung, Stadtentwicklung und Umwelt in Erscheinung. Hinzu kommen einzelne Wissenschaftler der Universitäten von Thessaloniki und Athen. Auffallend ist, dass diese zurückhaltende Erscheinung auch für internationale Konferenzen gilt, die in Griechenland stattfinden. So haben selbst am EUREK-Forum der Europäischen Kommission in Thessaloniki von griechischer Seite fast nur Vertreter vom Wirtschafts- sowie vom Raumordnungsministerium und von einzelnen wissenschaftlichen Einrichtungen teilgenommen. Eine einzige Region war bei dieser Konferenz zu Fragen des raumordnerischen Hochwasserschutzes und Dürrebekämpfung vertreten, obwohl Hochwasser (in Form von rush floods nach Regenfällen) und Trockenheit in Griechenland große Probleme darstellen. Als Gründe für das relativ zurückhaltende Engagement Griechenlands in der Europäischen Raumentwicklungszusammenarbeit sind von

---

[161] *Arvanitaki-Fisher,* 1995: Spatial Planning in Greece after 1974 and Public Participation: practices, experiences and prospects, in *Europarat – Council of Europe*: Public participation in regional/spatial planning in different European countries, The challenges facing European society with the approach of the year 2000, European regional planning, No. 58, Strasbourg, 53-65.

[162] Ebenda, Seite 54; siehe auch *Europäische Kommission – European Commission,* 1997a: The EU compendium of spatial planning systems and policies, Regional development studies, Vol. 28, Luxembourg, 44. Zu einer ähnlichen Einschätzung des politischen Systems allerdings bezüglich der Regionalpolitik kommen *Getimis, Panagiotis/Economou, Dimitris,* 1996: Griechenland, in: *Hubert Heinelt (Hrsg.)*: Politiknetzwerke und europäische Strukturfondsförderung, Ein Vergleich zwischen EU-Mitgliedstaaten, Opladen: Leske und Budrich, 166-186.

[163] Zu den wichtigsten dieser Gesetze gehören das Gesetz 1337/1983 Act on Extension of Town Plans and Urban Development Law sowie das Gesetz 1577/1985 General Building Regulation.

[164] *Pappas, Spyros A.,* 1994: De l'anarchie à l'aménagement du territoire en Grèce sous l'impulsion communautaire, 112.

Bedeutung, dass die Raumordnung in Griechenland selbst eine geringe Tradition hat, dass Griechenland als einziges EU-Mitgliedsland keine Landgrenze zu einem anderen Mitgliedstaat hat und dass deshalb der Bedarf nach einer Europäischen Zusammenarbeit in diesem Gebiet nicht so augenfällig ist.[165] Bei allen Vorbehalten, die ohne eine Analyse griechischsprachiger Quellen zur Situation in Griechenland gemacht werden müssen, kann doch davon ausgegangen werden, dass es in Griechenland keinen mehr als fachöffentlichen Diskurs zur Europäischen Raumentwicklungszusammenarbeit gibt. Der Entwurf zum Europäischen Raumentwicklungskonzept wurde seitens der griechischen Regierung zunächst mit Zurückhaltung und nur unter der Bedingung angenommen, dass die wirtschaftlichen, sozialen und regionalen Probleme in Griechenland stärker berücksichtigt werden müssen. In diesem Sinne fordert der Athener Wissenschaftler Demathas, dass die Raumentwicklung sich an der aus den Strukturfonds finanzierten und an ökonomischen sowie sozialen Kriterien orientierten Regionalentwicklung orientieren müsse.[166] Raumordnung ist demnach vorwiegend als ein Instrument der Wirtschafts- und Sozialpolitik und nicht als ein eigenständiges Sektorübergreifendes Politikfeld zu betrachten.

Einen weiteren Hinweis auf die Ausrichtung der griechischen Interessen bietet der Blick auf die Situation in der grenzübergreifenden Zusammenarbeit. Innerhalb der AGEG sind durchaus auch griechische Regionen aktiv, doch handelt es sich hier um die griechisch-türkisch-zypriotische bzw. die griechisch-albanisch-bulgarisch-türkische Zusammenarbeit. Die ebenfalls vorgesehene griechisch-italienisch-albanische Zusammenarbeit steht noch in ihren Anfängen. Im Vergleich hierzu sei erwähnt, dass deutsche Regionen an 24 der in der AGEG zusammengeschlossenen Grenzregionen beteiligt sind. Grenzübergreifende Zusammenarbeit ist in Griechenland also insgesamt geringer organisiert und dann auch stärker auf die nicht zur EU gehörenden Nachbarstaaten ausgerichtet.[167]

2.2.2.5 Komplexe Akteure in Staaten außerhalb der Europäischen Union

Die Analyse ergab, dass über den gesamten EUREK-Prozess hinweg Interaktionen zwischen EU-Mitgliedstaaten und Drittstaaten zu Fragen der Raumentwicklungspolitik stattfanden. Der Einfluss von Nicht-Mitgliedstaaten auf die Gestaltung der Raumentwicklungspolitik innerhalb der Union ist jedoch insgesamt gering. Es gibt keine Belege dafür, dass ein einzelner Staat oder eine einzelne Region einen wesentlichen

---

165 *Demathas, Zacharias,* 1997: Die Perspektive der südlichen Peripherie, in: Raum, Österreichische Zeitschrift für Raumplanung und Regionalpolitik, Nr. 27, 33.

166 Ebenda, Seite 32-35.

167 *Europäische Kommission*, 1997b: Praktisches Handbuch zur grenzüberschreitenden Zusammenarbeit, 2. Auflage, Gronau: AGEG, Teil D, S. 33; *Arbeitsgemeinschaft Europäischer Grenzregionen (AGEG),* ohne Jahr: 25 Jahre Gemeinschaftsarbeit, Gronau: AGEG.

Einfluss auf die Politikformulierung gehabt hätte. Dies aber liegt weniger am Verhalten der Mitgliedstaaten als am Institutionellen Kontext, welcher Drittstaaten nun einmal nicht formal in die Kooperation zwischen Mitgliedstaaten einbezieht, und es liegt an den Akteuren in den Nicht-Mitgliedstaaten selbst.

Die deklaratorische Position der Mitgliedstaaten ist zumindest offen und einladend. Das EUREK[168] empfiehlt den Mitgliedstaaten sogar, die Einbeziehung der Beitrittsstaaten sowie der unmittelbaren Nachbarstaaten in die europäische Raumentwicklungspolitik als eine zentrale Aufgabe der nächsten Jahre anzusehen. Bilateral kam es sogar zu intensiven Kooperationen, wie im Fall der Raumentwicklungszusammenarbeit im deutsch-polnischen und deutsch-tschechischen Grenzraum[169] oder wie im Fall der raumordnerischen Begleituntersuchung zum weißrussischen Abschnitt des Verkehrskorridors Berlin-Minsk-Moskau[170]. Während das erste Beispiel für die wenigen Fälle steht, in denen es zu einer offiziellen Politikformulierung kam (Stettiner Erklärung der deutschen, tschechischen und polnischen Raumordnungsminister vom 22. August 1997[171]) steht das zweite Beispiel mehr für die informale Politik, welche den Weg zu dem letztlich von deutschen und weißrussischen Experten durchgeführten Projekt ebnete. Beide Beispiele zeigen jedoch auch exemplarisch, dass es nie um einen nennenswerten Einfluss auf die Politik innerhalb der Gemeinschaft ging. Die Stettiner Erklärung und die in diesem Kontext in Auftrag gegebenen Untersuchungen beziehen sich, was das EU-Mitgliedsland Deutschland betrifft, nur auf den Grenzraum. Im zweiten (weißrussischen) Fallbeispiel geht es überhaupt nicht um die Entwicklung innerhalb der Union. Alles andere wäre allerdings auch verwunderlich gewesen, denn für die Staaten Mittel- und Osteuropas kann durchaus generalisierend gesagt werden, dass Raumordnung, Raumplanung und Raumentwicklungszusammenarbeit im Transformationsprozess der MOE-Staaten eine nachgeordnete Rolle spielen. Hinzu kommt, dass nach Jahrzehnten sozialistischer Planwirtschaft und im Prozess der Öffnung der Systeme alles, was mit Planung zu tun hatte, zunächst sehr argwöhnisch betrachtet wurde. Schließlich ist zu beachten, dass der Transformationsprozess in den öffentlichen Verwaltungen ein großes Maß an Unsicherheit bzgl. der Zuständigkeiten und Aufgaben auch im Bereich der Raumordnung mit sich

[168] Ebenda, Seite 55.

[169] Zur Kooperation im deutsch-polnischen und deutsch-tschechischen Grenzraum vgl. *Roch, Isolde/Scott, James/Ziegler, Astrid,* 1998: Umweltgerechte Entwicklung von Grenzregionen durch kooperatives Handeln, IÖR-Schriften, Heft 24, Dresden: Institut für ökologische Raumentwicklung.

[170] *Ivlichev, Victor and Khazdan, Isaac,* 1998: Regional Development Concept for the Brest-Minsk-Orsha Section of the Berlin-Moscow Trans-European Transport Corridor, in: *Graute, Ulrich, (ed.),* 1998: Sustainable Development for Central and Eastern Europe, Spatial Development in the European Context, Berlin Heidelberg New York: Springer-Verlag, 281-297.

[171] *Bundesministerium für Raumordnung, Bauwesen und Städtebau (BMBau),* 1997b: Präventiver Schutz vor Überschwemmungen durch Erstellung einer Raumplanungskonzeption für das Flussgebiet der Oder, gemeinsame Deklaration der für Raumordnung verantwortlichen Minister der Bundesrepublik Deutschland, der Republik Tschechien und der Republik Polen vom 22. August in Stettin.

brachte.[172] Zu Beginn des ersten Jahrzehnts im neuen Jahrhundert treten die Vorbehalte gegen Planung in den Hintergrund, aber es fehlt in den meisten Staaten nach wie vor ein klarer institutioneller Rahmen und entsprechend schwer wäre es auch, für die einzelnen Staaten mehr als nur eine Momentaufnahme vom Akteurskreis zu beschreiben.

Für die Kooperation der Akteure aus Mittel- und Osteuropa in der Europäischen Raumentwicklungspolitik können die folgenden Merkmale festgehalten werden:

Raumordnung und Raumplanung befinden sich in einem Reformprozess, der in den einzelnen Ländern sehr unterschiedlich verläuft. Dies führt zum teilweise mehrfachen Wechsel der Akteure sowie der Prioritäten bei der Ausrichtung der nationalen Entwicklung und der transnationalen Kooperation, was wiederum eine kontinuierliche Kooperation und einen nachdrücklichen Einsatz für eigene Interessen wesentlich erschwert. [173]

Im Rahmen der EU-Raumentwicklungspolitik sind Nicht-Mitgliedstaaten im Vergleich zu den Mitgliedstaaten nur von sekundärer Bedeutung. Zwar wird der Kooperation im Gesamteuropa deklaratorisch immer wieder eine hohe Relevanz beigemessen, aber die Akteure aus Mittel- und Osteuropa sind mit Ausnahme der allgemeinen raumentwicklungsbezogenen Fachdiskussion keine gleichberechtigten Partner für die Union und ihre Mitgliedstaaten.

Zwischen mitgliedstaatlichen und nichtmitgliedstaatlichen Akteuren steht eine unsichtbare Mauer. Die wesentliche Ursache hierfür besteht unzweifelhaft in der Tatsache, dass eine Reihe von Drittstaaten zwar auf dem Wege in die Union ist, dort aber eben noch nicht aufgenommen wurde. Diese Phase der Annäherung kann prinzipiell überbrückt werden, indem die Akteure aus Drittstaaten und hier insbesondere aus den an Beitrittsverhandlungen teilnehmenden Staaten informal wie Mitglieder

---

[172] Die Aussagen zum Ansehen der Planung in der frühen nachsozialistischen Phase beruhen auf einer Reihe von Gesprächen des Verfassers, die im Rahmen des Netzwerks raumwissenschaftlicher Forschungseinrichtungen in Mittel- und Osteuropa mit Partnern aus zahlreichen MOE-Staaten geführt wurden. Bestätigt wird diese eigene Beobachtung für den Fall der Tschechischen Republik von *Pallagst, Karina M.,* 1999: Raumordnung der Tschechischen Republik – Mittel- und Osteuropa vor dem Hintergrund europäischer Raumordnungsbestrebungen, Dissertation, Baden-Baden: Berlin Verlag. Das Verhältnis zwischen Transformation, Verwaltungsstrukturreform und Regionalentwicklung am Beispiel Polens beschreiben *Abraham, Thomas/Eser, Thiemo,* 1999: Regionalentwicklung in Mittel- und Osteuropa im Spannungsfeld von Transformation und Integration, Raumforschung und Raumordnung, Heft 2/3, 83-95. Eine umfassendere Analyse zu den Auswirkungen der Transformation in Mittel- und Osteuropa unternahm das *Bundesinstitut für ostwissenschaftliche und internationale Studien (Hrsg.),* 1997: Der Osten Europas im Prozess der Differenzierung, Fortschritte und Mißerfolge der Transformation, Jahrbuch 1996/97 des Bundesinstituts, München Wien: Carl Hanser Verlag.

[173] Eine Ausnahme stellt Ungarn dar, wo die Zuständigkeit für Fragen der Europäischen Raumentwicklungszusammenarbeit seit den frühen 90er Jahren bei denselben Ansprechpartnern im Ministerium für Regionalentwicklung angesiedelt ist. Ungarn erreichte 1998 als erster Nichtmitgliedstaat die so genannte Vollmitgliedschaft in den INTERREG II C-Programmgremien und übernahm für das Jahr 2000 sogar den Vorsitz in den transnationalen Programmgremien.

behandelt werden. Wenn man sich vergegenwärtigt, dass es teilweise dieselben Personen sind, die einerseits im Rahmen der CEMAT formal gleichberechtigt über die Position des Europarats zur Raumentwicklungspolitik verhandeln und andererseits nicht gleichberechtigt über das Europäische Raumentwicklungskonzept der EU-Mitgliedstaaten beraten, so dürfte dies für die beteiligten Akteure auf Dauer problematisch sein. Insofern ist es nicht verwunderlich, wenn die Autoren des EUREK empfehlen, die „Institutionalisierung der künftigen Zusammenarbeit auf der transnationalen Ebene möglichst kurzfristig schon vor den ersten Beitritten einzuleiten"[174]. Das scheinbar kuriose daran ist die Tatsache, dass sie dies den Mitgliedstaaten und damit sich selbst empfehlen. Verständlich wird dies nur durch den Rückgriff auf das Principal-Agent-Verhältnis.

Die Verhandlungen über den Beitritt werden von der Europäischen Kommission im Auftrag des Europäischen Rats mit den Beitrittskandidaten geführt. Seitens der Kommission werden die Verhandlungen durch den EU-Kommissar für die Erweiterung der Union (GD I.A) geführt, während für die Raumentwicklungspolitik keine Generaldirektion verantwortlich ist, jedoch die sich entwickelnden Aktivitäten von der für Regionalpolitik verantwortlichen Generaldirektion (GD XVI) koordiniert werden. In dieser Kompetenzzuweisung bzw. Nichtzuweisung von Kompetenzen spiegelt sich die von den Staats- und Regierungschefs der Mitgliedstaaten verfolgte Politik wider, in der der europäischen Raumentwicklung eben keine hohe Wertigkeit beigemessen wird. Dies hat für die Akteure, die als Repräsentanten von Mitgliedstaaten handeln, Konsequenzen.

An den Beitrittsverhandlungen beteiligte Akteure aus der Union müssen das EUREK nicht berücksichtigen, denn aufgrund seines informalen Charakters kann es kaum zum aquis communautaire gerechnet werden. Um die Forderung der Übernahme des aquis als Voraussetzung für eine gleichberechtigte Mitgliedschaft glaubhaft zu machen, kann es zudem nicht in ihrem Interesse sein, den Beitrittskandidaten schon vor der Erfüllung dieser Voraussetzung die volle Gleichheit zu gewähren. Die an der raumentwicklungspolitischen Zusammenarbeit mit den Beitrittskandidaten beteiligten Repräsentanten der Mitgliedstaaten sind in einer anderen Situation. Da es für ihr eigenes Politikfeld keinen formalen aquis communautaire gibt, müssen sie ihn auch nicht durchsetzen. Sie können sich im Prinzip sofort auf die fachliche bzw. fachpolitische Zusammenarbeit konzentrieren und an gemeinsamen Leitbildern und politischen Strategien arbeiten. Die dem Beitritt vorweggenommene Gleichbehandlung ist aus der Sicht dieser Akteure folglich ein schlüssiges Interesse.[175] Dass sie es nicht

---

[174] EUREK, Seite 55.

[175] Zur Schnittstelle zwischen Beitrittsverhandlungen und Raumentwicklung vgl. *Bundesamt für Bauwesen und Raumordnung (BBR)*, 1998: Agenda 2000, Auswirkungen auf Deutschland, Informationen zur Raumentwicklung, Heft 9/1998, Bonn: Selbstverlag des Bundesamtes für Bauwesen und Raumordnung. Vgl. auch *Weidenfeld, Werner (Hrsg.)*, 1995: Mittel- und Osteuropa auf dem Weg in die Europäische Union, Bericht zum Stand der Integrationsfähigkeit, Gütersloh: Verlag Bertelsmann Stiftung.

durchsetzen können, liegt an ihrem Principal-Agent-Verhältnis. Als Repräsentanten (agents) der mitgliedstaatlichen Regierungen (principals) müssen sie deren Politiken berücksichtigen, und da die Mitgliedstaaten den Beitrittsverhandlungen ein größeres Gewicht beimessen, dürfen deren Prioritäten nicht durch die Art oder den Inhalt der politischen Zusammenarbeit in einzelnen Politikfeldern konterkariert werden. Der Leistungsanreiz der Mitgliedschaft verliert sonst seine Wirkungskraft und Steuerungsfunktion. Dies zu berücksichtigen gilt auch für die staatlichen Repräsentanten in der Raumentwicklungspolitik. Selbst, wenn sie selbst ein anderes Vorgehen bevorzugen, sind sie als Repräsentanten ihrer Regierung an deren politische Richtlinien gebunden, und so bleibt ihnen gegebenenfalls nichts anderes übrig, als an ihre eigenen vorgesetzten Stellen innerhalb der Regierungen zu appellieren. Genau dies geschieht im EUREK immer dann, wenn die mitgliedstaatlichen Autoren des Dokuments Empfehlungen an die Regierungen der Mitgliedstaaten formulieren.[176] Letztlich handelt es sich dabei um Vorschläge, die von den EUREK-Autoren an die Staats- und Regierungschefs bzw. die Akteure in einzelnen Ressorts innerhalb der Regierungen gerichtet sind, denn nur so erscheinen Empfehlungen der mitgliedstaatlichen Vertreter im EUREK-Prozess an die Mitgliedstaaten als sinnvoll.

Haben schon die mitgliedstaatlichen Repräsentanten offensichtlich nur die Möglichkeit zur fachlichen Argumentation und zum Appell, so ist die Situation für Akteure aus den am Beitritt interessierten Nicht-Mitgliedstaaten noch schwieriger. Ihre Regierungen haben durch die Unterzeichung der Europaabkommen, Beitrittsanträge und laufenden Verhandlungen wiederholt die hohe Bedeutung eines Beitritts unterstrichen und sich in Verbindung damit zur Übernahme des Gemeinschaftsrechts verpflichtet. Auch ihnen kann nicht verborgen bleiben, dass die Raumentwicklungspolitik dabei formal keine Rolle spielt. Angesichts des ohnehin hohen Anpassungsdrucks an die gemeinschaftlichen Politiken und die diesen zugrunde liegenden Regelungen kann es daher nicht verwundern, wenn die Entwicklung im neuen Politikfeld zwar aufmerksam verfolgt wird, aber jedes Engagement vermieden wird, was die vorrangigen Beitrittsverhandlungen gefährden könnte. Selbst wenn der Repräsentant der nationalen Raumordnung eines Beitrittskandidaten der Ansicht wäre, dass ein in mehrfacher Hinsicht auf ganz Europa bezogenes EUREK auch mit allen europäischen Staaten abgestimmt werden müsse, so würde dieser diese Position wohl nur sehr zurückhaltend äußern, um wegen dieser vergleichsweise sekundären Frage die Rolle des eigenen Landes bei den Beitrittsverhandlungen nicht unnötig zu erschweren.

[176] Als Konzept zur europäischen Raumentwicklung enthält das EUREK eine Fülle von Empfehlungen. Sie sind besonders häufig in den Kapiteln 3-5 und sind in ihrer Ausrichtung klar auf die Kommission bzw. auf die Mitgliedstaaten ausgerichtet. Bei den Mitgliedstaaten wird zudem nach nationalen, regionalen und kommunalen Adressatengruppen unterschieden. Einzelne nicht-komplexe Akteure werden jedoch nicht spezifiziert.

2.2.3 Vergleichende Betrachtung zur Akteurs- und Interessenkonstellation

2.2.3.1 Akteure und ihr institutioneller Kontext

Die Analyse bestätigt die bereits anfangs erwähnte Vielfalt des institutionellen Kontextes in den einzelnen Mitgliedstaaten und bei den europäischen Organisationen. Dieser lässt es als irreführend erscheinen, einfach von der Akteurskonstellation im Politikfeld zu sprechen. Zumindest kann man nicht davon ausgehen, dass sich alle Akteure gegenseitig kennen und dass sie mit dem institutionellen Kontext des jeweils anderen Akteurs vertraut sind. Die meisten Akteure bewegen sich primär in ihrem eigenen meist nationalen Kontext. Nur wenige, wie etwa die Mitarbeiter der Europäischen Kommission, agieren in einem primär europäischen Umfeld. Diese wiederum kennen die nationalen Kontexte der fünfzehn Mitgliedstaaten allenfalls zum Teil. Wenn von der Akteurskonstellation und dem institutionellen Kontext der Europäischen Raumentwicklungspolitik gesprochen wird, so handelt es sich dabei um stark fragmentierte Bereiche. Um die Situation im europäischen Politikfeld zu verstehen, ist es notwendig, nationale Zusammenhänge mit zu betrachten, denn diese bilden die wichtigste Basis, von der aus sich die europäische Kooperation entwickelt.

Während die Raumordnung in Deutschland eindeutig ein eigenständiger, querschnittsorientierter Bereich ist, handelt es sich bei der Raumordnung in Griechenland vorwiegend um ein Instrument der Wirtschaftspolitik. In Österreich dagegen dient die Raumordnung des Bundes vorwiegend der Regionalpolitik, während Raumordnung auf Länderebene eine sektorübergreifende eigenständige Aufgabe ist. In Bezug auf die europäische Zusammenarbeit gibt es in Griechenland die größte Zurückhaltung. In den anderen analysierten Ländern fällt die Zustimmung dagegen deutlicher aus. Doch auch bei dieser Zustimmung ist wiederum nach Ländern zu differenzieren, da beispielsweise Deutschland der Einhaltung des Subsidiaritätsprinzips den Rang ein conditio sine qua non einräumt.

In Deutschland wurde mit der novellierten Gesetzgebung ein rechtlicher Rahmen für die europäische Zusammenarbeit sowie die diesbezügliche Bund-Länder-Kooperation geschaffen, während der gesetzliche Rahmen in Österreich trotz der auch hier etablierten Raumordnung wesentlich unklarer ist. Dennoch gibt es aber offenbar in beiden Ländern einen Grundkonsens zwischen den Hauptakteuren bezüglich der Notwendigkeit einer Europäischen Raumentwicklungszusammenarbeit und der Tatsache, dass man sich hierauf auf nationaler und subnationaler Ebene intensiv vorbereiten müsse.

In Deutschland und Österreich erwarten die staatlichen Akteure eher die Bestätigung und ggf. Weiterentwicklung vorhandener Strukturen, während vor allem in Italien, aber teilweise auch in Griechenland von der Zusammenarbeit eine deutliche Veränderung nationaler Strukturen und insbesondere der nationalen Planungskultur erwartet wird.

Gravierend unterschiedlich sind auch die institutionellen Planungsstrukturen in allen untersuchten Ländern. Auf der einen Seite stehen Länder wie Deutschland und Österreich, welche aufgrund der langen Tradition föderaler Kompetenzverteilung in der Raumordnung auch eine entsprechend große Zahl an Institutionen haben, die auch in die transnationale Zusammenarbeit als eigenständige Akteure eingebunden sind bzw. eingebunden werden könnten. Demgegenüber steht Griechenland mit seiner zentral ausgerichteten Planungsstruktur, die den Planern auf der subnationalen Ebene keine vergleichbaren Freiräume für eine eigenständige internationale Zusammenarbeit bietet und somit den griechischen Akteurskreis in der Raumentwicklungszusammenarbeit einschränkt. Ebenfalls als in Österreich und Deutschland vergleichbar stellt sich das Akteursspektrum dar, welches sich im Wesentlichen aus den für Raumordnung und Raumwissenschaft zuständigen oder zumindest mit ihr befassten Institutionen zusammensetzt. Einschränkend muss aber hier bereits festgestellt werden, dass die Zahl der Akteure aus dem Spektrum der Raumwissenschaften in Deutschland größer ist und dass in Deutschland mit der ARL eine organisierte Plattform für die regelmäßige Begegnung zwischen Wissenschaft und Planung bzw. Politik besteht. Von solchen Strukturen ist man vor allem in Griechenland entfernt. Raumordnung ist hier wie teilweise auch in Italien weniger eigenständig und mehr ein Instrument anderer Politiken, wobei im Falle Italiens die Instrumentalisierung der Raumordnung aufgrund der schwierigen Gesetzeslage nicht recht zu funktionieren scheint. Es konnte für Griechenland nicht festgestellt werden, ob es eine in Deutschland oder Österreich vergleichbar breite Fachdiskussion zur Raumentwicklungszusammenarbeit gibt. Im Falle Italiens scheint sich eine solche seit Ende der 90er Jahre zu verstärken. Dass es überhaupt eine Fachdiskussion gibt, ist jedoch auch für Griechenland erkennbar.

Eine der wesentlichen Schwierigkeiten der Analyse transnationaler Akteure besteht darin, den Akteurskreis eindeutig abzugrenzen. In den vorhergehenden Abschnitten wurden die Organisationen behandelt, die lose oder eng in die Interaktion im Kontext des Politikfelds eingebunden sind. Darüber hinaus gibt es jedoch eine weitaus größere Gruppe von Organisationen und anderen Institutionen, die sich ebenfalls mit raumrelevanten Entwicklungsfragen beschäftigen, dies aber nicht in einem erklärten oder anderweitigen direkten Bezug zur Raumentwicklungszusammenarbeit bzw. Raumentwicklungspolitik tun. Diese Gruppe reicht von den sektoralen Organisationen bzw. Organisationseinheiten der verschiedenen Handlungsebenen und deren spezifische Politikarenen bis hin zu den oft außerhalb dieser Arenen stehenden Nicht-Regierungsorganisationen in diesen Bereichen, die wiederum eigene Handlungsarenen bilden. Wegen ihrer fehlenden oder nur vereinzelten Kooperationsbeziehungen[177] mit Akteuren und Arenen im Politikfeld werden sie im Kontext dieser Arbeit nur am Rande behandelt. Eine klare Abgrenzung von diesen Akteuren fällt dennoch schwer, denn nimmt man den kooperativen Ansatz des EUREK und dessen offene Beschreibung des Akteursspektrums[178], so müssten letztlich alle mit raumrelevanten Entwicklungsfragen befassten Institutionen in die Raumentwicklungszusammenarbeit einbezogen werden. Festzustellen ist, dass sie in die Politikformulierung bisher kaum einbezogen wurden, aber gleichzeitig zum Adressatenkreis des EUREK gehören. Letzteres musste notwendigerweise geschehen, denn die Raumentwicklungspolitik verfügt nicht über die formalen Kompetenzen, um ihre Konzepte mittels einer einseitigen Machtstrategie durchzusetzen (vgl. Kap. 3.2). Anders ausgedrückt ist festzustellen, dass die Raumentwicklungspolitik von einem transnationalen Akteurskreis formuliert wurde, der nicht identisch ist mit dem Akteurskreis, der letztlich für die Umsetzung von Einzelmaßnahmen in die Praxis zuständig ist. Insofern ist zwischen dem gegenwärtigen realen Akteurskreis und dem weiteren potenziellen Akteurskreis zu unterscheiden. Nach Benz wären die hier als Adressaten bzw. potenziellen Akteure bezeichneten den Akteuren zuzurechnen, sobald die jeweiligen Individuen bzw. Repräsentanten von Organisationen zumindest von der Kooperation betroffen sind.[179] Doch im vorliegenden Fall, bei dem es sich nicht um Entscheidungen mit Konsequenzen, sondern um unverbindliche Empfehlungen handelt, ist es den Adressaten im Grunde selbst überlassen, ob sie sich von der neuen Politik betroffen fühlen oder nicht. Damit bleibt auch ihre Zuordnung zum Akteurskreis als offen und teilweise diffus zu bezeichnen. Eindeutig ist diese erst, wenn die betroffenen Individuen bzw. Repräsentanten von Organisationen in eine Interaktion eintreten und sich hieraus ggf. eine engere Kooperation entwickelt. Von diesen Interaktionen und Kooperationen handelt diese Arbeit, weshalb die Offenheit des Akteurskreises an seinen Rändern letztlich auch kein analytisches Problem im Rahmen dieser Arbeit darstellt. Dennoch sollte seine Nichteinbeziehung in das reale Akteursspektrum nicht als selbstverständlich oder gar als sachlich geboten missverstanden werden.

---

[177] Zu den transnationalen komplexen Akteuren und Handlungsarenen, die vereinzelt über Interaktionen oder engere Kooperationsbeziehungen zum analysierten Politikfeld verfügen, gehören etwa die transnationalen Gremien der grenzübergreifenden Zusammenarbeit im Rahmen von INTERREG II A bzw. III A (*Europäische Kommission – European Commission,* 2000d: Community initiative INTERREG II 1994-1999: An initial evaluation, January 2000, Brussels; *Miosga, Manfred,* 2000: Die Umsetzung der Gemeinschaftsinitiative INTERREG im nordrhein-westfälisch-niederländischen Grenzraum, in: *Edgar Grande und Markus Jachtenfuchs (Hrsg.)*: Wie problemlösungsfähig ist die EU? Regieren im europäischen Mehrebenensystem, Baden-Baden: Nomos) und die Lenkungsausschüsse der nationalen Verkehrsministerien zur Entwicklung der Transeuropäischen Netze (vgl. *Karl, Helmut/Henrichsmeyer, Wilhelm (Hrsg.)*, 1996: Europäische Raumentwicklungspolitik: Notwendigkeit einer vertraglichen Verankerung? Bonner Schriften zur Integration Europas, Band 8, Bonn).

[178] EUREK, 162, Seite 38.

[179] Vgl. *Benz, Arthur,* 1994: Kooperative Verwaltung: Funktionen, Voraussetzungen und Folgen. Baden-Baden: Nomos Verlagsgesellschaft, 67.

2.2.3.2 Vorherrschende Interessen und Orientierungen

Bezüglich der Handlungsorientierungen im Politikfeld kann für die bisher analysierten komplexen Akteure zusammenfassend gesagt werden, dass die Europäische Raumentwicklungspolitik von der überwiegenden Zahl der transnationalen Organisationen und ihrer Organe zumindest deklaratorisch unterstützt wird. Die komplexen Akteure bekennen sich zum Bedarf einer solchen und sprechen sich prinzipiell für raumentwicklungspolitische Zielsetzungen und Aktivitäten aus. Aber es ist auch festzustellen, dass die Raumentwicklungspolitik in keiner Organisation und in keinem Organ einen herausragenden Stellenwert genießt. Auch wenn ein Aktivitätszuwachs für die letzten Jahre seitens der OECD, des Europarats und insbesondere seitens der Generaldirektion für Regionalpolitik der Europäischen Kommission (DG XVI) festzustellen ist, sind diese Aktivitäten im Gesamtkontext dieser Organisationen als gering zu bezeichnen. Es gibt keine formale transnationale Organisation, die sich allein oder auch nur vorrangig der Europäischen Raumentwicklungspolitik widmet.

Das Politikfeld gewinnt seine Bedeutung meist nur mittelbar über andere Themen, Zielsetzungen oder Zuständigkeiten. Den Grundgedanken einer Europäischen Raumentwicklungspolitik wird viel Sympathie entgegengebracht, doch sobald es um politische Kompetenzen geht, verstummt die Zustimmung und treten Bedenken in den Vordergrund. Um die Kompetenzen findet ein Umverteilungskampf statt. Zwar liegen die Kompetenzen für die Raumordnung zurzeit eindeutig auf der nationalen bzw. regionalen Ebene, aber das Bewusstsein von der Notwendigkeit einer über die eigenen Grenzen hinausgehenden Raumentwicklungszusammenarbeit und einer entsprechenden Politik stellt die bestehenden Strukturen und Politiken zumindest teilweise infrage. Alle Organisationen sind prinzipiell der Ansicht, dass es Themen der Raumentwicklung gibt, die von europäischer Bedeutung sind und deshalb auf europäischer Ebene behandelt werden müssen. Ebenso einig ist man sich, dass die raumrelevanten Politiken in Europa koordiniert werden müssen. Diese Einsichten erklären die breite Zustimmung zu Europa 2000, Europa 2000+ sowie zum EUREK. Dass die Warnung vor Kompetenzverlagerungen auf die europäische Ebene ebenso deutlich ausfällt (meist ausgedrückt als Forderung, das Subsidiaritätsprinzip zu wahren), kann auf zwei Gründe zurückgehen: Entweder ist die Zuweisung von spezifischen Kompetenzen auf der europäischen Ebene sachlich nicht notwendig oder die Lobby der nationalen und regionalen Vertreter in den Organen des Europarats und der Europäischen Union ist einfach stärker als die Einsicht in die Notwendigkeit einer transnationalen Europäischen Raumentwicklungspolitik. Ob es nun einer transnationalen Raumentwicklungspolitik mit eigenen Kompetenzen bedarf oder ob eine intergouvernementale Raumentwicklungspolitik nicht doch ausreicht, ist nicht a priori objektiv feststellbar, zumal die Vorstellungen vom Begriff, vom Politikfeld und Handlungsbedarf noch unscharf sind (vgl. Kap. 3.1). Sich in einer solchen von Unsicherheit geprägten Situation für Kompetenzverschiebungen auszusprechen, kann nicht von Repräsentanten erwartet werden, deren Organisationen dabei Kompetenzen verlieren könnte. Dies gilt insbesondere für die Vertreter der regionalen bzw. nationalen Raumordnung. Die Europäische Kommission hat diesbezüglich mehr Freiheit und ist vielleicht auch deshalb die aktivste Organisation im Politikfeld.

Die ebenfalls zum institutionellen Kontext der Akteure gehörenden transnationalen Konstellationen und Interaktionen werden in den folgenden Kapiteln behandelt. Festzustellen ist jedoch schon am Ende dieses Analyseabschnitts der markante Unterschied zwischen den transnationalen und nationalen Kontexten. Während sich innerhalb der Mitgliedstaaten im Rahmen der nationalen Raumordnung bereits über Jahrzehnte hinweg spezifische Akteurskonstellationen und Interaktionsformen entwickelt haben, sind diese transnational erst in der Entwicklung. Da innerhalb der transnationalen Organisationen wiederum Repräsentanten von Mitgliedstaaten und Regionen eine starke Position einnehmen, kann festgestellt werden, dass die Entwicklung der Europäischen Raumentwicklungspolitik im transnationalen bzw. im Bereich der Europäischen Union vor allem von Akteuren der nationalen und regionalen Ebene des europäischen Mehrebenensystems betrieben wird, welche die Handlungsorientierungen, Konstellationen und Interaktionsformen ihres nationalen Kontexts in die Gestaltung des neuen Politikfelds mit einbringen. Auch wenn man sich in einzelnen Organisationen aus der europäischen Zusammenarbeit Impulse für die nationale Ebene erhofft, so kann das vorherrschende Interesse doch darin gesehen werden, nach Antworten auf die europäischen Herausforderungen zu suchen, welche die nationale Autonomie schonen.

2.3 Arenenbildung – welche Arenen haben sich gebildet und wie sind sie verflochten?

Zur Relevanz der Arenenbildung im Interaktionsprozess

In Kapitel 2.2 waren komplexe Akteure jeweils für sich und ohne ihre jeweiligen Interaktionen mit anderen komplexen Akteuren analysiert worden. Einbezogen worden waren lediglich durch den institutionellen Kontext bedingte strukturelle Beziehungen wie die zwischen den Gemeinschaftsorganen oder den für die Raumordnung zuständigen nationalen und regionalen Organisationen. Die dabei dargestellten Handlungsorientierungen in Bezug auf eine Europäische Raumentwicklungspolitik dokumentieren allerdings bereits die unterschiedlich stark entwickelte Kooperationsbereitschaft sowie dahinter stehende Interessen der Organisationen.

Mit dieser Kooperationsbereitschaft ist im mehrstufigen Interaktionsprozess die erste Stufe erreicht, auf der die individuellen Handlungsstrategien im Hinblick auf den Eintritt in oder den Verzicht auf Verhandlungen koordiniert werden.[180] Nach Benz

---

[180] *Benz, Arthur,* 1994: Kooperative Verwaltung: Funktionen, Voraussetzungen und Folgen. Baden-Baden: Nomos Verlagsgesellschaft, 75.

werden im zweiten Schritt in Verhandlungen divergierende Interessen abgestimmt, bevor als dritte Stufe das Handeln aufgrund gemeinsam vereinbarter Ziele und Maßnahmen einschließlich des Vollzugs von Kooperationsergebnissen berücksichtigt wird. Zumindest auf der transnationalen bzw. gemeinschaftlichen Ebene[181] oberhalb des Staates erscheint es angemessen, zwischen der ersten und zweiten Stufe eine weitere einzufügen: die Arenenbildung. Benz selbst definiert eine Arena als einen institutionell abgrenzbaren Interaktionszusammenhang, der sich auf eine spezifische Aufgabenstellung bezieht.[182] Als Arenen kommen somit nicht nur formale Vereinigungen in Betracht, sondern auch informale Zusammenhänge wie etwa Netzwerke, Arbeitsgruppen oder intraorganisatorische Ausschüsse.

Arenenbildung wird hier aus mehreren Gründen als zweite Stufe im Interaktionsprozess bezeichnet. Erstens findet die Europäische Raumentwicklungszusammenarbeit, wie in den folgenden Abschnitten zu zeigen sein wird, vorwiegend in neuen für die neuen Aufgabenstellungen eigens gebildeten Interaktionszusammenhängen statt. Sie findet also nicht etwa in gegebenen Zusammenhängen statt, in denen die Akteure sich gleich der Verhandlung divergierender Interessen widmen könnten. Zweitens wird mit diesen neuen Arenen der institutionelle Kontext des Politikfelds entwickelt. Drittens ist die Arenenbildung gleichzeitig ein Stück agenda setting, eben weil Arenen aufgabenspezifisch gebildet werden. Die Beschäftigung mit dem jeweiligen Gegenstand wird durch die Arenenbildung institutionalisiert. Es kommt zwar auch schon im Prozess der Arenenbildung zur Abstimmung von Interessen (bei Benz ist dies Gegenstand der zweiten Stufe), denn zumindest die Aufgabe und die Zusammensetzung einer Arena bedarf der frühzeitigen Abstimmung. Da aber die eigentlichen Abstimmungen zur Aufgabenerfüllung den Rahmen eines institutionell abgrenzbaren Interaktionszusammenhangs voraussetzen, der mit der Arenenbildung erst geschaffen wird, erscheint es insgesamt geboten, die Arenenbildung als eigene Stufe im Interaktionsprozess zu analysieren.

Im Kontext dieses Kapitels kann es nicht um eine vollständige Auflistung und Analyse sämtlicher Arenenbildungen gehen. Ausgewählt wurden stattdessen transnationale Arenenbildungen, welche auf Grund ihrer Akteurskonstellationen und Interaktionsformen für die Kooperation in der Europäischen Raumentwicklungspolitik von

---

[181] Häufig wird in der Fachliteratur von der europäischen Ebene gesprochen. Dies geschieht in der Regel in Bezug auf die EU und soll auch im Rahmen dieser Arbeit geschehen, sofern der jeweilige Bezug zur Gemeinschaft ausreichend klar ist. Da verschiedentlich auch Akteure und ihr institutioneller Kontext im größeren Europa diskutiert werden, ist in diesen Fällen eine Präzisierung der Terminologie notwendig. Der Begriff der Gemeinschafts- bzw. der gemeinschaftlichen Ebene steht dann für die europäische Ebene innerhalb des Mehrebenensystems der EU, während die transnationale Ebene als Sammelbegriff für alle Interaktionszusammenhänge steht, die über die Grenzen einzelner Staaten hinausgehen.

[182] *Benz, Arthur,* 1992: Mehrebenen-Verflechtung: Verhandlungsprozesse in verbundenen Entscheidungsarenen, in *Arthur Benz, Fritz Scharpf, und Reinhard Zintl*: Horizontale Politikverflechtung: Zur Theorie von Verhandlungssystemen; Frankfurt/Main, New York: Campus, 153.

besonderem Interesse sind. Im Hinblick auf die Ausgangsthese dieser Arbeit ist es notwendig, erstens nach den verwendeten Interaktionsformen sowie den Zielen der Kooperation zu suchen und zweitens zu untersuchen, inwiefern sich die Hinweise auf Akteursinteressen und -orientierungen in der Arenenbildung widerspiegeln.

Um den Analyseansatz nicht zu überfordern sind zwei wesentliche Einschränkungen notwendig. In die Analyse können nicht sämtliche Arenen einbezogen werden, und bei den einbezogenen Arenen können nicht sämtliche, sondern nur als wesentlich erachtete Interaktionen analysiert werden. Damit bleibt das Bild von den einzelnen Arenen und vor allem von ihren Verflechtungen unvollständig. Es ist jedoch ausreichend präzise, um die Ausrichtung und Verflechtung von Arenen in ihrer Relation zu vorherrschenden Interessen und Orientierungen diskutieren zu können (vgl. Kap. 2.3.4).

Alternativ könnte die Analyse auf eine Arena eingeschränkt und dafür mit einer größeren Analysetiefe durchgeführt werden. Dies wird im zweiten Teil der Arbeit auch am Beispiel der Gemeinschaftsinitiative INTERREG II C (CADSES) geschehen. Die Einordnung von Einzelfallanalysen in den weiteren Kontext des Politikfelds ist jedoch nicht möglich, wenn keinerlei Vergleichsdaten aus dem Politikfeld zur Verfügung stehen. Insofern stellen die folgenden Abschnitte dieses Kapitels eine Vorarbeit für die anschließenden Arbeitsschritte dar.

Die Kooperation bei der Politikformulierung als auch bei der Implementierung ist eine Interaktion zahlreicher Akteure auf unterschiedlichen Handlungsebenen und in verschiedenen Handlungsarenen. Diese komplexe Konstellation im Mehrebenengeflecht zu analysieren, zwingt zu Vereinfachungen. Um das dabei unvermeidliche Risiko von Fehlinterpretationen zu reduzieren, ist nicht nur bei der Interpretation der Analyseergebnisse, sondern bereits bei der Auswahl der zu untersuchenden Arenen Vorsicht geboten.

Auswahlkriterien

Da die Kooperation im Politikfeld keinen spezifischen formalen Interaktionsregeln unterliegt (vgl. Kap. 3.2), können der Stellenwert und die Repräsentativität vieler Arenen nicht anhand der formalen Einbindung in den institutionellen Kontext eingeschätzt werden. Zudem unterliegt auch die Interaktion innerhalb der meisten Arenen keinen sanktionierbaren Interaktionsregeln, weswegen die Interaktionsform, Akteurskonstellation und Handlungsorientierungen im Prozess der Zusammenarbeit ohne weiteres wechseln können. Vor diesem Hintergrund ist es nicht möglich, optimale Indikatoren für die Auswahl und Analyse der Arenen zu formulieren. Bei der Auswertung der zur Verfügung stehenden Quellen mussten daher die folgenden Kriterien angewendet werden:

1. Häufigkeit der Erwähnung der jeweiligen Arena in den Quellen

Die Zahl der Hinweise wurde als Indikator für die Abschätzung der Bedeutung einer Arena in der Raumentwicklungszusammenarbeit verwendet. Demnach steigt die Wahrscheinlichkeit einer hohen Bedeutung einer Arena mit der Häufigkeit, mit der in den Quellen auf die jeweilige Arena bzw. ihre Aktivitäten Bezug genommen wird. Dies führte etwa zu dem Schluss, dass der Informelle Rat (vgl. Kap. 2.3.1.1) die wichtigste Einzelarena ist.

2. Verfügbarkeit mehrer Quellen mit Angaben zu den Arenen

In die Untersuchung wurden vorwiegend Arenen einbezogen, zu denen möglichst sowohl Primärquellen (interne Dokumente bzw. publizierte Berichte von Akteuren der Arena) als auch Sekundärquellen (Bezüge in Quellen von Organisationen oder Arenen bzw. Beiträge in der Fachliteratur, die nicht von Akteuren der jeweiligen Arena erstellt wurden) vorliegen.

3. Unterschiedlichkeit der Akteurskonstellationen und Interaktionsformen

Schließlich wurde darauf geachtet, möglichst Arenen mit unterschiedlichen Akteurskonstellationen und Interaktionsformen auszuwählen, um die tatsächliche Vielfalt der Arenen und ihres Entstehens zu erfassen.

Mithilfe dieser drei Kriterien war es möglich sicherzustellen, dass erstens die wichtigsten Arenen des Politikfelds erfasst wurden, dass zweitens die Analyse der ausgewählten Arenen auf einer möglichst breiten Quellengrundlage stattfinden konnte und dass drittens die Vielfalt der Arenen sich in den folgenden Abschnitten widerspiegelt.

Bei der Analyse der Quellen zur Europäischen Raumentwicklungszusammenarbeit wurden drei Hauptgruppen von Akteurskonstellationen erkannt, die den Abschnitten des Kapitels 2.3 als Gliederungselement zugrunde gelegt wurden:

- vorwiegend raumentwicklungspolitische Konstellationen
- vorwiegend raumwissenschaftliche Konstellationen
- auf praktische Raumentwicklung orientierte Konstellationen.

Insbesondere die Einbeziehung der zweiten und dritten Gruppe bedürfen einer weiteren Erläuterung. In der ersten Gruppe kooperieren vorwiegend Repräsentanten von mitgliedstaatlichen Organisationen bzw. Organen der Gemeinschaft. Der Bezug zur Politik ist bei diesen eindeutig, während die Arenen der vorwiegend wissenschaftlichen oder der auf konkrete Maßnahmen zur Raumentwicklung bezogenen Kooperation nicht selbstverständlich der politischen Zusammenarbeit zuzurechnen sind. Sofern rein wissenschaftliche oder rein auf technische Umsetzung ausgerichtete Interaktionen festgestellt wurden, so sind diese für die Arbeit nicht weiter analysiert worden. Erst wenn in einem Interaktionszusammenhang politische Akteure mitwirken oder die Akteure einer Arena von sich aus mit Akteuren im Politikfeld interagieren, entsteht eine Schnittstelle zum Politikfeld. Arenen, in denen dies der Fall ist, wurden in die Analyse mit einbezogen.

Dieses Vorgehen weicht von Scharpfs Definition von Akteurskonstellationen ab.[183] Er bezieht nur die „primären politischen Akteure, die direkt und notwendigerweise an politischen Entscheidungen beteiligt sind", in seine Definition ein. Alle anderen Akteure, welche die Entscheidungen der primären Akteure beeinflussen können, rechnet er nicht zur Akteurskonstellation. Insofern würde die Konstellation innerhalb einer vorwiegend wissenschaftlichen oder anwendungs- bzw. umsetzungsorientierten Arena nicht der Definition entsprechen. Hintergrund für seine Unterscheidung ist die notwendige Vereinfachung der Analyse. Diese Vereinfachung ist im Fall der Europäischen Raumentwicklungspolitik allerdings nicht praktikabel, weil sich im Politikfeld bisher keine klaren Entscheidungsstrukturen herausgebildet haben und somit auch keine eindeutige Abgrenzung der primären politischen Akteure möglich ist (vgl. Kap. 2.2). Solange dies nicht geschehen ist, wäre eine Ausgrenzung der vorwiegend raumwissenschaftlichen sowie der auf praktische Raumentwicklung ausgerichteten Arenen aus der Akteurskonstellation im Politikfeld sachlich nicht ausreichend zu begründen.

Die ausgewählten Arenen

Mit dem Informellen Rat der EU-Raumordnungsminister wurde die politische Arena im Politikfeld ausgewählt, die nicht nur wegen ihrer häufigen Erwähnung in den Quellen, sondern auch wegen ihrer Akteurskonstellation zu den wichtigsten gehört. Der Informelle Rat wird hier ausdrücklich nicht als komplexer Akteur verstanden und er ist auch kein Organ der Gemeinschaft, sondern stellt nur eine Handlungsarena von Repräsentanten der Mitgliedstaaten dar. Das zweite Kooperationsbeispiel, VASAB, ist zwar in erster Linie für den Ostseeraum von Bedeutung, wirkt allerdings aufgrund der inzwischen fast zehnjährigen Kooperationserfahrung als Referenzobjekt und Erfahrungspool für jüngere Kooperationen in europäischen Teilräumen. Beide Arenen zeichnen sich durch eine primär raumentwicklungspolitische Bedeutung aus, haben bei ihrer Arbeit jedoch einen unterschiedlichen geografischen Bezug.

Politisch initiiert ist häufig auch die raumwissenschaftliche Kooperation. Mit den Beispielen für die wissenschaftliche Kooperation werden zwei Kooperationsnetzwerke (ESPON/SPESP und MOE-Netz) aus einer quantitativ und qualitativ nur schwer einzugrenzenden Zahl transnationaler Wissenschaftskooperationen herausgegriffen. Sie sind für die raumwissenschaftliche Forschungskooperation insofern als herausragend anzusehen, als sie sich durch eine hohe Akteurszahl auszeichnen und unter anderem mit Repräsentanten politischer Organisationen im Politikfeld kooperieren.

---

[183] *Scharpf, Fritz W.*, 2000: Interaktionsformen, Akteurzentrierter Institutionalismus in der Politikforschung, dt. Übersetzung von *Scharpf, Fritz W.* (1997), Opladen: Leske und Budrich, 123-128.

Damit im Zusammenhang steht ein hoher wissenschaftlicher Beratungsbedarf in Politik und Verwaltung zu den komplexen Fragen der Europäischen Raumentwicklung, ohne den die Wissenschaftskooperation nicht als Aspekt der Kooperation innerhalb des Politikfelds analysiert werden müsste. Nicht eingegangen wird auf die aus den Forschungsrahmenprogrammen der Union finanzierten raumwissenschaftlich relevanten Leitaktivitäten und Projekte, da sie bei aller fachlichen und forschungspolitischen Relevanz eben nicht in unmittelbarem Zusammenhang zur Kooperation im Politikfeld stehen.

Nach den Beispielen der primär politischen bzw. wissenschaftlichen Kooperation folgen Beispiele der primär umsetzungsbezogenen Kooperation. In dem selbst noch sehr jungen Politikfeld gehört die transnationale Zusammenarbeit zur konkreten Entwicklung von Räumen zwar zu den jüngsten, aber für den Erfolg einer Raumentwicklungspolitik langfristig entscheidenden Tätigkeitsfeldern. Die umsetzungsbezogene Kooperation konzentriert sich meist auf diesbezügliche Förderprogramme als den einzigen transnationalen Anreizinstrumenten, welche den staatlichen Organisationen im Politikfeld zur Steuerung der Raumentwicklung zur Verfügung stehen. Daneben existiert zwar eine Vielzahl weiterer raumentwicklungsrelevanter Förderprogramme[184], aber diese werden nicht von den an der Interaktion im Politikfeld beteiligten Akteuren eingesetzt und liegen somit außerhalb des Untersuchungsrahmens.

2.3.1 Arenen der raumentwicklungspolitischen Kooperation

2.3.1.1 Kooperation zwischen den EU-Mitgliedstaaten im Informellen Rat

Aufgaben und Akteurskonstellation

Der Informelle Rat der für die Raumordnung zuständigen Ministerinnen und Minister in der Europäischen Union geht auf die Initiative einiger Länder, wie Deutschland und die Niederlanden zurück. Diese haben im Rahmen der Europarat-Kooperation und angesichts der Raumentwicklungsrelevanz sowohl globaler Entwicklungstrends als auch der verschiedenen europäischen Fachpolitiken erkannt, dass die Raumentwicklungszusammenarbeit auch zwischen den Mitgliedstaaten der Union intensiviert werden müsse. Deutschland und die Niederlande argumentierten dabei für eine zumindest besser aufeinander abgestimmte nationale Planung.[185] Aber auch

---

[184] Diese prinzipielle Bedeutung gilt nicht zuletzt für sämtliche Interventionen der Strukturfonds der EU mit einem Fondsvolumen von 195 Milliarden EUR in Preisen von 1999 für den Zeitraum von 2000-2006; vgl. Strukturfondsverordnung in *Amtsblatt der Europäischen Gemeinschaften*: Verordnung (EG) Nr. 1260/1999 vom 21. Juni 1999, Randnr. 1 sowie Artikel 7.

[185] *Faludi, Andreas/Zonneveld, Wil,* 1997b: Shaping Europe: The European Spatial Development Perspective: Introduction, Built Environment, Volume 23, Number 4, 257-266; *Martin, Derek/Ten Velden, Hans,* 1997: Extra Options as Optional Extras: What Ideas are behind the ESDP, Built Environment, Volume 23, Number 4, 267-280.

andere Interessen dürften die Einrichtung von Rat und Ausschuss beflügelt haben. So hat Faludi festgestellt, dass die Frühphase der Kooperation Anfang der 90er Jahre von einem Konflikt zwischen Deutschland und der Kommission über das Verständnis von Raumordnung geprägt war. Dabei favorisierte die Kommission eine europäische Raumordnung in Anlehnung an das Modell der französischen Aménagement du territoire mit einer entsprechend starken Position der Kommission, während Deutschland auf intergouvernementaler Zusammenarbeit der nationalen und eben auch national unterschiedlichen Raumordnungen beharrte. Da die Kommission ihrerseits bereits 1991 das Dokument Europa 2000 veröffentlicht hatte, engagierte sich Deutschland zunächst schon deshalb, um die eigene Auffassung von europäischer Zusammenarbeit zu vertreten und durchzusetzen.[186]

Im 1989 in Nantes erstmals zusammengetretenen Rat kooperieren seither die für die Raumordnung zuständigen nationalen Minister bzw. deren Vertreter. Obwohl die Zusammensetzung des Rats klar definiert ist, wechselt die personelle Zusammensetzung entsprechend der personellen Besetzung der Ministerposten und ggf. auch entsprechend veränderter Zuordnung der Raumordnung zu einem anderen Ministerium. So folgten beispielsweise an der Spitze des Raumordnungsministeriums in Deutschland seit Mitte der 90er Jahre vier Minister aufeinander. Seit 1998 gehört die Raumordnung zum Bundesministerium für Verkehr, Bau- und Wohnungswesen (BMVBW). Zum weiteren Teilnehmerkreis der Ratstreffen gehören Vertreter verschiedener europäischer Institutionen.[187] Noch größer ist die Zahl der an der Ratsarbeit beteiligten Akteure, wenn man die über Interservice-Konsultationen der Kommission, die Ressortabstimmungen zwischen den Ministerien sowie Abstimmungen mit regionalen und lokalen Gebietskörperschaften in den Mitgliedstaaten beteiligten Akteure mit berücksichtigt. Diese Interaktionen finden jedoch nicht innerhalb der Arena statt. Vielmehr handelt es sich dabei einerseits um interne Interaktionen der einzelnen mitgliedstaatlichen Repräsentanten innerhalb der von ihnen repräsentierten Organisation. Andererseits handelt es sich um externe Interaktionen der Repräsentanten mit Repräsentanten anderer Organisationen vor allem aus dem jeweiligen nationalen Kontext.

Unterstützt wird der Rat vom Ausschuss für Raumentwicklung (ARE bzw. CSD; Committee on Spatial Development), den die Ministerinnen und Minister 1991 zu ihrer Unterstützung eingerichtet haben. Im Ausschuss kooperieren Vertreter der Mitgliedstaaten, die für Regionalpolitik verantwortliche Generaldirektion XVI der Europäi-

---

[186] *Faludi, Andreas,* 1997: A Roving Band of Planers, Built Environment, Volume 23, Number 4, 282.

[187] Der Teilnehmerkreis der Ministerrats setzte sich beispielsweise während der Sitzung am 04./05.10.99 in Tampere, bei der es um die Umsetzung des EUREK ging, wie folgt zusammen: Leitung (finnischer Minister für Stadt- und Regionalpolitik), 15 Mitgliedstaaten (davon neun auf Minister- bzw. Staatssekretärsebene), EU-Kommissar Barnier (Regionalpolitik, Regierungskonferenz), Vertreter des Europäischen Parlaments, des Wirtschafts- und Sozialausschusses, des Ausschusses der Regionen, des Sekretariats des Europäischen Rats, der Europäischen Investitionsbank und des Europarats.

schen Kommission sowie ausgewählte Planer und Wissenschaftler. Die Kommission fungiert als Sekretariat des Ausschusses. In Hinblick auf die Komitologie in der Europäischen Union handelt es sich bei der Arbeitsweise des Ausschusses um eine Mischform, welche sowohl Merkmale einer von der Kommission einberufenen Sachverständigengruppe als auch Merkmale einer Arbeitsgruppe des Rats aufweist. Möglich ist diese Mischform wiederum aufgrund des informalen Charakters des Ausschusses.[188] Wie im Rat, so gibt es auch im Ausschuss eine starke personelle Fluktuation, sodass Faludi und Zonneveld zu dem Schluss kommen, das EUREK sei in einer kontinuierlich wechselnden Akteurskonstellation zustande gekommen.[189]

Die Vorbereitung des EUREK war in den Jahren bis 1999 die Hauptaufgabe des Ausschusses. Der Rat verständigte sich auf die Entwicklung eines EUREK als Antwort auf den Bedarf nach einer abgestimmteren Planung. Ein Raumentwicklungskonzept zu entwickeln bedeutet natürlich, dass in diesem Kontext auch die den institutionellen Kontext betreffenden Fragen zu behandeln waren. Rat und Ausschuss beschäftigten sich insbesondere damit, worum es bei Europäischer Raumentwicklung grundsätzlich geht (Hauptgegenstand des Ratstreffens in Nantes 1989), welchen Status das EUREK bekommen soll (Korfu 1994) und welche Prinzipien der Europäischen Raumentwicklungspolitik zugrunde zu legen sind (Leipzig 1994).[190] Nach Abschluss des EUREK (Potsdam 1999) begann der Rat Aufgaben zur Anwendung des EUREK zu formulieren. Diesbezüglich wurde ein EUREK-Aktionsprogramm mit zwölf Aktionen verabschiedet (Tampere 1999)[191].

Interaktionsform

Der Rat dient vorwiegend der Abstimmung raumentwicklungspolitischer Interessen. Gleichzeitig generiert er im Zusammenhang damit neue Aufgaben, die er nicht alle selbst erfüllen kann. So wurde der Ausschuss für Raumentwicklung als eine den Rat unterstützender Handlungsarena eingerichtet. Ausschuss und Rat sind somit zwar zwei getrennte Arenen, die aber institutionell eng aneinander gebunden sind. Zudem sind die nationalen Repräsentanten im Rat gleichzeitig principals der nationalen Repräsentanten im Ausschuss. D. h., der Ausschuss ist nicht einfach das den Rat unterstützende Organ. Der Ausschuss erhält zwar seine Aufträge von der übergeordneten Arena des Rats, aber bei der Erfüllung dieser Aufgaben bleibt das Principal-Agent-Verhältnis zwischen dem jeweiligen nationalen Raumordnungsminister und dem von ihm in den Ausschuss entsandten Vertreter bestehen. Der principal

---

[188] SYS 4-2: *Informeller Ministerrat*: Diskussionspapier zur zukünftigen Zusammenarbeit bei der Europäischen Raumplanung und Entwicklung, 4./5. Oktober 1999, Tampere, 5.

[189] *Faludi, Andreas/Zonneveld, Will:* 1997, 257.

[190] Ebenda, Seite 260.

[191] Ergebnisprotokoll des BMVBW mit drei Anlagen zur Ratstagung am 4. und 5. Oktober 1999 in Tampere, AZ: A 31, 79 10 03 – 16 vom 8. Oktober 1999.

kann seinen agent je nach Interessenlage z. B. zu einem stärkeren oder schwächeren Engagement anhalten. Dies ist umso wichtiger, wenn der jeweilige principal zeitgleich den zwischen den Ratsmitgliedern rotierenden Vorsitz inne hat. An der Geschichte des Informellen Rats fällt auf, dass die bisherigen Höhepunkte der Ratsarbeit (Leipzig-Prinzipien von 1994 und EUREK von 1999) in Perioden des deutschen Vorsitzes gefallen sind. Wäre Deutschland weder an den Prinzipien noch am EUREK interessiert gewesen, wäre es leicht gewesen, die Vorarbeiten über den Repräsentanten im Ausschuss so zu beeinflussen, dass die Verabschiedung gar nicht oder zumindest nicht in der deutschen Vorsitzperiode zustande gekommen wäre. Da diese beiden Ereignisse aber in die deutsche Vorsitzperioden fallen, lässt sich umgekehrt folgern, dass der deutsche Repräsentant zum einen im Ausschuss so einflussreich war, um diese Höhepunkte terminlich in die eigene Vorsitzperiode legen zu können, und dass er als principal seinen agent im Ausschuss so unterstützen konnte, dass die Vorarbeiten für die Ratssitzung rechtzeitig abgeschlossen werden konnten.

Der Rat ist formell nicht in das institutionelle Gefüge der Europäischen Union eingebunden, kooperiert jedoch mit den Gemeinschaftsorganen wie dem Parlament, dem Ausschuss der Regionen oder dem Wirtschafts- und Sozialausschuss, mit denen auch jeder formal konstituierte Rat zusammenarbeitet. Der Informelle Rat kooperiert intergouvernemental, nutzt jedoch auch Gemeinschaftsorgane wie die Kommission, welche beispielweise die EUREK-Foren durchführte.[192] Aufgrund der mittelbaren oder unmittelbaren Einbeziehung eines weiteren Akteurskreises in die Rats- und Ausschussarbeit hat der Rat selbst zur Verankerung des EUREK-Prozesses in europäischen Fachkreisen beigetragen. Die Interaktion mit Akteuren außerhalb des Rats und seines Ausschusses funktioniert nach dem so genannten Gegenstromprinzip der gegenseitigen Information und des gemeinsamen Dialogs.[193]

In seinen Aktivitäten und von seiner Kooperationsstruktur her ähnelt der Rat in gewisser Weise einem internationalen Regime außerhalb des institutionellen Gebäudes der Union. Er ist eine Arena, die durch informale, nichtverrechtlichte Strukturen (Prinzipien, Normen, Regeln und Prozeduren) gekennzeichnet ist und in der Konflikte zwischen konkurrierenden Nationalstaaten (ggf. unter Einbeziehung anderer Akteure) bearbeitet werden.[194] Ein wesentlicher Unterschied zu einem Regime besteht jedoch darin, dass der Informelle Rat neben den informalen und nichtverrechtlichten keine formal bindenden und verrechtlichten Strukturen und Beschlüsse kennt, wel-

---

[192] Ebenda, Anlage 2, Diskussionspapier zur zukünftigen Zusammenarbeit bei der Europäischen Raumplanung und Entwicklung.

[193] Diese Arbeitsweise ist beispielsweise dokumentiert in *Bundesministerium für Verkehr, Bau- und Wohnungswesen (BMVBW),* 1998: Europäisches Raumentwicklungskonzept, Auf dem Wege zu einer nachhaltigen Europäischen Union, Entwurf Dezember 1998, Arbeitsdokument für die CSD-Beratung am 18./19. Januar 1999 in Brüssel, Bonn.

[194] Zur Regimedefinition vgl. *Müller, Harald,* 1993: Die Chance der Kooperation: Regime in den internationalen Beziehungen, Darmstadt: Wissenschaftliche Buchgesellschaft, 26.

che jedoch ebenfalls zu den Merkmalen von Regimen gehören. Beschlüsse kommen nach dem konsensualen Prinzip zustande. Zur Einhaltung und Umsetzung von Beschlüssen in den Mitgliedstaaten bestehen keine Sanktionsmöglichkeiten seitens des Rats. Insbesondere die im EUREK enthaltene Ausstiegsklausel widerspricht dem Verständnis von Regimen.[195] Gemäß den Entwicklungsstufen von Regimen, wie Prittwitz sie in seinem Fallvergleich feststellt, würde die Zusammenarbeit im Informellen Rat lediglich der Vorphase der Regimebildung entsprechen.[196] Auch wenn die Perspektive der Regimebildung damit prinzipiell noch besteht, ist sie doch als sehr unwahrscheinlich anzusehen. Da die Anwendung des EUREK und damit die Umsetzung der Raumentwicklungspolitik nicht ohne die Einbeziehung sektoraler (Gemeinschafts-)Politiken und der dafür jeweils verantwortlichen gemeinschaftlichen und nationalen Institutionen möglich ist, wäre eine Regimebildung außerhalb der Gemeinschaft nicht sinnvoll. Die in der internationalen Wirtschafts- bzw. Umweltpolitik durchaus erfolgreiche Regimebildung bietet sich daher für die Raumentwicklungspolitik der EU-Mitgliedstaaten nicht an. Insofern ist es konsequent, dass der Informelle Rat zumindest im EUREK-Text eine Formalisierung seines Status im Rahmen des Ministerrats und somit innerhalb der Union vorschlägt.[197] Dass dies nur vorgeschlagen und in den zehn Jahren seit Einrichtung des Informellen Rats nie umgesetzt wurde, deutet auf eine nicht ausreichende Unterstützung dieser Position in den Mitgliedstaaten hin.

2.3.1.2 Kooperation in europäischen Teilräumen – die VASAB 2010-Kooperation im Ostseeraum

Aufgaben und Akteurskonstellation

Eine der ältesten und damit auch eine der erfahrensten Raumentwicklungskooperationen in einem europäischen Teilraum besteht im Ostseeraum.[198] Sie steht im Zu-

---

[195] EUREK, 22, Seite 12. Zum Vergleich mit Regimen siehe *Prittwitz, Volker,* 1989: Internationale Regime – Ein Fallvergleich, in: *Beate Kohler-Koch (Hrsg.):* Regime in den internationalen Beziehungen. Baden-Baden: Nomos, 225-245; *Haas, Peter M./Keohane, Robert O./Levy Marc A. (eds.),* 1993: Institutions for the Earth, Sources of Effective International Environmental Protection, Cambridge (Mass.) and London: The MIT Press.

[196] Prittwitz, Volker, 1989, 240.

[197] EUREK, 168, Seite 40.

[198] Eine Übersicht und Analyse der Aktivitäten im Ostseeraum liefern die Beiträge von *Vartiainen, Fischer* und *Zaucha* in *Graute, Ulrich, (ed.),* 1998: Sustainable Development for Central and Eastern Europe, Spatial Development in the European Context; Berlin Heidelberg New York: Springer-Verlag; zur Raum- und Regionalforschung zum Ostsseeraum vgl. insbesondere: Hedegaard, Lars/Lindström, Bjarne (Eds.), 1998: The NEBI Yearbook 1998 – North European and Baltic Sea Integration, Berlin: Springer; *Lindström, Bjarne,* 1996: Regional Policy and Territorial Supremacy, Nordic Region Building and Institutional Change in the Wake of European Integration, Stockholm: NordREFO; *Eskelinen, Heikki/ Snickars, Folke,* 1995: Competitive European Peripheries, Advances in Spatial Science, Berlin Heidelberg New York: Springer-Verlag.

sammenhang mit einer Vielzahl von Aktivitäten, welche sich nach der Öffnung des Eisernen Vorhangs im Ostseeraum entwickelten. Die Keimzelle bildete eine später in den Ausschuss für Raumentwicklung im Ostseeraum (Committee on Spatial Development in the Baltic Sea Region / CSD-BSR) umgewandelte „Group of Focal Points", in der sich im August 1992 erstmals Vertreter aus den für Raumordnung zuständigen Ministerien des Ostseeraumes (Finnland, Russland, Estland, Lettland, Litauen, Polen, Deutschland, Dänemark, Schweden und Norwegen) zu einer Konferenz in Karlskrona versammelten. Bei dem Treffen verständigten sich die Teilnehmer darauf, gemeinsam ein Dokument über ein Raumentwicklungskonzept „Vision und Strategien für den Ostseeraum 2010" (VASAB 2010) zu erarbeiten. Vergleichbar zum Informellen Rat der EU-Raumordnungsminister bildeten sich mit dem Ministerrat und Ausschuss auch im Ostseeraum zwei eng aneinander gekoppelte Handlungsarenen. Die Sekretariatsfunktion übernahm im Ostseeraum nicht die Europäische Kommission, die am Entstehen der Kooperation gar nicht beteiligt war, sondern zunächst ein deutsches Beratungsunternehmen und dann ein gemeinsames Sekretariat mit Sitz in Karlskrona. Später wurde das VASAB-Sekretariat nach Danzig verlegt.[199]

Auf der Dritten Konferenz der Minister für Raumordnung und Raumentwicklung am 7. und 8. Dezember 1994 in Tallinn/Reval wurde das von der Group of Focal Points entwickelte Dokument VASAB 2010 verabschiedet.[200] Diese in nur einem Jahr zusammengestellte Dokumentation des gegenwärtigen Entwicklungsstands und Vision für die weitere Entwicklung bis zum Jahr 2010 stellt ein erstes Leitbild für die Raumentwicklung im Ostseeraum dar. An seiner Entwicklung waren neben der Group of Focal Points zahlreiche lokale, regionale und nationale Institutionen ebenso beteiligt wie wissenschaftliche Institute unterschiedlicher Ausrichtungen und eine Reihe internationaler Organisationen vom Ostseerat über den Nordischen Rat, die Kommission von Helsinki bis zur Weltbank.[201] Bereits in der Vorbereitungsphase von VASAB 2010 hatte sich der Bedarf nach verbesserten Kenntnissen sowohl bezüglich der für die Raumentwicklung relevanten Faktoren als auch bezüglich der raumordnungspolitischen Instrumente und Optionen in den sehr unterschiedlich entwickelten politischen Systemen und Verwaltungsstrukturen rund um die Ostsee offenbart. Nicht nur, dass es keine an einheitlichen Kriterien orientierte Raumbeobachtung für den

---

[199] *Graute, Ulrich (ed.),* 1996c: Vision and Strategies Around the Baltic Sea 2010 and their Relevance to Central and Eastern Europe, IÖR-Schriften, Heft 17, Dresden: Institut für ökologische Raumentwicklung, 8.

[200] *Group of Focal Points,* 1994: Vision and Strategies around the Baltic Sea 2010. Towards a Framework for Spatial Development in the Baltic Sea Region, Tallinn Report, prepared for the Third Conference of Ministers for Spatial Planning and Development. December 7-8, 1994, Copenhagen; *VASAB Secretariat,* 1995: Statements Relating to the Report „Towards a Framework for Spatial Development in the Baltic Sea Region", Gdansk.

[201] Ebenda, Seite 96.

gesamten Ostseeraum gab[202], es fehlte bis zur ersten raumwissenschaftlichen Konferenz im Dezember 1995 in Vilnius überhaupt an einer engeren raumwissenschaftlichen Zusammenarbeit in der Region, auf welche die nationalen Organisationen der Raumordnung gerne zurückgegriffen hätten und weshalb sie die raumwissenschaftlichen Institute zu der Konferenz in Vilnius anregten (vgl. Kap. 2.3.2.2).[203] Gehörte schon diese Konferenz zu den auf das VASAB 2010-Dokument folgenden Aktivitäten, so gilt dies umso mehr für die Deklarationen „Stockholm Declaration on Sustainable Spatial Development Policy in the Baltic sea Region" und „Towards an Agenda 21 for the Baltic Sea Region" sowie für die Durchführung von „Pilot actions", welche von der Vierten Ministerkonferenz in Stockholm verabschiedet wurden.[204] Bemerkenswert ist die Fokussierung auf eine nachhaltige Entwicklung, die sich wenig später im EUREK-Prozess mit etwas anderem Akzent wiederholt.[205]

Insgesamt hat die Ostsee-Kooperation mit ihren Stärken und Schwächen ein so hohes Ansehen erreicht, dass sie immer wieder als Modell für vergleichende Untersuchungen und zur Anregung der Kooperation in anderen Räumen herangezogen wird.[206]

Interaktionsform

Die von freiwilliger Zusammenarbeit und konsensualer Entscheidungsfindung geprägte Interaktionsform ist der des Informellen Rats in der EU und seinem Ausschuss sehr ähnlich. Die intergouvernementale Kooperation ist hier sogar noch deutlicher,

---

[202] Inzwischen wurde ein Handbuch der unterschiedlichen Systeme erarbeitet; vgl. *VASAB Secretariat,* 2000b: Compendium of Spatial Planning Systems in the Baltic Sea Region Countries, Gdansk.

[203] Zur Konferenz in Vilnius siehe *Institut für ökologische Raumentwicklung (IÖR),* 1996: Newsletter 6, Netzwerk raumwissenschaftlicher Forschungseinrichtungen in Mittel- und Osteuropa, März 1996, Dresden; *Institut für ökologische Raumentwicklung (IÖR),* 1995: Newsletter 7, Netzwerk raumwissenschaftlicher Forschungseinrichtungen in Mittel- und Osteuropa, September 1995, Dresden.

[204] *VASAB Secretariat,* 2000: VASAB 2010 Plus, Progress Report to the CEMAT Conference, 7-8 September 2000, Hanover; *Conference of Ministers for Spatial Planning and Development,* 1996: Vision and Strategies around the Baltic Sea 2010, IV. Conference, Statements and Documents, October 22, 1996, Stockholm.

[205] Im VASAB 2010-Dokument wird noch nicht wie im EUREK von einer „ausgewogenen und nachhaltigen Entwicklung", sondern ausdrücklich von einer „environmental sustainability" gesprochen. Vgl. *Group of Focal Points:* 1994, 8; vgl. auch *Groth, Niels Boje,* 1997: Baltic Agenda 21, Spatial Planning and Sustainable Development, Danish Forest and Landscape Research Institute, Hoersholm.

[206] *Puchert, Britta,* 1999: Die Praxis der INTERREG II C Programmabwicklung: Eine vergleichende Analyse zwischen den transnationalen Kooperationsräumen „Ostsee" und „Mitteleuropäischer, Adriatischer, Donau- und Südosteuropäischer Raum (CADSES)", Häusliche Prüfungsarbeit, Hamburg; *Hössl, Petra,* 1999: Comparative Study of the EU-Programmes INTERREG – PHARE CBC in Austria and the Baltic Sea Area, Beiträge zur Europäischen Raumentwicklung, Heft 1, Institut für Geographie und Regionalforschung der Universität Klagenfurt, Klagenfurt. Herausragend ist die Modellfunktion des Ostseeraums bei der INTERREG III B-Vorbereitung; vgl. hierzu *Europäische Kommission – European Commission,* 1999e: An Operational Guidance Paper for the Preparation and Management of the INTERREG III B Programmes 2000-2006, 1st Working Document of DG Regio, Brussels.

weil die Europäische Kommission und andere Organe der Union zunächst nicht an ihr teilnehmen. Zudem sind die nicht zur Union gehörenden Ostsee-Anrainerstaaten[207] gleichberechtigte Partner.

In der zweiten Hälfte der 90er Jahre ändert sich das Kooperationsmuster. Die Arbeit von Ministerkonferenz, Ausschuss für Raumentwicklung und VASAB-Sekretariat wird zwar fortgesetzt, aber die EU-Erweiterung um die Ostseeanrainer Schweden und Finnland sowie die EU Gemeinschaftsinitiative INTERREG II C verschieben die Gewichte in Richtung Union.[208] 1996 beginnt die Programmplanung zum Operationellen Programm für den Ostseeraum, bei der allein schon die Kofinanzierung des Programms aus den für die Mitgliedstaaten eingerichteten EU-Strukturfonds für eine Dominanz der Mitgliedstaaten sorgt. Die Kofinanzierung der Projektteile von nicht zur EU gehörenden Staaten des südlichen und östlichen Ostseeraums soll durch das PHARE-Programm und damit ebenfalls durch ein EU-Programm geschehen. Die finanzielle Situation in diesen Staaten, die eine alleinige Kofinanzierung aus nationalen Mitteln meist ausschließt, verhindert praktisch eine gleichberechtigte Zusammenarbeit bei der Umsetzung des gemeinsamen Leitbilds VASAB 2010 in konkrete Projekte.[209]

Trotz der Einbeziehung sehr unterschiedlicher komplexer Akteure behielt der VASAB-Prozess ebenso wie der EUREK-Prozess seine an Fragen der Raumentwicklungszusammenarbeit ausgerichtete Zielsetzung. Die konsensual erzielten Beschlüsse der intergouvernementalen Zusammenarbeit der von einem sehr unterschiedlichen Hintergrund kommenden Ostsee-Anrainerstaaten haben zu einem höheren Kooperationsgrad geführt als er bis dato zwischen den Mitgliedstaaten existierte. Dabei dürfte die niedrige Eintrittsschwelle in die Kooperation (alle Anrainerstaaten waren allein schon wegen ihrer geografischen Lage zur Zusammenarbeit eingeladen; es gab keine weiteren Vorbedingungen) die Arenenbildung und Intensivierung der Kooperation wesentlich erleichtert haben. Die Handlungsfähigkeit dieser informalen Kooperation zeigte sich insbesondere an der zügigen Entwicklung eines ersten Leitbilds innerhalb nur eines Jahres (VASAB 2010).

Der Ostseeraum zeigt aber auch, dass die partielle Vergemeinschaftung der Kooperation im Kontext von INTERREG II C ab 1997 eine formale Unterscheidung zwischen

---

[207] Bis zur EU-Erweiterung 1995 gehörten nur Dänemark und Deutschland gleichzeitig der EU und der Ostseekooperation an.

[208] Zur Verknüpfung zwischen VASAB 2010, EUREK, INTERREG II C und INTERREG III B siehe *Heinrichs, Bernhard,* 2000: The Baltic Sea spatial vision today and tomorrow, in: *Friedrich Schindegger (Hrsg.)*: Reviewing Transnational Spatial Planning, Proceedings of the VISION PLANET Bratislava Conference, 13-14 January 2000, Vienna: ÖIR, 49-59; *Löwendahl, Bo/Zaucha, Jacek,* 1998: VASAB 2010 – From Vision to Action. Cooperation on Transnational Spatial Planning, EUREG, 7/1998, 40-42.

[209] *ASAB Secretariat,* 1997: Transnational Cooperation for Spatial Development in the Baltic Sea Region, Conference in Rostock, 12-13 June 1997, Documents, Gdansk. *European Commission,* 1997: Baltic Sea Region Operational Programme 1997-1999, 11. December 1997. Zur Problematik der Gleichrangigkeit siehe *Heinrichs, Bernhard:* 2000, 49.

EU-Mitgliedstaaten und Drittstaaten mit sich brachte. Verstärkt wird die damit formalisierte Differenzierung dadurch, dass der Bedarf finanzieller Ressourcen bei der Umsetzung des Leitbilds in konkrete Raumentwicklungsprojekte größer ist als bei der Leitbildentwicklung. Da die baltischen Staaten und Polen zudem Beitrittskandidaten zur Union sind und diesbezüglich auf die Zustimmung der Mitgliedstaaten angewiesen sind, ist nicht auszuschließen, dass die formale Gleichrangigkeit der nationalen Delegationen bei den Ministerkonferenzen durch diese Rahmenbedingungen faktisch ausgehöhlt wurde. Auf jeden Fall bewirkten die in einem anderen Zusammenhang für das Territorium der EU entwickelten Förderrichtlinien, dass die nicht zur Union gehörenden Ostseestaaten sich bei der Implementierung des gemeinsam entwickelten Leitbilds in einem asymmetrischen Verhältnis zu ihren mitgliedstaatlichen Partnern wieder fanden. Auch wenn dies keinen nach außen erkennbaren Einfluss auf die weiterhin gemeinsame Politikformulierung im Rahmen von VASAB hat, so ist es doch fraglich, ob die informale Kooperation bei der Politikformulierung durch die Asymmetrie bei der Implementierung nicht negativ beeinflusst wird. Zumindest ist es der informalen Kooperation nicht gelungen, die Asymmetrie bei der Implementierung auszugleichen. Diesbezüglich erwiesen sich die von der Kommission entwickelten formalen Interaktionsregeln der unterschiedlichen Förderinstrumente als durchsetzungsfähiger. Wegen der negativen Implikationen der INTERREG-Zusammenarbeit mit Drittstaaten hat sich die Europäische Kommission im Jahr 2000 zum Einlenken entschlossen und eine engere Verknüpfung zwischen INTERREG und den für die Beitrittsstaaten entwickelten Förderinstrumenten angekündigt.[210]

2.3.2 Arenen der raumwissenschaftlichen Kooperation

Die Eingrenzung des Analysegegenstands beginnt mit der Schwierigkeit, dass der Begriff „raumwissenschaftlich" nicht disziplinär definiert ist. Die Raumwissenschaft ist keine eigenständige Disziplin. Vielmehr handelt es sich dabei um die von verschiedenen Disziplinen ausgehende wissenschaftliche Auseinandersetzung mit den die territoriale Entwicklung beeinflussenden Faktoren. Der Schwerpunkt liegt sicherlich bei den planerischen Disziplinen wie der Raum- und der Stadtplanung, aber der sektorübergreifende Ansatz von Raumordnung und -entwicklung führt in der Wissenschaft zwangsläufig zu einer Einbeziehung der Sozial-, Wirtschafts- und Naturwissenschaften. Raumwissenschaft als Begriff umschreibt daher ein breites Spektrum an Fächern. Gleichzeitig wird der Begriff auf die explizit auf den Raum bzw. Territorium und seine Entwicklung ausgerichteten wissenschaftlichen Tätigkeiten eingeschränkt. Dies gibt dem Begriff letztlich doch ein klares Profil, was seine Verwendung erleichtert.

Für die raumwissenschaftliche Kooperation ergibt sich aus der Breite des Spektrums die Konsequenz, dass die Akteurskonstellation in Abhängigkeit vom konkreten For-

---

[210] *Europäische Kommission – European Commission, DG Enlargement,* 2000f: PHARE 2000 Review – Strengthening Preparations for Membership, Communication from Mr Verheugen, Brussels.

schungsgegenstand sehr unterschiedlich sein kann. In den EU-Staaten gibt es in der Regel mindestens eine nationale, speziell auf raumwissenschaftliche Forschung ausgerichtete Institution, neben der in den größeren Staaten meist noch mehrere staatliche bzw. private Institutionen existieren. Auf der transnationalen bzw. auf der gemeinschaftlichen Ebene existiert dagegen kein raumwissenschaftliches Institut und die Generaldirektion Forschung und Technologie betreibt kein spezifisches Forschungsprogramm. Das 5. Forschungsrahmenprogramm (1998-2002) fördert im Rahmen seiner Leitaktionen durchaus raumrelevante Forschungen, am unmittelbarsten mit der Leitaktion „Stadt von morgen und das kulturelle Erbe", aber ein auf die Raumentwicklung des Gesamtterritoriums ausgerichtetes Forschungsprogramm fehlt bisher.[211]

In Ermangelung spezifischer europäischer Forschungsprogramme und auch aufgrund der bis in die 90er Jahre vorwiegend national ausgerichteten Raumordnung entstanden nur relativ wenige internationale Forschungskooperationen zur Europäischen Raumentwicklung. Die deutsche BfLR richtete erst 1992 ein Referat „Raumordnung in Europa" ein.[212] 1993 veranstaltete sie eine erste wissenschaftliche Konferenz, auf der die Idee für einen Planungsatlas zur Raumentwicklung in Europa erstmals im größeren Kreis diskutiert wurde.[213] Die dafür notwendige intensive Kooperation kam jedoch nicht zustande, während das Bewusstsein von der Notwendigkeit einer wissenschaftlichen Beschäftigung mit Europäischer Raumentwicklung insgesamt zunahm.[214] Mitte der 90er Jahre gab es in der Bundesrepublik keine 20 Forschungsprojekte an universitären oder außeruniversitären Forschungseinrichtungen, die sich mit grenzüberschreitender Raumordnung, Raumordnung in den anderen Staaten der EU bzw. Europäischer Raumordnungspolitik beschäftigten.[215] Das Bewusstsein wuchs jedoch und zwar nicht nur in der Wissenschaft, sondern auch in der Politik.

---

[211] Official Journal of the European Communities: No. L 26/1, vol 42, 01.02.1999; *Bundesministerium für Bildung und Forschung,* 1999: Das 5. Europäische Forschungsrahmenprogramm. Chancen für die Forschung in Deutschland, Bonn; vgl. auch Punkt 4 der Schlussfolgerungen des Informellen Ministerrats von Leipzig 1994.

[212] *Bundesforschungsanstalt für Landeskunde und Raumordnung (BfLR),* 1995b: Die Rolle der BfLR im europäischen Forschungsnetz, Mitteilungen und Informationen, 5/Oktober 1995, Bonn, 6-7. *Bundesforschungsanstalt für Landeskunde und Raumordnung,* 1992b: BfLR richtet Referat „Raumordnung in Europa" ein, Mitteilungen, 5/Oktober 1992, 8.

[213] *Bundesforschungsanstalt für Landeskunde und Raumordnung,* 1993: Planungsatlas zur Raumentwicklung in Europa – Internationale Wissenschaftskonferenz, Mitteilungen, 6/Dezember 1993, 1.

[214] *Akademie für Raumforschung und Landesplanung (ARL),* 1990: Europäische Integration. Aufgaben für Raumforschung und Raumplanung, Wissenschaftliche Plenarsitzung 1989, Forschungs- und Sitzungsberichte 184, Hannover; *Akademie für Raumforschung und Landesplanung (ARL),* 1996e: Europabezogene Raumforschung, Stand und Perspektiven, Regional Research on Europe, Present Situation and Perspectives, Science Régionale de l'Europe, Situation Actuelle et des Perspectives, ARL-Arbeitsmaterial, Nr. 224, Hannover, 1.

[215] Bundesforschungsanstalt für Landeskunde und Raumordnung (BfLR) und Institut für Landes- und Stadtentwicklungsforschung des Landes Nordrhein-Westfalen (ils), 1996 und 1997: Forschung – Raumordnung, Städtebau, Wohnungswesen, 1995 bzw. 1996 – Neuzugangslisten, Bonn.

Die wichtigsten politischen Dokumente zur Europäischen Raumentwicklungspolitik aus den 90er Jahren fordern eine verstärkte Wissenschaftskooperation.[216] Allerdings beschränkte sich diese deklaratorische Unterstützung auf Akteure aus dem engeren Kreis der Raumentwicklungspolitik, die sich von der Förderung eine verbesserte Politikberatung versprachen. Da es nicht gelang, in gleichem Maße die Unterstützung der für die europäische Forschungspolitik zuständigen Akteure zu gewinnen, begann die Suche nach Lösungen innerhalb des Politikfelds.

2.3.2.1 Netzwerk Europäisches Raumentwicklungsobservatorium (ESPON) und Raumwissenschaftliches Studienprogramm (SPESP)

Aufgaben und Akteurskonstellation

Während des EUREK-Prozesses wurde es offensichtlich, dass die wissenschaftliche Basis zur Politikberatung verbessert werden müsse. Eigentlich sollte daher gemäß Beschluss des Informellen Ministerrats ein „Netzwerk Europäisches Raumentwicklungsobservatorium" (ESPON) zwischen den führenden raumwissenschaftlichen Forschungseinrichtungen der Mitgliedstaaten eingerichtet werden. Wegen verschiedener Probleme[217] bei der formalen Struktur eines solchen Netzwerks hat die Kommission mittlerweile ein Studienprogramm im Rahmen von Art. 10 EFRE aufgelegt[218], welches in Vorbereitung des eigentlichen Netzwerkes Komponenten des europäischen Raums analysieren, eine Strategie für eine neue Partnerschaft zwischen Stadt und Land entwerfen und ausgewählte transnationale Optionen kartografisch darstellen sollte.[219] Das Programm wurde im Frühjahr 2000 abgeschlossen.[220]

Interaktionsform

Das Studienprogramm vernetzte die in den Mitgliedstaaten vorhandenen politikberatenden Forschungseinrichtungen auf dem Gebiet der Raumentwicklung in Form

---

216 Vgl. beispielsweise *Europäische Kommission – European Commission,* 1994a: Europe 2000+, Cooperation for European territorial development, Brussels and Luxembourg, 25; und EUREK, Seite 173, 42.

217 Die gemeinsamen Vorschläge für ein Netzwerk konzentrierten sich auf die Grundausrichtung, während die Vorstellungen zur Struktur und Finanzierung nicht ausgereift bzw. nicht konsensfähig waren. Vgl. auch *Bundesministerium für Raumordnung, Bauwesen und Städtebau (BMBau),* 1997: Konzept zur Schaffung eines Netzwerkes „Europäisches Raumplanungs-Observatorium" (NERPO), Konzeptpapier für die Sitzung In Echternach, unveröffentlichtes Manuskript, Bonn.

218 Amtsblatt der Europäischen Gemeinschaften: Nr. C 159/22 vom 25.08.1998.

219 *Bundesamt für Bauwesen und Raumordnung (BBR),* 1998b: Europäisches Raumentwicklungskonzept (EUREK) und das ESPON-Studienprogramm zur Europäischen Raumplanung, Informationen zur Forschung des BBR, 6. Dezember 1998, Bonn, 3-4.

220 *Nordic Centre for Spatial Development (Nordregio),* 2000: Study Programme on European Spatial Planning (SPESP), SPESP Report, draft version, March 2000, Stockholm and Brussels. Der Entwurf des Berichtes wurde nur auf der Nordregio-Homepage veröffentlicht: http://www.nordregio.a.se/spespn/welcome.htm

mehrerer aneinander gekoppelter Arenen, die jedoch jede für sich jeweils einen eigenen Teilaspekt des Programms bearbeiteten. Im Kern (coordination team) handelte es sich um 15 nationale raumwissenschaftliche Forschungseinrichtungen (national focal points), die kontinuierlich an der Schnittstelle von Raumentwicklungspolitik und räumlicher Forschung arbeiteten. Zu den focal points gehörten acht Hochschuleinrichtungen, sechs Regierungseinrichtungen und ein Privatunternehmen. Die focal points sollten u. a. das in den Mitgliedstaaten verteilte Spezialwissen für Zwecke der Europäischen Raumentwicklung erschließen. Dies geschah nicht zuletzt über die Einbeziehung weiterer nationaler Forschungseinrichtungen, wodurch das Netzwerk um seinen Kern einen zweiten Akteurskreis gebildet hat. Zudem kooperierte das Netzwerk mit der Europäischen Umweltagentur und EUROSTAT.[221] An den sechs Treffen der focal points zwischen Dezember 1998 und Februar 2000 nahmen bis zu 75 Personen teil. Die Hauptarbeit fand jedoch in den dreizehn Arbeitsgruppen des Programms statt. An den Arbeitsgruppen waren formal alle focal points beteiligt, in der Praxis übernahmen jedoch einzelne oder mehrere Länder die Federführung über die jeweiligen Arbeitsgruppen. Die Arbeitsgruppen hatten eigene Treffen, kooperierten überwiegend jedoch per E-Mail und gemeinsame Webseiten im Internet.[222]

Die Kommission und die am Studienprogramm Beteiligten bezeichnen die eigene Arbeit als einen erfolgreichen Test für die EU-weite Forschungskooperation. Sie verweisen im Abschlussbericht auf den kontinuierlichen Koordinierungsbedarf angesichts der über 200 beteiligten Personen. Der Einsatz der elektronischen Medien wurde nicht nur als zeit- und kostensparend, sondern auch als für die Kooperation höchst erfolgreich eingeschätzt. Diesbezüglich werden für die Zukunft weitere Entwicklungspotenziale gesehen. Eine ähnlich positive Bewertung gaben die Programmteilnehmer der mehrstufigen Kooperation im Rahmen des Programms. Mängel werden bezüglich der Verteilung von Verantwortung und von finanziellen Mitteln verzeichnet, wo sich nationale Disparitäten offensichtlich negativ auswirkten. Der unterschiedliche Status der national focal points verhinderte, dass im coordination team Beschlüsse gefasst werden konnten. Zudem hingen die für die einzelnen Arbeitsgruppen zur Verfügung stehenden Mittel von der Kofinanzierungskraft der federführenden Partner ab. Eine gleiche Beteiligung aller focal points ist damit faktisch nicht gegeben. Für die Zukunft schlagen die beteiligten Akteure ein ausgeglicheneres Verhältnis vor, ohne hierzu einen konkreten Vorschlag machen zu können. Außerdem empfehlen sie die langfristige Ausrichtung des Netzwerks und fordern eine engere Verknüpfung zwischen Forschung und Politik, um ein Auseinanderdriften der wissenschaftlichen Arbeit und des spezifischen Bedarfs an Politikberatung zu verhin-

---

[221] In Deutschland wurde auf diesem Wege beispielsweise das Institut für ökologische Raumentwicklung in das Netzwerk mit einbezogen. Vgl. auch *Bundesamt für Bauwesen und Raumordnung (BBR):* 1998b, 4.

[222] Zur Funktion der Kooperation im Netzwerk vgl. auch *Salone, Carlo,* 2000: Dallo Ssse all'Espon: prove generali di una comunità scientifica, in: *Janin-Rivolin, Umberto (ed.)*: Le politiche territoriali dell'Unione europea – esperienze, analisi, riflessioni, Milano: Franco Agneli, 13-30.

dern.[223] Dieser letzte Punkt unterstreicht, dass die raumwissenschaftliche Kooperation im Studienprogramm aus wissenschaftlicher und aus politischer Sicht eindeutig mehr auf anwendungsnahe als auf Grundlagenforschung ausgerichtet sein soll.

Unter welchen Bedingungen ein langfristig arbeitendes Netzwerk institutionell, rechtlich und finanziell funktionieren kann, ist bisher nicht geklärt worden, d. h. die Mitgliedstaaten fanden bisher keine Lösung, die dem Subsidiaritätsprinzip, dem Prinzip freiwilliger Kooperation und der Notwendigkeit einer intensiven und dauerhaften Kooperation gleichermaßen entspricht. Mit dem Netzwerk vorgeschobenen Studienprogramm sollte vor allem die wissenschaftliche Kooperation praktisch erprobt werden. Dies geschah erfolgreich. Gleichzeitig ist aber auch festzustellen, dass das nun seit über zehn Jahren diskutierte Ansinnen einer netzwerkartig funktionierenden raumwissenschaftlichen Zusammenarbeit der EU-Mitgliedstaaten nach wie vor nicht in eine über ein einzelnes Programm hinausgehende Kooperationsform umgewandelt werden konnte. Die schwierige Kopplung von informaler Kooperation mit den formalen Regulierungsanforderungen von finanziellen Förderinstrumenten, welche im Ostseeraum zu einem asymmetrischen Verhältnis zwischen den Partnern geführt hat, ist im Fall des ESPON ein entscheidender Grund für das bisherige Nichtzustandekommen der eigentlichen Netzwerk- und Arenenbildung.

2.3.2.2 Netzwerk raumwissenschaftlicher Forschungseinrichtungen in Mittel- und Osteuropa (MOE-Netz)

Aufgaben und Akteurskonstellation

Der wesentlichen Unterschied zur Forschungskooperation innerhalb der Europäischen Gemeinschaft geht in Mittel- und Osteuropa (MOE) Anfang der 90er Jahre auf die parallel verlaufenden politischen, ökonomischen und gesellschaftlichen Transformationsprozesse zurück, die jedes MOE-Land durchlief. Diese Prozesse und der gleichzeitig einsetzende Annäherungsprozess der meisten MOE-Staaten an die sich zur Europäischen Union entwickelnde EG ließen die Ausgangssituation für die Raumentwicklungszusammenarbeit[224] als extrem schwierig und den Beratungsbedarf für die politischen Akteure als entsprechend hoch erscheinen.[225]

---

[223] *Nordic Centre for Spatial Development (Nordregio):* 2000, 14-16.

[224] Zu diesem Thema siehe u. a. *Europäische Kommission – European Commission and Council of Europe,* 1996c: The regional planning of greater Europe in co-operation with the countries of central and eastern Europe, Proceedings of a joint conference held in Pargue 16-17 October 1995, Brussels and Luxembourg; *Bundesforschungsanstalt für Landeskunde und Raumordnung (BfLR),* 1992: Räumliche Folgen des politischen und gesellschaftlichen Strukturwandels in Osteuropa, Materialien zur Raumentwicklung, Heft 49, Bonn: Selbstverlag der Bundesforschungsanstalt für Landeskunde und Raumordnung.

[225] Eine neuere Untersuchung zum mittel- und südosteuropaspezifischen Forschungsbedarf lieferten *Maier, Jörg/Scholich, Dietmar,* 1998: Raumforschung und Raumentwicklung in Mittel- und Südosteuropa, EUREG, 7/1998, 33-39.

Das deutsche Bundesministerium für Raumordnung, Bauwesen und Städtebau (BMBau) unterstützt seit 1991 die Annäherung der ehemals zentralen Planungs- und Verwaltungswirtschaften in den Staaten Mittel- und Osteuropas an wirtschaftliche und soziale Strukturen, die marktwirtschaftlichen Erfordernissen auch bei der notwendigen Modernisierung der Siedlungsstruktur genügen. In diesem Zusammenhang wurden auf Initiative des Ministeriums raumwissenschaftliche Forschungsinstitute zu einer ersten Konferenz in Leipzig am 21. und 22. Januar 1993 eingeladen. Es wurden 32 Institute aus 16 Staaten eingeladen, von denen 30 Institute (aus 15 Ländern) teilnahmen – darunter aus Schweden ein Institut als Beobachter. Die wenigsten Länder verfügen über ein herausgehobenes Forschungsinstitut mit Aufgaben der Politikberatung, welches wie beim Studienprogramm in der Europäischen Union als National Focal Point dienen könnte. Aus diesem Grund wurde das MOE-Netzwerk von Beginn an sehr offen gestaltet. An den späteren Konferenzen nahmen daher bis zu 100 Vertreter aus Wissenschaft, Verwaltung sowie vereinzelt Vertreter von Nichtregierungsorganisationen teil. Zweck der ersten Konferenz war es, den Grundstein für ein Netzwerk zu legen, das eine Kommunikation der Forschungsinstitute in Mittel- und Osteuropa untereinander sowie mit entsprechenden deutschen Instituten ermöglicht. Hiermit sollte ein Beitrag zur Verbesserung der raumwissenschaftlichen Politikberatung geleistet werden.[226]

Das Ministerium unterstützte in den folgenden Jahren die jährlichen Netzwerkkonferenzen in Bratislava (1994), Odessa (1995), Budapest (1996) und Bled (1997) finanziell und nahm auch an der Gestaltung der Konferenzen aktiv teil. Auch der Europarat und Raumordnungsministerien anderer Länder wie der Ukraine, Litauens oder Sloweniens unterstützten das Netzwerk finanziell und nahmen an der Kooperation aktiv teil, weshalb zwar von einem vorwiegend, aber nicht von einem rein wissenschaftlichen Kooperationsnetz gesprochen werden kann. Für die teilnehmenden Wissenschaftler stellte die Kooperation mit der Politik keinen erkennbaren Nachteil dar. Im Gegenteil, die Präsenz von Repräsentanten gerade westeuropäischer Regierungen hat die Attraktivität des Netzwerks eher noch erhöht. Gerade in den ersten Jahren des Transformationsprozesses waren Kontakte zu westeuropäischen Regierungs- und Wissenschaftsrepräsentanten noch selten, schwer aufzubauen und wurden daher umso höher bewertet. Für den einzelnen Akteur aus einem MOE-Staat könnte schon die bloße Teilnahme an einer von der deutschen Bundesregierung unterstützten Netzwerkkonferenz nach seiner Rückkehr als Imagegewinn und Beitrag zur Sicherung seiner Position angesehen worden sein. Insgesamt war die Teil-

[226] *Bundesministerium für Raumordnung, Bauwesen und Städtebau (BMBau),* 1993: Newsletter, Nr. 1. Netzwerk raumwissenschaftlicher Forschungseinrichtungen in Mittel- und Osteuropa, Essen: PLANCO Consulting. *Graute, Ulrich,* 1996b: The European Dimension in Regional Sciences and the Network of Spatial Research Institutes in Central and Eastern Europe, in: *Joris Wotte et al. (eds.).* Environmental Engineering and Pollution Prevention, European Network of Excellence and Partnership, Dordrecht, Boston and London: Kluwer Academic Publishers, 279-292;

nahme von Wissenschaftlern und Politikern aus westlichen Ländern nicht nur wegen der mitgebrachten Finanzierungsmittel von zentraler Bedeutung, denn auch fachlich suchten die Wissenschaftler den Kontakt in den Westen. Eine erneut vom Westen losgelöste rein osteuropäische Wissenschaftskooperation wurde allseits abgelehnt.[227] Insofern war das MOE-Netz stets auch eine Brücke zwischen Ost und West.

Die bis 1994 von einem Beratungsunternehmen wahrgenommene Sekretariatsfunktion wurde Ende 1994 vom Institut für ökologische Raumentwicklung übernommen. Seither hat das Netzwerk seinen focal point in Dresden.[228] Die Ergebnisse der Konferenz bestehen einerseits aus wissenschaftlichen Publikationen und andererseits aus der Initiierung von Forschungskooperationen, die sich innerhalb oder außerhalb des Netzes entfalten.[229] Seit 1999 wird die Netzwerkarbeit im Rahmen des Projekts FOCUS der Gemeinschaftsinitiative INTERREG II C (CADSES) fortgesetzt und verlagert dabei seinen Arbeitsschwerpunkt immer klarer von der allgemeinen Vernetzung und dem allgemeinen Erfahrungsaustausch zur konkreten und problemorientierten Forschungskooperation.

Interaktionsform

Das Netzwerk raumwissenschaftlicher Forschungseinrichtungen in Mittel- und Osteuropa ist ein Beispiel für ein nun schon seit mehr als acht Jahren existierendes informales Netzwerk. Der zunächst aus ausgewählten raumwissenschaftlichen Instituten bestehende Akteurskreis wuchs auf über 200 Partner an, der Teilnehmerkreis der Konferenzen änderte sich jedoch je nach Konferenzort und -thema. Allein das Netzwerksekretariat, die jährlichen Konferenzen sowie der in gedruckter Form siebenmal erschienene Netzwerk-Newsletter bildeten den stabilen Kooperationsrahmen. Da das informale Netzwerk allein den Bedarf nach intensiver und dauerhafter Forschungskooperation nicht befriedigen konnte, wurden Einzelprojekte entwickelt und im Rahmen von INTERREG II C vorgeschlagen und in mehreren Fällen auch geneh-

---

[227] Die Aussagen dieses Absatzes beruhen auf eigenen Erfahrungen des Verfassers, der in der Zeit von Dezember 1994 bis September 1997 das Dresdner Sekretariat des Netzwerkes leitete. Ihren Beleg finden die Aussagen u. a. darin, dass die Konferenzprogramme niemals nur auf einen regionalen Schwerpunkt ausgerichtet waren, sondern stets Arbeitssitzungen zu Fragen der Raumentwicklungszusammenarbeit im größeren Europa aufwiesen.

[228] *Institut für ökologische Raumentwicklung (IÖR),* 1995: Newsletter 5, Netzwerk raumwissenschaftlicher Forschungseinrichtungen in Mittel- und Osteuropa, September 1995, Dresden, 4-8.

[229] *Graute, Ulrich, (ed.),* 1998: Sustainable Development for Central and Eastern Europe, Spatial Development in the European Context, Berlin Heidelberg New York: Springer-Verlag; *ders.,* 1996: The process of VASAB 2010 in the Baltic Sea Region, European Journal of Regional Development (EUREG), 4/1996, 57-59; *ders. (Editor / Hrsg.),* 1996c: Vision and Strategies Around the Baltic Sea 2010 and their Relevance to Central and Eastern Europe, IÖR-Schriften, Heft 17, Dresden: Institut für ökologische Raumentwicklung.

migt.[230] Damit ist ein Wandel der primär verwendeten Interaktionsform von der informalen Interaktion hin zu einer formalen Kooperation im Rahmen mehrjähriger und an den Regeln von Förderinstrumenten orientierten Forschungsprojekte festzustellen. Die ursprüngliche Interaktionsform wird jedoch nicht abgeschafft, sondern um die neue Interaktionsform erweitert.

Angesichts der in den Transformationsländern häufiger als in den Mitgliedstaaten fehlenden finanziellen Förderung, der mitunter mehrfach wechselnden Ansprechpartner und Arbeitsschwerpunkte vieler Netzwerkpartner war eine kontinuierliche Kooperation über eine längere Zeit zunächst kaum möglich. Andererseits bot in der dynamischen Phase des Transformationsprozesses bis weit in die 90er Jahre hinein das MOE-Netz gerade wegen seiner informalen Interaktionsform den einzigen überhaupt geeigneten Weg zur Kooperation, weil nur im Rahmen einer informalen Kooperation sofort mit der Zusammenarbeit begonnen werden konnte und nicht auf klare Strukturen, Neuprofilierungen der Partner aus den MOE-Staaten und den Abschluss der Konsultationen über formale Kooperationsvereinbarungen gewartet werden musste.

Die Interaktion von Repräsentanten aus Wissenschaft und Verwaltung bzw. Politik im Rahmen des Netzes birgt zwar das prinzipielle Risiko, dass die Unabhängigkeit der Wissenschaft eingeschränkt werden kann. Es gilt jedoch zu bedenken, dass es sich im konkreten Fall bei den Vertretern der Raumordnung um die wichtigsten Abnehmer raumwissenschaftlicher Forschung handelt. Damit steigt zwar die Wahrscheinlichkeit, dass in dieser Arena vor allem Ideen für eine anwenderorientierte Forschung entwickelt werden. Dies ist jedoch kein Problem, solange sich diese Entwicklung mit den Intentionen der wissenschaftlichen Akteure deckt. Im Gegenteil, die unmittelbare Zusammenarbeit zwischen Forscher und Anwender kann die Problemlösungsfähigkeit der anwendungsorientierten Forschung sogar deutlich erhöhen.[231]

Bemerkenswert ist das MOE-Netzwerk auch im Vergleich zum geplanten Netzwerk Europäisches Raumentwicklungsobservatorium (ESPON). Beide Netzwerke werden seit den frühen 90er Jahren diskutiert. Das sich auf informale Kooperation konzen-

---

[230] Zu den mittelbar aus der Netzwerkarbeit hervorgegangenen INTERREG II C-Projekten gehört nur FOCUS. Jedoch gibt es eine Reihe weiterer Projekte wie PLAIN, Sharing on Expertise und Cooperative Networks, deren Partner zuvor schon in Rahmen des Netzwerkes kooperierten. Da diese Partner allerdings auch unabhängig vom Netzwerk Arbeitsbeziehungen (z. B. im Rahmen der ARL) unterhalten, können diese Projekte zumindest nicht allein auf das MOE-Netzwerk zurückgeführt werden.

[231] Marcou und Treuner verwenden hier den Begriff der raumentwicklungspolitischen Forschung. Damit meinen sie kein politikwissenschaftliches Vorhaben, sondern in raumwissenschaftlicher Kooperation erarbeitete Beiträge zur Weiterentwicklung des EUREK und seiner verschiedenen fachlichen Inhalte. Beide sprechen sich in ihrem Fazit zu einer von ARL und DATAR in Paris durchgeführten Konferenz für eine enge anwendungs- und politikbezogene Ausrichtung der Raumwissenschaft aus. *Marcou, Gérard/Treuner, Peter,* 1998: Les Priorités de la Recherche sur la Politique de Développement Spatial. Prioritäten raumentwicklungspolitischer Forschung, EUREG, 7/1998, 1-3.

trierende MOE-Netz begann, sich bereits 1993 mit Leben zu füllen, während das ESPON wegen Abstimmungsschwierigkeiten zwischen den Mitgliedern des Informellen Ministerrats nach wie vor nicht aufgebaut werden konnte. Durch den Verzicht auf formale Strukturen konnte sich das MOE-Netz zunächst freier entfalten. Die Netzwerkkonferenzen halfen auch dabei, das Raumordnung und Raumentwicklung in den MOE-Staaten mehr Aufmerksamkeit gewinnen konnten.[232] Dann jedoch, und auch dies ist im Vergleich bemerkenswert, offenbarte sich beim MOE-Netz die Schwäche der weitgehend informalen Kooperation: Eine intensive und dauerhafte Kooperation bedurfte einer gewissen Stabilität des institutionellen Kontexts. Solange diese nicht gegeben war, blieb auch die Kooperation den Schwankungen dynamischer Prozesse vollständig überlassen. Mittelfristige Forschungsvorhaben und eine längerfristige Raumbeobachtung sind unter diesen Bedingungen nicht möglich. Konsequenterweise wurde das MOE-Netz auf der Projektebene mit dem stabilisierenden Rahmen der formalen Förderstruktur von INTERREG II C verknüpft. In diesen geförderten Projekten, die eigene Arenen bzw. Knoten im Rahmen des Netzes bilden, sind nun die Voraussetzungen für eine intensivere und dauerhaftere Kooperation geschaffen. Die weitere Arena der informalen Netzwerkkooperation dürfte von der Projektkooperation profitieren, da sie durch Beiträge aus Projekten an Substanz und Attraktivität gewinnen kann.

Das im Netzwerk erreichte Kooperationsniveau entspricht in etwa dem des inzwischen abgeschlossenen europäischen Studienprogramms. Durch die nun schon langjährige Interaktion eines Teils seiner Akteure könnte es wahrscheinlich sogar eine Phase ohne externe finanzielle Förderung, allerdings bei reduzierten Aktivitäten überstehen. Dennoch ist die Handlungs- und Entscheidungsfähigkeit des Netzwerks begrenzt. Die Erwartung, es solle wie beim ESPON oder gar als mittel- und osteuropäischer Teil des ESPON eine langfristige Raumbeobachtung leisten, wird an das Netzwerk in seiner informalen Form ohne institutionelle Förderung gar nicht herangetragen. Die informale Interaktionsform eines offenen Akteurskreises ist angemessen für eine flexible Kooperation in dynamischen Phasen. Geht es um die Erfüllung von Aufgaben mit einem längerfristigen Zeithorizont und der Notwendigkeit einer kontinuierlichen Bearbeitung, so bedarf es zumindest einer Stabilisierung der Zusammenarbeit durch formale Interaktionsregeln.

---

232 Für den Fall der Netzwerkkonferenz in Vilnius bestätigt dies *Daunora, Zigmas,* 1996: VASAB 2010 in Lithuania, in: *Graute, Ulrich (Editor / Hrsg.),* 1996c: Vision and Strategies Around the Baltic Sea 2010 and their Relevance to Central and Eastern Europe, IÖR-Schriften, Heft 17, Dresden: Institut für ökologische Raumentwicklung, 26.

2.3.3 Arenen der anwendungsorientierten Raumentwicklungszusammenarbeit – Interventionen des Europäischen Fonds für regionale Entwicklung

Die Politikformulierung durch die für Raumordnung verantwortlichen Organisationen erzeugt für diese kaum Mehrkosten, da die entsprechenden Tätigkeiten von den beteiligten Akteuren im Rahmen ihrer institutionellen Aufgaben durchgeführt und die damit verbundenen Kosten in der Regel über den eigenen Haushalt finanziert werden können.[233] Anders sieht es aus, sobald eine formulierte Politik für die praktische Umsetzung konkretisiert werden soll. In diesen Fällen ist die Einbeziehung weiterer Akteure und teilweise auch die Verlagerung von Aufgaben auf diese Akteure notwendig. Dabei entstehen mitunter erhebliche Kosten, die nur im begrenzten Umfang aus den Haushaltstiteln der nationalen bzw. regionalen Raumordnung finanziert werden können.[234] Da ein wachsender Teil der Aufgaben einer gemeinsamen Bearbeitung durch Akteure aus verschiedenen Ländern bedurfte, mussten auch Wege zu einer gemeinsamen Finanzierung gefunden werden. In der Ostseeraum-Zusammenarbeit vor 1997 geschah dies durch nationale Finanzierungsbeiträge zu den einzelnen Aktivitäten. Als wesentlich attraktiver erwiesen sich jedoch die gemeinschaftlichen Förderinstrumente der Europäischen Union und dabei wiederum insbesondere die Gemeinschaftsinitiativen sowie die nach Artikel 10 der EFRE-Verordnung der Europäischen Kommission geförderten Maßnahmen. Im Rahmen dieser Förderinstrumente entstanden einzelne Programme, mit denen Kommission, Mitgliedstaaten, Regionen und auch teilweise die Kommunen ihre Raumentwicklungszusammenarbeit zu bündeln begannen.

Auf der jeweiligen Programm- bzw. Projektebene entstanden Arenen der Zusammenarbeit, in denen es weniger um die politische bzw. wissenschaftliche, sondern vor allem um die anwendungs- und umsetzungsorientierte Kooperation geht. Politiken sollen im Rahmen dieser Programme also konkretisiert und soweit möglich auch implementiert werden. Die neu entstandenen Arenen orientieren sich in ihrer Struktur, inhaltlichen Ausrichtung und zeitlichen Begrenzung an den Förderrichtlinien

[233] Die Selbstfinanzierung der eigenen Unkosten ist allgemeine Praxis bei nationalen und regionalen Vertretern in europäischen Gremien. Im Rahmen der Analysen zu dieser Arbeit wurde diese Praxis am Beispiel von INTERREG II C untersucht. Dabei wurde u. a. festgestellt, dass die Repräsentanten von nationalen bzw. regionalen Verwaltungen ihre Personal- und Reisekosten für die Mitarbeit in den Programmgremien nicht über das Programm erstattet bekamen.

[234] So stellte beispielsweise die deutsche Bundesregierung zusätzliche Mittel zur Entwicklung von Kooperationen und zur Durchführung von Projekten in den 90er Jahren aus dem TRANSFORM-Programm sowie aus dem Programm Modellprojekte für die Raumordnung (MORO) bereit; vgl. *Görmar, Winfried,* 1996: German Cooperation in Spatial Planning with Central and Eastern Europe. In: Newsletter, No. 7. Network of Spatial Research Institutes in Central and Eastern Europe, Dresden: Institut für ökologische Raumentwicklung, 49-51, und vgl. *Bundesministerium für Raumordnung, Bauwesen und Städtebau (BMBau),* 1995b: Raumordnungspolitischer Handlungsrahmen, Beschluß der Ministerkonferenz für Raumordnung in Düsseldorf am 4. März 1995, Bonn.

der Kommission. Die meisten für die Raumentwicklung relevanten Programme werden aus dem EFRE finanziert.

Der von der Generaldirektion für Regionalpolitik verwaltete Europäische Fonds für regionale Entwicklung (EFRE) ist insofern das wichtigste Finanzierungsinstrument der Gemeinschaft, weil es wie kein anderes zum angestrebten wirtschaftlichen und sozialen Zusammenhalt innerhalb der Europäischen Union beitragen soll.[235] Für den Förderzeitraum zwischen 1994 und 1999 wurden 70 Milliarden ECU bzw. EUR als Beitrag zur Verringerung des sozioökonomischen Entwicklungsgefälles zwischen den verschiedenen Regionen der Union zur Verfügung gestellt. Insgesamt hat die Europäische Kommission im Förderzeitraum etwa 700 Programme genehmigt. Geht man davon aus, dass für jedes Programm mindestens ein Begleit- und häufig zudem ein separater Lenkungsausschuss eingerichtet wurde, so ist von weit mehr als 700 Arenen im Kontext der Regionalpolitik auszugehen. Bei allen ist davon auszugehen, dass in ihnen raumentwicklungsrelevante Themen bearbeitet werden. Dennoch bezieht sich von ihnen nur ein kleiner Teil explizit auf transnationale Zusammenarbeit und auf das Politikfeld der Europäischen Raumentwicklung.

Koordiniert werden die Programme formal durch die Kommission als Genehmigungs- und Kontrollbehörde. Dabei muss sie auch auf eine inhaltliche Koordinierung Wert legen. Praktisch bedeutet dies die Überprüfung, ob die einzelnen Programme die Gemeinschaftspolitiken wahren bzw. umsetzen. Da aber die Koordination der für die Entwicklung des europäischen Territoriums relevanten Politiken bisher keine Gemeinschaftsaufgabe ist, nimmt auch die Kommission keine entsprechende Koordinatorenfunktion war. Vielmehr überwacht sie, ob die Interventionen den verschiedenen Einzelpolitiken entsprechen.

Mit den EFRE-Zuschüssen werden größtenteils Maßnahmen unterstützt, mit denen die von den Mitgliedstaaten und der Europäischen Kommission vereinbarten Entwicklungsstrategien im Rahmen der Gemeinschaftlichen Förderkonzepte (GFK) und der Programmplanungsdokumente (PPD) durchgeführt werden. Nur Gebiete und Regionen, die nach den regionalen Zielen der Strukturfonds als förderwürdig eingestuft worden sind, kommen in den Genuss dieser auf Initiativen der Mitgliedstaaten entwickelten Programme. Für die GFK und PPD wurden im Förderzeitraum 1994-99 ca. 90 % der EFRE-Mittel verwendet.[236] Da diese Programme nach ihrer Abstimmung mit der Kommission innerhalb der Mitgliedstaaten umgesetzt werden, sind diese

[235] *Europäische Kommission,* 1996d: Europa fördert die regionale Entwicklung, 2. Ausgabe, Luxemburg.

[236] Vgl. *Europäische Kommission,* 1995b: Leitfaden für innovative Maßnahmen zur regionalen Entwicklung: (Artikel 10 der EFRE-Verordnung) 1995-1999; interregionale Zusammenarbeit und Innovation zur wirtschaftlichen Entwicklung, Raumordnung, städtischer Bereich / Europäische Kommission, Luxemburg. Zur Funktionsweise der Strukturfondsförderung vgl. auch *Staeck, Nicola,* 1996: Die europäische Strukturfondsförderung – Entwicklung und Funktionsweise, in: *Hubert Heinelt (Hrsg.),* 1996: Politiknetzwerke und europäische Strukturfondsförderung, Ein Vergleich zwischen EU-Mitgliedstaaten, Opladen: Leske und Budrich, 33-57.

Programme für die Analyse der transnationalen Raumentwicklungskooperation nicht von unmittelbarer Bedeutung und werden daher in die Analyse nicht mit einbezogen.[237]

Anders ist dies im Fall der Pilotaktionen nach Artikel 10. Dieser Artikel in der inzwischen veralteten EFRE-Verordnung[238] ermöglicht es der Kommission, Studien und Pilotprojekte (so genannte Innovative Maßnahmen[239]) in Auftrag zu geben. Im Unterschied zu den Gemeinschaftlichen Förderkonzepten hat die Kommission einen direkteren Einfluss auf die einzelnen Programme und Projekte. So können Studien prinzipiell auch ohne jede Abstimmung mit den Mitgliedstaaten von der Kommission allein in Auftrag gegeben und durchgeführt werden. Nicht alle Maßnahmen nach Artikel 10 werden also in Kooperationen mit den politischen Akteuren in einem oder mehreren Mitgliedstaaten durchgeführt.

Ingeborg Tömmel schätzt dies zunächst positiv ein.[240] Sie kommt zu ihrem Ergebnis, indem sie vor allem die innovativen Potentiale der Pilotaktionen hervorhebt. Diese führt sie unter anderem darauf zurück, dass Konflikte mit nationalstaatlichen Instanzen aufgrund der direkten Beziehung zwischen Kommission und Antragstellern umgangen bzw. vermieden werden konnten.[241] Erst später räumt sie ein, dass der Einsatz indirekter und weicher Lenkungsinstrumente in nur scheinbar herrschaftsfreie bzw. egalitäre Formen der Interaktion und Kommunikation eingebettet ist[242] und beschäftigt sich anschließend mit dem gespannten Verhältnis zwischen Ministerrat und Kommission, welches letztere zur Herausbildung von neuen Politikstrategien in den ihr gegebenen Freiräumen zwingt.[243]

---

[237] Zur Abstimmung zwischen Europäischer Kommission und den Mitgliedstaaten, untersucht am Beispiel Deutschlands vgl. *Tetsch, Friedemann/Benterbusch, Ulrich/Letixerant, Peter,* 1996: Die Bund-Länder-Gemeinschaftsaufgabe Verbesserung der regionalen Wirtschaftsstruktur, Leitfaden zur regionalen Wirtschaftsförderung in Deutschland, Köln: Verlag Dr. Otto Schmidt, 25-46. *Europäische Kommission,* 1995c: Deutschland – Neue Länder, Gemeinschaftliches Förderkonzept 1994-1999, Dokument, Brüssel und Luxemburg.

[238] Amtsblatt der Europäischen Gemeinschaften: Verordnung Nr. 2083/93 (L 193/34) des Rates zur Änderung der Verordnung Nr. 2052/88 vom 31.07.1993. In der aktuellen Fassung der EFRE-Verordnung Nr. 1261/1999 (L 161/1) vom 21. Juni 1999 für den Förderzeitraum 2000-2006 werden die Maßnahmen im Artikel 4 behandelt.

[239] Da der von der Kommission im Zusammenhang mit dem Art. 10 selbst verwendete Begriff suggeriert, dass die anderen Maßnahmen ggf. nicht innovativ seien, obwohl Innovationen mit sämtlichen Strukturfondsinterventionen angestrebt werden, ist seine Verwendung kritisch zu betrachten. Ersatzweise wird daher die Formulierung ‚Maßnahmen nach Artikel 10' vielfach vorgezogen.

[240] *Trömmel, Ingeborg,* 2000: Jenseits von regulativ und distributiv: Policy-making der EU und die Transformation von Staatlichkeit, in: *Edgar Grande und Markus Jachtenfuchs (Hrsg.)*: Wie problemlösungsfähig ist die EU? Regieren im europäischen Mehrebenensystem, Baden-Baden: Nomos, 165-187.

[241] Ebenda, Seite 174.

[242] Ebenda, Seite 177.

[243] Ebenda, Seite 180-182.

Mit der Europäischen Raumentwicklungspolitik hat die Kommission nicht unmittelbar zu tun, da der Ministerrat der Kommission keine diesbezüglichen Aufträge erteilt hat. Aber nicht zuletzt der allgemein gehaltene Artikel 10 ermöglicht es der Kommission dennoch, auch in diesem Bereich Pilotaktionen für die transnationale Raumentwicklungszusammenarbeit durchzuführen. Neben Studien wie Europa 2000+[244] gilt dies insbesondere für die Programme RECITE 2, ECOS-Ouverture, TERRA sowie die transnationalen Programme für europäische Teilräume.[245] Für die Maßnahmen nach Artikel 10 stand in der Förderperiode 1994-99 nur 1 % der EFRE-Mittel zur Verfügung.[246]

Neben den Gemeinsamen Förderkonzepten und Programmplanungsdokumenten einerseits und den Maßnahmen nach Artikel 10 andererseits bilden die Gemeinschaftsinitiativen den dritten Pfeiler der über den EFRE geförderten Interventionen. 1989 erstmals aufgelegt, handelt es sich bei ihnen um spezifische strukturpolitische Instrumente. Auch bei diesen gilt, dass ihre mittelbare oder unmittelbare Relevanz für die räumliche Entwicklung nicht bedeutet, dass diese Initiativen auch für die Interaktionen im Bereich der Raumentwicklungspolitik von Bedeutung sind bzw. von den Akteuren als bedeutend wahrgenommen werden. Neben der für das Politikfeld zentralen Gemeinschaftsinitiative INTERREG II C finden Kooperationen vor allem im Rahmen von INTERREG II A Beachtung, während auf die anderen Gemeinschaftsinitiativen wie URBAN weniger häufig Bezug genommen wird. Für die Gemeinschaftsinitiativen standen im Förderzeitraum 1994-99 ca. 9 % der EFRE-Mittel zur Verfügung.[247]

Interaktionsform

Der hohe Formalisierungs- und Standardisierungsgrad bei dem EFRE- sowie den anderen Strukturfonds geförderten Programme erleichtert die Analyse der Interaktionsform, denn Kommission und Mitgliedstaaten verständigten sich auf die folgenden fünf Grundsätze:

1. Die Konzentration der Maßnahmen auf die vorrangigen Ziele

Die Interventionen des EFRE und der anderen Strukturfonds konzentrieren sich auf eine begrenzte Zahl vorrangiger Ziele, um eine größere Wirkung zu erzielen. Diese

---

[244] *Europäische Kommission – European Commission,* 1994a: Europe 2000+, Cooperation for European territorial development, Brussels and Luxembourg.

[245] Zu diesen Artikel 10-Pilotaktionen vgl. EUREK, Kap. 4.3, Seite 43-46, und Kap. 3.3, Seite 83.

[246] *Europäische Kommission,* 1995b: Leitfaden für innovative Maßnahmen zur regionalen Entwicklung: (Artikel 10 der EFRE-Verordnung) 1995-1999; interregionale Zusammenarbeit und Innovation zur wirtschaftlichen Entwicklung, Raumordnung, städtischer Bereich / Europäische Kommission, Luxemburg.

[247] *Europäische Kommission,* 1998b: Leitfaden der Gemeinschaftsinitiativen 1994-1999, 2. Teil, Brüssel und Luxemburg.

Ziele werden für jeden Förderzeitraum neu definiert[248], und vor allem wird die Förderfähigkeit der europäischen Regionen in Bezug auf die Ziele regelmäßig überprüft. Die Zielkulisse wird insgesamt auf Vorschlag der Kommission, nach Zustimmung des Europäischen Parlaments, nach Stellungnahme des Wirtschafts- und Sozialausschusses und nach Stellungnahme des Ausschusses der Regionen vom Rat der Europäischen Union beschlossen.[249] Der Grundsatz der Konzentration ist ein wesentliches Steuerungsinstrument, mit dem die Mittel, aber auch die Kooperation zur Verwendung der Mittel auf die förderfähigen Gebiete konzentriert wird. Das Ziel, den wirtschaftlichen und sozialen Zusammenhalt in Europa zu fördern, wird mit der Konzentration der Mittel auf benachteiligte Gebiete über den gleichen Zugang aller zu den Fördermitteln gestellt. Akteure aus Zielgebieten werden ausdrücklich begünstigt.

2. Programmplanung

Die Programmplanung zielt auf mehrjährige Entwicklungsprogramme ab. Die Planung erfolgt in einem gemeinsamen Entscheidungsprozess zwischen der Kommission und den nationalen, regionalen bzw. lokalen Partnern in mehreren Etappen. Zunächst entwickelt die Kommission eine Richtlinie für das jeweilige Förderinstrument und berät sie mit den Mitgliedstaaten im EFRE-Ausschuss.[250] Nach Genehmigung der Richtlinie durch die Kommission und ihrer Veröffentlichung im Amtsblatt der Europäischen Gemeinschaften entwickeln die Mitgliedstaaten bzw. ihre Regionen und Kommunen Programme und reichen sie in Brüssel zur Genehmigung ein. Die Abwicklung der von der Kommission genehmigten Programme wird daraufhin wieder von nationalen, regionalen bzw. lokalen Verwaltungsbehörden übernommen. Bei den Artikel 10-Interventionen bleibt diese Aufgabe formal bei der Kommission, de facto wurde sie aber dennoch häufig an mitgliedstaatliche Akteure delegiert.

Der Grundsatz der Programmplanung legt fest, dass alle Strukturfondsinterventionen nicht von einer einzelnen Institution, sondern von mehreren Institutionen im europäischen Mehrebenensystem geplant und durchgeführt werden. Die Artikel 10-Interventionen weichen von diesem Prinzip teilweise ab. Wegen ihres geringen Anteils am Fördervolumen stellen die Abweichungen jedoch nicht das Grundprinzip infrage.[251]

---

[248] Zu den Förderrichtlinien für die neue Förderperiode 2000-2006 vgl. *Europäische Kommission,* 2000: Strukturpolitische Maßnahmen 2000-2006, Kommentare und Verordnungen, Strukturfonds, Kohäsionsfonds, Strukturpolitisches Instrument zur Vorbereitung auf den Beitritt, Luxembourg.

[249] *Europäische Kommission,* 1996a: Strukturfonds und Kohäsionsfonds 1994-1999, Verordnungstexte und Erläuterungen, Brüssel und Luxemburg, 11. Zur Rahmenverordnung der Strukturfonds für die Förderperiode 2000-2006 vgl. Amtsblatt der Europäischen Gemeinschaften: Nr. L 161/7 vom 26.06.1999, insbesondere Titel I, Kapitel I, Artikel 1 Ziele.

[250] Die Leitlinien für die Gemeinschaftsinitiativen INTERREG und URABAN (2000-2006) wurden zudem bereits in der Entwurfsfassung auf der Homepage der Generaldirektion XVI (http://inforegio.cec.eu.int) veröffentlicht.

[251] Amtsblatt der Europäischen Gemeinschaften: Verordnung Nr. 2081/93 (Rahmenverordnung) vom 20. Juli 1993, L 193/5, Artikel 2.

3. Partnerschaft

Der dritte Grundsatz zielt auf eine möglichst enge Zusammenarbeit zwischen der Europäischen Kommission und den zuständigen nationalen, regionalen oder lokalen Behörden der einzelnen Mitgliedstaaten in allen Phasen der Programmvorbereitung und -umsetzung. Er präzisiert die gemeinsame Programmplanung dahingehend, dass er statt einer hierarchischen Kooperation eine partnerschaftliche Zusammenarbeit zum Grundsatz bei der Programmplanung, -durchführung und -begleitung erhebt.[252] Partnerschaftlich wird nicht so verstanden, dass alle Partner alles gemeinsam tun. Vielmehr handeln sie im gegenseitigen Vertrauen. So verzichtet die Kommission beispielweise auf ein Stimmrecht im Lenkungsausschuss und überlässt damit anderen die Auswahl der Fördermittelempfänger.

4. Zusätzlichkeit

Als Konsequenz aus dem dritten Grundsatz formuliert der vierte das Prinzip der Zusätzlichkeit der Mittel. Dies bedeutet, dass die Unterstützung der Gemeinschaft nicht zu einer Verringerung der Aufwendungen der Mitgliedstaaten führen darf, sondern diese nur ergänzt. Nationale öffentliche Strukturausgaben oder Ausgaben gleicher Art dürfen also nicht parallel zur EU-Förderung reduziert werden. Der Ergänzungscharakter dieses Grundsatzes bedeutet zudem, dass die Interventionssätze aus dem EFRE bis auf wenige Ausnahmen nicht 100 % der jeweiligen Kosten abdecken, sondern einer Kofinanzierung seitens der nationalen, regionalen bzw. lokalen Partner bedürfen.[253] Des Weiteren ist das im Vertrag von Maastricht verankerte Subsidiaritätsprinzip für die Beziehungen der Gemeinschaft zu den Mitgliedstaaten auch für Strukturfondsinterventionen maßgeblich.

5. Wirksamkeit

In der Förderperiode bis 1999 galten zwar nur die ersten vier Grundsätze als grundlegende Kooperationsprinzipien, aber praktisch gab es auch vor dem Jahr 2000 schon das Prinzip der Kontrolle, welches in der neuen Förderperiode mit denen der Begleitung, Bewertung, Information und Publizität zum Grundsatz der Wirksamkeit von Interventionen verbunden wurde. Entscheidend für die Zusammenarbeit ist in diesem Bündel vor allem die Kontrolle der Förderinterventionen durch die Kommission. Gemäß der Allgemeinen Verordnung der Strukturfonds für 2000-2006 (Art. 34, 38, 39) ist die Kommission dafür verantwortlich, die Wirksamkeit der Kontrollsysteme zu bewerten und zu prüfen. Zu diesem Zweck kann sie auch vor Ort Kontrollen durchführen. Diese werden zwar in Zusammenarbeit mit den Mitgliedstaaten durchgeführt, aber die Verantwortung und somit das letzte Wort hat die Kommission.

---

[252] Amtsblatt der Europäischen Gemeinschaften: Verordnung Nr. 2081/93 (Rahmenverordnung) vom 20. Juli 1993, L 193/5, Artikel 4.

[253] Rahmenverordnung, Artikel 13 sowie Koordinierungsverordnung (Verordnung Nr. 2081/93 vom 20. Juli 1993, L 193/20), Artikel 9.

Gerade die Kontrollfunktion des fünften Grundsatzes ist für die Raumentwicklungszusammenarbeit von zentraler Bedeutung. Die Europäische Kommission, die weder durch den EU- noch durch den EG-Vertrag noch durch das EUREK Kompetenzen im Bereich der Raumentwicklungspolitik zugewiesen bekam, wird über einige der Gemeinschaftsinitiativen sowie Pilotaktionen nach Artikel 10 der Strukturfondsverordnung auch zum Sachwalter der für die Raumentwicklungspolitik wichtigen Programme. Mehr noch, durch die in den Verordnungen beschriebene Kontrollfunktion und die übergeordnete Funktion als Hüterin der Verträge steht ihr ein formales Regelwerk zur Verfügung, mit dem sie die mitgliedstaatlichen Akteure sogar sanktionieren kann. Das partnerschaftliche Verhältnis zwischen Kommission und Mitgliedstaaten kann in Anlehnung an Scharpf vereinfacht[254] als eine Partnerschaft im Schatten der in den Verordnungen der Strukturfonds beschriebenen Hierarchie bezeichnet werden.

Während mit den fünf Grundprinzipien die Gemeinsamkeiten in der Interaktionsform beschrieben wurden, soll im Folgenden auf Unterschiede bei den Aufgaben und Akteurskonstellationen eingegangen werden. Bei dieser Darstellung kann es sich nur um eine exemplarische handeln. Viele Interventionen und Einzelprogramme müssen unberücksichtigt bleiben.[255] Der Zweck der folgenden Darstellung ist ein doppelter: Erstens soll die Vielfalt der Aufgaben und deren gleichzeitige Nähe zu Fragen der Raumentwicklung zusammenhängend dargestellt werden. Zweitens sollen die mit den Interventionen verbundenen Steuerungsmöglichkeiten am Beispiel der Vorgaben zur jeweiligen Akteurskonstellation beschrieben werden.

2.3.3.1 Arenenbildung und Akteurskonstellationen bei Pilotaktionen (Artikel 10-Interventionen)

Diese Maßnahmen verteilen sich im Wesentlichen auf drei Programmgruppen: a) Maßnahmen der interregionalen Zusammenarbeit und innovative Maßnahmen zur wirtschaftlichen Entwicklung der Regionen, b) Maßnahmen im Bereich der Raumentwicklung und c) Maßnahmen im städtischen Bereich. Im Rahmen der drei Programme wurden im Förderzeitraum 1994-1999 acht Arten von Pilotprojekten und eine

---

[254] In der Realität ist der Einsatz hierarchischer Steuerungsinstrumente wiederum dadurch eingeschränkt, dass die Kommission oft interne Unstimmigkeiten zu überwinden hat und sie angesichts ihrer begrenzten Personalkapazitäten auf Unterstützung aus den Mitgliedstaaten angewiesen ist; vgl. *Middlemas, Keith,* 1995: Orchestrating Europe, The Informal Politics of the European Union 1973-1995, London: Fontana Press, 209-265, und vgl. *Christiansen, Thomas,* 1996: A maturing bureaucracy? The role of the Commission in the policy process, in: *Richardson, Jeremy (ed.)*: European Union, Power and Policy-making, London and New York: Routledge, 77-95.

[255] Unberücksichtigt bleiben u. a. die Interventionen der anderen Strukturfonds als dem EFRE, des Kohäsionsfonds sowie die mit anderen EU-Politiken im Zusammenhang stehenden Interventionen. Zusammenfassend zu diesen vgl. *Williams, Richard Hamilton,* 1996: European Union Spatial Policy and Planning, London: Paul Chapman Publishing Ltd., 63-227.

Kooperationsbörse durchgeführt. Davon sind, neben dem bereits in Kapitel 2.3.2.1 behandelten Studienprogramm SPESP insbesondere die folgenden für die transnationale Raumentwicklungszusammenarbeit von Bedeutung:

RECITE II

Aufgaben und Akteurskonstellation

Zielsetzung des Programms[256]:

- Interne interregionale Zusammenarbeit,
- Zusammenarbeit zwischen lokalen Akteuren aus verschiedenen Regionen zwecks Erfahrungsaustausch mittels Wissensübertragung und gemeinsamer Projekte,
- Verbesserung der Handlungsfähigkeit und der Arbeitsmethoden lokaler und regionaler Akteure aus den benachteiligten Regionen im Bereich der wirtschaftlichen und sozialen Entwicklung,
- beispielhafte Resultate der regionalen und lokalen Entwicklung als Vorbild für die Regionen.

Die Akteursgrundkonstellation gliedert sich gemäß der Programmrichtlinie wie folgt: Der für das gesamte Projekt sowie für die korrekte Verwendung der Gemeinschaftsmittel die Verantwortung tragende Projektleiter kann eine regionale oder örtliche Gebietskörperschaft oder eine Organisation des öffentlichen, halböffentlichen oder privaten Rechts sein. Halböffentliche oder private Organisationen brauchen als Bürgen eine örtliche oder regionale Gebietskörperschaft, die sich zur aktiven Mitarbeit in dem für die Aktion eingesetzten Lenkungsausschuss verpflichtet. Die übrigen Partner sind jeweils regionale und örtliche Gebietskörperschaften in der Europäischen Union, Entwicklungsgesellschaften, Kammern, sonstige Einrichtungen mit einer im öffentlichen Interesse liegenden Tätigkeit sowie die Akteure des wirtschaftlichen und sozialen Lebens. Priorität erhalten Projekte, die von Gebietskörperschaften in enger Zusammenarbeit mit den Akteuren des wirtschaftlichen und/oder sozialen Lebens in den jeweiligen Gebieten durchgeführt werden. Die Zusammenarbeitsprojekte müssen sich auf 3 bis 7 verschiedene Gebiete von mindestens 3 Mitgliedstaaten erstrecken, wobei mindestens ein Drittel dieser Gebiete Ziel 1- und/oder Ziel 6-Regionen sein müssen.

Deutlich erkennbar wird an den Vorgaben die gezielte Steuerung der Kooperation hin auf ausgewählte Akteurskonstellationen aus mehreren Staaten, die in einem vorgegebenen Maß die Zielregionen der EU-Förderung repräsentieren. Bei RECITE II steht die Zusammenarbeit von Akteuren der Raumentwicklung zwar nur als eine

[256] Programmnummer 96/C 32/06 der Europäischen Kommission. Die Angaben zu diesem Programm beruhen auf der EU-Richtlinie mit derselben Nummer.

Möglichkeit neben anderen, gleichwohl ist das geforderte Interaktionsmuster öffentlicher und privater Akteure aus verschiedenen Regionen auch für viele Konstellationen der Raumentwicklungszusammenarbeit passend.

RECITE II soll in der Förderperiode 2000-2006 in der interregionalen Ausrichtung C der Gemeinschaftsinitiative INTERREG III aufgehen[257], die wiederum über die Strukturen der transnationalen Raumentwicklungszusammenarbeit von INTERREG III B mitverwaltet werden soll. Die Tendenz geht somit in Richtung einer zukünftig verstärkten Verknüpfung der RECITE-Kooperationen mit der Raumentwicklungszusammenarbeit. Damit reduziert die Kommission die Zahl der direkt von Brüssel gesteuerten Interventionen und stärkt bei den RECITE-Kooperationen das Partnerschaftsprinzip, sofern die Projekte im Rahmen von INTERREG III tatsächlich Fortsetzung finden, denn auch ECOS-Ouverture soll in der Initiative INTERREG III C aufgehen.

ECOS-OUVERTURE

Aufgaben und Akteurskonstellation

Zielsetzung des Programms[258]:

- Externe Zusammenarbeit zwischen Regionen,
- Förderung der Zusammenarbeit zwischen regionalen Akteuren aus verschiedenen geografischen Gebieten durch Ausarbeitung eines gemeinsamen Projekts auf der Grundlage des Erfahrungsaustauschs oder der Übertragung von Know-how,
- Förderung der Dezentralisierung und Dekonzentration durch Entwicklung von Kompetenzen auf regionaler und lokaler Ebene,
- Verbesserung der Handlungsfähigkeit und der Arbeitsmethoden der Gebietskörperschaften und lokalen und regionalen Akteure aus den ostmitteleuropäischen und aus den benachteiligten Regionen der EU im Bereich der wirtschaftlichen und sozialen Entwicklung.

Die vorgegebene Akteursgrundkonstellation gliedert sich gemäß der Programmrichtlinie wie folgt: Die Hauptpartner müssen Gebietskörperschaften der Europäischen Union und der Drittländer oder eine von ihnen kontrollierte und beauftragte Organisation sein. Die Verantwortung für die Verwaltung der PHARE-[259] bzw. der EFRE-Mittel trägt einer der Hauptpartner der PHARE-Länder bzw. der Mitgliedstaaten. Der

---

[257] Schreiben des BMWi vom 17. März 2000 (Gesch.-Z.: I C3-71 10 47).

[258] Programmnummer 98/C 183/07 der Europäischen Kommission. Die Angaben zu diesem Programm beruhen auf der EU-Richtlinie mit derselben Nummer.

[259] Europäische Partner aus den ostmitteleuropäischen Staaten können nicht aus den Strukturfonds gefördert werden. Für sie wurde von der Europäischen Union das PHARE-Programm als Förderinstrument entwickelt.

für die Organisation der Zusammenarbeit verantwortliche Projektleiter muss entweder der für die Verwaltung der EFRE-Mittel verantwortliche Hauptpartner oder der für die Verwaltung der PHARE-Mittel verantwortliche Hauptpartner sein. Die übrigen beteiligten Partner können regionale oder lokale Gebietskörperschaften, Entwicklungsagenturen, Handelskammern oder sonstige Organisationen mit gemeinnütziger Aufgabe sowie wirtschaftliche und soziale Akteure sein. An den Kooperationsprojekten müssen sich drei bis sechs Hauptpartner beteiligen, die aus verschiedenen Gebieten von mindestens zwei Mitgliedstaaten und aus mindestens einem Gebiet eines ostmitteleuropäischen Landes stammen. Die Hauptpartner der Union müssen zur Hälfte aus Fördergebieten stammen, die unter die Ziele 1, 2, 5b oder 6 fallen. Für die Gebietskörperschaften, welche die Ausarbeitung von Entwicklungsstrategien wählen, ist die Höchstzahl der Hauptpartner jedoch auf vier begrenzt, davon zwei aus der Union und einer oder zwei aus den ostmitteleuropäischen Ländern und/oder Zypern. Einer der Unionspartner muss einem Ziel 1-Gebiet angehören, der andere kann aus einem Ziel 1-Gebiet kommen oder einer anderen Förderkategorie (Ziel 2, 5b oder 6) entsprechen.[260]

Ähnlich wie bei RECITE II wird deutlich, dass durch den institutionellen Kontext des Programms ausgewählte Akteurskonstellationen gefördert werden. Für ECOS-Ouverture gilt zudem wie bei RECITE II die Feststellung eines Trends zur Annäherung an die Raumentwicklungszusammenarbeit im Rahmen von INTERREG III (vgl. Angaben zu RECITE II). Bereits 1997 empfahl die Europäische Kommission ausdrücklich die Zusammenarbeit im Maßnahmenbereich B (Stadtentwicklung) im Rahmen von INTERREG II C (CADSES).[261]

TERRA

Aufgaben und Akteurskonstellation

Im Rahmen des Programms sollen Netze regionaler und lokaler Behörden zwecks Durchführung von Pilotvorhaben und/oder Demonstrationsvorhaben zur Raumentwicklung in besonderen Gebieten entwickelt werden.

Zielsetzung des Programms[262]:

- ein auf langfristige Ziele gestütztes Konzept für die Nutzung und Bewirtschaftung des Raums unter Beachtung der verschiedenen gesetzlichen Rahmenvorschriften der Partner,

---

[260] Zu den Inhalten der Projekte vgl. *Europäische Kommission – Commission Européenne,* 1999f: Coopération Interrégionale Externe, 1991-1999, 3ème édition, Luxembourg.

[261] SYS 2.1.1-1: Schreiben der Europäischen Kommission, DG XVI an das Bundesministerium für Raumordnung, Wohnungswesen und Städtebau vom 26. März 1997, Annex, Seite 2.

[262] Programmnummer 96/C 119/08 der Europäischen Kommission. Die Angaben zu diesem Programm beruhen auf der EU-Richtlinie mit derselben Nummer.

- ein umfassendes multisektorales Konzept, das der Verflechtung der verschiedenen raumordnungsrelevanten Sektorpolitiken Rechnung trägt und ihre Zusammenfassung zu einer integrierten Strategie gewährleistet,
- ein konzertierter geografischer Ansatz für zusammenhängende Räume oder Räume mit gemeinsamen Merkmalen, um im Wege der Zusammenarbeit vorbeugende, korrigierende oder richtungsweisende Maßnahmen von innovativer Art und/oder Demonstrationscharakter zu verbessern,
- eine Kostendegression für die an dem Vorhaben Beteiligten durch Zusammenlegung von Kosten und Kenntnissen, sodass ein gemeinschaftlicher Gewinn erzielt werden kann,
- eine bessere Verwendung der öffentlichen Mittel in den raumordnungsrelevanten Programmen, insbesondere Gemeinschaftsprogrammen.

Die vorgegebene Akteursgrundkonstellation gliedert sich gemäß der Programmrichtlinie wie folgt: Teilnehmen können an TERRA alle regionalen oder lokalen Behörden der Europäischen Gemeinschaft, die eine oder mehrere der in einem Katalog definierten Gebietsmerkmale aufweisen. Diese Behörden können der Kommission die Finanzierung eines Vorhabens vorschlagen. Bei den für die Kooperation notwendigen Partnerschaften kann es sich um grenzüberschreitende, innerstaatliche oder gemischte Netze handeln. Bei innerstaatlichen Netzen muss die Beteiligung von ein oder zwei Gebietskörperschaften aus anderen Mitgliedstaaten als Beobachter gewährleistet sein. Gebietskörperschaften aus Drittländern können sich nur dann an den Zusammenschlüssen beteiligen, wenn sie ihre gesamten Ausgaben selbst tragen. Die Leitung und Verwaltung des Vorhabens obliegt in der Regel den betreffenden lokalen Behörden. Gleichwohl können externe Sachverständige oder Berater benannt werden, um das Personal der betreffenden Behörden zu unterstützen. Zu den Auswahlkriterien gehört, ob die federführende Gebietskörperschaft aus einem Ziel 1- oder Ziel 6-Gebiet und eine umfangreiche Beteiligung von regionalen und/oder lokalen Behörden aus Ziel 1- und/oder Ziel 6-Gebieten gewährleistet wird. Auch TERRA orientiert sich also an der Zielgebietskulisse der Strukturfonds bei der Förderung von Kooperationen. Im Gegensatz zu RECITE II und ECOS-OUVERTURE ist TERRA allerdings explizit auf die Raumentwicklungszusammenarbeit ausgerichtet.

Am 24. April 1996 veröffentlichte die Europäische Kommission im Amtsblatt Nr. 96/C 119/08 die Aufforderung, Projektvorschläge zum TERRA-Programm einzureichen. Als Ergebnis des Auswahlprozesses wurden für die Förderperiode 1997 bis 2000 15 Projekte ausgewählt, die sich auf 13 Mitgliedstaaten erstrecken. Jedes dieser Projekte bildet ein kleines Netzwerk aus einer kleinen Zahl lokaler Gebietskörperschaften und deren Partnern aus der Europäischen Union. Diese stehen vor gemeinsamen geografischen und/oder strukturellen Herausforderungen und sind jeweils einem von fünf ausgewählten Themengebieten zugeordnet. Der Akteurskreis überschneidet sich teilweise mit dem im EUREK-Prozess involvierten Personen, und die Projekte werden in einer ersten Dokumentation der Europäischen Kommission auch im Kontext zum EUREK dargestellt.[263]

Transnationale europäische Großräume

Aufgaben und Akteurskonstellation

Die Kommission fördert in Ergänzung der Gemeinschaftsinitiative INTERREG II C die transnationale Raumentwicklungszusammenarbeit in Großräumen auch nach Artikel 10.[264] Dazu müssen mindestens drei Staaten kooperieren. Deutschland ist am Programm zum Ostalpenraum beteiligt. Die Kooperation in diesem Alpenraum[265] ist gleichzeitig mit INTERREG II C aufgebaut worden. Eine nähere Auseinandersetzung mit der Akteurskonstellation und Interaktionsform im Rahmen dieser Pogrammkooperation ist an dieser Stelle nicht notwendig, weil sich die Kooperation im Alpenraum eng an die im Teil 2 der Arbeit näher zu analysierende Konstellation und Interaktionsform von INTERREG II C (CADSES) anlehnt.[266] Bemerkenswert ist an dieser Stelle der damit verbundene Teilrückzug der Kommission aus der unmittelbaren Programmsteuerung. Der frühe Zeitpunkt gleich zu Programmbeginn 1997 zeigt, dass die Kommission schon länger an der mit einer Anlehnung an die Gemeinschaftsinitiativen verbundenen arbeitsmäßigen Entlastung durch die mitgliedstaatlichen Akteure interessiert war.[267]

Durch die Vorgaben der Verordnungen und Leitlinien und insbesondere die Verpflichtung Netzwerke bzw. Partnerschaften zu bilden, wird der transnationalen Kooperation im Rahmen der analysierten Pilotaktionen ein zentraler Stellenwert beigemessen. Die Entwicklung spezifischer Akteurskonstellationen wird durch die Programmvorgaben gezielt gesteuert. Gesteuert wird sie durch finanzielle Leistungsanreize der Kommission, aber auch durch indirekte und weiche Lenkungsinstrumente wie Konkurrenzmechanismen, Imagegewinne oder Imageverluste, Vernetzungsangebote, Mobilisierung von Unterstützung oder politischem Druck.[268] Schaffen es die an einer Förderung interessierten Organisationen, die von der Kommission gewünschten

---

263 *Europäische Kommission – European Commission,* 2000e: Terra – An Experimental Laboratory in Spatial Planning, Luxemburg.

264 EUREK, Kap. 3.3, Seite 83.

265 *Bätzing, Werner,* 1999: Die Alpen im Spannungsfeld der europäischen Raumordnungspolitik, Anmerkungen zum EUREK-Entwurf auf dem Hintergrund des aktuellen Strukturwandels im Alpenraum, Raumforschung und Raumordnung, Heft 1.1999/57. Jg., 3-13.

266 *Alpine Space – Common Secretariat*, 1998: Alpine Space/Eastern Alps, paper presented at the ESDP-Seminar, Vienna, November 25-26, 1998.

267 Zur Begründung des Rückzugs durch die Kommission vgl. auch Amtsblatt der Europäischen Gemeinschaften: Nr. C 143/7, Anstrich 5, vom 23.05.2000, INTERREG III-Leitlinie.

268 Trömmel, Ingeborg: 2000, Seite 177.

Akteurskonstellationen zu entwickeln, so können sie mit der Unterstützung ihres Förderantrags rechnen.

Durch die Rollenaufteilung zwischen Fördermittelgeber (Kommission) und den jeweiligen Empfängern der Mittel wird ein hierarchisches Element in die ansonsten kooperative Zusammenarbeit integriert. Diese gesteuerte Netzwerkbildung lässt sich aber auch als institutionenpolitische Strategie interpretieren. Geht man nämlich davon aus, dass es im langfristigen Eigeninteresse der Kommission ist, die Zahl der transnationalen Interaktionszusammenhänge zu erhöhen, um über diesen Weg mittelbar auch die Bedeutung der Organisationen auf der europäischen Ebene zu erhöhen, was wiederum zu einem Bedeutungszuwachs der Kommission führen dürfte, so ist die Kommission nicht nur Fördermittelgeber sondern gehört mittelbar auch zu den von einer Stärkung der Kooperation auf der europäischen Ebene begünstigten Institutionen. Die Kommission kann demnach in Erwartung zukünftiger politischer und administrativer Einflussmöglichkeiten für die EU, aber auch für sich selbst investieren.[269] Der Teilrückzug aus dieser direkten Steuerung lässt sich dann so interpretieren, dass die gebildeten transnationalen Netzwerke inzwischen sich selber tragen und verstärken, sodass sich die Kommission ihr Interesse auch ohne unmittelbare Steuerung gewahrt sieht.

2.3.3.2 Arenenbildung und Akteurskonstellationen bei der Gemeinschaftsinitiative INTERREG[270]

Aufgabenstellung

Die Gemeinschaftsinitiative INTERREG markiert den bisherigen Höhepunkt der Förderung von grenzübergreifenden Interaktionszusammenhängen in Europa, die zwar bereits in der frühen Nachkriegszeit mit vereinzelten bi- bzw. trilateralen Kooperationen zu entstehen begannen, welche aber erstmals in der Förderperiode 1989-1993 durch das Förderinstrument INTERREG eine umfangreiche gemeinschaftliche Unterstützung erhielten. Aufgabe von INTERREG ist es seither, dafür Sorge zu tragen, dass nationale Grenzen kein Hindernis für eine ausgewogene Entwicklung und Integration des europäischen Raums sind.[271] Gefördert werden Maßnahmen vor allem in den Bereichen wirtschaftliche Entwicklung, Beschäftigung, Umwelt, ländliche

[269] Diese Sichtweise hat Bach für das PHARE-Programm der Kommission bestätigt; vgl. *Bach, Maurizio,* 1999: Die Bürokratisierung Europas. Verwaltungseliten, Experten und politische Legitimation in Europa, Frankfurt/Main und New York: Campus, 144-151.

[270] Zu den für die Raumentwicklung ebenfalls relevanten Gemeinschaftsinitiativen gehören LEADER II, URBAN; KONVER, RETEX, RESIDER II, RECHAR II und REGIS II.

[271] *Amtsblatt der Europäischen Gemeinschaften*: Nr. C143/6, INTERREG III-Leitlinie vom 28. April 2000, Rand-Nr. 3.

Entwicklung, Bildung, Kultur sowie im Gesundheitswesen.[272] Die unmittelbare Raumentwicklungszusammenarbeit war folglich zunächst nur ein Bereich neben anderen.[273] Zudem beschränkte sich die Zusammenarbeit auf die engeren Grenzräume, in denen mehr und mehr Euroregionen als freiwillige Kooperationen regionaler Akteure beiderseits der Grenzen gegründet wurden.

INTERREG wurde auch in der Förderperiode 1994-1999 in weitgehend unveränderter Form begonnen. Nach der Erweiterung der Union um drei neue Mitglieder und unter Verwendung von Reservemitteln hat die Europäische Kommission 1996 die Erweiterung von INTERREG auf drei Teile bzw. Ausrichtungen beschlossen:

Ausrichtung A	Grenzübergreifende Zusammenarbeit
Ausrichtung B	Fertigstellung der Energienetze
Ausrichtung C	Zusammenarbeit auf dem Gebiet der Raumordnung.

Ausrichtung A setzte die bisherige Zusammenarbeit fort. Ausrichtung B war der abschließenden Fortführung der früheren Initiative Regen zur Förderung transeuropäischer Energieversorgungsnetze in den Ziel 1-Gebieten gewidmet. Die erst im Jahr 1997 begonnene Ausrichtung C war somit die einzig neue Ausrichtung im Rahmen der seit Jahren durch die grenzübergreifende Zusammenarbeit geprägten Gemeinschaftsinitiative. Die neue transnationale Kooperation traf in den Grenzregionen auf etablierte INTERREG-Strukturen und wurde selbst zunächst kaum wahrgenommen bzw. mit der Ausrichtung A verwechselt. Auch wenn in der Leitlinie für INTERREG II C diese neue Ausrichtung als ein „vollkommen eigener Teil" bezeichnet wird, musste sich INTERREG II C schon wegen der INTERREG-Bezeichnung in Abgrenzung zur Ausrichtung A profilieren und entwickeln.

Die Terminologie der Gemeinschaft ist insgesamt nicht hilfreich bei der Vermittlung der verschiedenen Programme, ihrer Aufgaben und Interaktionsformen. In der Förderperiode 2000-2006 ist zu beachten, dass INTERREG II C dort unter der Bezeichnung INTERREG III B weitergeführt wird, während INTERREG II B nicht einmal begrifflich fortgesetzt, dafür jedoch unter der Bezeichnung INTERREG III C eine eigene Ausrichtung für die interregionale Zusammenarbeit eingerichtet wird. Letzteres irritiert insofern, da auch unter der Ausrichtung B interregionale Projekte möglich sind und die Gemeinschaftsinitiative insgesamt bei allen Ausrichtungen INTERREG heißt, was als Akronym bereits auf interregionale Zusammenhänge hinweist. Nachvollziehbar wird dieses scheinbare Durcheinander, wenn die Gemeinschaftsinitiative nicht als

---

[272] *Europäische Kommission,* 1998b: Leitfaden der Gemeinschaftsinitiativen 1994-1999, 2. Teil, Brüssel und Luxemburg, 14.

[273] Zur Raumentwicklung im Kontext der grenzüberschreitenden Zusammenarbeit vgl. *Europäische Kommission*, 1997b: Praktisches Handbuch zur grenzüberschreitenden Zusammenarbeit, 2. Auflage, Gronau: AGEG, Teil C 1.

zentral gestaltete Maßnahme, sondern als ein von unterschiedlichen Akteuren verschiedener Ebenen und Arenen in verschiedenen Phasen des nun schon über zehnjährigen Interaktionsprozesses gemeinsam gestaltetes Produkt angesehen wird. Von diesem Blickwinkel aus handelt es sich dann um eine gemeinsame Initiative, welche unter Beibehaltung der Bezeichnung INTERREG und der grundlegenden Zielsetzung verschiedene Entwicklungsphasen durchlaufen hat.

Akteurskonstellation und Interaktionsform

Die Akteurskonstellationen sind aufgrund der unterschiedlichen Rahmenbedingungen in den einzelnen Ländern, der unterschiedlich langen Laufzeit und Intensität der Kooperation sehr vielfältig. Dies gilt insbesondere für die grenzüberschreitenden Kooperationen im Rahmen von INTERREG II A bzw. III A.[274] Grundsätzlich sind diese Kooperationen geprägt von einer Vielzahl und Heterogenität lokaler und regionaler, öffentlicher und privater Akteure aus der jeweiligen Grenzregion. Koordiniert wird die Zusammenarbeit meist durch eine Geschäftsstelle, die bei Verwaltungsstellen in der Grenzregion (Euroregion) eingerichtet ist. Eine Schwierigkeit besteht nach wie vor in der Entwicklung genuin transnationaler Kooperationen.[275]

Von Bedeutung ist bei der Fördermittelvergabe im Rahmen von INTERREG II A bzw. III A, dass diese nicht innerhalb der Grenzregion von den dortigen Organisationen in Eigenregie, sondern unter Federführung von oberen Verwaltungseinrichtungen (mit Sitz ggf. außerhalb der Grenzregionen) in einem Lenkungsausschuss vorgenommen wird.[276] An der östlichen EU-Außengrenze kommt hinzu, dass keine Strukturfondsmittel jenseits der Grenzen von Mitgliedstaaten eingesetzt werden können. Dort müssen die vorgesehenen Maßnahmen aus dem außenpolitischen PHARE CBC-Programm finanziert werden, wobei eine von INTERREG völlig eigenständige Mittelverwaltung zu beachten ist.[277]

---

[274] Auf die im Rahmen von INTERREG II C entwickelte Akteurskonstellation und Interaktionsform wird im Teil 2 dieser Arbeit näher eingegangen. Eine Übersicht zu den einzelnen Grenzräumen und Kooperationsmustern enthalten: *Europäische Kommission*, 1997b: Praktisches Handbuch zur grenzüberschreitenden Zusammenarbeit, 2. Auflage, Gronau: AGEG; *Arbeitsgemeinschaft Europäischer Grenzregionen (AGEG),* 1998: Institutional Aspects of Cross-border Cooperation, Working Document, Gronau: AGEG.

[275] *Europäische Kommission – European Commission,* 2000d: Community initiative INTERREG II 1994-1999: An initial evaluation, January 2000, Brussels, 3.

[276] Zur Analyse der Rahmenbedingungen der Kooperation sowie der Kooperationsmuster vgl. *Roch, Isolde/Scott, James/Ziegler, Astrid,* 1998: Umweltgerechte Entwicklung von Grenzregionen durch kooperatives Handeln, IÖR-Schriften, Heft 24, Dresden: Institut für ökologische Raumentwicklung, insbesondere Kap. 2, Kap. 3.4 und 3.5. Zur Einbeziehung eines breiten Akteurskreises vgl. beispielsweise *Institut für ökologische Raumentwicklung (IÖR),* 1999: Gemeinschaftliches Entwicklungs- und Handlungskonzept für die grenzüberschreitende Zusammenarbeit in den vier sächsischen Euroregionen, Endbericht des IÖR, des Instituts für Stadtforschung und Strukturpolitik, Berlin, und des Instituts für Geographie der TU Dresden, Dresden: IÖR.

[277] *Hössl, Petra,* 1999: Comparative Study of the EU-Programmes INTERREG – PHARE CBC in Austria and the Baltic Sea Area, Beiträge zur Europäischen Raumentwicklung, Heft 1, Institut für Geographie und Regionalforschung der Universität Klagenfurt, Klagenfurt, 27.

Die Kooperation in den Grenzregionen ist im Prinzip ein Lernmodell für die jüngere transnationale Raumentwicklungszusammenarbeit. Wenn auch raumordnerische Ansätze oft von nachgeordneter Bedeutung sind, so findet in den Grenzregionen doch praktische Raumentwicklung unter Einbeziehung eines breiten Akteurskreises statt. Allerdings gibt es in der Praxis nur wenige Anzeichen, die auf eine Verknüpfung der verschiedenen INTERREG-Ausrichtungen auf der Programmebene schließen lassen. Die Erfahrungen aus den Arenen der A-Ausrichtung von INTERREG werden somit kaum als kognitive Ressource für die relativ junge II C- und III B-Kooperation verwendet.[278]

Auch innerhalb der Ausrichtungen ist die Differenzierung und Entflechtung von Abstimmungsprozessen in getrennte Inseln von Verhandlungssystemen[279] geradezu eine Voraussetzung für eine hohe Handlungs- und Entscheidungsfähigkeit im komplexen europäischen Mehrebenensystem. Miosga hat dies für die INTERREG A-Ausrichtung untersucht und dabei insgesamt vier Voraussetzungen formuliert, zu denen konfliktminimierende und effizienzsteigernde Regeln und Verfahrensweisen der Programmimplementierung sowie eine hohe Bereitschaft der Mitgliedstaaten zur Abgabe von Kompetenzen gehören. Lose gekoppelte Arenen allein verhindern noch keine Verflechtungsfallen, die zum Hemmschuh werden oder gar zum Scheitern der Kooperation führen können.[280]

2.3.4 Ausrichtung und Verflechtung der Arenen als Ausdruck vorherrschender Interessen und Orientierungen – erste Erkenntnisse

Der Versuchung, die Verflechtungen zwischen den Arenen in einem Schaubild darzustellen, hat der Verfasser der Arbeit widerstanden. Bei allen Vorteilen, die eine bildliche Darstellung hat, wären die notwendigen Vereinfachungen unverhältnismäßig hoch. Erstens lässt sich die Vielzahl der raumentwicklungsrelevanten Arenen und

---

[278] Eine der wenigen Ausnahmen bilden die nationalen Wirtschaftsministerien, die für die Fondsverwaltung der INTERREG-Mittel zuständig sind. Hinzu kommen Doppelzuständigkeiten wie im Falle der Magistratsverwaltung Wien. Vgl. dazu *Magistratsdirektion – EU-Förderungen (MD-EUF),* 1998 und 2000: INTERREG, Projekte der Stadt Wien zur EU-Erweiterung, Pojects of the City of Vienna for EU-Enlargement, 1 und 2, Wien/Vienna. Zur vergleichenden Analyse verschiedener Programme siehe *Kent County Council and European Commission – Directorate XVI: Regional Policy and Cohesion,* 1999: Study of the Role and Operation of Transnational Management Structures in Achieving Effective Implementation of Transnational, Cross-border and Inter-regional Programmes, Final Report, Revised Version, June 1999, Bristol: University of the West of England.

[279] Zu Inseln von Verhandlungssystemen vgl. *Benz, Arthur,* 1998: Politikverflechtung ohne Politikverflechtungsfalle – Koordination und Strukturdynamik im europäischen Mehrebenensystem, Politische Vierteljahresschrift, Heft 3, 39. Jg., Opladen: Westdeutscher Verlag, 564-565.

[280] *Miosga, Manfred,* 2000: Die Umsetzung der Gemeinschaftsinitiative INTERREG im nordrhein-westfälisch-niederländischen Grenzraum, Ein Beitrag zur Diskussion um die Problemlösungsfähigkeit in multilateralen Mehrebenensystemen, in: *Edgar Grande und Markus Jachtenfuchs (Hrsg.)*: Wie problemlösungsfähig ist die EU? Regieren im europäischen Mehrebenensystem, Baden-Baden: Nomos, 257-281.

Bezüge kaum auf einem Blatt erfassen. Zweitens sind die Akteurskonstellationen innerhalb der Arenen unterschiedlich und zudem wandeln sie sich auch mitunter. Drittens sind die Verflechtungen zwischen den Arenen teilweise schwer zu definieren bzw. sie sind ebenfalls Wandlungen unterworfen. Dies gilt insbesondere für die von informalen Regeln der Interaktion geprägten Arenen. Je nach Phase im Interaktionsprozess können die externen Verflechtungen sehr starken Veränderungen unterliegen. Aus einem Teil des informalen raumwissenschaftlichen MOE-Netzes kann dann beispielsweise ein Teil einer formalen Strukturfondsintervention werden, und die Bedeutung des Informellen Rats für andere Arenen wird entscheidend von der jeweils aktuellen Intensität seiner Aktivitäten mitgeprägt. Ein vierter Grund, auf ein Schaubild zu verzichten, besteht in der optischen Überhöhung der Bedeutung der Kommission, die dabei entstehen würde. Die Kommission ist der einzige korporative Akteur, der zumindest punktuell Beziehungen zu allen Arenen unterhält. Eine Grafik könnte bei entsprechender Darstellung den Eindruck erwecken, als sei die Kommission der dominierende Akteur im Politikfeld. Rein von der Zahl der Interaktionsbeziehungen zu anderen Akteuren und Handlungsarenen ist dies auch der Fall. Weil die Kommission aber oft nur eine Service-Funktion (z. B. im Informellen Rat) oder eine Kontrollfunktion im Auftrag des Ministerrats (z. B. bei den Strukturfondsinterventionen) ausübt, könnte eine Grafik zur Überinterpretation der Bedeutung der Kommission führen, die durch die Ergebnisse der Analyse nicht gedeckt wäre. Fünftens ermöglicht eine Grafik nicht die Darstellung der Wechselwirkungen, wie sie in unterschiedlicher Weise etwa durch den Wettbewerbscharakter bei der Projektauswahl im Rahmen der Interventionen möglich sind. Antragsteller aus den unterschiedlichsten Interaktionszusammenhängen können mit ihren Projektideen prinzipiell zu wesentlichen Impulsgebern für die Zusammenarbeit im Politikfeld werden. Die formalen Interaktionsregeln erlauben zwar die Ablehnung unerwünschter Projekte, aber dennoch macht die Bekanntmachung und Aufforderung zur Angebotseinreichung die Programme zu einer Mischung aus bottom up- und top down-Ansatz, der sich auch auf die Arenen der informalen Kooperation auswirken kann. Im EUREK selbst wird darauf hingewiesen, dass eine Weiterentwicklung der Raumentwicklungszusammenarbeit und auch die Verteilung von EU-Mitteln an Vorarbeiten einzelner INTERREG II C-Projekte wie VISION PLANET oder VASAB 2010+ anknüpfen soll.[281] Insgesamt ist mit dem Verzicht auf eine grafische Darstellung die Aussage verbunden, dass die Verflechtungen der Arenen noch viel zu dynamisch und nicht ausreichend erforscht sind, um sie in einem Schaubild oder auch in einer knappen textlichen Beschreibung ausreichend zuverlässig darstellen zu können.

Alle in diesem Kapitel analysierten Akteure und Arenen bilden zusammen die Politikarena der Europäischen Raumentwicklungspolitik, die ihrerseits eingebettet ist in das Europäische Mehrebenensystem der EU. Diese Einbettung ist vor allem dadurch

---

[281] EUREK, 230, Seite 55.

gegeben, dass die analysierten Organisationen Teil des europäischen Mehrebenensystems sind und gleichzeitig durch einzelne Repräsentanten an den Interaktionen zur Raumentwicklungspolitik beteiligt sind. In diesem Sinne ist es auch richtig, die sich in verschiedene Arenen differenzierte Politikarena der Europäischen Raumentwicklungspolitik als Subsystem des europäischen Mehrebenensystems zu bezeichnen. Allerdings ist zu beachten, dass die Politikarena wegen ihrer Verflechtung auch zum außerhalb der EU stehenden Europarat nicht allein als Subsystem im Kontext der EU anzusehen ist.[282]

Die analysierten Arenen lassen sich in Hinblick auf vorherrschende Interaktionsformen in zwei Gruppen teilen. Die erste Gruppe wird aus den Arenen der vorwiegend politischen bzw. vorwiegend wissenschaftlichen Interaktionszusammenhänge gebildet. Die zweite besteht aus den anwendungs- und umsetzungsorientierten Arenen. Während die Interaktion in den Arenen der ersten Gruppe von informalen Regeln bestimmt wird, wirken bei den Arenen der zweiten Gruppe die formalen Interaktionsregeln der europäischen Förderprogramme prägend auf die Zusammenarbeit. Die Interaktionsformen lassen sich staffeln von der gleichberechtigten und konsenualen Zusammenarbeit der Mitgliedstaaten in den Arenen des Informellen Rats der Raumordnungsminister der Europäischen Union bzw. der Ostsseeanrainer, über die Wissenschaftskooperation, in der mit den staatlichen bzw. europäischen Geldgebern erste hierarchische Elemente erkennbar werden, bis hin zu den Gemeinschaftsinitiativen und schließlich den Pilotaktionen. Bei letzteren kann die Kommission direkt in die Planung, Durchführung und Bewertung einzelner Maßnahmen intervenieren.

Bemerkenswert an den unterschiedlichen Analyseergebnissen ist, dass zwischen dem Grad der formalen bzw. informalen Interaktion einerseits und dem Bezug zur Europäischen Raumentwicklungspolitik andererseits kein eindeutiger Zusammenhang festgestellt werden konnte. Die Entwicklung des EUREK wurde zwar im informalen Interaktionszusammenhang des Informellen Rats und seines Ausschusses entwickelt, aber die Implementierung findet vor allem im Rahmen von Interventionen aus dem EFRE statt, die an die formalen Interaktionsregeln der Verordnungen zur Verwaltung der Strukturfonds gebunden sind. Die Analyse des 2. Teils wird zeigen, dass damit die von den Mitgliedstaaten intergouvernemental entwickelte und auch für die Implementierung als intergouvernemental definierte Europäische Raumentwicklungspolitik faktisch unter dem Einfluss und der Kontrolle von Gemeinschaftsorganen (vor allem der Kommission) implementiert wird. Berücksichtigt man zudem, dass die Kommission diesen Einfluss bei allen raumentwicklungsrelevanten, aber keineswegs immer an die Europäische Raumentwicklungspolitik gekoppelten Interventionen und

[282] Zur Mehrebenenverflechtung im nationalen und europäischen Zusammenhang vgl. *Benz, Arthur,* 2000: Entflechtung als Folge von Verflechtung, Theoretische Überlegungen zur Entwicklung des europäischen Mehrebenensystems, in: *Edgar Grande und Markus Jachtenfuchs (Hrsg.)*: Wie problemlösungsfähig ist die EU? Regieren im europäischen Mehrebenensystem, Baden-Baden: Nomos, 141-163.

diesbezüglichen Arenen hat, so wird deutlich, dass die Kommission faktisch eine Politik der Raumentwicklung in Europa betreibt. Die Praxis steht somit im Widerspruch zu den erklärten Kooperationszielen des EUREK.

Das Interesse der Mitgliedstaaten an der Wahrung nationaler Kompetenzen und ihr Bemühen, eine neue Gemeinschaftskompetenz zu vermeiden, zeigt sich am informalen Charakter der Kooperation in allen Arenen, in denen Repräsentanten der regionalen bzw. nationalen Raumordnung die Entscheidungskompetenz haben. Nur die aus dem EFRE kofinanzierten Kooperationen zeichnen sich durch eine hohe Bedeutung formaler Kooperationselemente aus, ohne deswegen ganz auf informale Zusammenarbeit zu verzichten. Die Durchführung der Artikel 10-Pilotaktionen durch die Kommission ist dabei der deutlichste Ausdruck für das Kommissionsinteresse an Europäischer Raumentwicklungspolitik.

Das Engagement von Vertretern der Raumordnung in den diesbezüglichen Arenen ist je nach Intervention unterschiedlich, aber insgesamt doch vorhanden. Dieses Engagement im Kontext der formalen Förderinterventionen widerspricht der für die Repräsentanten der Raumordnung diagnostizierten Ablehnung formaler Kooperationsformen. Die bisherige Analyse konnte den Widerspruch nicht auflösen, aber zumindest teilweise erklären – und zwar mit der Sichtweise mitgliedstaatlicher Vertreter. Diese beschäftigen sich mit der formalen Seite der Gemeinschaftsinterventionen meist relativ wenig. In den Quellen liegt die Aufmerksamkeit bei den Inhalten, Kooperationsmöglichkeiten und politischen Zielen. Dies sind auch die Bereiche, in denen mitgliedstaatliche Vertreter einen großen Einfluss haben, denn selbst an der überwiegenden Zahl der Pilotaktionen wirken die Mitgliedstaaten diesbezüglich mit. Fördermittel werden eher nur am Rande erwähnt wie ein endlich verfügbarer Grundstoff, der die Durchführung von neuen und bis dato nicht finanzierbaren Aktivitäten ermöglicht. Das – in Bezug auf die selbstgesetzten Ziele – Risiko, dass die Kommission steuernd in die Raumentwicklung eingreifen könnte, wird nicht ignoriert, aber doch wenig diskutiert. Vertreter der Raumordnung sind nur selten gleichzeitig auch Experten im Bereich der EU-Fondsverwaltung. Die technische Sprache der Fonds ist für Außenstehende eher abschreckend und unverständlich. Um sie zu verstehen, ist ein erheblicher Zeitaufwand nötig, der wiederum von der inhaltlichen Arbeit abhält. Wenn dann noch hinzu kommt, dass die Kommission in der Startphase von Kooperationen die formalen Anforderungen zurückhält, dann fällt es umso schwerer, die formale Verankerung der eher informal begonnenen Raumentwicklungszusammenarbeit auf der Gemeinschaftsebene zu erkennen.

Aus dem zuletzt Festgestellten ergibt sich das Bild nicht ausreichend informierter und daher nur begrenzt rational handeln könnender Akteure. Dabei ist davon auszugehen, dass der Informationsgrad der einzelnen Akteure in der Praxis durchaus unterschiedlich ist. So ist anzunehmen, dass Repräsentanten nationaler Raumordnungsministerien, die unmittelbar und laufend an der Kooperation mit der Kommission und der Administration der Fonds beteiligt sind, deren Implikationen für die Kooperation und auch die nationale Raumordnung besser wahrnehmen als der überwiegende Teil der Akteure insbesondere auf der regionalen und kommunalen Ebene der Raumordnung und -planung, für die die europäische Zusammenarbeit oft nur eine Aufgabe neben anderen ist oder gar keine Rolle spielt. Aus ihrer Sicht ist es leicht nachzuvollziehen, wenn als beste Position die bezeichnet wird, welche bei der transnationalen Kooperation Fördermittel begrüßt, aber formale Verflechtungen ablehnt.

3 Der Einfluss von Interessen und Orientierungen auf die Politikformulierung

Wenn die Ausrichtung und Verflechtung der Arenen ein Ausdruck vorherrschender Interessen und Orientierungen sind, so müssten sich diese auch im Prozess der Politikformulierung nachvollziehen und präzisieren lassen. Das bereits in der Akteursanalyse festgestellte Ja zur Europäischen Raumentwicklungspolitik müsste sich in den Aussagen zum Bedarf und den Zielen der neuen Politik ebenso widerspiegeln wie sich das Bemühen, nationale Kompetenzen zu wahren, in der Diskussion über die Kompetenzverteilung im neuen Politikfeld nachvollziehen lassen müsste. Um den Nachweis hierzu zu führen, wurden zwei Analysen durchgeführt. Zum einen wurde die Kooperation zur Entwicklung eines gemeinsamen Verständnisses von Raumentwicklungspolitik analysiert, denn gerade bei der für die weitere Kooperation grundlegenden Definition von Begriffen, Bedarf und Zielen sind Interessen und Orientierungen der Akteure besonders virulent. Zum anderen wurde der Frage der Kompetenzverteilung im Politikfeld nachgegangen und analysiert, in welchem Bezug die Kompetenzverteilung zur zuvor untersuchten Bedarfs- und Zieldiskussion steht. Im Idealfall müsste die Kompetenzverteilung von den inhaltlichen Aufgabenstellungen der Raumentwicklungspolitik abgeleitet werden. Stimmt jedoch die Aussage aus den vorherigen Kapiteln, so müsste die Diskussion über die Kompetenzen losgelöst von der Diskussion über die Inhalte verlaufen und die Festlegung von Kompetenzen schließlich von dem vorherrschenden Interesse an der Wahrung nationaler Kompetenzen geprägt werden.

Selbst wenn die unterschiedlichen Diskussionsstränge in der Realität weitgehend getrennt verlaufen, so bestehen zwischen ihnen auch Wechselwirkungen, welche den jeweiligen Diskussionsverlauf verständlicher machen. So ist insbesondere davon auszugehen, dass die maßgeblichen Rahmenbedingungen des institutionellen Kontextes national zu unterschiedlich sind und dass schon allein deshalb die gemeinsamen Vorstellungen vom Gegenstand, Handlungsbedarf und Zielen der politischen Kooperation bisher nur unzureichend formuliert werden konnten. Vor dem Hintergrund dieser unpräzisen und unterschiedlichen Vorstellungen von der europäischen Kooperation wird wiederum das Bemühen, nationale Kompetenzen zu bewahren, noch verständlicher, als wenn man es als reinen Ausdruck nationaler Egoismen betrachtet.

3.1 Der Weg zu einem gemeinsamen Verständnis von Raumentwicklungspolitik

3.1.1 „Raum, Space, Territoire – unterschiedliche Sprachen und Begriffsverständnisse erschweren den Diskurs“

Die Analyse der komplexen Akteure hat bereits gezeigt, dass das Verständnis vom Gegenstand der Europäischen Raumentwicklungspolitik je nach institutionellem Kontext der verschiedenen Akteure deutlich voneinander abweicht (vgl. Kap. 2.2). Die Subsumierung dieser Verständnisse unter dem einen Begriff der Europäischen Raumentwicklungspolitik ist eine Entwicklung der letzten Jahre und zeigt, dass es sich hierbei mehr um einen Sammelbegriff unterschiedlicher nationaler Vorstellungen von Raumordnung als einen präzise definierten neuen Terminus handelt. Dies soll im Folgenden anhand der Entwicklungsgeschichte des Begriffs erläutert werden.

Der Europarat definierte in seiner 1983 von den damals 22 Mitgliedstaaten verabschiedeten ersten Europäischen Raumordnungscharta Raumordnung als den raumbezogenen Ausdruck der wirtschaftlichen, sozialen, kulturellen und ökologischen Politik einer jeden Gesellschaft. Bei Raumordnung handelt es sich gleichzeitig um eine wissenschaftliche Disziplin, eine Form der Verwaltung und um ein Politikfeld mit einem sektorübergreifenden umfassenden Ansatz zur Sicherung einer ausgewogenen Entwicklung und Nutzung des Raums.[283] Schon bei dieser ersten Definition bestand das Problem nicht nur in der Wahl des richtigen Texts, sondern auch dessen korrekter Übersetzung in die Sprachen der Mitgliedstaaten, welche für eine funktionierende Kommunikation innerhalb des neu entstehenden Politikfelds eine entscheidende Voraussetzung darstellt. Das neue Politikfeld hatte seine Wurzel in der wachsenden Erkenntnis in Wissenschaft und Politik, dass es eine über die Grenzen der einzelnen Staaten hinausgehende koordinierte Entwicklung von Lebensräumen geben müsse. Diese Gedanken entstanden zunächst im nationalen Kontext, wo bis auf einzelne internationale Organisationen sämtliche komplexen Akteure ihr primäres Tätigkeitsfeld hatten und haben. Im Laufe des dann sukzessive entstandenen transnationalen Diskurses insbesondere im Rahmen des Europarats stellte sich heraus, dass die jeweiligen nationalen Fachbegriffe nicht eins zu eins in andere Sprachen übersetzt werden können. Schwerwiegend sind diese sprachlichen Differenzen gerade deswegen, weil Sprache immer auch Ausdruck einer bestimmten politischen Kultur und ihrer Rahmenbedingungen ist.[284] Im Umkehrschluss lässt sich daraus folgern, dass es ohne eine gemeinsame (Fach-)Sprache auch kein gemeinsames Ver-

---

[283] *Europarat – Council of Europe,* 1983: European regional/spatial planning Charter, Torremolinos Charter, Strasbourg.

[284] In Bezug auf die Europäische Raumentwicklungspolitik verweist auf diese Problematik *Schindegger, Friedrich,* 1999: Raum. Planung. Politik., Ein Handbuch zur Raumplanung in Österreich, Wien Köln Weimar: Böhlau, 33.

ständnis vom Gegenstand und den Rahmenbedingungen der Europäischen Raumentwicklungspolitik geben könne. Die Entwicklung einer gemeinsamen (Fach-)Sprache und insbesondere die Definition von Schlüsselbegriffen sind also von herausragender Bedeutung für das Verständnis vom Gegenstand des Politikfelds. Dies soll für das unterschiedliche Begriffsverständnis von Raumordnung, Raumplanung bzw. Raumentwicklung in verschiedenen Sprachen näher erläutert werden.

Der englische Begriff „regional planning" umfasst beispielsweise im Deutschen sowohl Regionalplanung als auch Raumordnung, wohingegen von deutscher Seite bei der umgekehrten Übersetzung des Begriffs „Raumordnung" ins Englische zunehmend „spatial planning" verwendet wird.[285] Auch der französische Begriff *„aménagement du territoire"* bildet kein exaktes semantisches Äquivalent zum deutschen Begriff „Raumordnung" oder zur italienischen Bezeichnung „coordinamento del territorio"[286]. In Kenntnis der entsprechenden Politikaufgabe in Frankreich lässt sich „aménagement du territoire" am Zutreffendsten mit „Raumeinrichtung" übersetzen.[287] Trotz der Differenz werden im Englischen für beide Begriffe gleich zwei Begriffe, nämlich „spatial planning" und „regional planning", verwendet. Williams hat sich dabei für *spatial planning* entschieden, sieht diesen Begriff jedoch bewusst als einen Sammelbegriff an: „I therefore use the term spatial planning as a relatively neutral and inclusive term for all the various styles and concepts of planning found in the EU, and to encompass all spatial scales from the local to the whole of Europe"[288]. Im Rahmen des Europarats hat man die sprachlichen Probleme durch die Verwendung des Doppelbegriffs „regional/spatial planning" zu lösen versucht. Erreicht wurde damit eine praktikable Übersetzung des französischen Terminus *„aménagement du territoire européen"* ins Englische. Für den Europarat, bei dem nur Englisch und Französisch Amtssprachen sind, ist dies eine praktikable wenn auch nicht überzeugende Lösung, die sich jedoch nicht auf die Europäische Union mit ihren inzwischen elf Amtssprachen und ihrem bisher uneinheitlichen Sprachgebrauch übertragen lässt. Hierzu nur zwei Beispiele: Die Europäische Kommission sprach 1994 im Untertitel der Studie „Europe 2000+" von „Raumentwicklung" in der deutschen und von „territorial development" in der englischen Fassung. Wiederum hat Willi-

[285] Vgl. hierzu: *Fürst, Dietrich/Güldenberg, Eckart/Müller, Bernhard,* 1994: System of Spatial Planning in Germany, elaborated on behalf of the Federal Ministry of Regional Planning, Construction and Urban Development, PLANCO Consulting GmbH (ed.), Essen. Siehe auch *Williams, Richard Hamilton,* 1996: European Union Spatial Policy and Planning, London: Paul Chapman Publishing Ltd., 55-2.

[286] *Coordinamento del territorio* ist die in Italien für die nationale Raumordnung verwendete Bezeichnung. In der italienischen Übersetzung des EUREK wird dagegen die Bezeichnung *Assetto del territorio* verwendet.

[287] *Akademie für Raumforschung und Landesplanung (ARL),* 1996: Europäische Raumentwicklungspolitik. Rechtliche Verankerung im Vertrag über die Europäische Union, ARL-Arbeitsmaterial, Nr. 233, Hannover, 3.

[288] *Williams, Richard Hamilton,* 1996: European Union Spatial Policy and Planning, London: Paul Chapman Publishing Ltd, VII.

ams[289] festgestellt, dass der deutsche Begriff Raumordnung, wie er im Artikel 175 (ex-Artikel 130s (2)) des Vertrags über die Europäische Union verwendet wird, in der englischen Fassung mit „town and country planning" übersetzt wird.

Diese hier ausgehend vom Begriff Raumordnung beschriebene, aber in vergleichbarer Weise auch bei anderen relevanten Begriffen wie Planung, Region oder Bodennutzung feststellbare „babylonische Sprachenverwirrung" (Williams[290]) erschwert die Kooperation im Politikfeld sowie dessen wissenschaftliche Analyse. Missverständnisse können kaum ausgeschlossen werden.

Will ein Akteur sicherstellen, dass ein anderer Akteur ihn richtig versteht, so hat er zwei Grundmöglichkeiten: Entweder vermittelt der erste Akteur mit seiner Nachricht nicht nur Begriffe, sondern auch deren Definition oder beide Akteure kommunizieren auf der Basis einer gemeinsamen Sprache mit einheitlichem Begriffsverständnis. Beiden Varianten ist gemeinsam, dass sie aufwendig sind. Im ersten Fall ist jeder einzelne Kommunikationsvorgang zeitaufwendig, da alle Nachrichten mit einer Erläuterung der dahinter stehenden politischen Kultur sowie weiterer Rahmenbedingungen gesendet und vom Empfänger verarbeitet werden müssen. Die zweite Variante erscheint einfacher, setzt jedoch eine gemeinsame Sprache voraus, die es im Politikfeld gegenwärtig nicht gibt. Die Akteure müssen also zunächst die gemeinsame Sprache entwickeln, wozu sie sich wiederum der ersten Variante der Kommunikation bedienen müssen. Für die Kommunikation im Politikfeld bedeutet dies, dass mit viel Zeit und Mühen beim Aufbau und der Entwicklung der Kommunikation zu rechnen ist. In diesem Sinne sind die zahlreich stattfindenden internationalen Sitzungen, Seminare und Konferenzen selbst dann als unverzichtbare Aktivitäten zu bezeichnen, wenn sie nur zu einem besseren gegenseitigen Verständnis, aber zu keinen weiteren Ergebnissen führen. Ähnlich ist die Arbeit an mehrsprachigen Handbüchern bzw. an einem Kompendium für die Europäische Raumentwicklung[291] einzuschätzen, denn schon unabhängig von der anschließenden praktischen Verwendung solcher Werke ist der Prozess ihrer Erarbeitung ein Beitrag zur Entwicklung eines gegenseitigen Verständnisses bzw. einer gemeinsamen Sprache.

Inzwischen sind im Zusammenhang mit der Ausarbeitung des Europäischen Raumentwicklungskonzepts und der Diskussion über die Zukunft der Europäischen Raumentwicklungszusammenarbeit Fortschritte bei der Entwicklung eines gemeinsamen Begriffsverständnisses und, wo notwendig, auch neuer Termini zu erkennen. Zu den wenigen Begriffen, die sich im Kontext der Zusammenarbeit bisher neu entwickelt haben, gehören die Begriffe *„Europäische Raumentwicklung"* und *„Europäische*

[289] Ebenda, Seite 58.

[290] Ebenda, Seite 55.

[291] Zu nennen sind hier die Handbücher der ARL (*Akademie für Raumforschung und Landesplanung (ARL):* 1995, 1997) sowie das Kompendium der Raumplanungen in der EU (*Europäische Kommission – European Commission:* 1997a).

Raumentwicklungspolitik". Zunächst hatte man auch im EUREK-Prozess in Anlehnung an die Raumordnungscharta des Europarats und an nationalen Sprachgebrauch von *Europäischer Raumordnung* gesprochen. Noch Mitte der 90er Jahre verwendet von Malchus in seinem Beitrag zum Handbuch Raumordnung der ARL fast durchweg diesen Begriff. Erst am Ende spricht er im Kontext des damals schon angestrebten EUREK von Raumentwicklungspolitik.[292] Zwei Jahre später empfiehlt die ARL, auf europäischer Ebene künftig nur noch den „traditionsneutralen und anschaulicheren Begriff" zu verwenden.[293] Man hatte erkannt, dass das deutsche Verständnis der Wissenschaft und Praxis von Raumordnung zu sehr von der Raumentwicklungszusammenarbeit auf europäischer Ebene abweicht, um den Begriff der Raumordnung auf dieser Ebene sinnvoll zu verwenden.

Definiert wird Europäische Raumentwicklungspolitik seither als eine „Politik, die die Entwicklung des Raumes gemäß bestimmten Grundsätzen und Leitvorstellungen begünstigt"[294]. Der neue Begriff wird als eine pragmatische Kompromissposition zwischen den verschiedenen Ansätzen angesehen, die missverständnisfrei in die verschiedenen Sprachen übersetzt werden könne. Aus politikwissenschaftlicher Sicht ist die Verwendung des Verbs „begünstigen" in der Definition besonders bemerkenswert, denn mit dem Verb liefert die Definition des Begriffs gleichzeitig einen indirekten Hinweis auf den hohen Stellenwert weicher Steuerungsinstrumente in der Raumentwicklungspolitik. Dieser entspricht der auch in der Steuerungstheorie erhobenen Forderung nach einer neuen Bescheidenheit der Politik[295], welche in der Europäischen Raumentwicklungspolitik offenbar eine so prägende Kraft hat, dass sie sogar in die Begriffsdefinition der neuen Politik Eingang gefunden hat und damit Steuerungsinstrumente zur einseitigen Durchsetzung öffentlicher Belange weitgehend ausschließt.

Als Kompromissposition, unter der alle europäischen Staaten ihre eigenen Vorstellungen von Raumordnung subsumieren können, sind der neue Begriff und seine Definition aber zwangsläufig auch offener und weiter gefasst als die einzelnen nationalen Vorstellungen von Raumordnung. Das erinnert an Williams, der seinen Terminus „spatial planning" bereits als offenen Sammelbegriff versteht, und bestätigt, dass die ersten Versuche zur Begriffsbildung mehr davon geprägt waren, alle Begriffsverständnisse einzubeziehen als wirklich handhabbare Begriffe zu prägen.

---

[292] *Akademie für Raumforschung und Landesplanung (ARL),* 1994: Handwörterbuch der Raumordnung, Hannover, 261-268.

[293] *Akademie für Raumforschung und Landesplanung (ARL),* 1996: Europäische Raumentwicklungspolitik. Rechtliche Verankerung im Vertrag über die Europäische Union, ARL-Arbeitsmaterial, Nr. 233, Hannover, 4-5.

[294] Ebenda, 4.

[295] *Willke, Helmut,* 1992: Prinzipien politischer Supervision, in *Heinrich Bußhoff (Hrsg.)*: Politische Steuerung, Steuerbarkeit und Steuerungsfähigkeit, Beiträge zur Grundlagendiskussion, Baden-Baden: Nomos, 77.

Zu den Schwierigkeiten bei der Begriffsbildung kommt hinzu, dass auch das Verständnis von Raumordnung in den einzelnen Ländern nicht unveränderlich ist, sondern sich weiterentwickelt. Zum Beispiel in Deutschland: traditionelle Ziele der Raumordnung in Deutschland sind gemäß Raumordnungsgesetz „verbindliche Vorgaben in Form von räumlich und sachlich bestimmten oder bestimmbaren, vom Träger der Landes- oder Regionalplanung abschließend abgewogenen textlichen oder zeichnerischen Festlegungen in Raumordnungsplänen zur Entwicklung, Ordnung und Sicherung des Raums" (§ 3 (2) ROG). Doch die Vorstellung von Raumordnung als einer rationalen auf der Grundlage vollständiger Information beruhenden Planung und Planfestlegung durch entsprechende Instanzen weicht in Deutschland einem neueren Verständnis, dass neben der Schärfung der formalen Planungsinstrumente nicht zuletzt der Nutzung weicher Kooperations- und Handlungsformen eine große Bedeutung einräumt[296]. Damit einher geht jedoch auch eine stärkere Prozessorientierung der Raumplanung und für diese wiederum erscheint der Begriff der Raumentwicklung angemessener als der Begriff der Raumordnung.

Neben diesen Impulsen zur Weiterentwicklung der Raumplanung innerhalb Deutschlands dürften in Zukunft auch Wechselwirkungen aus der europäischen Zusammenarbeit zunehmend von Bedeutung sein. Es kann zwar nicht ausgeschlossen werden, dass sich angesichts der Entwicklungen auf den verschiedenen Ebenen die unterschiedlichen Vorstellungen von Raumordnung weiter auseinander entwickeln, doch ist dies eher unwahrscheinlich. Solange ein Kooperationsbedarf gesehen wird, ist bei rational handelnden Akteuren von einem Bemühen um die Reduzierung der Transaktionskosten auszugehen und dieses spricht in seiner Konsequenz eher für eine sukzessive Angleichung der Vorstellungen von Raumordnung. In Österreich macht sich dieser Prozess schon jetzt bemerkbar, indem im nationalen Kontext neuerdings von Raumentwicklungsplanung und Raumentwicklungspolitik gesprochen wird.[297] In Wechselwirkung mit solchen nationalen Prozessen könnte sich dann die oben erwähnte Kompromissposition zur Definition der Europäischen Raumentwicklungspolitik ebenfalls zu einer immer präzisieren Definition des Begriffs entwickeln lassen.

---

[296] *Krautzberger, Michael,* 1997: Brauchen wir noch Raumordnungspolitik?, Raum, Österreichische Zeitschrift für Raumplanung und Regionalpolitik, Heft 28, Wien: Österreichisches Institut für Raumplanung, 45-49. *Müller, Bernhard,* 1999: Krise der Raumplanung – Chancen für neue Steuerungsansätze?, in: *Axel Bergmann, Klaus Einig, Gérard Hutter, Bernhard Müller und Stefan Siedentop (Hrsg.),* Siedlungspolitik auf neuen Wegen. Steuerungsinstrumente für eine ressourcenschonende Flächennutzung, Berlin: Edition Sigma, 65-80. Mit dem sich wandelnden Planungsverständnis befassen sich verschiedene Beiträge in: *Akademie für Raumforschung und Landesplanung (ARL)*: Grundriß der Landes- und Regionalplanung, Hannover; vgl. auch *Häussermann, Hartmut/Siebel, Walter,* 1994; Neue Formen der Stadt- und Regionalpolitik, Archiv für Kommunalwissenschaften (AfK), I/94, 32-45.

[297] *Schindegger, Friedrich,* 1999: Raum. Planung. Politik., Ein Handbuch zur Raumplanung in Österreich, Wien Köln Weimar: Böhlau, 33. Gemeint ist mit dem Begriff eine österreichische Raumordnung ohne hoheitliche Ordnungsmaßnahmen.

Eine sichere Prognose der terminologischen Entwicklung ist jedoch nicht möglich, da Kommunikation und aktuelle Trends der raumordnerischen Fachdiskussion nicht die einzigen Einflussfaktoren für die Begriffsentwicklung im Politikfeld sind. Ein über den Kreis der Raumordner deutlich erweiterterer Akteurskreis, die raumordnerische Diskussion beeinflussende Themen aus anderen Politikfeldern, allgemeine politische Entwicklungen auf den unterschiedlichen Ebenen oder anderweitig modifizierte Rahmenbedingungen hätten sicherlich ebenfalls einen Einfluss auf die noch nicht gefestigte Terminologie.

Während die Begriffe der Europäischen Raumentwicklung und der Europäischen Raumentwicklungspolitik unter Raumplanern und Raumwissenschaftlern inzwischen diskutiert werden, sind sie in der politikwissenschaftlichen Forschung bisher weitgehend unbekannt und unerforscht. Raumentwicklungspolitik als eine Politik zu definieren, welche die Entwicklung des Raums gemäß bestimmten Grundsätzen und Leitvorstellungen begünstigt, ist eine denkbar knappe Definition, und sie reicht zur näheren Definition des Politikfelds nicht aus. Insbesondere die Abgrenzung zu anderen Politikfeldern wird nicht deutlich genug, denn die Entwicklung des Raums gemäß bestimmten Grundsätzen und Leitvorstellungen zu begünstigen, das lässt sich in dieser allgemeinen Form auch für andere Politikfelder wie die Wirtschafts- und Umweltpolitik sagen.

Die Wirtschaftspolitik umfasst alle politischen Beeinflussungs- und Gestaltungsversuche der Wirtschaft, wobei sie sich mit der Regional- und Strukturpolitik zweier Politikfelder bedient, welche ebenfalls die Begünstigung ausgewählter Räume fördern sollen.[298] Ganz deutlich wird dies am Beispiel der EU-Strukturpolitik, die ihre Fördermittel auf ausgewählte Räume konzentriert (vgl. Kap. 2.3.3). Die Entwicklung und Strukturanpassung von Regionen mit einem Entwicklungsrückstand (Ziel 1-Gebiete) ist dabei das Hauptziel der Strukturpolitik.[299]

Die Umweltpolitik ist die politisch vermittelte Form der Aneignung, Gestaltung und Präservation von Natur durch die Gesellschaft. Dabei geht es jedoch nicht nur um die natürliche Umwelt, sondern es wird auch die städtische und ländliche Umwelt thematisiert.[300] Sämtliche Themen des Umweltprogramms der Europäischen Gemein-

---

298 *Schoneweg, Egon,* 1996: Regionalpolitik, in: *Röttinger/Weyringer (Hrsg.),* Handbuch der europäischen Integration, Strategie, Struktur, Politik der Europäischen Union, Wien: Manz, 809-845.

299 *Europäische Kommission,* 1996b: Erster Bericht über den wirtschaftlichen und sozialen Zusammenhalt 1996, Brüssel und Luxemburg, 90. Auch in der neuen Förderperiode 2000-2006 sollen allein mehr als zwei Drittel der Strukturfondsmittel (69,7 %) auf die unter Ziel 1 fallenden Regionen konzentriert werden; vgl. Amtsblatt der Europäischen Gemeinschaften: Nr. L 161/1, Artikel 7 (2) vom 26. Juni 1999.

300 *Nohlen, Dieter (Hrsg.),* 1991: Wörterbuch Staat und Politik. München, 711; *Holtmann, Everhard (Hrsg.),* 1991: Politiklexikon, München Wien: Oldenbourg Verlag, 635.

schaft zielen auf eine dauerhafte und umweltgerechte Entwicklung des gesamten Gemeinschaftsgebietes bzw. bisher benachteiligter Teilräume der Gemeinschaft.[301]

Der kurze Exkurs zur Wirtschafts- und Umweltpolitik verdeutlicht, dass beide Politikfelder unbedingt raumentwicklungsrelevante Themen bearbeiten und dass die Europäische Raumentwicklungspolitik eine doppelte Schwäche aufweist: Es wurde nicht nur eine Kompromissposition bei der Definition von Raumentwicklungspolitik gewählt, um keine der national unterschiedlichen Vorstellungen von Raumordnung auszugrenzen, sondern durch diese nun zwangsläufig sehr offene und weite Definition sind die Grenzen zu anderen Politikfeldern fließend und nicht präzise zu bestimmen. Bis zu einem gewissen Grad lässt sich sogar argumentieren, die Europäische Raumentwicklungspolitik sei gar kein eigenes Politikfeld, sondern nur ein Instrument im Rahmen der EU-Umweltpolitik. Hierfür spricht beispielsweise, dass die Raumplanung als Instrument im Rahmen der umweltpolitischen Strategie der Europäischen Gemeinschaft dargestellt wird.[302] Diese Ansicht ist zudem verankert im Vertrag über die Europäische Gemeinschaft (Artikel 175, ex-Artikel 130 s), doch wegen der fehlenden Präzisierung durch entsprechende Ratsbeschlüsse ist diese Verankerung der Raumordnung in der Umwelt-Titelgruppe bisher praktisch bedeutungslos.

So folgenreich der rechtlich nicht kodifizierte Charakter der Europäischen Raumentwicklungspolitik für die Kooperation in diesem Bereich ist (und der deshalb im Verlauf dieser Arbeit an verschiedenen Stellen wieder aufgegriffen wird), so ist es für die Politikwissenschaft letztlich nicht entscheidend, ob ein Politikfeld rechtlich verankert ist. Die Policy-Forschung fragt danach, wann, wie, warum, über welche Materien und mit welchem Effekt politische Instanzen verbindliche Entscheidungen über die Verteilung begehrter Güter und Werte fällen.[303] Verbindliche Entscheidungen sind zum Beispiel Gesetze, aber das Spektrum ist viel weiter. Nimmt man das klassische Prozessmodell der Policy-Analyse[304] mit seiner Phasenmetaphorik Problemdefinition, Politikformulierung, Implementation und Evaluation/Feedback-Loop zum Vergleich, so wird die nur partielle Relevanz der rechtlichen Verankerung einer Politik deutlich. Ein Gesetz kann eine zuvor formulierte Politik implementieren, mitunter wird ein Problem auch erst im Rahmen eines Gesetzgebungsprozesses definiert, aber das

---

[301] *Europäische Kommission – Kommission der Europäischen Gemeinschaften,* 1993: Für eine dauerhafte und umweltgerechte Entwicklung, Ein Programm der Europäischen Gemeinschaft für Umweltpolitik und Maßnahmen in Hinblick auf eine dauerhafte und umweltgerechte Entwicklung, GD XI – Umwelt, nukleare Sicherheit und Katastrophenschutz, Brüssel und Luxemburg, 75-92.

[302] Ebenda, Seite 104.

[303] *Schmidt, Manfred G.,* 1991: Vergleichende Policy-Forschung, in: *Dirk Berg-Schlosser und Ferdinand Müller-Rommel*: Vergleichende Politikwissenschaft: ein einführendes Handbuch, Opladen: Leske und Budrich, 197-198.

[304] Zur kritischen Diskussion dieses Prozessmodells siehe *Héritier, Adrienne (Hrsg.),* 1993: Policy-Analyse, Kritik und Neuorientierung, PVS Sonderheft 24/1993, Opladen: Westdeutscher Verlag, 9.

Prozessmodell setzt im Umkehrschluss keinen Rechtsakt voraus. Damit ist die Policy-Analyse auch für informale Politiken offen und bei der Analyse der Europäischen Raumentwicklungspolitik können alle informalen Handlungen und Strukturen mit berücksichtigt werden.

Während dies die Annäherung an das Politikfeld erleichtert, bleibt die Abgrenzung zu anderen Politikfeldern problematisch. Sachlich ist sie letztlich nicht nach Themenfeldern möglich, da raumrelevante Aspekte in vielen Politikfeldern behandelt werden. Auch strukturell ist die Abgrenzung schwierig, da eigene Strukturen der Europäischen Raumentwicklungspolitik teilweise fehlen, teilweise einen informalen Charakter haben und zudem auf sektorübergreifende Kooperation mit anderen Politikfeldern angelegt sind. Somit bleibt nur noch die Möglichkeit, das neue Politikfeld durch seinen explizit raumordnerischen Ansatz zu bestimmen.

Viele Politikfelder behandeln raumrelevante Themen, aber sie behandeln sie im Interesse übergeordneter sektoraler Interessen. Im Unterschied hierzu bildet die „räumlich ausgewogene und nachhaltige Entwicklung der Europäischen Union", so heißt es im Untertitel des EUREK, das übergeordnete Ziel der Europäischen Raumentwicklungspolitik. Jede politisch vermittelte Idee, Struktur oder Aktivität, die sich vorrangig an diesem Ziel orientiert oder sich zumindest mit diesem Ziel auseinandersetzt, ist daher dem Politikfeld zuzurechnen.

Als Fazit ist festzuhalten, dass „Europäische Raumentwicklungspolitik" kein fachlich eindeutig definierter, sondern ein im Werden begriffener Terminus ist. Er kann daher nicht für sich selbst stehen, sondern er muss für den jeweiligen Zusammenhang erneut beschrieben werden. Im Kontext dieser Arbeit wird der Begriff Europäische Raumentwicklungspolitik zur Bezeichnung des Politikfelds verwendet, dessen Politik die Entwicklung des europäischen Raums gemäß den im EUREK formulierten transnationalen raumordnerischen Zielen begünstigt. Die Europäische Raumentwicklungspolitik wird dabei vorrangig als ein Politikfeld im Kontext der Europäischen Union zu betrachten sein, bezieht jedoch – auch dies ganz im Sinne des EUREK – die Kooperation im Rahmen des Europarats sowie Beiträge von nicht zur EU gehörenden Staaten (Drittstaaten) mit ein.

In Hinblick auf Interessen und Orientierungen in ihrer Wirkung auf die Politikformulierung kann nicht gesagt werden, dass sich diese bereits in den Begriffen widerspiegeln. Es ist eher umgekehrt die Unsicherheit bezüglich der Begrifflichkeiten, welche die Vermittlung eigener und die Formulierung gemeinsamer Interessen und davon ausgehender gemeinsamer Handlungsorientierungen erschwert. Das Interesse an einer gemeinsamen Fachsprache kann den Akteuren nicht abgesprochen werden, aber das Dilemma national unterschiedlich entwickelter Terminologien können sie zumindest nicht kurz- oder mittelfristig beseitigen.

3.1.2 Die Bedarfsdiskussion

3.1.2.1 Aussagen zum Bedarf einer Europäischen Raumentwicklungspolitik

Die Frage, ob es überhaupt einer Europäischen Raumentwicklungspolitik bedarf, scheint nicht umstritten zu sein. Auch wenn das EUREK mit seinem ausdrücklichen Bekenntnis zur Raumentwicklungszusammenarbeit einen informalen Charakter hat, so hat sich zumindest kein Mitgliedstaat gegen das EUREK oder auch nur gegen den in ihm postulierten Bedarf ausgesprochen. In der politischen und fachlichen Diskussion geht es derzeit kaum noch um das „ob", sondern fast ausschließlich um das „wie" der europäischen Kooperation. Trotz der Tatsache, dass in der raumwissenschaftlichen und raumentwicklungspolitischen Literatur der Bedarf einer Europäischen politischen Raumentwicklungszusammenarbeit meist als gegeben vorausgesetzt wird, gibt es Anlass, diesen Grundtenor näher zu analysieren, denn gerade die Analyse der Bedarfsdiskussion, zumindest dort wo sie geführt wird, kann wichtige Hinweise auf die Entstehung von Kooperationsbereitschaft sowie Handlungsorientierungen im entstehenden Politikfeld liefern.

Eine erste Feststellung bei der Analyse war die, dass es insgesamt nur wenige dokumentierte Aktivitäten gibt, bei denen explizit die Frage nach dem Bedarf einer Raumentwicklungspolitik gestellt wird. Einer der wenigen Einzelbeiträge ist der von Krautzberger, dem ehemaligen Abteilungsleiter für Raumordnung und Städtebau im Bonner Bundesministerium für Raumordnung, Bauwesen und Städtebau, welcher die Frage für die nationale Ebene kritisch und für die europäische Zusammenarbeit eindeutig positiv bewertet.[305] Selten sind auch explizit kritische Positionen wie die von Fürst, der den Stellenwert einer Dezentralisierung der Raumplanung als Gegenpol zur Europäisierung unterstreicht. Doch auch Fürst stellt zumindest eine innere Systemlogik fest, die von gleichgerichteten Rahmenbedingungen der Raumplanung ausgeht und zumindest eine konzeptionell stärkere Annäherung der nationalen Raumplanungen notwendig macht.[306]

Es überwiegen die positiven Äußerungen, die den Bedarf bejahen ohne ihn jedoch näher zu analysieren und zu begründen. Die Notwendigkeit nicht nur einer europäischen Zusammenarbeit in der Raumentwicklung, sondern auch die Notwendigkeit einer gemeinsamen europäischen Politik zur Ausgestaltung der Raumentwicklungszusammenarbeit wird von fast allen aktiv beteiligten Organisationen ausgedrückt

305 *Krautzberger, Michael,* 1997: Brauchen wir noch Raumordnungspolitik?, Raum, Österreichische Zeitschrift für Raumplanung und Regionalpolitik, Heft 28, Wien: Österreichisches Institut für Raumplanung, 45-49.

306 *Fürst, Dietrich,* 1994: Europäische Tendenzen der Regionalisierung und Dezentralisierung der Raumplanung, in *Peter Pernthaler (Hrsg.)*: Föderalistische Raumordnung – eine europäische Herausforderung, Wien: Universitäts-Verlagsbuchhandlung, 3-15.

bzw. als gegeben vorausgesetzt (vgl. die Abschnitte zu den jeweiligen Organisationen in Kap. 2.2). Einschränken muss man dieses Bild allein durch den Hinweis, dass sich bisher längst nicht alle, die von einer Europäischen Raumentwicklungspolitik betroffen wären, mit ihr auseinander gesetzt und zu ihr geäußert haben. Aussagen liegen somit vorwiegend von den für Raumordnungsfragen zuständigen nationalen und internationalen Organisationen vor, die ein institutionelles Interesse an der Thematik haben.

Mitgliedstaatliche Standpunkte

Obwohl von einem Informellen EU-Ministerrat angenommen und von der Kommission herausgegeben, handelt es sich beim EUREK formal nicht um die Stellungnahme eines Organs der EU, sondern um eine intergouvernementale Vereinbarung, die den gemeinsamen Nenner nationaler Positionen darstellt. Mit diesem Dokument bekennen sich alle Mitgliedstaaten (wenn auch nur informal) zur Position „Raumordnung kann in entscheidender Weise zur Erreichung des Ziels des wirtschaftlichen und sozialen Zusammenhalts beitragen"[307]. Der Satz macht die Ambivalenz vieler allgemeiner Bekenntnisse zum Bedarf exemplarisch deutlich. Der Aussage zufolge handelt es sich einerseits um einen entscheidenden Beitrag, aber andererseits wird dieser durch das Wörtchen *kann* als nicht gesichert dargestellt. Ebenso exemplarisch ist, dass die Frage des Bedarfs dabei gar nicht explizit, sondern nur indirekt über die Frage nach den Erfolgsaussichten eines entsprechenden Handelns angesprochen wird.

Während nationale Stellungnahmen im EUREK-Dokument nicht mehr als Position eines bestimmten Landes erkennbar sind, lassen sich die einzelnen nationalen Positionen eher den Dokumenten zur nationalen Diskussionen entnehmen. Diesbezüglich ist die Quellenlage jedoch nicht einheitlich. Nicht jedes Land hat, wie etwa Deutschland und Österreich, seine wichtigsten Beiträge zum EUREK-Prozess auch publiziert.[308] Für andere Länder wie Griechenland kann sie jedoch unveröffentlichten Dokumenten oder auch der Rezeption der nationalen Position in der Fachliteratur entnommen werden. Auffallend bei den meisten Quellen (vgl. hierzu auch die Ausführungen sowie Quellenangaben in Kap. 2.2.2) ist die ambivalente Mischung aus Bekenntnis zu einem Kooperations- und Politikbedarf und aus der Verknüpfung dieses Bedarfs mit je nach Staat wechselnden Bedingungen. So fehlt bei der deutschen Position nie der Hinweis auf das Subsidiaritätsprinzip, während Italien die Bedeutung

[307] EUREK, 22, Seite 12.

[308] Für Deutschland: *Bundesforschungsanstalt für Landeskunde und Raumordnung (BfLR),* 1995: Trendszenarien der Raumentwicklung in Deutschland und Europa, Beiträge zu einem Europäischen Raumentwicklungskonzept, Bonn: Selbstverlag der Bundesforschungsanstalt für Landeskunde und Raumordnung; *Deutscher Bundestag – 13. Wahlperiode*: Grundlagen einer Europäischen Raumentwicklungspolitik, Drucksache 13/1078. Für Österreich: *Österreichische Raumordnungskonferenz (ÖROK),* 1996: Position Österreichs im Rahmen der Europäischen Raumentwicklungspolitik, Schriftenreihe, Nr. 125, Wien: ÖROK.

der Kulturgüter und des diesbezüglichen Handlungsbedarfs fokussiert und Griechenland an das Primat der Wirtschaftspolitik vor der Raumordnungspolitik erinnert. Auch besondere Anforderungen gehen in die Stellungnahme europäischer Organe ein, weshalb dort etwa die Problematik der (französischen) Überseegebiete eigens erwähnt wird und seit dem Beitritt von Schweden und Finnland die Bedeutung des Kooperationsbedarfs bezüglich der extrem peripheren Regionen verstärkt in Erscheinung tritt.[309]

Standpunkte europäischer Organe

Das erste wichtige europäische Dokument ist die Charta von Torremolinos der Raumordnungsministerkonferenz des Europarats CEMAT von 1983. Darin heißt es: „Regional/spatial planning contributes to a better spatial organisation in Europe and to the finding of solutions for problems which go beyond the national framework and thus aims to create a feeling of common identity, having regard to North/South and East/West relations".[310] Mit „contributes to" wird der Raumordnung auf der europäischen Ebene eine relativ bescheidende, eher assistierende und insgesamt doch undeutlich bleibende Rolle bei der Raumentwicklung zugeschrieben.[311]

Bedeutende Stellungnahmen des Europäischen Parlaments bezüglich einer Raumentwicklungspolitik sind vor allem die grundsätzlichen Entschließungen zur „konzertierten Raumordnungspolitik" vom 26. Oktober 1990[312] und zum Entwurf des EUREK vom 2. Juli 1998[313], die beide den Bedarf nicht infrage stellen. In der ersten Entschließung drückt das Parlament den Kooperations- und Politikbedarf durch einen aus 40 Punkten bestehenden Katalog wünschenswerter bzw. notwendiger Maßnahmen aus. Im zweiten Dokument stimmt das Parlament den Zielen des EUREK-Entwurfs vom Juni 1997 zu, bedauert jedoch das Fehlen klarerer Leitlinien und geeigneter Maßnahmen für die Umsetzung. Der Bedarf des EUREK wird als gegeben vorausgesetzt und nicht mehr eigens diskutiert.

---

309 Vgl. dazu beispielsweise die neue INTERREG-Leitlinie für die Förderperiode 2000-2006 im Amtsblatt der Europäischen Gemeinschaften: Nr. C 143/8, Randnummern 14 und 15 vom 23. Mai 2000.

310 *Europarat – Council of Europe,* 1983: European regional/spatial planning Charter, Torremolinos Charter, Strasbourg, chapter 5.

311 *Europarat – Council of Europe, Parliamentary Assembly* 1995: Report on a comprehensive European regional planning strategy, 10th session of the CEMAT, ADOC7291 of 26 April 1995.

312 Amtsblatt der Europäischen Gemeinschaften: Nr. C 295/652 vom 26.11.1990

313 Amtsblatt der Europäischen Gemeinschaften: Nr. C 226/42 vom 20.07.1998; bzgl. der eingegangenen und berücksichtigten Stellungnahmen zum EUREK-Entwurf vgl. auch *Bundesministerium für Verkehr, Bau- und Wohnungswesen (BMVBW),* 1998: Europäisches Raumentwicklungskonzept, Auf dem Wege zu einer nachhaltigen Europäischen Union, Entwurf Dezember 1998, Arbeitsdokument für die CSD-Beratung am 18./19. Januar 1999 in Brüssel, Bonn.

Vergleicht man die bisher erwähnten nationalen und europäischen Stellungnahmen, so offenbart sich, dass es sich bei den Auflistungen in den europäischen Stellungnahmen in weiten Teilen um die Addition nationaler Handlungsbedarfe handelt, zuzüglich einiger allgemeiner Bedarfsgründe, wie der Notwendigkeit einer nachhaltigen Entwicklung. Eine integriertere europäische Einschätzung des Handlungsbedarfs liefert das von der Europäischen Kommission als Pilotprojekt in Auftrag gegebene Dokument „Europa 2000+"[314] der Europäischen Kommission. Unter der Überschrift „Der sich verändernde europäische Rahmen: gemeinsame Herausforderungen" werden die zahlreichen einzelnen Bedarfe zu fünf Gruppen gebündelt, die ein gemeinsames Handeln und eine gemeinsame Raumentwicklungspolitik als notwendig erscheinen lassen.

Die folgende Darstellung knüpft an Europa 2000+, vergleichbare Aussagen des EUREK[315] sowie weitere Quellen und fasst die Bedarfsdiskussion zusammen.

1. Handlungsbedarf in Bezug auf den wirtschaftlichen und sozialen Zusammenhalt

Wirtschaftliche Fragen, die direkt oder indirekt aus dem europäischen Binnenmarkt bzw. der Globalisierung der Wirtschaftsaktivitäten resultieren, sind ein entscheidender die Planungssysteme beeinflussender Faktor. Der verstärkte Wettbewerb zwischen den Mitgliedstaaten und die sich daraus ergebenden Konsequenzen für Wirtschaft und Gesellschaft sind nicht nur eine positive Herausforderung, sondern sie stellen gleichzeitig eine Gefahr für den wirtschaftlichen und sozialen Zusammenhalt des europäischen Raums dar. Der nationalen Planung gelingt es immer weniger, den negativen Begleiterscheinungen des Integrationsprozesses etwas entgegenzusetzen. Eine weitere Verschärfung der Herausforderungen für den wirtschaftlichen und sozialen Zusammenhalt ist mit der Erweiterung der Europäischen Union um Staaten aus Mittel- und Osteuropa zu erwarten. Nur gemeinsamem Handeln wird angesichts dieser Herausforderungen noch eine effektive Reaktionsfähigkeit zugesprochen.[316]

[314] *Europäische Kommission – European Commission,* 1994a: Europe 2000+, Cooperation for European territorial development, Brussels and Luxembourg, 142-143.

[315] EUREK, insbesondere Teil I, Kapitel 2., Seite 13-20, und Teil II, Kapitel 2, Seite 69-80.

[316] Zum wirtschaftlichen und sozialen Zusammenhalt siehe auch *Europäische Kommission,* 1996b: Erster Bericht über den wirtschaftlichen und sozialen Zusammenhalt 1996, Brüssel und Luxemburg; zu einer theoretischen Auseinandersetzung mit den potenziellen Beiträgen der Raumordnung und Raumentwicklung zur wirtschaftlichen Entwicklung in einer globalisierten Welt vgl. *Camagni, Roberto,* 2000: Giustificazione teorica, principi e obiettivi di politiche di competitività territoriale in un'era di globalizzazione e nuovi ruoli per la pianificazione, in: *Janin-Rivolin, Umberto (ed.)*: Le politiche territoriali dell'Unione europea – esperienze, analisi, riflessioni, Milano: Franco Agneli, 165-193.

2. Handlungsbedarf in Bezug auf Transeuropäische Netze (TEN)

Die großen europäischen Netze, einschließlich Energieversorgung und Telekommunikation, zu entwickeln, ist laut dem Vertrag von Amsterdam eine Verpflichtung für die Europäische Gemeinschaft. Hier ist ein gemeinsames Handeln der für die nationale Planung zuständigen Institutionen eine Grundvoraussetzung, um die Umsetzung dieser Aufgabe zu ermöglichen. Umgekehrt sind die gemeinsamen Planungen zu den Netzen auch wegen ihrer indirekten regionalen Effekte von Relevanz für die nationale bzw. regionale Planung. Somit sind die TEN selbst für die Planungsregionen bedeutend, die von den Netzen gar nicht berührt werden und denen deswegen eher ein Abkopplungseffekt droht. Folglich besteht auch für Letztere ein prinzipieller Bedarf zu einer Europäischen Raumentwicklungszusammenarbeit.

3. Handlungsbedarf in Bezug auf Natur, kulturelles Erbe und Landwirtschaft

Der umweltbezogene Bedarf lässt sich im Kern von der zunehmenden Zahl national nicht mehr zu lösender Umweltprobleme ableiten. In Europa 2000+ wurde der Bedarf noch von diesen Umweltproblemen sowie den zur gemeinsamen Antwort nicht geeigneten nationalen Politiken und Instrumenten hergeleitet. In den folgenden Jahren wurde die Umweltpolitik mit dem Amsterdamer Vertrag zur Gemeinschaftsaufgabe. Das diese nun ihrerseits auf die Raumentwicklung einwirkt, wird im EUREK zum Ausdruck gebracht, denn dort wird der Handlungsbedarf auf die Raumwirksamkeit der umweltpolitischen Gemeinschaftsaktivitäten wie Natura 2000[317] oder die UVP-Richtlinie[318] zurückgeführt. Im Gegensatz zu Europa 2000+, wo nur von „Umweltfragen" die Rede war, spricht das EUREK im weiteren Sinn von der Bedrohung der Natur und des kulturellen Erbes, die einen Handlungsbedarf darstelle. Ebenfalls im EUREK wird die Gemeinsame Agrarpolitik (GAP) der Union und als Schlüsselelement der GAP wiederum werden die umweltbezogenen Belange als Herausforderung für die Raumentwicklung beschrieben.

4. Handlungsbedarf in Bezug auf Europäische Förderinstrumente

Der öffentliche Sektor und dessen Finanzierung spielten bei der Durchführung von Plänen in allen Mitgliedstaaten eine große, wenn nicht sogar eine dominierende Rolle. Als Finanzierungsquelle gewinnen die Förderinstrumente der Europäischen Union und hierbei insbesondere die Strukturfonds eine zunehmende Bedeutung. Der Darlehenstätigkeit der Europäischen Investitionsbank und der Rahmenprogramme für Forschung, Technologie und Entwicklung wird im EUREK eine ebenfalls herausragende Relevanz für die Raumentwicklung in Europa beigemessen. Der Politikbe-

[317] Ausweisung von Schutzgebieten, durch die ein Biotopverbundsystem aufgebaut wird.

[318] Richtlinie 85/337/EWG, welche die Durchführung und Veröffentlichung von Umweltverträglichkeitsprüfungen bei Großprojekten vorschreibt.

darf resultiert diesbezüglich aus zwei Wurzeln. Erstens bedarf es einer abgestimmten europäischen Raumentwicklungs- und Regionalpolitik als Grundlage für die Vergabe der Fördermittel und zweitens bedarf es auf der nationalen und den subnationalen Ebenen einer zunehmenden Beachtung der europäischen Förderinstrumente als externem Einflussfaktor für die eigene Planung und Entwicklung.

5. Handlungsbedarf in Bezug auf komparative Vor- bzw. Nachteile bei unterschiedlichen Planungssystemen

Zu den seltenen Argumenten für eine Europäische Raumentwicklungspolitik gehört der Hinweis auf komparative Vor- bzw. Nachteile der unterschiedlichen Planungssysteme. Nur in Europa 2000+ werden sie zu den Kernfragen und gemeinsamen Herausforderungen gezählt. In der Tat sind sie relevant. Wenn beispielsweise ein Investor für ein Projekt mehrere im Prinzip gleich günstige Standorte zur Auswahl hat, an einem der Standorte jedoch ein wesentlich umfangreicheres Planungssystem beim Investitionsvorhaben zu berücksichtigen ist, kann es sein, dass dieser Standort wegen dieses Planungssystems gemieden wird. Um einen allein an Investitionsinteressen orientierten Wettbewerb hin zum geringsten Regulierungsstandard zu vermeiden, ist es notwendig, ein gemeinsames Planungssystem zu entwickeln oder die bestehenden Systeme zumindest einander anzunähern.

Handlungsbedarf im Bezug auf die Bevölkerungsentwicklung als 6. Gruppe?

Zu erwartende Migrationsströme und deren Konsequenzen für die Raumentwicklung waren beim Kommissionsdokument Europa 2000+ noch ein Grund, einen europäischen Handlungsbedarf zu formulieren und diesen sogar als eine von sechs Kernfragen darzustellen. Einige Jahre später wird im EUREK zwar auf europäische Trends in der Bevölkerungsentwicklung verwiesen, die Migration bleibt dabei jedoch unerwähnt. Dieser bemerkenswerte Unterschied dürfte auf das Ausbleiben der noch Anfang der 90er Jahre erwarteten Migrationsströme aus Mittel- und Osteuropa zurückzuführen sein, von denen noch in Europa 2000+ ausführlich die Rede war. Diese schwankende Bedeutung eines Bedarfsfaktors ist als ein Indiz dafür zu werten, dass der Stellenwert der Kernfragen und Kernbedarfe noch ungefestigt ist und schwankenden Einschätzungen unterliegt.

Fasst man die in den fünf Gruppen dargestellten gemeinsamen Herausforderungen noch weiter zusammen, so ist die zentrale Begründung des Bedarfs darin zu sehen, dass nicht mehr alle Fragen der Raumordnung allein im nationalen Kontext gelöst werden können. Dieses Argument wird von keiner Seite bestritten und war für die Akteure offenbar als Grund für die eigene Kooperationsbereitschaft ausreichend.

Die Darstellung des Bedarfs zeigt aber auch, dass die politischen Dokumente zum Bedarf der Kooperation unpräzise bleiben. Die Beschreibung räumlicher Trends, der daraus folgenden Gefahren für die bestehenden Planungssysteme und die Bezeichnung des Ganzen als Herausforderung sind wichtig, aber ohne die gleichzeitige Beantwortung der Frage des Bedarfs wozu, bleibt der Bedarf einer Europäischen Raumentwicklungspolitik letztlich doch schwer zu fassen. Die Raumordnung soll zur Erreichung europäischer Politikziele beitragen, heißt es immer wieder[319], die notwendigen Beiträge werden aber nicht näher bestimmt. Probleme werden beschrieben, es muss also etwas getan werden. Aber ob, und wenn ja, inwiefern sich der Handlungsbedarf auf eine Europäische Raumentwicklungspolitik oder auf die anderen gleichzeitig erwähnten meist sektoralen Politikfelder richtet oder richten kann, dies bleibt unterschiedlich interpretierbar.

3.1.2.2 Koordinationsminimierende Wirkung durch Verzicht auf eine präzise Bedarfsdefinition

Die Bedarfsdiskussion weist eine Parallele zur Begriffsdiskussion auf (vgl. Kap. 3.1.1). Beide bleiben ähnlich offen und unbestimmt. Für die praktische Zusammenarbeit bedeutet dies, dass auf der Basis eines zumindest teilweise offenen Begriffs- und Bedarfsverständnisses kooperiert wird. Die Gründe für dieses Vorgehen sind nur teilweise mit der bisher relativ kurzen Kooperationsphase zu erklären. Faktisch handelt es sich durchaus auch um eine pragmatische Maßnahme zur Koordinationsminimierung, die ein flexibles und innovatives Vorgehen erleichtert.[320]

Einerseits ist das Fehlen eines eindeutigen und gemeinsamen Begriffs- und Bedarfsverständnisses durchaus ein Nachteil für die Kommunikation und Kooperation. Andererseits kann es angesichts erkennbarer nationaler Unterschiede oder des daran abschätzbaren hohen Koordinierungsbedarfs hilfreich sein, nicht auf der präzisen und einvernehmlichen Definition von Begriffen und Handlungsbedarfen zu bestehen. Schätzen die Akteure ihre für die Kooperation zur Verfügung stehenden Ressourcen als eher gering ein, so ist es nicht sinnvoll, diese vollständig in die Begriffs- und Bedarfsdiskussion zu investieren. Stattdessen können sich die Akteure mit einer ungefähren Vorstellung vom Kooperationsbedarf und Gegenstand der Zusammenarbeit vorläufig begnügen und sich ansonsten auf dessen praktische Entwicklung und Ausgestaltung konzentrieren. Schließlich besteht bei dieser Zusammenarbeit auch die Hoffnung, dass sich dabei das gemeinsame Verständnis vom Begriff und Bedarf der Kooperation aus der Praxis heraus weiterentwickelt. Von diesem Standpunkt aus betrachtet ist der vorläufige Verzicht auf präzise Definitionen als rationales Handeln zu bezeichnen.

---

[319] *Europarat – Council of Europe,* 1983: European regional/spatial planning Charter, Torremolinos Charter, Strasbourg, chapter 5; EUREK, 22, Seite 12.

[320] Zum erhöhten Koordinierungsbedarf vgl. *Grande, Edgar,* 2000: Mulit-Level Governance: Institutionelle Besonderheiten und Funktionsbedingungen des europäischen Mehrebenensystems, in: *Edgar Grande und Markus Jachtenfuchs (Hrsg.)*: Wie problemlösungsfähig ist die EU? Regieren im europäischen Mehrebenensystem, Baden-Baden: Nomos, 18.

Benz ist in seinen Arbeiten zum europäischen Mehrebenensystem zu dem Schluss gekommen, dass Effektivität von Politik, Innovation und Lernprozesse in diesem System nur in Strukturen möglich sind, die sich aus lose gekoppelten Kooperationsspielen zusammensetzen.[321] Geht man von dieser Position aus, so handelt es sich bei dem Verzicht auf präzise Definitionen nicht bloß um ein pragmatisches, sondern auch um ein notwendiges Vorgehen im Interaktionsprozess. Unschärfe in der raumentwicklungspolitischen Bedarfsdiskussion und lose gekoppelte Kooperation bedingen sich sogar gegenseitig. Je deutlicher und größer der Handlungsbedarf ist, desto präziser werden auch die Anforderungen an die Kooperation. Eine verbindlichere und daher auch engere Zusammenarbeit wäre die Folge. Umgekehrt lassen unklare Vorstellungen den Verzicht auf eine engere Kopplung als angemessen erscheinen.

Das grundsätzliche Interesse der Akteure an einer Zusammenarbeit wird in den Beiträgen zum Bedarf dokumentiert, aber es fehlen Orientierungspunkte, welche die konkrete Ausrichtung des gemeinsamen Handlungsbedarfs erleichtern könnten. Unklar bleibt auch, wie die Akteure von der Feststellung einzelner allein national nicht mehr lösbarer Raumentwicklungsprobleme zur Einsicht in die Notwendigkeit einer generellen – und somit über identifizierte Einzelfälle hinausgehenden – Zusammenarbeit gelangen. Hier findet ein qualitativer Sprung statt, der von den Repräsentanten der Europäischen Raumentwicklungspolitik nicht ausreichend begründet wird, was die Akzeptanz und Unterstützung dieser europäischen Politik durch neue Akteure sicherlich nicht erleichtert.

3.1.2.3 Koordinationsminimierende Wirkung durch Politikformulierung auf der europäischen Ebene

Als Grundlage für die Kooperationsbereitschaft wird die Einsicht angeführt, dass nicht mehr alle Fragen der Raumordnung allein im nationalen Kontext gelöst werden können. Benannt ist damit letztlich nur der nicht ausreichende Rahmen, aber nicht der als notwendig erachtete geografische Kontext. In der Fachliteratur und nicht zuletzt im EUREK wird die Europäische Raumentwicklung nicht nur vor dem Hintergrund europäischer sondern auch weltweiter sowie nationaler Entwicklungstrends diskutiert.[322] Warum aber Portugal und Finnland, um zwei an entgegensetzten Rändern der Union gelegene Staaten auszuwählen, sich der Mühe unterziehen, ein gemeinsames und letztlich doch nicht bindendes Raumentwicklungskonzept aus-

[321] *Benz, Arthur,* 2000: Entflechtung als Folge von Verflechtung, Theoretische Überlegungen zur Entwicklung des europäischen Mehrebenensystems, in: *Edgar Grande und Markus Jachtenfuchs (Hrsg.)*: Wie problemlösungsfähig ist die EU? Regieren im europäischen Mehrebenensystem, Baden-Baden: Nomos Verlagsgesellschaft, 158.

[322] EUREK, Teil B; *Dematteis, Giuseppe,* 2000: Il territorio nelle politiche dell'Unione europea, in: *Janin-Rivolin, Umberto (ed.)*: Le politiche territoriali dell'Unione europea – esperienze, analisi, riflessioni, Milano: Franco Agneli, 139-150; *Camagni, Roberto,* 2000: Giustificazione teorica, principi e obiettivi di politiche di competitività territoriale in un'era di globalizzazione e nuovi ruoli per la pianificazione, in: *Umberto Janin-Rivolin (ed.)*, 165-193.

zuarbeiten, wird in den Dokumenten nicht erläutert und kann daher nur gedanklich rekonstruiert werden.

Raumordnung ist von ihrem Gegenstand her der Politikbereich mit dem stärksten Territorialbezug. Organisiert ist die Raumordnung nicht nach geografischen, sondern nach politisch-administrativen Räumen und ihren Grenzen. Die Kompetenzen für die Raumordnung sind in den europäischen Staaten in unterschiedlicher Weise auf verschiedene politische Ebenen und Gebietskörperschaften verteilt, aber selbst wenn für bestimmte Räume wie Metropolen- oder Bergregionen eigene Planungsregionen entwickelt werden, so orientieren auch diese sich stets an vorhandenen administrativen Grenzen (vgl. Kap. 2.2.2). Dies hat seinen Ursprung darin, dass die Gebietshoheit über Staatsgebiete beim jeweiligen Souverän (in Demokratien beim Volk) liegt, der sie über die Verfassung den Staatsorganen anvertraut. Eine geplante Entwicklung von Räumen innerhalb eines Staats ist damit immer auch eine staatliche Aufgabe, selbst wenn dabei die Interessen privater Grundeigentümer und anderer Betroffener zu berücksichtigen sind. Das dabei angewandte Territorialprinzip bedeutet allerdings auch, dass die Zuständigkeit an der Grenze des Staats bzw. an der Grenze der verantwortlichen Gebietskörperschaft innerhalb des Staats endet. Für die Raumordnung und Raumplanung wird dieses Prinzip immer dann zum Problem, wenn Naturräume bzw. Tendenzen in der Raumentwicklung nicht den administrativen Grenzen folgen und somit nicht den Planungsräumen entsprechen. In all diesen Fällen kann von einem objektiven Bedarf einer grenzübergreifenden Zusammenarbeit zur Lösung der entstehenden Probleme gesprochen werden. Wenn ein Akteur diesseits einer Grenze seine Ziele nur noch erreichen kann, wenn andere Akteure jenseits der Grenze kooperationsbereit sind, dann besteht Interdependenz, und diese stimuliert zur Kooperation.[323] In der Raumordnung ist diese Erkenntnis im nationalen Bereich nicht neu, und auch der Bedarf einer die nationalen Grenzen übergreifende Zusammenarbeit ist seit Jahrzehnten anerkannt und hat in Europa zur Gründung zahlreicher Grenzregionen und Arbeitsgemeinschaften geführt, in denen u. a. Fragen der Raumordnung behandelt werden (vgl. Kap. 2.2.1.3). In der Regel handelt es sich hierbei jedoch um bi- bzw. trilaterale regionale Kooperationen.

Wenn sich aus diesen Kooperationen in Verbindung mit der EU-Regionalpolitik oder anderen EU-Politiken sukzessive ein neues Feld der Europäischen Raumentwicklungspolitik entwickeln würde, so wäre dies im Sinne des Spill-over-Konzepts[324] als ein

---

[323] *Czempiel, Ernst-Otto,* 1999: Kluge Macht. Außenpolitik für das 21. Jahrhundert, München: Beck, 46.

[324] Nach dem Spill-over-Konzept von Haas wird eine einmal begonnene, erfolgreiche Zusammenarbeit in einem Funktionsbereich aufgrund sachlogischer Verknüpfungen mit anderen Aufgabenbereichen auch zur Integration in weiteren Sektoren führen. Zu diesem Konzept im Kontext der europäischen Integrationsforschung vgl. *Giering, Claus,* 1997: Europa zwischen Zweckverband und Superstaat, Die Entwicklung der politikwissenschaftlichen Integrationstheorie im Prozeß der europäischen Integration, Bonn: Europa Union Verlag, 58-59; *Cram, Laura,* 1996: Integration theory and the study of the European policy process, in: *Richardson, Jeremy (ed.)*: European Union, Power and Policy-making, London and New York: Routledge, 40-58.

funktionalistischer Prozess interpretierbar. Das Politikfeld würde sich demnach aus einem dem bestehenden System der Europäischen Gemeinschaft immanenten Ausbreitungsimpuls entwickeln. Ein sachlicher Bedarf zu dieser Entwicklung ist mit diesem Konzept jedoch nur begrenzt zu erklären.

Das Spill-over-Konzept ist durchaus passend, um die Bedarfseinschätzung aus der Sicht der Institutionen der EU zu interpretieren. Für sie und insbesondere für die Kommission der Europäischen Gemeinschaft ist die Ausweitung von Kompetenzen zumindest auch als ein Beitrag zur Sicherung der eigenen Existenz zu werten.[325] Das Überschwappen (*spilling over*) der Zuständigkeit in neue Politikfelder wäre somit eher in ihrem Interesse als im Interesse der Vertreter von Nationalstaaten, die in der Gefahr stehen, durch eine neue europäische Politik Kompetenzen zu verlieren. Der immanente Ausweitungsimpuls würde somit letztlich auf die Interessen bestimmter Akteure zurückgehen. Nicht erklärt werden kann mit dem Konzept, warum auch die Mitgliedstaaten den Bedarf zur Kooperation sehen und ihn zudem auch aus existierenden EU-Politiken wie der Wettbewerbs- und der Umweltpolitik ableiten.[326]

Zu dieser Frage soll zunächst eine Typisierung der Mitgliedstaaten versucht werden, ohne die nicht differenziert von der Gruppe der Mitgliedstaaten gesprochen werden kann. Die zu entwickelnde Typisierung geht von der Annahme aus, dass die Bereitschaft zu einer Europäischen Raumentwicklungspolitik sich proportional zur Zahl der Raumentwicklungskonflikte mit grenzübergreifender Relevanz im jeweiligen Mitgliedstaat verhält. Grundlage für diese Annahme ist eine zweite Annahme, nämlich dass bei einer steigenden Zahl grenzüberschreitender Konflikte die Transaktionskosten für die Problemlösungen so stark steigen, dass demgegenüber die Transaktionskosten für die Entwicklung einer gemeinsamen Europäischen Politik mit einer entsprechenden Problemlösungskompetenz relativ günstig erscheinen. Bei der angestrebten Typisierung sollen auch die Konflikte an den administrativen Binnengrenzen mit berücksichtigt werden. Die Problematik der die Binnengrenzen überschreitenden Raumordnung ist als Teilaspekt der Raumordnung in den einzelnen Staaten zwar nicht Gegenstand dieser Arbeit[327], aber für die Europäische Raumentwicklungspolitik ist sie insofern relevant, als sie Anlass zu der Vermutung gibt, dass Staaten, die schon im nationalen Kontext administrative Grenzprobleme in der Raumordnung haben, eine höhere Sensibilität für grenzübergreifende Planungsfragen haben und

[325] *Cram, Laura*: 1996, 45.

[326] Vgl. hierzu den Kap. 3.2.1 dieser Arbeit sowie EUREK, Kapitel 2, Seite 13-20.

[327] In der Raumordnung der Bundesrepublik Deutschland wird diese Problematik intensiv behandelt und findet beispielsweise in Planungsregionen wie Hannover oder Stuttgart sowie in der Gemeinsamen Landesplanungsabteilung Berlin/Brandenburg ihren sichtbaren Ausdruck. Zur Problematik der Kooperation bei der Zusammenarbeit zwischen Bundesländern siehe u. a. *Benz, Arthur/Scharpf, Fritz/ Zintl, Reinhard,* 1992: Horizontale Politikverflechtung: Zur Theorie von Verhandlungssystemen, Frankfurt/Main New York: Campus.

über entsprechend reichere Kooperationserfahrungen verfügen, die auch ihr Verhalten auf der europäischen Ebene beeinflussen.

Es ergibt sich das folgende zweiteilige Grundschema: In Staaten mit Raumordnungskompetenzen nur auf der nationalen Ebene ist mit Konflikten nur an einer Grenze (der Außengrenze) zu rechnen (= Typ A), während Staaten mit auf die verschiedenen Gebietskörperschaften verteilten Raumordnungskompetenzen mit Grenzproblemen an den Binnen- und den Außengrenzen rechnen müssen (= Typ B). Ein zweites Schema ergibt sich aus der Unterscheidung zwischen Staaten unterschiedlicher Größe. Je größer ein Staatsgebiet ist, desto höher ist die Zahl nicht unmittelbar grenznaher Regionen. Umgekehrt grenzt bei kleinen Staaten jede oder zumindest fast jede Region an die Außengrenze. Dies gibt Anlass zu der Vermutung, dass die Problematik einer die Außengrenzen überschreitenden Raumordnung bei kleinen Staaten eine relativ höhere Bedeutung hat als bei großen Staaten. Fasst man diese theoretischen Überlegungen zusammen, so ließe sich folgern, dass die Einschätzung des Bedarfs einer Europäischen Raumentwicklungspolitik durch die Strukturen im nationalen Kontext mitbestimmt wird. Vertreter von Staaten mit einem relativ kleinen Staatsgebiet und zudem mit einer dezentralen Kompetenzverteilung in der Raumordnung (Typ B) müssten dabei den Bedarf am höchsten einschätzen und auch die entsprechend höchste Kooperationsbereitschaft anbieten. Umgekehrt dürften die ihrer Fläche nach großen Staaten mit einer ganz oder vorwiegend zentralen Raumordnungskompetenz (Typ A) den Bedarf weniger hoch einschätzen, über weniger Kooperationserfahrung verfügen und weniger kooperationsbereit sein.

Die Quellen bieten manches Argument zur Unterstützung dieser Typisierung. Für das relativ kleine Land der Niederlanden bestätigt Derek Martin vom Reichsplanologischen Dienst in Den Haag den Zusammenhang zwischen der Größe des Landes und dem Interesse an Europäischer Kooperation.[328] Für das große Engagement der Niederlanden spricht auch deren Rolle im Entwicklungsprozess der EUREK, denn der erste Entwurf des Dokuments wurde während der niederländischen Präsidentschaft 1997 fertig gestellt und dem Informellen Rat in Noordwijk vorgelegt. Österreich scheint ein Gegenbeispiel zu sein, da es sich zunächst zurückhaltend äußerte. Inzwischen gehört aber auch Österreich zu den aktivsten Unterstützern der Raumentwicklungszusammenarbeit. Bei der anfänglichen Reserviertheit spielt die Situation des Landes, das nach Jahren der Randlage am Eisernen Vorhang die Öffnung nach Osten und den EU-Beitritt gleichzeitig zu bewältigen hatte, sicherlich eine Rolle. Insofern ist die temporäre Reserviertheit auf eine Ausnahmesituation zurückzuführen und

[328] *Martin, Derek,* 1996: The Intergovernmental Conference and Spatial Planning: Some Considerations on Present Thinking in the Netherlands, EUREG, Europäische Zeitschrift für Regionalentwicklung, 12-13.

nicht als Widerspruch zum obigen Modell zu interpretieren.[329] Als Beispiel für die Staaten, die eher dem Typ A entsprechen, kann Griechenland genannt werden. Griechenland hat ein großes Staatsgebiet, eine zentral geprägte Raumordnung und zudem eine periphere Lage ohne Landgrenze zu einem andern EU-Staat, sodass die teilweise sehr zurückhaltende Position gegenüber der Raumentwicklungszusammenarbeit den Erwartungen beim Typ A entspricht.[330]

Es ließen sich weitere Argumente für die oben beschriebene Typisierung nennen, dennoch wäre es nicht möglich, einen empirischen Beweis für ihre generelle Bedeutung zu erbringen. Dies hängt vor allem damit zusammen, dass die Monokausalität der Typisierung sich in der komplexen Realität kaum wiedererkennen lässt. Schon das genannte Beispiel Österreich zeigt, dass das Verhalten eines Landes gegenüber der Raumentwicklungspolitik von verschiedenen Kriterien bestimmt wird. Auch die Rolle der Niederländischen Präsidentschaft im EUREK-Prozess ist nicht nur vom eigenen Engagement, sondern auch von der Kooperationsbereitschaft der anderen Mitgliedstaaten abhängig gewesen. Die Typisierung muss jedoch auch aus handlungstheoretischer Sicht hinterfragt werden, denn die regionale, nationale oder europäische Position zum Bedarf einer Europäischen Raumentwicklungspolitik wird letztlich nicht von politischen Systemen, sondern von *principals* innerhalb staatlicher Organisationen festgelegt und von ihnen selbst bzw. ihren *agents* nach außen repräsentiert. Der individuelle Erfahrungshintergrund kann dabei vom starren Schema des Typisierung deutlich abweichen und so können individuelle bzw. situative Einflüsse andere überlagern.[331] Dies gilt insbesondere für die Europäische Raumentwicklungspolitik, die bisher von einem relativ kleinen Akteurskreis gestaltet wird. Da auch die situativen Einflüsse in dem neuen, ungefestigten Politikfeld höchst unterschiedlich sein können, müsste die Typisierung im Grunde um so viele Variablen erweitert werden, dass sie ihre Handhabbarkeit und Aussagekraft verlieren würde. Eine einfaches Schema erscheint daher als nicht aussichtsreich.

Nicht widerlegt ist mit dieser Einsicht die zu Beginn des Typisierungsversuchs erwähnte Wahrscheinlichkeit, dass bei einer steigenden Zahl grenzüberschreitender Konflikte die Transaktionskosten für die Problemlösungen so stark steigen, dass demgegenüber die Transaktionskosten für die Entwicklung einer gemeinsamen Europäischen

---

[329] Mit den Herausforderungen Österreichs in den Jahren der Öffnung des Eisernen Vorhangs und des EU-Beitritts beschäftigen sich *Schindegger, Friedrich/Schneidewind, Peter,* 1997: Austria as a Bridgehead?, in: *Faludi, Andreas/Zonneveld, Wil, (eds.)* 1997: Shaping Europe: The European Spatial Development Perspective, Built Environment, Volume 23, Number 4, 298-306, und mit Bezug zu INTERREG II C auch *Arbter, Roland*, 1999: Think transnationally, act regionally ... ... and influence EU-policy making, Raum, Österreichische Zeitschrift für Raumplanung und Regionalpolitik, Nr. 36, 47.

[330] *Demathas, Zacharias,* 1997: Die Perspektive der südlichen Peripherie, in: Raum, Österreichische Zeitschrift für Raumplanung und Regionalpolitik, Nr. 27, 32-35.

[331] Zum Principal-Agent-Verhältnis vgl. *Jansen, Dorothea,* 1997: Das Problem der Akteursqualität korporativer Akteure, in: *Arthur Benz und Wolfgang Seibel (Hrsg.),* Theorieentwicklung in der Politikwissenschaft – eine Zwischenbilanz, Baden-Baden: Nomos Verlagsgesellschaft, 197-198.

Politik relativ gering erscheinen. Im Gegenteil, gerade weil die Zahl der Variablen in Konfliktsituationen schon prinzipiell sehr hoch ist, bedarf es vielleicht nicht einmal mehr einer hohen Zahl an Konflikten, um eine Europäische Raumentwicklungspolitik als attraktiv erscheinen zu lassen. Für die zu Beginn exemplarisch genannten Staaten Portugal und Finnland besteht der Vorteil des EUREK nur zum Teil in dem in bilateralen Fragen anwendbaren Konzept, sondern in der Tatsache, dass mit dem EUREK gleich eine Kooperationsgrundlage mit 15 Staaten geschaffen wurde. Die mitgliedstaatlichen Akteure handeln rational, wenn sie sich auf ein gemeinsames Konzept verständigen, weil Kooperation und gemeinsame Politik langfristig reduzierte Transaktionskosten bei der Lösung grenzübergreifender und transnationaler Raumentwicklungsprobleme erwarten lassen. Dass die davon erwartete Koordinationsminimierung durch eine noch höhere Zahl beteiligter Staaten ebenfalls steigen würde, scheint den mitgliedstaatlichen Akteuren bewusst zu sein, da sie sich im EUREK deutlich für eine intensivere gesamteuropäische und internationale Zusammenarbeit aussprechen.[332]

3.1.3 Die Zielformulierung

3.1.3.1 Gemeinsame Interessen und Orientierungen der Mitgliedstaaten

Das Europäische Raumentwicklungskonzept (EUREK)[333] ist das politische Grundsatzdokument der Raumordnungsminister der EU-Mitgliedstaaten. Das 87-seitige Dokument wurde vom Ausschuss für Raumentwicklung erstellt und von den für Raumordnung zuständigen Ministerinnen und Ministern der EU-Mitgliedstaaten bei ihrem Informellen Ratstreffen in Potsdam am 10./11. Mai 1999 angenommen.[334]

Das EUREK gliedert sich in zwei Hauptteile mit fünf bzw. vier Kapiteln. Teil A des EUREK handelt vom grundsätzlichen Beitrag der Raumentwicklungspolitik für eine ausgewogene und nachhaltige Entwicklung des EU-Territoriums. Im Teil B wenden sich die Raumordnungsminister dem Territorium der EU zu und beschreiben dessen

[332] EUREK, Kap. 4.6.

[333] *Europäische Kommission,* 1999b: EUREK, Europäisches Raumentwicklungskonzept, Auf dem Wege zu einer räumlich ausgewogenen und nachhaltigen Entwicklung der Europäischen Union, Angenommen beim Informellen Rat der für Raumordnung zuständigen Minister in Potsdam, Herausgegeben von der Europäischen Union, Mai 1999, Luxemburg.

[334] Die Erstellung eines Europäischen Raumentwicklungskonzepts war von den Mitgliedern des Informellen Rats seit Anfang der 90er Jahre diskutiert worden. Der formale Beschluss zu Erarbeitung wurde jedoch erst beim Treffen in Liège im November 1993 gefasst. In den folgenden Jahren befasste sich der Rat regelmäßig mit dem Bearbeitungsstand. Benannt nach dem Ort des jeweiligen Treffens sind so der Glasgow- und der Noordwijk-Entwurf entstanden, von denen jedoch nur das Dokument von Noordwijk als „Erster offizieller Entwurf" bezeichnet wurde. Die einzelnen Entwürfe weichen teilweise erheblich voneinander ab. Sogar die Entwurfsfassung vom Januar 1999 (vier Monate vor dem Treffen in Potsdam) unterscheidet sich noch deutlich vom abschließenden Dokument.

Entwicklungstendenzen, Perspektiven und Herausforderungen. Dem EUREK vorangestellt wurde ein Auszug aus den Schlussfolgerungen der deutschen Ratspräsidentschaft beim Potsdamer Treffen.

Gegenüber dem eindeutig politischen Teil A ist der Teil B, welcher noch in der Entwurfsfassung vom Januar 1999 nur als Anhang zum eigentlichen Dokument ausgewiesen war[335], primär fachlich-deskriptiver Natur, auch wenn sich mit der Einordnung dieses Teils in ein politisches Dokument automatisch auch dessen politischer Charakter auf die im Teil B enthaltenen Aussagen überträgt. So unterstreicht die fachliche Beschreibung von Themen der Raumentwicklung von europäischer Bedeutung gleichzeitig den Handlungsbedarf, der im Teil A herausgearbeitet wurde.

Sinn und Zweck, Ziele und inhaltliche Ausrichtung dieses ersten europäischen Raumentwicklungskonzepts sind Gegenstand einer über die gesamten 90er Jahre geführten politischen und fachlichen Diskussion. Diese Diskussion über den Charakter und die Zweckbestimmung des EUREK ist selbst bereits seit einigen Jahren Gegenstand der Diskussion und Analyse.[336] Im Kontext dieses Kapitelabschnitts geht es darum, die im EUREK ausgedrückten Interessen in Bezug auf die gemeinsame Europäische Raumentwicklungspolitik zu analysieren. Nach dem zuvor analysierten Verständnis vom Begriff und Bedarf der Kooperation soll nun das Wozu, die Zielsetzung der Zusammenarbeit, im Mittelpunkt stehen. Die Analyse zum Informellen Rat und seinem Ausschuss für Raumentwicklung (vgl. Kap. 2.3.1.1) hat einerseits auf die nicht vorhandene formale Bedeutung dieser Handlungsarenen im Politikfeld verwiesen. Andererseits verdeutlicht die Akteurskonstellation und die Einbindung der beteiligten Akteure in ihren jeweiligen institutionellen Kontext, dass der Informelle Rat aufgrund seiner vielfältigen Verflechtungen die zentrale politische Arena im Politikfeld darstellt. Da er über keine formalen Kompetenzen verfügt, die eine politische Steuerung durch Regulierung erlauben würde, bleibt den Akteuren dieser Arena nur die Steuerung durch Leistungen sowie durch persuasive Politik.[337] Das EUREK als grundlegende Konzeption für eine, wie es heißt, ausgewogene und nachhaltige Raumentwicklung kann eine entsprechende Steuerungsfunktion also nur erfüllen, wenn es für die Adressaten einen überzeugenden Mehrwert bietet.

---

[335] *Bundesministerium für Verkehr, Bau- und Wohnungswesen (BMVBW),* 1998: Europäisches Raumentwicklungskonzept, Auf dem Wege zu einer nachhaltigen Europäischen Union, Entwurf Dezember 1998, Arbeitsdokument für die CSD-Beratung am 18./19. Januar 1999 in Brüssel, Bonn.

[336] Siehe hierzu vor allem die Beiträge von Martin/Ten Velden, Faludi, Schön and Bastrup-Birk/Doucet in *Faludi, Andreas/Zonneveld, Wil,* 1997: Shaping Europe: The European Spatial Development Perspective: Built Environment, Volume 23, Number 4; sowie die Beiträge von van Ginneken und Selke in *Graute, Ulrich, (ed.),* 1998: Sustainable Development for Central and Eastern Europe, Spatial Development in the European Context, Berlin Heidelberg New York: Springer-Verlag.

[337] Zur Problematik staatlicher Steuerung vgl. Kap. 3.3 in *Benz, Arthur,* 1994: Kooperative Verwaltung: Funktionen, Voraussetzungen und Folgen. Baden-Baden: Nomos Verlagsgesellschaft, 53-62.

Das EUREK kann in doppelter Hinsicht als repräsentativ für den bis 1999 erreichten Grad der Kooperation angesehen werden. Erstens verfügen die beteiligten Akteure in der für das EUREK verantwortlichen Handlungsarena über ihre vielfältigen inner- und intraorganisatorischen Bezüge sowie über Verflechtungen mit anderen Handlungsarenen über ein Höchstmaß an Informationen. Zweitens haben sie eine Steuerungsabsicht, die nur durch Schaffung von Akzeptanz bei den Adressaten erreicht werden kann. Diese wiederum kann nur erreicht werden, wenn das EUREK die Interessen der verschiedenen Akteure berücksichtigt bzw. sich zumindest mit ihnen kompetent und in überzeugender Weise auseinandersetzt.

Aussagen zu den mit dem EUREK verfolgten Zielen sind im Text selbst auf verschiedene Abschnitte verteilt und zudem im Vorwort zusammenfassend zum Ausdruck gebracht worden. Wegen der komprimierten und hervorgehobenen Form der Darstellung bietet es sich an, die weitere Diskussion entlang der insgesamt fünf Absätze des Vorworts[338] zu führen.

„(1) Die für die Raumordnung zuständigen Ministerinnen und Minister der Mitgliedstaaten der Europäischen Union sowie das für die Regionalpolitik zuständige Mitglied der Europäischen Kommission stellten in Potsdam den Abschluß der politischen Debatte über das Europäische Raumentwicklungskonzept (EUREK) als wichtigen Schritt im europäischen Integrationsprozeß heraus."

Dieser erste Absatz versteckt mehr als er sagt. Die EUREK-Debatte ist gar nicht abgeschlossen, denn im EUREK-Kapitel zum EUREK-Prozess[339] wird bereits die Revision des Dokuments angekündigt. Das EUREK-Dokument vom Mai 1999 stellt also bei aller grundsätzlichen Bedeutung dieses erstmalig verabschiedeten Grundsatzdokuments nur eine Momentaufnahme im EUREK-Prozess dar.

Mit der Formulierung „stellten ... den Abschluß der politischen Debatte ... heraus" sowie ähnlichen Formulierungen in den folgenden Absätzen (vgl. unten die Einleitungen zu Absätzen 2 und 5 des Vorworts) umgeht die Ratspräsidentschaft als Autor des Vorworts eine klare Aussage zum Status des Dokuments. Bei der Formulierung bleibt unklar, ob die Ratsmitglieder einen förmlichen Beschluss gefasst haben. Auf dem Deckblatt der gedruckten Fassung ist vermerkt „Angenommen beim Informellen Rat". Auch diese Formulierung unterstreicht eher den informalen Charakter des Dokuments.

Die Frage, in welcher Form das EUREK angenommen wurde, ist letztlich nicht relevant, denn der Beschluss eines informalen Rats ist nichts anderes als eine unverbindliche Vereinbarung. Im Dokument selber wird dann im Absatz 22 zum Status des EUREK explizit ausgedrückt, dass es sich um ein rechtlich nicht bindendes Dokument

---

338 EUREK, Vorwort.

339 EUREK, 25, Seite 12.

handelt. Die Aussage wird um eine Formulierung erweitert, die als generelle Ausstiegsklausel (*exit option*) zu bezeichnen ist und selbst eine moralische Bindung der Mitgliedstaaten oder anderer Adressaten an das EUREK schwer machen dürfte: „Das Dokument wird von jedem Land so weit berücksichtigt, wie dieses den europäischen Raumentwicklungsaspekten in seiner nationalen Politik Rechnung tragen möchte"[340] und an anderer Stelle heißt es „Aus dem EUREK darf sich aber kein Rahmenplan entwickeln, der über anderen Politikfeldern steht. Seine Anwendung beruht auf dem Prinzip der Freiwilligkeit"[341]. Angesichts einer derart deutlichen Beschränkung des Charakters und der Zweckbestimmung des EUREK ist es verständlich, wenn diese im Vorwort nicht erwähnt und dafür der vorläufige „Abschluss der politischen Debatte" über das EUREK als wichtig hervorgehoben wird.

„(2) Mit dem EUREK verständigten sich Mitgliedstaaten und Kommission auf gemeinsame räumliche Ziele bzw. Leitbilder für die zukünftige Entwicklung des Territoriums der Europäischen Union."

Nach der bescheidenen Zurückhaltung im ersten Absatz dokumentiert die Ratspräsidentschaft im zweiten Absatz das ambitionierte Anliegen des EUREK. Zieldefinitionen bzw. Leitbildformulierungen sind normale Instrumente der Raumordnung, aber das sich ein informales Gremium vornimmt, für das gesamte EU-Territorium räumliche Entwicklungsziele bzw. Entwicklungsleitbilder zu formulieren, die in der einen oder anderen Form letztlich jede Region und jeden einzelnen Bürger der Gemeinschaft betreffen, ist ein Novum.

Dass sie dies im Namen der Kommission und der Mitgliedstaaten tun, ist selbstverständlich, denn schließlich sind die Teilnehmer an den Ratssitzungen offizielle Repräsentanten entweder der Mitgliedstaaten oder der Kommission. Dies darf jedoch nicht zur Überbewertung des politischen Gewichts des EUREK führen, denn zur Verständigung zwischen den Mitgliedstaaten und der Kommission gehören eben auch die Verständigung auf den informalen Charakter des Rats und des EUREK sowie die Ausstiegsklausel im EUREK-Text. Die Konsequenzen, die aus dieser Verständigung gezogen werden, sind daher schwer vorhersagbar. Unabhängig vom politischen Gewicht ist die Verständigung auf Ziele bzw. Leitbilder jedoch an sich schon eine bemerkenswerte Neuentwicklung, die den visionären Charakter des EUREK ausdrückt.

---

[340] EUREK, 22, Seite 12; zum Verhältnis zwischen Loyalität und Exit-Optionen vgl. *Jansen, Dorothea,* 1997: Das Problem der Akteursqualität korporativer Akteure, in: *Arthur Benz und Wolfgang Seibel (Hrsg.),* Theorieentwicklung in der Politikwissenschaft – eine Zwischenbilanz, Baden-Baden: Nomos Verlagsgesellschaft, 198-201.

[341] EUREK, 165, Seite 40.

„(3) *Das Anliegen der Raumentwicklungspolitiken ist es, auf eine ausgewogene und nachhaltige Entwicklung des Territoriums der Union hinzuwirken. Nach Auffassung der Ministerinnen und Minister ist sicherzustellen, daß die drei grundlegenden Ziele Europäischer Politik gleichermaßen erreicht werden:*

- *wirtschaftlicher und sozialer Zusammenhalt,*
- *Erhaltung und Management der natürlichen Lebensgrundlagen und des kulturellen Erbes,*
- *ausgeglichenere Wettbewerbsfähigkeit des europäischen Raumes.*

Das EUREK ist ein geeigneter Orientierungsrahmen für die Fachpolitiken der Gemeinschaft und der Mitgliedstaaten mit räumlichen Wirkungen sowie für regionale und lokale Gebietskörperschaften zur Erreichung einer ausgewogenen und nachhaltigen Entwicklung des europäischen Territoriums."

Mit dem dritten Absatz verstärkt die Ratspräsidentschaft den Eindruck, dass die Ministerinnen und Minister sehr weitreichende Ziele haben. Es sollen nicht nur Ziele bzw. Leitbilder für das gesamte Territorium formuliert werden, sondern mit der Raumentwicklungspolitik soll auch zumindest ein Beitrag dazu geleistet werden, die aufgelisteten grundlegenden Ziele gleichermaßen zu erreichen. Die Akteure nehmen sich nicht nur einer komplexen Thematik an, sondern formulieren auch einen hohen Koordinierungsanspruch.

Selbstbewusst wirkt auch die Bezeichnung des EUREK als geeigneter Orientierungsrahmen für die EU-Fachpolitiken. In Wirklichkeit muss sich die Eignung erst noch in der Praxis erweisen. Erst dann wird sich zeigen, ob das Dokument kompetent und überzeugend ist und ob sich die im EUREK-Prozess eingeholte Zustimmung der Regierungen und Fachpolitiken mehr auf die Ziele und Leitbilder oder doch eher auf die Ausstiegsklausel bezieht.

Bemerkenswert ist schließlich, dass das, was als grundlegende Ziele Europäischer Politik genannt wird, nicht mit den Aufgaben der Gemeinschaft gemäß EG-Vertrag (Art. 2 EGV) und den Zielen der Union gemäß EU-Vertrag (Art. 2 EUV, ex-Artikel B) identisch ist. Die Erhaltung des kulturellen Erbes wird dort im Gegensatz zu anderen hier fehlenden Zielen nicht explizit erwähnt. Der EUV nennt u. a. die folgenden im EUREK nicht als grundlegend verzeichneten Ziele: Wirtschafts- und Währungsunion, Behauptung der Identität der Mitgliedstaaten auf internationaler Ebene durch eine gemeinsame Außen- und Sicherheitspolitik, Zusammenarbeit in den Bereichen Justiz und Inneres. Offenbar wollen die Autoren des EUREK eigene Akzente setzen und beabsichtigen trotz der Querschnitts- und Koordinationsfunktion, die sie sich zuschreiben, nicht, das gesamte Spektrum europäischer Politiken abzudecken.

„(4) *Im Interesse einer engeren europäischen Integration sehen die Ministerinnen und Minister die Zusammenarbeit bei der räumlichen Entwicklung zwischen den Mitgliedstaaten untereinander sowie zwischen ihren Regionen und lokalen Gebietskörperschaften als notwendig an. Regionale und lokale Gebietskörperschaften müssen künftig über nationale Grenzen hinweg zusammenarbeiten. Das EUREK ist das geeignete Referenzdokument für die Unterstützung dieser Zusammenarbeit unter Wahrung des Subsidiaritätsprinzips.*"

Mit diesem vierten Absatz wird die für die Anwendung des Konzepts zentrale Bedeutung der Kooperation angesprochen und gleichzeitig dem EUREK die Qualifikation als Referenzdokument für diese Kooperation im horizontal und vertikal verflochtenen Mehrebenensystem der europäischen Politik zugesprochen. Deutlich hervorgehoben wird die Verantwortung der Mitgliedstaaten, Regionen und Kommunen. Europäische Institutionen bleiben hier unerwähnt.

Die eigenständige Rolle, die den regionalen und lokalen Gebietskörperschaften zugesprochen wird, müsste für Zentralstaaten wie Griechenland eigentlich unakzeptabel sein. Berücksichtigt man jedoch die bereits mehrfach erwähnte Ausstiegsklausel, so relativiert sich auch bei diesem Absatz die Aussagekraft.

„(5) *Alle Beteiligten waren sich einig, daß das EUREK keine neuen Kompetenzen auf der Ebene der Gemeinschaft begründet. Es dient den Mitgliedstaaten, deren Regionen und lokalen Gebietskörperschaften und der Europäischen Kommission im jeweiligen eigenen Zuständigkeitsbereich als politischer Orientierungsrahmen.*"

Nach der Auflistung ambitionierter Anliegen in den vorherigen Absätzen wirkt der letzte Absatz wie eine Vollbremsung, denn er stellt mit wenigen Worten klar, was das EUREK trotz seiner ambitionierten Anliegen nicht soll: neue Strukturen und Zuständigkeiten schaffen. Der visionäre Charakter des EUREK ist deshalb dahingehend zu präzisieren, dass die Ziele bzw. Leitbilder umgesetzt werden können müssen, ohne dass dabei irgendwelche Kompetenzverschiebungen notwendig seien.[342]

Das EUREK kodifiziert nicht eine bisher informal entwickelte und praktizierte Politik, sondern formuliert informal, was sich als Europäische Raumentwicklungspolitik entwickeln soll. Es hat keine bindende Wirkung, dafür aber einen visionären und programmatischen Charakter. Im Dokument sind keine Festlegungen von konkreten Maßnahmen enthalten, stattdessen wird auf vorhandene Programme und deren mögliche Anwendung verwiesen. Neue Instrumente auf struktureller oder personaler Ebene werden nicht eingeführt. Entsprechend fehlen auch Festlegungen über finanzielle Ressourcen. Der Informelle Rat spricht mit dem Dokument vor allem Empfeh-

---

[342] In der Umgangssprache würde man für dieses Vorgehen die Redewendung „Wasch mich, aber mach mich nicht nass" verwenden.

lungen an die nationalen Regierungen und die Kommission aus, im Rahmen ihrer Kompetenzen das Konzept anzuwenden und es gemeinsam weiter zu entwickeln.

Mit dem Vorwort schwingt insgesamt betrachtet eine Grundaussage mit, die man so zusammenfassen könnte: Die räumliche Entwicklung in der Europäischen Gemeinschaft soll durch die Raumentwicklungspolitik wesentlich verbessert werden, aber dafür bedarf es keiner Reform des institutionellen Gefüges und der Kompetenzverteilung, sondern nur einer Eigenschaft: Kooperation. Dieser Eindruck wird im eigentlichen Text des EUREK immer wieder bestätigt. Im Kapitel zur Anwendung des EUREK wird Kooperation als der Schlüssel für eine integrierte Raumentwicklungspolitik bezeichnet.[343] Der im Dokument immer wieder in unterschiedlicher Form ausgedrückte Kooperationsbedarf wird im Kern auf die wachsende wirtschaftliche und soziale Integration und die sich intensivierenden Beziehungen und Verflechtungen in Europa zurückgeführt, auf welche die Raumordnung nicht mehr nur allein im nationalen Rahmen eingehen kann.[344] Alle Vorschläge zur Anwendung des EUREK stützen sich auf den vorhandenen institutionellen Kontext. Selbst das für notwendig erachtete Europäische Raumentwicklungsobservatorium wird nicht als neue europäische Organisation, sondern nur als Netzwerk bestehender raumwissenschaftlicher Forschungsinstitute vorgeschlagen[345] (vgl. Kap. 2.3.2.1). Der informale Charakter des EUREK, der Verzicht auf Institutionenbildung und Kompetenzverschiebungen führt zwangsläufig dazu, dass der Erfolg der Raumentwicklungspolitik von Leistungsanreizen und Überzeugungskraft im gegebenen Kontext abhängig wird und Kooperation allein schon deswegen zum Schlüssel für eine integrierte Raumentwicklungspolitik wird.

3.1.3.2 Zielhierarchie des EUREK

Um ein präziseres Bild von den im EUREK angesprochenen Zielen zu bekommen, sollen diese im Folgenden in einer Zielhierarchie zusammengefasst werden. Das EUREK „ist auf das Ziel der Union ausgerichtet, eine ausgewogene und nachhaltige Entwicklung, insbesondere auch durch die Stärkung des wirtschaftlichen und sozialen Zusammenhalts, herbeizuführen".[346] Zur Erläuterung der grundlegenden Ziele des EUREK wird ein „Zieldreieck ausgewogener und nachhaltiger Raumentwicklung"

---

[343] EUREK, 161, Seite 38.

[344] EUREK, Kap. 1.1, Seite 7-8, und Absatz 161, Seite 38.

[345] Zum Netzwerk Europäisches Raumentwicklungsobservatorium siehe EUREK, 173, Seite 41-42.

[346] EUREK, 17, Seite 10; zum Verhältnis zwischen Nachhaltigkeit und Raumentwicklung im EUREK vgl. *Ungar, Peter,* 1999: Perspektiven nachhaltiger Raumentwicklung in der Europäischen Union – ein Überblick, in: *Karl-Hermann Hübler* und *Johann Kaether (Hrsg.)*: Nachhaltige Raum- und Regionalentwicklung – wo bleibt sie? Befunde, Perspektiven und Vorschläge, Berlin: Verlag für Wissenschaft und Forschung, 5-17.

vorgestellt, welches aus der Nachhaltigkeitsdefinition des Brundtland-Berichts abgeleitet wurde (vgl. Abb. 3.1).

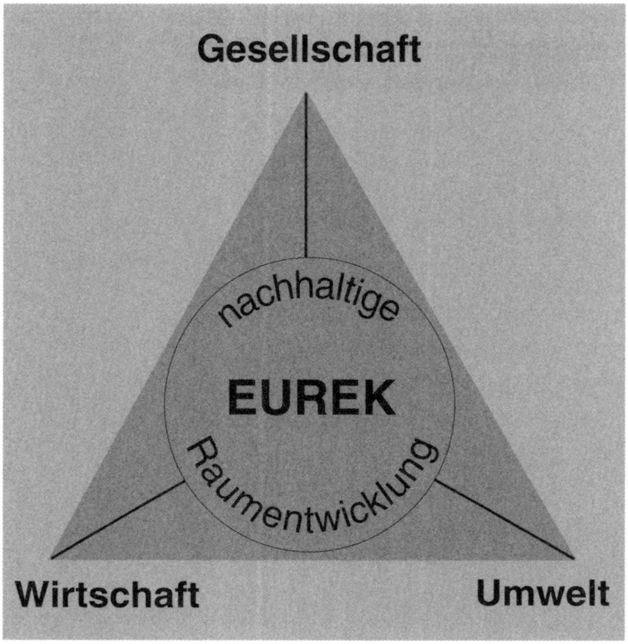

Abb. 3.1: Zieldreieck ausgewogener und nachhaltiger Raumentwicklung[347]

Beim Umgang mit dem Nachhaltigkeitsprinzip gehen die EUREK-Autoren jedoch in einer Weise vor, die an das Misstrauen gegenüber der Präzisierung des Nachhaltigkeitsbegriffs erinnert.[348] Im Absatz 17 wird zunächst festgestellt, dass unter nachhaltiger Entwicklung eine solche Entwicklung zu verstehen ist, die „nicht nur eine umweltschonende Wirtschaftsentwicklung, die die heutigen Ressourcen für kommende Generationen bewahrt, sondern gleichfalls eine ausgewogene Raumentwicklung" umfasst. Obwohl die Ausgewogenheit ein integrierter Bestandteil des Zieldreiecks nachhaltiger Raumentwicklung ist, was in der Abbildung in der Gleichschenk-

---

[347] EUREK, 17, Seite 11.

[348] In der Nachhaltigkeitsdiskussion ist die allgemeine Definition von Nachhaltigkeit, wie sie bereits im Brundtland-Bericht der Vereinten Nationen enthalten ist, nicht umstritten. Das Problem besteht jedoch nach wie vor in deren Präzisierung und Anwendung der Definition auf die vielgestaltige und häufig hoch komplexe Realität. So existiert kein objektiver Indikator dafür, wann ein Verhältnis zwischen ökologischen, ökonomischen und gesellschaftlichen Aspekten als „ausgewogen" zu bezeichnen ist. In Ermangelung dieses Indikators besteht die Gefahr, dass unter dem Etikett der Nachhaltigkeit eine in Wahrheit „unausgewogene" Entwicklung betrieben wird. Diese definitorische Unsicherheit führt in der Praxis häufig dazu, dass der Begriff der nachhaltigen Entwicklung entweder durch andere Begriffe wie z. B. „dauerhaft-umweltgerechte Entwicklung" (*Rat von Sachverständigen*: 1994) ersetzt wird oder eben dazu, dass der Begriff der Nachhaltigkeit um die Eigenschaft erweitert wird, an welche dem jeweiligen Akteur besonders gelegen ist, z. B. „räumlich ausgewogene und nachhaltige Entwicklung" (EUREK) oder „ausgewogene und nachhaltige Entwicklung des Wirtschaftslebens" (Art. 2, EUV und EGV).

ligkeit des Dreiecks symbolisiert ist, wird dem Begriff das Adjektiv „ausgewogen" noch einmal extra hinzugefügt. Das kann kein Versehen an einer einzelnen Textstelle sein, denn auch im Untertitel des EUREK wird die Formulierung „ausgewogen und nachhaltig" verwendet. Sie vermittelt den Eindruck, als wollten die Autoren noch einmal unterstreichen, dass man ganz sicher keine einseitige Entwicklung z. B. in ökologischer oder in ökonomischer Hinsicht wolle.

Der nächste Absatz[349] mit den bereits aus dem Vorwort bekannten drei grundlegenden Zielen europäischer Politik formuliert dann aber genau diese unausgewogene Ausrichtung, indem im ersten und dritten Ziel die wirtschaftliche Entwicklung fokussiert wird, wobei allein im ersten sowohl vom wirtschaftlichen als auch sozialen Zusammenhalt die Rede ist. Die Umwelt wird im zweiten Ziel als Erhaltung (nicht Entwicklung!) der natürlichen Lebensgrundlagen und gleichzeitig mit dem kulturellen Erbe angesprochen. Bemerkenswert ist zudem, dass sich die EUREK-Formulierung nicht mit dem Nachhaltigkeitsbegriff des EG-Vertrags („ausgewogene und nachhaltige Entwicklung des Wirtschaftslebens") deckt, der den ökonomischen Aspekt in den Vordergrund stellt. Auch wenn man die verschiedenen Formulierungen nicht überinterpretieren sollte, denn die Autoren haben mit dem Hinweis auf den informalen und Prozess-Charakter des EUREK und mit der erwähnten Ausstiegsklausel schon selbst einige Fragezeichen hinter die Verbindlichkeit der Aussagen gesetzt, so vermitteln die Formulierungen zum Hauptziel des EUREK doch den Eindruck einer gewissen Unsicherheit. Einerseits wird eine ausgewogene Entwicklung gefordert, aber andererseits wird die Ausgewogenheit sofort wieder durch die besondere Hervorhebung des wirtschaftlichen und sozialen Zusammenhalts infrage gestellt.

Nach den Unsicherheiten zum Begriff und Kooperationsbedarf der Europäischen Raumentwicklungspolitik (vgl. Kap. 3.1.1 und 3.1.2) dokumentiert das EUREK nun mit der Zieldefinition eine dritte Unklarheit bei den gemeinsamen Handlungsorientierungen der Raumentwicklungspolitik. Allerdings lässt sich diese Unklarheit nicht als pragmatische und notwendige Maßnahme zur Koordinationsminimierung erklären, denn sie nimmt dem Dokument seine Überzeugungskraft und da sie nicht mehr bietet als die bekannten Unsicherheiten beim Nachhaltigkeitsbegriff, liefert sie auch keinen Mehrwert, der die Attraktivität und Akzeptanz des Konzepts erhöhen könnte.

Trotz dieser für die weitere Entwicklung der Raumentwicklungspolitik problematischen Unklarheit ist dennoch auf den mit EUREK verbundenen potenziellen Mehrwert einer Europäischen Raumentwicklungspolitik zu verweisen, denn mit dem Bezug zur nachhaltigen Entwicklung schlagen die Akteure des neuen Politikfelds eine

---

[349] EUREK, 18, Seite 11: „In Anlehnung an das Zieldreieck beinhaltet dies die Verknüpfung der drei grundlegenden Ziele europäischer Politik: wirtschaftlicher Zusammenhalt, Erhaltung der natürlichen Lebensgrundlagen und des kulturellen Erbes sowie ausgeglichenere Wettbewerbsfähigkeit des europäischen Raumes."

Brücke zu einer der größten Zukunftsfragen: der Schwierigkeit und gleichzeitigen Notwendigkeit, die Lebensgrundlagen auf der Erde dauerhaft zu sichern. Der Raum bzw. das Territorium ist dabei der Ort, an dem eine ausgewogene ökonomische, ökologische und gesellschaftliche Entwicklung physisch Gestalt annimmt.[350] Gelänge es der Raumentwicklungspolitik tatsächlich, auf den verschiedenen politischen Ebenen die sektoralen Tendenzen und Fachpolitiken im Sinne einer nachhaltigen Entwicklung zu koordinieren, so würde die Raumentwicklungspolitik zu einem Schlüsselbereich bei der Beantwortung der Zukunftsfrage nach einer dauerhaften Sicherung unserer Lebensgrundlagen. Im Gegensatz zu anderen sektoralen Politiken würde die Raumentwicklungspolitik dies aus der Tradition und auf Grundlage der stets um Querschnittsorientierung bedachten Raumordnungspolitiken der Mitgliedstaaten tun können. Gelingt es der Raumentwicklungspolitik, sich diesbezüglich im öffentlichen Bewusstsein zu positionieren und dies zudem durch erste Erfolge zu untermauern, so hätte sie Chancen, die Nachteile ihres institutionellen Kontexts wie fehlende regulative Steuerungsinstrumente zumindest teilweise zu kompensieren und die eigene Autorität und Durchsetzungsfähigkeit zu erhöhen.

Neben dem Hauptziel einer „ausgewogenen und nachhaltigen Entwicklung" enthält das EUREK verteilt auf seinen ersten Teil eine Vielzahl von Aussagen zu Zielen der europäischen Raumentwicklungspolitik. Die wesentlichen Aussagen lassen sich in einer Zielhierarchie zusammenfassend darstellen (vgl. Abb. 3.2). Das Hauptziel und die grundlegenden Ziele wurden bereits oben diskutiert. Die weiteren politischen Ziele unterscheiden sich nach ihrer Ausrichtung auf die eigentliche Entwicklung des Territoriums der EU (Ziele der Raumentwicklung) bzw. auf die für diese Entwicklung notwendige Kooperation (Ziele der Zusammenarbeit). Während die oft als Leitbilder formulierten Ziele der Raumentwicklung bereits die Gliederung des dritten EUREK-Kapitels prägen, sind die Ziele der Zusammenarbeit im Dokument nicht eigens systematisch dargestellt worden. Im Wesentlichen lassen sie sich jedoch von den Vorschlägen zur Anwendung des EUREK im Kapitel 4 des Dokuments ableiten. Die Ziele der Zusammenarbeit sind dort als Vorschläge formuliert und an die Akteure auf den jeweiligen Ebenen adressiert. Aus der Kombination der Vorschläge ergibt sich schließlich das Kooperationsmodell für die Europäische Raumentwicklungszusammenarbeit (vgl. Kap. 3.2).

---

[350] Zu den Bezügen zwischen nachhaltiger und Raumentwicklung vgl. auch in *Graute, Ulrich,* 1998b: The European Debate on Sustainable Spatial Development, in: *derselbe (ed.)*: Sustainable Development for Central and Eastern Europe, Spatial Development in the European Context, Berlin Heidelberg New York: Springer-Verlag, 11-14; sowie vor allem der Abschnitt „Integrated Approach to the Planning and Management of Land Ressources" in *United Nations,* 1993: The Global Partnership for Environment and Development, a Guide to Agenda 21, post Rio edition, New York, 101-104.

Hauptziel	**Ausgewogene und Nachhaltige Entwicklung**	
Grundlegende Ziele	• wirtschaftlicher und sozialer Zusammenhalt • Erhaltung der natürlichen Lebensgrundlagen und des kulturellen Erbes • ausgeglichenere Wettbewerbsfähigkeit des europäischen Raumes	
Zielgliederung	Ziele der Raumentwicklung	Ziele der Zusammenarbeit
• Oberziele	**Räumliche Orientierung von Politiken**	**Raumentwicklung durch freiwillige Kooperation**
• Teilziele	1. **Polyzentrische Raumentwicklung und eine neue Beziehung zwischen Stadt und Land** • Polyzentrische und ausgewogene Raumentwicklung in der EU • Dynamische, attraktive und wettbewerbsfähige Städte und Verdichtungsregionen • Eigenständige, vielfältige und leistungsfähige ländliche Räume • Partnerschaft zwischen Stadt und Land 2. **Gleichwertiger Zugang zu Infrastruktur und Wissen** • Ein integrierter Ansatz zur verbesserten Verkehrsanbindung und des Zugangs zu Wissen • Die polyzentrische Entwicklung: ein Leitbild besserer Erreichbarkeit • Effiziente und nachhaltige Nutzung der Infrastruktur • Verbreitung von Innovation und Wissen 3. **Umsichtiger Umgang mit der Natur und dem Kulturerbe** • Natur und Kulturerbe als Entwicklungsgut • Erhalt und Entwicklung der Natur • Wasserressourcenmanagement: eine spezielle Herausforderung für die räumliche Entwicklung • Kreativer Umgang mit Kulturlandschaften • Kreativer Umgang mit dem Kulturerbe	1. **Gemeinschaftsziele** • Kommission prüft räumliche Wirkungen der EU-Politiken • Formalisierung des Rats der für Raumordnung zuständigen Ministerinnen und Minister • Zusammenarbeit der Gemeinschaftsorgane mit internationalen Organisationen • Netzwerk Europäisches Raumentwicklungsobservatorium 2. **Transnationale/nationale Ziele** • Gemeinsame Programme und Projekte • Einbeziehung der regionalen und lokalen Gebietskörperschaften (Mehrebenenkooperation) • Einbeziehung der Nicht-Mitgliedstaaten (gesamteuropäische Perspektive) • Einbeziehung fachpolitischer Problemstellungen (sektorübergreifend) • Anwendung der Ziele und Optionen des EUREK in der nationalen Raumplanung 3. **Regionale/lokale Ziele** • Gemeinsame Programme und Projekte • Einbeziehung der mitgliedstaatlichen Ebene (Mehrebenenkooper.) • Grenzübergreifende Grundlagen von raumbedeutsamen Planungen und Maßnahmen entwickeln • Maßnahmen zur Information und Kooperation auf regionaler Ebene • Maßnahmen zur Information und Kooperation auf lokaler Ebene

Abb. 3.2: Zielhierarchie der Europäischen Raumentwicklungspolitik[351]

[351] Eigene Zusammenstellung auf der Basis des EUREK.

Der Mehrwert der im EUREK formulierten Ziele besteht darin, dass die in der Nachhaltigkeitsdiskussion formulierten Ziele nun mit einer räumlichen Orientierung versehen und diese zudem für den Kontext der Europäischen Union spezifiziert wurden. Neben diesem allgemeinen Verdienst des EUREK sind die selbstgesetzten Ziele der beteiligten mitgliedstaatlichen und gemeinschaftlichen Organisationen für die Kooperation im Politikfeld und deren Analyse im Rahmen dieser Arbeit von höchster Bedeutung. Mit den Oberzielen der räumlichen Orientierung von Politiken und dem Kooperationsziel der Raumentwicklung durch freiwillige Kooperation wurden sehr hohe Maßstäbe formuliert. Die große Herausforderung einer nachhaltigen Entwicklung wird zum Hauptziel der Zusammenarbeit gemacht. Gleichzeitig wird die Verantwortung für die Anwendung bzw. Umsetzung des Ziels nicht von den EUREK-Autoren selbst übernommen, sondern einem weiten Akteurskreis zugesprochen, der teilweise erst noch in die Zusammenarbeit einzubeziehen ist. Dies ist einerseits ein realistisches Vorgehen, denn von der kleinen Zahl der Raumordnungsminister allein kann keinesfalls die Umsetzung einer nachhaltigen und querschnittsorientierten Politik erwartet werden. Andererseits müssen die EUREK-Autoren nun damit rechnen, dass es anmaßend wirkt, eine höchst ambitionierte Konzeption zu formulieren, anderen die Verantwortung für die Implementierung zu übertragen und sich selbst nur eine Koordinatorenfunktion zuzuweisen.

Im Kapitelabschnitt zum Bedarf (vgl. Kap. 3.1.2) waren die diesbezüglichen Aussagen mit dem Argument kritisiert worden, dass die Ausrichtung des Bedarfs im EUREK nicht klar genug angesprochen wird. Dies sieht auch nach der näheren Analyse der Ziele des EUREK nicht anders aus, denn die Haupt-, Ober- und selbst die Teilziele bewegen sich auf einem abstrakten Niveau, von dem konkrete Einzelmaßnahmen zur Raumentwicklung kaum direkt abgeleitet werden können. Ob nun die „polyzentrische Raumentwicklung" oder der „kreative Umgang mit dem Kulturerbe", um zwei Teilziele aus der Zielhierarchie herauszugreifen, die Begriffe und ihre textliche Beschreibung erklären nicht, was konkret zu tun ist.

Vergleicht man die Ziele der Europäischen Raumentwicklungspolitik mit den in ihren Hauptzielen ähnlich anspruchsvollen Zielen der Umweltpolitik, so fällt bei letzterer die präzisere Definition der Teilziele auf. So beschreibt etwa Luitwieler für den Fall der Niederlande, wie sich die Akteure zur Umsetzung des langfristig orientierten Nachhaltigkeitsziels konkrete, d. h. mit Terminvorgaben versehene und überprüfbare Teilziele setzen.[352] Erleichtert wird dies auch in anderen Ländern durch die internationale und nationale Definition messbarer Indikatoren wie beispielsweise der Reduk-

---

[352] *Luitwieler, Felix,* 2000: National Environmental Policy Plan 3: Dauerhafter Fortschritt durch Kontinuität und Modernisierung der Umweltpolitik, in: *Martin Jänicke und Helge Jörgens:* Umweltplanung im internationalen Vergleich, Strategien der Nachhaltigkeit, Berlin Heidelberg New York: Springer-Verlag, 15-26.

tion des SO_2- und CO_2-Ausstoßes.[353] Doch trotz der höheren Präzision fallen politikwissenschaftliche Analysen zur Umweltpolitik vorsichtig aus. Jänicke kommt bei seiner Arbeit zur international vergleichenden Umweltplanung zu dem Schluss, dass trotz des hohen institutionellen Verbindlichkeitsgrads in den Vorreiterländern die Thematik nach wie vor offen und mit Unzulänglichkeiten und einem hohen Informationsbedarf behaftet ist. Auch zu den Implementationserfolgen der vergleichsweise präzisen Ziele äußert er sich nur verhalten optimistisch.[354]

Kehrt man nun zur Analyse des EUREK zurück, so wird deutlich, dass dessen Zielformulierung weder für die praktische Anwendung und Umsetzung noch für deren wissenschaftliche Analyse vergleichbare Grundlagen bieten. Angesichts der zuvor bereits als offen und unpräzise beschriebenen Begriffs- und Bedarfsdiskussion sind die Unschärfen in der Formulierung politischer Ziele als konsequente Folge daraus zu bezeichnen. Insbesondere, wenn der Bedarf allgemein formuliert und die Ausrichtung des Bedarfs weitgehend unklar bleibt, können keine präzisen Ziele für die Kooperation erwartet werden. Das Bild vom politischen Diskurs im Politikfeld ist somit insgesamt von Unschärfen gekennzeichnet, welche den Koordinationsaufwand der Kooperation einerseits mindern, aber welche vor allem einem gemeinsamen Verständnis von Raumentwicklungspolitik im Wege stehen. Nur in einem Punkt beziehen die mitgliedstaatlichen Akteure unmissverständlich Position: sie lehnen Kompetenzveränderungen ab.

3.2 Kompetenzverteilung für die Europäische Raumentwicklungspolitik

3.2.1 Kooperation als Schlüssel einer integrierten Raumentwicklungspolitik

In den vorausgegangenen Kapiteln war bereits mehrfach auf den informalen Charakter der Interaktion zwischen den Akteuren im Politikfeld verwiesen worden. In diesem Kapitelabschnitt sollen die Regeln der Kooperation, d. h. die über die einfache Interaktion zwischen Individuen hinausgehenden Regeln für eine intensive Raumentwicklungszusammenarbeit systematischer analysiert werden. Den Ausgangspunkt bildet neben der Zielhierarchie, in der sowohl Ziele der Raumentwicklung als auch Ziele der Kooperation genannt werden (vgl. Kap. 3.1.3), die Aussage des EUREK: „Kooperation ist der Schlüssel für eine integrierte Raumentwicklungs-

---

[353] Vgl. u. a. die Beiträge von Luitwieler, Kahn und Abildgaard in *Martin Jänicke und Helge Jörgens*: 2000.

[354] *Jänicke, Martin,* 2000: Strategien der Nachhaltigkeit – Eine Einführung, in: *Martin Jänicke und Helge Jörgens*, 1-12.

politik und stellt deren Mehrwert gegenüber isoliert handelnden Sektorpolitiken dar"[355].

Die Vorstellung, wie sich die Kooperation gestalten soll, wurde im EUREK in einem Schema dargestellt, das trotz seines offiziellen Titels weniger die „Formen der Zusammenarbeit in der Raumentwicklung" als die Handlungsebenen und deren horizontalen und vertikalen Verflechtungen darstellt (vgl. Abb. 3.3).

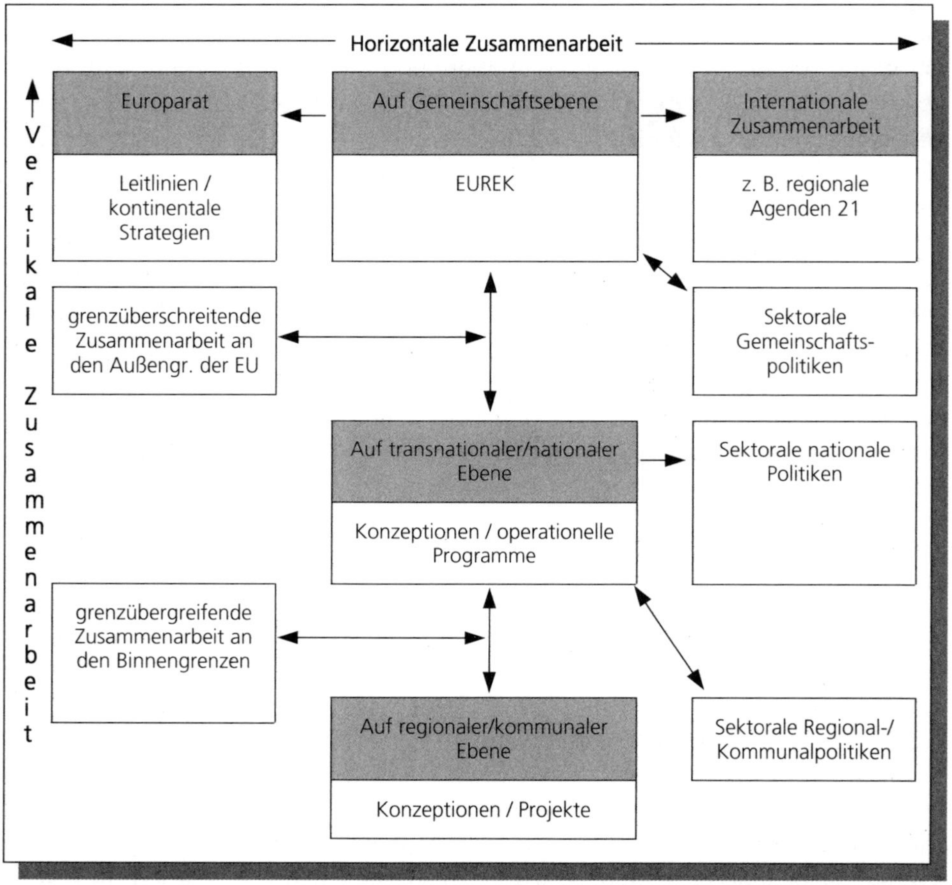

Abb. 3.3: Schema der Handlungsebenen und -bezüge für die Raumentwicklungszusammenarbeit[356]

Kooperation ist für die Europäische Raumentwicklungspolitik nicht eine Form des Verwaltungshandelns neben anderen wie der Steuerung durch Regulierung, sondern sie wird als die einzige Form angesehen. Diese Aussage bezieht sich zwar nur auf die transnationale bzw. gemeinschaftliche Ebene, während vorhandene regulative Steue-

[355] EUREK, 161, Seite 38.

[356] EUREK, Abb. 7, Seite 38.

rungsinstrumente im nationalen Bereich durch das EUREK nicht infrage gestellt werden, aber umso weniger überzeugend ist es schon in der Phase der Politikformulierung festzustellen, dass es oberhalb der nationalen Ebene nur der freiwilligen Kooperation bedürfe.

Das EUREK selbst liefert neben dem Schema und einer knappen textlichen Erläuterung keine näheren Erläuterungen, denn die inhaltliche Ausgestaltung wird nicht als Aufgabe einer einzelnen Organisation oder Arena (etwa des Informellen Ministerrats), sondern in der Verantwortung einer Vielzahl von Organisationen der EU bzw. der nationalen Raumordnung, Regionalplanung und Stadtplanung gesehen.[357] Entsprechend richten sich die Vorschläge zur Anwendung bzw. Umsetzung des EUREK an verschiedene komplexe Akteure auf der Gemeinschaftsebene, der transnationalen/nationalen[358] und der regionalen/lokalen Ebene[359].

Das Schema der Handlungsebenen und -bezüge (vgl. Abb. 3.3) stellt die Raumentwicklungszusammenarbeit grafisch als eine horizontale und vertikale Kooperation in einem Mehrebenensystem dar. Die Darstellung sowie ihre textliche Beschreibung verweisen jedoch keineswegs auf ein geschlossenes Mehrebenensystem, sondern auf ein in vielfacher Hinsicht nach außen offenes System (vgl. die Bezüge zu den sektoralen Politiken sowie zur grenzübergreifenden Zusammenarbeit). Welche Formen der Interaktion dabei zwischen welchen Akteuren und Arenen gewählt werden sollen, geht aus der Abbildung nicht hervor. Als an anderer Stelle (vgl. Kap. 2.3.4) die Möglichkeit einer Darstellung der zuvor analysierten Arenen und wichtigsten komplexen Akteure diskutiert und schließlich als zu sehr vereinfachend verworfen wurde, war immerhin klar, dass in einer solchen die Kommission und der Informelle Ministerrat grafisch eine hervorgehobene Rolle einnehmen würden, weil sie über die meisten Interaktionsbeziehungen zu anderen Akteuren und Arenen verfügen. Die EUREK-Grafik vermeidet dieses Problem, indem sie Ebenen verschmilzt und von den komplexen Akteuren nur den Europarat explizit benennt. Auf Strukturen und Regeln der Kooperation lässt sich von dieser Abbildung nicht folgern.

Das Kooperationsmodell wird im Text ergänzt durch Hinweise auf spezifische Kooperationen, die zu entwickeln sind bzw. die für die Raumentwicklungszusammenarbeit

---

[357] EUREK, 162, Seite 38.

[358] Im EUREK (z. B. Seite 38) wird tatsächlich von der transnationalen/nationalen Ebene gesprochen. Dies ist eine nicht nachvollziehbare Ebenenbezeichnung. Aus intergouvernementaler Sicht wäre es zwar in gewissem Sinne nachvollziehbar, wenn damit der Gegensatz der transnationalen Zusammenarbeit nationaler Akteure zu Handlungen gemeinschaftlicher Akteure unterstrichen werden soll. Dies beabsichtigen die EUREK-Autoren aber wohl nicht, denn sie verorten ausgerechnet ihr intergouvernemental entwickeltes EUREK der Gemeinschaftsebene.

[359] Bei der regionalen/lokalen Ebene ignorieren die Autoren des EUREK nicht, dass es sich dabei um Gebietskörperschaften auf unterschiedlichen Ebenen handelt. Im Kontext der grenzübergreifenden und interregionalen Zusammenarbeit werden diese Ebenen dennoch häufig gemeinsam angesprochen.

genutzt werden sollen. Neu institutionalisiert werden soll ein als Netzwerk nationaler Institutionen zu organisierendes Netzwerk Europäisches Raumentwicklungsobservatorium (ESPON, vgl. Kap. 2.3.2.1).[360] Typisch für das EUREK ist auch hier, dass unter Institutionalisierung nur die Vernetzung bestehender Einrichtungen und nicht etwa die Bildung einer eigenständigen europäischen Institution verstanden wird. Wie eng bzw. lose die Kopplung zwischen den nationalen Einrichtungen sein soll, ist dabei noch nicht klar. Eine Zusammenarbeit auf Projektebene wurde zwischen nationalen Einrichtungen zwar erprobt, aber nach wie vor ist nicht klar, wie ein Netzwerk neben zeitlich begrenzten Projektkooperationen auch kontinuierliche Aufgaben wie die langfristige Raumbeobachtung in Europa zu leisten vermag. Dass die Ziele der Zusammenarbeit von einer Vielzahl von Raumentwicklungsbehörden anzustreben und mit Leben zu füllen sind, war bereits als realistisch und richtig eingeschätzt worden. Dass das Kooperationsmodell des EUREK aber keine präziseren organisatorischen Konstellationen und verbindlichen Regeln der Kooperation aufstellt, verhindert letztlich eine enge Kopplung zwischen dem EUREK-Prozess und der Anwendung der EUREK-Ziele in den Prozessen der Raumentwicklung. Zwar sagt das EUREK aus, dass die Ziele vor allem im Rahmen von INTERREG angewendet werden sollen, aber es bleibt letztlich ungeklärt, wie die informale intergouvernementale Politik mit den formalen gemeinschaftlichen Förderinstrumenten verknüpft werden soll. Wieder einmal liefert das EUREK zu seinen durchaus visionären Vorstellungen eine nur unklare Beschreibung für die praktische Kooperation. Die Bezeichnung der Kooperation als Schlüssel einer integrierten Raumentwicklungspolitik wird somit nicht mit einem überzeugenden Modell für diese Kooperation unterlegt.

Neben der Ausstiegsklausel ist das unklare Kooperationsmodell der zweite Punkt, an dem die Anwendung und Umsetzung der EUREK-Ziele scheitern könnte, bevor sie richtig begonnen hat. Akteure, welche sich entschieden haben, die *exit option* nicht gleich für sich in Anspruch zu nehmen, dürften nach der Lektüre des EUREK ratlos sein, wer ihnen denn nun zu einem gegebenen transnationalen Raumentwicklungsproblem verbindlich Auskunft geben kann und mit wem sie unbedingt kooperieren müssen. Um die Ursachen für die ausbleibende Klarheit der EUREK-Autoren besser nachvollziehen zu können, ist es sinnvoll, den anfangs zitierten Schlüsselsatz frei zu deuten: Kooperation wäre dann deswegen als Schlüssel für eine integrierte Raumentwicklung zu verstehen, weil den Akteuren wegen fehlender formaler Kompetenzen gar nichts anderes übrig bleibt. Instrumente zur staatlich-hierarchischen Steuerung existieren nicht.

---

[360] EUREK, 173, Seite 41-42.

3.2.2 Verflechtungen der Akteure und Arenen und ihre Relevanz für die Regeln der Kooperation

Verflechtung mit der europäischen Politik im EU-Integrationsprozess

Europäische Politiken haben schon seit Jahrzehnten weitreichende Konsequenzen für die Entwicklung des Territoriums. Der EUREK-Prozess stieß eine europaweite Diskussion über die Ziele einer gemeinschaftlichen Raumentwicklungspolitik an. Nun wird die Europäische Raumentwicklungspolitik nicht zuletzt durch ihren potenziellen Einfluss auf die Allokation von Strukturfondsmitteln zu einem möglichen Einflussfaktor auf die Gestaltung gemeinschaftlicher sowie nationaler Fachpolitiken.[361] Die Frage des Einflusses auf die Raumentwicklungspolitik wird somit zu einem, wenn auch zunächst noch bescheidenen Faktor im europäischen Machtgefüge.[362] Dabei geht es zudem um die Kompetenzverteilung innerhalb der europäischen Mehrebenenverflechtung der Raumentwicklungszusammenarbeit. Die Verlagerung von Themen auf die transnationale bzw. gemeinschaftliche Ebene kann eine entsprechende Verlagerung von Kompetenzen nach sich ziehen.

Der Verzicht auf eigene Kompetenzen und der Hinweis auf die Anwendung im Rahmen der bestehenden nationalen Verantwortung bzw. im Rahmen bestehender Befugnisse der EU-Kommission[363] ist nicht aus sich selbst heraus verständlich und bedarf gerade in Hinblick auf die sich daraus ergebenden Konsequenzen für die Raumentwicklungszusammenarbeit der Erläuterung. Zu analysieren sind insbesondere die zwei Dilemmata der Europäischen Raumentwicklungspolitik: Abhängigkeit der Raumentwicklung von sektorübergreifender Kooperation sowie heterogene Interessen der Akteure bei der Entwicklung der Kooperation im Politikfeld.

Die Entwicklung der Europäischen Raumentwicklungspolitik fiel mit den 90er Jahren in eine Zeit, in der sich die Europäische Gemeinschaft mit großen Schritten zu einer Union weiter entwickelte und in mehreren Regierungskonferenzen sowohl eine räumliche Erweiterung der Union um drei neue Mitgliedstaaten als auch die inhaltliche Erweiterung der europäischen Politik festgelegt wurde (vgl. Abb. 3.4).

---

361 *Faludi, Andreas/Zonneveld, Wil,* 1997b: Shaping Europe: The European Spatial Development Perspective: Introduction, Built Environment, Volume 23, Number 4, 258.

362 Dass Raumentwicklungspolitik mit Macht zu tun hat, zeigt die detaillierte Analyse von Flyvbjerg zur Stadtentwicklung von Aalborg in Dänemark. Es darf daher nicht verwundern, wenn selbst eine in den Anfängen steckende europäische Politik zur Raumentwicklung von Akteuren außerhalb des Politikfeldes genau und argwöhnisch beobachtet wird; *Flyvbjerg, Bent,* 1998: Rationality and Power, Democracy in Practice, Chicago and London: The University of Chikago Press.

363 EUREK, 22, Seite 11 und 12.

1992	Unterzeichung des Vertrags über die Europäische Union (Maastricht-Vertrag)
1993	Europäischer Binnenmarkt tritt in Kraft
	Der Vertrag über die Europäische Union tritt in Kraft
1995	Finnland, Österreich und Schweden treten der Union bei
	Schengen-Raum tritt in Kraft
1997	Der Europäische Rat beschließt den Vertrag von Amsterdam
1999	Einführung des EURO
	Vertrag von Amsterdam tritt in Kraft
	Agenda 2000 zur Stärkung der Union und Vorbereitung der Erweiterung

Abb. 3.4: Entwicklungsschritte der Europäischen Union in den 90er Jahren

In Verbindung mit jedem dieser Ereignisse stehen Veränderungen der europäischen Politik, des Vertragswerks bzw. des institutionellen Gefüges. In keinem der vorausgehenden Jahrzehnte verlief der Integrationsprozess mit vergleichbarem Tempo.[364] Ein weiteres Kennzeichen dieses dynamischen Prozesses ist die Umverteilung von Macht, die mit den Tendenzen in der europäischen Politik und insbesondere mit den Veränderungen in den europäischen Verträgen einherging. Macht bedeutet nach der Definition von Max Weber „jede Chance innerhalb einer sozialen Beziehung, den eigentlichen Willen auch gegen Widerstreben durchzusetzen, gleichviel, worauf diese Chance beruht".[365] Diesbezüglich gewannen insbesondere die Institutionen der Union an formaler Macht. Neue europäische Institutionen wie die Europäische Zentralbank wurden geschaffen und bestehende wie die Europäische Kommission erhielten zusätzliche Kompetenzen. Im Gegenzug wurden dem Europäischen Parlament neue Kompetenzen eingeräumt und ein beratender Ausschuss der Regionen geschaffen. Doch auch durch diese letztgenannten Maßnahmen wurde die Politik auf der europäischen Ebene eher noch gestärkt als in ihrer Bedeutung eingeschränkt.[366]

Nimmt man die Definition Webers und verknüpft sie mit der Definition Europäischer Raumentwicklungspolitik, so wird Macht im Politikfeld in Form der Begünstigung gewünschter Entwicklung des Raums ausgeübt. In Anwendung des Verständnisses von Willke zeigt sich hier eine neue Bescheidenheit der Politik, „nach welcher einer-

---

[364] Siehe hierzu in *Middlemas, Keith,* 1995: Orchestrating Europe, The Informal Politics of the European Union 1973-1995, London: Fontana Press, 1-206.

[365] *Weber, Max,* 1958: Wirtschaft und Gesellschaft, Tübingen: Mohr, 28; vgl. auch *Beyme, Klaus von,* 1992: Die politischen Theorien der Gegenwart, eine Einführung, 7., neubearbeitete Auflage, Opladen: Westdeutscher Verlag, 136.

[366] Durch den Ausschuss der Regionen wird den Regionen nicht nur ein Forum zur Artikulation ihrer Interessen gegeben, sondern sie werden gleichzeitig durch dieses Forum in das politische System der Europäischen Union mit einbezogen und dieses System wird um ein politisches Organ erweitert.

seits zwar neue Staatsaufgaben hinzukommen, weil die Art der Gefährdungen der Bürger sich ändert und neue Risiken entstehen; nach welcher andererseits aber die Art der Aufgabenbewältigung nicht direkt, zentralisiert, hierarchisch und autoritativ, sondern kontextuell, heterarchisch und diskursiv"[367] verläuft. Macht ist in dieser Situation relativ und regulative Steuerungsinstrumente reichen nicht aus. Dennoch wäre es verfehlt, den beteiligten Organisationen und ihren Repräsentanten im Bereich der Raumentwicklungspolitik ein Interesse an Macht abzusprechen. Vielmehr ist auch in diesem Politikfeld von der üblichen Annahme egoistischer Nutzenmaximierung des Individualismus auszugehen.[368]

Für die Akteure im Bereich der mehr im Hintergrund des europäischen Integrationsprozesses stehende und sich selbst erst entwickelnde Europäische Raumentwicklungspolitik bestanden in den letzten Jahren prinzipiell zwei Optionen:

1. Öffnung der politikfeldinternen Kooperation und Anbindung an den Integrationsprozess in der Hoffnung, dass das Politikfeld durch die Dynamik des europäischen Integrationsprozesses selbst einen Entwicklungsschub bekommt und gestärkt wird;
2. Konzentration auf die eigenen Entwicklungspotenziale und sukzessive Entwicklung der Europäischen Raumentwicklungspolitik.

Die erste Variante würde bedeuten, dass die Vertreter der nationalen Raumordnungspolitiken sich bei der Formulierung und Implementierung der Europäischen Raumentwicklungspolitik den Repräsentanten anderer Politiken öffnen und dabei ihre eigenen Anliegen in die übergreifende Europäische Politik zu verankern suchen. Gelänge es dabei, die eigenen Interessen entsprechend zu artikulieren, die Öffentlichkeit in Europa und insbesondere auch die an politischen Entscheidungen beteiligten Akteure in anderen Politikfeldern von der Bedeutung des eigenen Anliegens zu überzeugen, so könnte eine Aggregation von Interessen stattfinden, die im Ergebnis sehr wahrscheinlich zu einer verstärkten Berücksichtigung des raumordnerischen Anliegens bei politischen Entscheidungen nicht nur innerhalb des eigenen Politikfelds, sondern im gesamten Rahmen der europäischen Politik führen würde. Für die Raumordnung mit ihrer Querschnittsorientierung ist dies der naheliegendste Weg. Umgekehrt bedeutet dieser Ansatz allerdings, dass jede Öffnung auch Veränderungen erwarten lässt. So gewinnen auch komplexe Akteure und Repräsentanten mit anderen als raumordnerisch geprägten Handlungsorientierungen Einfluss auf die Politikformulierung. Egal, ob die Raumentwicklungspolitik dabei nur im Windschatten der

[367] *Willke, Helmut,* 1992: Prinzipien politischer Supervision, in *Heinrich Bußhoff (Hrsg.)*: Politische Steuerung, Steuerbarkeit und Steuerungsfähigkeit, Beiträge zur Grundlagendiskussion, Baden-Baden: Nomos, 77.

[368] Sie entspricht der ersten von fünf möglichen Interaktionsorientierungen im Ansatz des Akteurszentrierten Institutionalismus; vgl. Scharpf: 2000, 152.

allgemeinen europapolitischen Diskussion oder als eigenständiger Gegenstand der Diskussion in Politik und Öffentlichkeit einen Bedeutungszuwachs erleben würde, in beiden Fällen würde sie mit den Interessen der unterschiedlichsten Akteure konfrontiert. Ob sich dann noch eine eigenständige Raumentwicklungspolitik erkennen ließe, ob sie nur in stark modifizierter Form oder gar nicht die europäische Politik mitgestalten würde, dies sind schwer zu prognostizierende Szenarien. Die Unsicherheit, dass die zweite oder dritte Variante eintritt, ist zumindest groß. Die in den vorangegangenen Abschnitten analysierten Unklarheiten in der Begriffs- und Bedarfsentwicklung des Politikfelds sowie die unpräzisen Ziele verstärken die Unsicherheit zusätzlich. Bei der zuerst genannten Option besteht die Möglichkeit, dass bei ihrem Eintreten auf nationaler Ebene vorhandene Kompetenzen der Raumordnung durch eine „falsche" Entwicklung auf europäischer Ebene verloren gehen. Insofern birgt die Europäische Raumentwicklungspolitik bei allen genannten Szenarien Risiken für die nationale bzw. regionale Raumordnung und ihre Repräsentanten.

Der Öffnungsoption gegenüber steht die zweite Variante: die separate auf endogene Potenziale aufbauende Entwicklung des Politikfelds. Der Vorteil hierbei wäre die damit wohl gesicherte Dominanz der Handlungsorientierungen von Akteuren der Raumordnung bei der Politikformulierung. Was diese Option zu einer rein theoretischen macht, ist die fehlende Kompetenz der nationalen Raumordner und erst recht der Akteure der Europäischen Raumentwicklungspolitik, die Raumentwicklungspolitik selbst zu implementieren. Dafür bedarf sie der Beschlussfassung durch die für die Politik verantwortlichen Regierungen und Parlamente sowie der sektorübergreifenden Zusammenarbeit mit den für die Fachpolitiken zuständigen Organisationen. Kann sie deren Unterstützung nicht gewinnen, wird die Raumentwicklungspolitik ihre Zielsetzungen nicht anwenden und letztlich nicht umsetzen können und würde somit scheitern.

Verflechtungen mit sektoralen Politiken verschiedener Handlungsebenen

Egal ob sich die Akteure der Raumentwicklungspolitik gegenüber Vertretern sektoraler Politiken auf der gemeinschaftlichen, nationalen, regionalen oder lokalen Ebene kooperativ oder nicht kooperativ verhalten, sie können durch einseitiges Handeln keinen Erfolg erzwingen. Schon der engere Kern, der an politischen Entscheidungen beteiligten Akteure, kann jederzeit die Ausstiegsklausel des EUREK für sich in Anspruch nehmen. Der weitere Akteurskreis der Raumentwicklung umfasst die Adressaten des EUREK und diese sind erst recht nicht an die Vereinbarungen im Politikfeld gebunden. Die Ziele der Zusammenarbeit im EUREK verlangen von den Akteuren eine Kooperationsbereitschaft. Dies bedeutet, das Akteure mit eigenen formalen Kompetenzen und ggf. mit regulativen Steuerungsinstrumenten ihre egoistisch rationalen Interessen für ein langfristiges und unsicheres Entwicklungsziel zurückstellen sollen. Selbst wenn beispielsweise ein Repräsentant eines Wirtschafts- oder Umweltministeriums mit den Zielen des EUREK persönlich sympathisieren oder sie aus fachpolitischer Sicht für langfristig richtungsweisend halten sollte, geht er ein großes Risiko ein, wenn er Interessen seiner Organisation bei seinem eigenen Handeln zurückstellt oder seiner Organisation eine entsprechende Grundorientierung empfiehlt. Das Risiko des Akteurs ergibt sich nur zum Teil aus der unpräzisen Begriffs-, Bedarfs- und Zielformulierung. Die lose Kopplung der meisten Arenen und Akteure und die informalen Regeln der Kooperation machen es äußerst schwierig, die Transaktionskosten einer Kooperation einzuschätzen. Insgesamt muss ein Akteur mit erheblichen Problemen im Kooperationsprozess rechnen.

Die Wirkung der antizipierten Probleme auf das Handeln der Akteure lassen sich an dem Implementationsspiel von Scharpf demonstrieren, bei dem gefragt wird, ob ein Akteur zur gemeinschaftlichen Produktion eines Gutes (hier: nachhaltige Raumentwicklung) einen Beitrag leisten soll oder nicht.

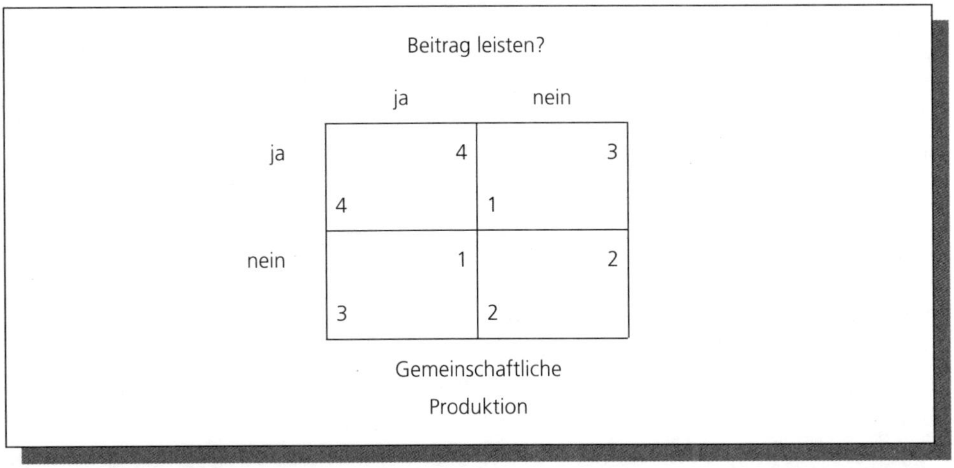

Abb. 3.5: Implementationsspiel zur Gemeinschaftlichen Produktion (Scharpf: 2000, 200)

Leistet ein Akteur seinen Beitrag zur kooperativen Raumentwicklungszusammenarbeit und wird dies von den anderen Akteuren durch deren Beitrag honoriert, so ist die für alle Akteure als optimal zu bezeichnende Variante eingetreten (Kästchen oben links). Bleibt er mit seinem Beitrag jedoch allein, so ist dies für ihn der schlechteste Fall (Kästchen unten links). Ebenfalls nicht zu kooperieren oder unter Ausnutzung der Kooperationsbereitschaft anderer selbst nicht zu kooperieren, sind demgegenüber wesentlich attraktivere Varianten. Je unsicherer die Kooperationsbereitschaft der anderen ist, desto wahrscheinlicher ist es, dass sich rational handelnde Akteure dafür entscheiden, keinen eigenen Beitrag zu leisten.

An dieser Stelle wird die ansonsten vorteilhafte lose Kopplung der Akteure und Arenen im Rahmen der freiwilligen und informalen Kooperation zu einer Entflechtungsfalle. Im Gegensatz zur Politik-Verflechtungsfalle von Scharpf[369] sind hier nicht die vielfältigen Verflechtungen und Durchsetzungsmandate von Repräsentanten in Verhandlungsprozessen das Problem, sondern das genaue Gegenteil. Gerade weil eine engere Verflechtung vermieden wird und der Erfolg der Zusammenarbeit stets von der Kooperationsbereitschaft der Akteure abhängt, deren Zahl und Handlungsorientierungen zudem Schwankungen unterworfen sind, ist es sehr unsicher, ob ein Akteur durch kooperatives Verhalten ein Ergebnis erzielen kann, welches dem Coase-Theorem entspricht, d. h., dass die Verhandlungen zwischen rationalen (und vollständig informierten) Akteuren zu freiwilligen Vereinbarungen führen, die alle potenziellen Wohlfahrtsgewinne zwischen den Parteien verwirklichen.[370] Das Coase-Theorem besagt zudem, dass es bei der Suche nach dem Wohlfahrtsoptimum nicht nur um die für alle Seiten gemeinsam attraktiven Lösungen geht, denn das Wohlfahrtsoptimum kann auch bei einer Lösung liegen, bei der ein Akteur auf Kosten der anderen Akteure profitieren kann. „Für egoistische Akteure sind dies keine besonders günstigen Lernbedingungen, und wir haben allen Grund zu der Annahme, dass die potenziell benachteiligte Partei (...) sich nicht mit gutem Willen an der Suche beteiligen wird, solange sie nicht völlig sicher ist, dass ihr durch das Ergebnis keine Nachteile entstehen"[371]. Diese Sicherheit fehlt jedoch in der Europäischen Raumentwicklungszusammenarbeit vollständig. Insbesondere fehlt die Verbindlichkeit für auszuhandelnde Vereinbarungen, solange aus der freiwilligen und informalen Kooperation kein institutioneller Kontext hervorgeht, der auch sanktionierbare Vereinbarungen ermöglicht.

Ein Hineingeraten oder Verbleiben in der Entflechtungsfalle ist jedoch genauso wenig zwingend, wie bei der Politikverflechtungsfalle.[372] Dies gilt etwa für Situationen, in denen solidarische und die altruistische Interaktionsorientierung vorherrschen. In diesen besteht durchaus die Möglichkeit, im Laufe des Kooperationsprozesses zu Ergebnissen zu kommen, bei denen entweder keiner mehr verlieren als gewinnen würde (Pareto-Kriterium) oder bei denen die Vorteile der Gewinner so groß wären, um die Nachteile des Verlierers auszugleichen (Kaldor-Kriterium).[373]

Trotz der zuletzt genannten Möglichkeit ist festzustellen, dass eine Verflechtung mit sektoralen Politiken kaum existiert, denn die Analyse der Akteure und Arenenbildung in Kapitel 2 hat keine über einzelne Interaktionen hinausgehende Hinweise auf eine

369 *Scharpf, Fritz W.,* 1985: Die Politikverflechtungs-Falle: Europäische Integration und deutscher Föderalismus im Vergleich, Politische Vierteljahresschrift 26, 323-356.

370 *Scharpf, Fritz W.:* 2000, 197.

371 Zitiert nach *Scharpf:* 2000, 204.

372 *Benz, Arthur,* 1998: Politikverflechtung ohne Politikverflechtungsfalle – Koordination und Strukturdynamik im europäischen Mehrebenensystem, Politische Vierteljahresschrift, Heft 3, 39. Jg., Opladen: Westdeutscher Verlag, 558-589.

373 *Scharpf:* 2000, 160-165.

solche Verflechtung ergeben. Zudem schränkt die Ablehnung formaler Kooperationsformen für die transnationale und gemeinschaftliche Ebene und die damit verbundene *exit option* das Instrumentarium zur Gestaltung der politischen Kooperation entscheidend ein. Weil kein Akteur das EUREK in größerem Umfang anzuwenden braucht als er dies selbst möchte, besteht nicht einmal eine moralische Verpflichtung, es überhaupt in irgendeiner Weise anzuwenden. Es drohen in diesem Fall also auch keine moralischen oder rechtlichen Sanktionen seitens der anderen Akteure. Bedarf und Ziele der Raumentwicklungspolitik sind noch so offen und unpräzise, dass von einer einzelnen Nicht-Kooperation kein messbarer Nachteil für die eigenen Interessen abgeleitet werden kann. Die Grundsituation ist somit die, dass ein Akteur zunächst nichts verlieren kann, wenn er keinen eigenen Beitrag leistet und auf freiwillige Beiträge der anderen Akteure hofft. Wenn er in Hinblick auf langfristig erwartete Vorteile der Kooperation dennoch eigene Beiträge leistet, riskiert er, dass von den anderen Akteuren kein Beitrag geleistet wird und diese stattdessen von seinem Beitrag einseitig profitieren. Unverbindliche Zielvorstellungen und informale Kooperationsvereinbarungen machen ein Trittbrettfahrerverhalten anderer Akteure risikofrei. Um das eigene Risiko ebenfalls zu senken, bietet sich stets die *exit option* an. Der Kooperationsprozess wäre damit beendet und müsste ggf. neu begonnen werden. Das Risiko, dass ein Kooperationspartner die Ausstiegsoption wählt, besteht auch noch nach längerer Kooperation, wenn diese Kooperation zwischen den Mitgliedstaaten wie angestrebt informal bleibt. Angesichts der Tatsache, dass die Kooperation auf der europäischen Ebene stets eine Multi-Akteurskooperation ist, besteht stets eine relativ hohe Wahrscheinlichkeit der Defektion eines oder mehrerer Akteure, sodass jeder Akteur prinzipiell gut beraten ist, seinen eigenen Beitrag so gering wie möglich zu halten. Und so verlagert sich das Interesse der meisten Akteure darauf, sich im neuen Politikfeld prinzipiell alle Optionen offen zu halten und gleichzeitig das Kooperationsrisiko so gering wie möglich zu halten, indem man den eigenen Beitrag minimiert und den Verlust bestehender formaler Kompetenzen zu verhindern sucht. Der rein informale Kooperationsansatz belohnt im gegenwärtigen Kontext des Politikfelds die individuellen anstatt die solidarischen Interaktionsorientierungen und wirkt als exklusive Kooperationsform kontraproduktiv.

3.2.3 Heterogene Interessen von Repräsentanten der Raumordnung als Hindernis einer zielorientierten Kooperation

Im Idealfall müssten sich die Akteure so verhalten, dass die Ziele der Raumentwicklungspolitik im Rahmen der europäischen Politik sowie der sektoralen Politiken auf den verschiedenen Handlungsebenen einen möglichst hohen Stellenwert einnehmen, da erst dadurch eine Umsetzung der Ziele in eine nachhaltige Raumentwicklung möglich ist. Dazu müssten sie der Einbeziehung der betreffenden Organisationen und ihrer Repräsentanten in die Zusammenarbeit Priorität einräumen. Da dies aber kaum geschieht und auch sonst eine enge Verflechtung mit dem europäischen

Mehrebenensystem abgelehnt wird, verfestigte sich im Laufe der Analyse zunehmend der Eindruck, dass die mitgliedstaatlichen Akteure dabei gegen ihr erklärtes Ziel an einer integrierten Entwicklung der Europäischen Union handeln. Die Erklärung für dieses Verhalten besteht in der heterogenen Interessenlage dieser Akteure, die eben nicht nur Ziele der Europäischen Raumentwicklung vertreten.

3.2.3.1 Ja zur gemeinsamen Politik – Nein zu gemeinschaftlichen Kompetenzen

Die Bereitstellung möglichst umfangreicher finanzieller Ressourcen durch die Europäische Union für die Raumentwicklungszusammenarbeit im Sinne des EUREK wäre ein Anreizinstrument, welches eine nachhaltige Raumentwicklung begünstigen könnte. Bewerber um Mittel aus dem Strukturfonds würden so zur Berücksichtigung des EUREK angehalten. Dabei würde die Raumentwicklungspolitik enger an die Strukturfondspolitik und das institutionelle Gefüge der Gemeinschaft gekoppelt. Dies bedarf dann allerdings entsprechender politischer Vereinbarungen. Die von der Kommission selbst in Auftrag gegebenen Pilotaktionen nach Artikel 10 des EFRE umfassen maximal 1 % dieses Fonds, aber selbst dieser Artikel geht auf einen Beschluss des Ministerrats zurück. Folglich müsste die Verwendung eines Europäischen Raumentwicklungskonzepts als Referenzdokument für eine vergleichbare oder noch größere Summe des EFRE und anderer Strukturfondsmittel über kurz oder lang auch in die Verordnungen aufgenommen werden.[374]

Dieses sowie andere denkbare Szenarien[375] hängen von entsprechenden Ratsentscheidungen oder sogar von Entscheidungen des Europäischen Rats sowie notwendigen Anhörungen und Abstimmungen mit weiteren Gemeinschaftsorganen ab. Sie würden ggf. in der Verankerung der Europäischen Raumentwicklungspolitik im Vertragswerk der Europäischen Union münden, aber der Preis hierfür könnte sehr hoch sein. Da der Informelle Rat der Raumordnungsminister eben nur ein informaler Rat und kein Gemeinschaftsorgan ist, hätte er auf die entsprechenden Entscheidungsprozesse zur Verankerung nur einen begrenzten Einfluss. Der an den Entscheidungen beteiligte Akteurskreis würde über den der jetzt im Politikfeld aktiven Organisationen und Repräsentanten weit hinausgehen. Forderten nationale und regionale Raumordnungsminister die Verankerung ihrer gemeinsamen europäischen Politik im Vertragswerk der Union, so würden sie sich damit gleichzeitig für Entscheidungen in von ihnen nicht kontrollierte Handlungsarenen wie dem Europäischen Rat einsetzen, in denen die Ziele der Raumentwicklungspolitik auf die anderer Politiken

[374] Für den Förderzeitraum 2000-2006 wird das EUREK nur in der von der Kommission beschlossenen INTERREG III-Leitlinie als Referenzdokument genannt; vgl. Amtsblatt der Europäischen Gemeinschaften: C 143/9, Rand-Nr. 14 vom 23. Mai 2000.

[375] Auch die Entwicklung regulativer Steuerungsinstrumente ist prinzipiell denkbar.

treffen und die Handlungsorientierungen und Interessenkonstellationen der verschiedensten Akteure zu einer nicht gewünschten Veränderung der Ziele und Kooperationsregeln führen könnten. Je nach Verlauf des Entscheidungsprozesses kann es dabei zu einer Verteilung oder Umverteilung von Macht kommen.

Der Fall einer Verteilung von Macht läge vor, wenn eine völlig neue, bisher auf keiner politischen Ebene angelagerte Kompetenz formuliert und der Raumentwicklungspolitik zugewiesen werden würde. Der Fall einer Umverteilung von Macht läge dagegen vor, wenn vorhandene Kompetenzen der nationalen bzw. regionalen Raumordnung anderen nationalen oder gemeinschaftlichen Organisationen zugewiesen werden würden. Der erste Fall wäre in seinen Konsequenzen weniger problematisch, denn dabei gäbe es keinen Verlierer, von dem schon vorab Widerstand zu erwarten wäre (*win win*-Situation).

Die konkrete Situation entspricht jedoch mehr dem zweiten Fall, und es ist mit dem Widerstand derjenigen zu rechnen, die bei der Umverteilung an Einfluss verlieren würden oder dies zumindest befürchten. Zu den potenziellen Verlierern einer Umverteilung gehören die Repräsentanten der nationalen bzw. regionalen Raumordnung. Sie und die von ihnen repräsentierten Organisationen könnten an Einfluss verlieren. Dies wiederum kann nicht einmal im Interesse solidarisch oder altruistisch orientierter Akteure sein, da die Konsequenzen aus diesem Verzicht für keinen Akteur antizipierbar sind. Die Akteure der nationalen und regionalen Raumordnung stecken in einem ähnlichen Dilemma wie die Akteure sektoraler Politiken der verschiedenen Ebenen (vgl. hierzu die Ausführungen zum Implementationsspiel zur Gemeinschaftlichen Produktion in Kap. 3.2.2). In diesem Fall bestünde der zu leistende Beitrag in der prinzipiellen Bereitschaft, eigene Kompetenzen abzugeben. Das Risiko besteht nicht nur im möglichen Verlust von Kompetenzen, sondern auch in einer möglichen Veränderung der Ziele und Rahmenbedingungen der Raumentwicklungspolitik im Entscheidungsprozess. Es wäre also nicht einmal das Kaldor-Wohlfahrtskriterium gesichert, demzufolge eine Entscheidung zugunsten eines Kompetenzverlustes akzeptiert werden könnte, weil die Verbesserung des institutionellen Kontextes für die Europäische Raumentwicklungspolitik den Verlust vollständig kompensieren würde. Je unsicherer der Ausgang des dem eigenen Einfluss weitgehend entzogenen Entscheidungsprozesses ist, desto wahrscheinlicher ist es, dass sich rational handelnde Akteure dafür entscheiden, keinen eigenen Beitrag zu leisten, d. h. eine Kompetenzneudefinition bzw. -verlagerung ablehnen.

Einander entgegengesetzte Interessen offenbaren sich am Beispiel der Frage der rechtlichen Verankerung der Europäischen Raumentwicklungspolitik im Vertrag über die Europäische Gemeinschaft (EGV) bzw. im Vertrag über die Europäische Union (EUV) besonders deutlich. Die Problematik der rechtlichen Verankerung beginnt mit den nach wie vor bestehenden begrifflichen Unsicherheiten. Sie besteht aber vor allem in der Notwendigkeit, bei einer rechtlichen Verankerung damit das Raumordnungsrecht sämtlicher Mitgliedstaaten zu berücksichtigen und ggf. anzupassen. Im Kontext dieser Arbeit, bei der die Kooperation im Vordergrund steht, ist die vollständige juristische Aufarbeitung der Frage nicht notwendig. Wichtig ist es dagegen, die europäische und (exemplarisch) die nationale Diskussion zu analysieren, weil diese Diskussion einen wichtigen Teil der Rahmenhandlung im Politikfeld darstellt und dabei unterschiedliche Interessen mitunter ein und desselben Akteurs im Mehrebenensystem erkennbar werden.

Die knappste Zusammenfassung des Diskussionsstandes am Ende der 90er Jahre enthält das EUREK. Darin wird festgestellt, dass das EUREK ein rechtlich nicht bindendes Dokument ist und die bestehenden Befugnisse der für die Gemeinschaftspolitiken zuständigen Institutionen unverändert bleiben.[376]

Während das EUREK die gemeinsame Position der Raumordnungsminister darstellt, hat das Europäische Parlament mehrfach seine eigene Position formuliert. Bedeutende Aktivitäten des Parlaments bezüglich einer Raumentwicklungspolitik sind vor allem die grundsätzlichen Entschließungen zur „konzertierten Raumordnungspolitik" vom 26. Oktober 1990[377] und zum Entwurf des EUREK vom 2. Juli 1998[378]. Dabei wird deutlich, dass das Parlament eine Europäische Raumentwicklungspolitik befürwortet, diese Zustimmung aber gleichzeitig einschränkt. Erhellend ist diesbezüglich vor allem die Entschließung aus dem Jahr 1990. Damals heißt es unter der Überschrift „Für eine europäische Raumordnungspolitik", dass es sich hierbei um eine freiwillige Politik handeln müsse und dass diese in enger Zusammenarbeit mit dem Europarat für das größere Europa zu betreiben sei (Abs. 1-2). Der enge Bezug zum Europarat wird noch dadurch unterstrichen, dass das Parlament sein Bedauern darüber äußert, dass „die Kommission bisher keine Struktur oder Arbeitsmethode gefunden hat, um mit der Europäischen Konferenz der Minister für Raumordnung operationell zusammenzuarbeiten" (Abs. 6). Das Parlament fordert die Kommission auf, auf der Grundlage der Raumordnungscharta des Europarats die Möglichkeit einer überarbeiteten Version zu prüfen und diese ggf. dem Parlament vorzulegen (Abs. 8). Als Aufforderung zur Formulierung einer eigenen Raumentwicklungspolitik durch die Kommission kann dies nicht gedeutet werden, denn im Absatz zuvor wird die Kommission aufgefordert, „die Mitgliedstaaten und Regionen zu veranlassen, eine Politik und nationale und regionale Richtlinien zu Raumordnung auszuarbeiten" (Abs. 7), denn die Kompetenz für die Durchführung der Raumordnung sieht das Parlament eindeutig bei den regionalen und lokalen Gebietskörperschaften (Abs. 29). Es mahnt die Wahrung des Subsidiaritätsprinzips und die Beteiligung regionaler Gesprächspartner bei der Entwicklung von Strategien an (Abs. 12). Leitlinien und Stra-

---

376 EUREK, Seite 11 und 12.

377 Amtsblatt der Europäischen Gemeinschaften: Nr. C 295/652 vom 26.11.1990.

378 Amtsblatt der Europäischen Gemeinschaften: Nr. C 226/42 vom 20.07.1998; Bundesministerium für Verkehr, Bau- und Wohnungswesen: 1998.

tegien soll die Kommission nämlich sehr wohl ausarbeiten. Diese sollen aber nur dazu dienen, den „Mitgliedstaaten und Regionen gemeinschaftliche Anhaltspunkte für ihre eigene Planung" zu geben (Abs. 9b). Auf der EU-Ebene sollen sie der Ausrichtung der sektoralen Politiken der Gemeinschaft sowie der Erarbeitung gemeinschaftlicher Förderkonzepte dienen (Abs. 9b-c). Diese Einschränkungen sind zu beachten, wenn das Parlament abschließend eine „operationelle Raumplanungseinheit" unter Verantwortung der Kommission fordert und vorschlägt, dass die Kommission einen „Verhaltenskodex" für lokale Raumplanungsbehörden in Gebieten mit empfindlicher Umwelt entwickeln solle. Das sich das Europäische Parlament ausgerechnet im Oktober 1990 so ausführlich mit der Raumentwicklungspolitik beschäftigte, dies kommt nicht von ungefähr, denn zu dieser Zeit schloss die Kommission die Arbeiten zu dem dann 1991 publizierten Bericht „Europa 2000: Perspektiven für die künftige Raumordnung der Gemeinschaft" ab und für den November planten die für Raumordnung verantwortlichen Minister ihre informelle Tagung in Den Haag, auf der u. a. der Ausschuss für Raumentwicklung (CSD) eingerichtet wurde (Abs. 40).

Die zweite wesentliche Entschließung des Europäischen Parlaments wurde acht Jahre später nach Vorlage des ersten offiziellen EUREK-Entwurfs gefasst.[379] Im Vergleich zur Entschließung von 1990 zeigt sich 1998 insbesondere die Kontinuität in den grundlegenden Positionen. Einerseits wird der EUREK-Entwurf „mit Genugtuung" (Abs. 1) begrüßt und bedauert, dass der EG-Vertrag keine spezifischen Gemeinschaftskompetenzen im Bereich der Raumordnung vorsieht (Abs. 3). Das Parlament spricht sich also abweichend vom Informellen Rat durchaus für eigene Kompetenzen aus. Andererseits vertritt das Parlament die Ansicht, dass „das Konzept einen Rahmen mit indikativen und unverbindlichem Charakter haben" und dass sich seine „Umsetzung auf die Wahrung des Subsidiaritätsprinzips stützen" müsse (Abs. 4). Das Sowohl-als-auch von Raumentwicklungspolitik einerseits und Subsidiaritätsprinzip andererseits ist auffallend nicht nur in den Stellungnahmen des Parlaments, sondern kennzeichnet auch das EUREK, die Diskussionen im Rahmen des Europarats und in einzelnen europäischen Ländern.[380]

Dem Subsidiaritätsprinzip wird in der Europäischen Union insgesamt ein so hoher Stellenwert beigemessen, dass es im Vertrag über die Europäische Gemeinschaft definiert und rechtlich verankert wird: „In den Bereichen, die nicht in ihre ausschließliche Zuständigkeit fallen, wird die Gemeinschaft nach dem Subsidiaritätsprinzip nur tätig, sofern und soweit die Ziele der in Betracht gezogenen Maßnahmen auf Ebene der Mitgliedstaaten nicht ausreichend erreicht werden können und daher wegen

---

379 Amtsblatt der Europäischen Gemeinschaften: Nr. C 226/42 vom 20.07.1998.

380 *Europarat – Counseil de l'Europe,* 1994: Définition et limites du principe de subsidiarité, Communes et régions d'Europe, no. 55, Strasbourg; *Europarat – Counseil de l'Europe,* 1994b: La régionalisation en Europe: bilan et perspectives, actes, Genève, 3-5 juin 1993, Strasbourg. Eine Sammlung unterschiedlicher Beiträge zum Subsidiaritätsprinzip in der Europäischen Raumentwicklungszusammenarbeit enthält das Heft 2 der Europäischen Zeitschrift für Regionalentwicklung *EUREG.*

ihres Umfangs oder ihrer Wirkungen besser auf Gemeinschaftsebene erreicht werden können" (Artikel 5 EGV, ex-Art. 3b). Juristisch betrachtet hat das im EG-Vertrag verankerte Subsidiaritätsprinzip einen höheren Stellenwert als die im Vertrag nicht verankerte Europäische Raumentwicklungspolitik. Deutung und Anwendung des Prinzips sind jedoch uneinheitlich.

Nach Kersbergen und Verbeek gibt es vier Einsatzfelder des Subsidiaritätsprinzips:[381]

- als Instrument der Mitgliedstaaten zum Schutz ihrer Interessen,
- als Instrument der sub-nationalen Akteure (Länder, Regionen), um die nationale Ebene herauszufordern,
- als Instrument für Brüssel, um Aktivitäten in vorher verschlossenen Politikfeldern zu erhöhen,
- als ein Grund für eine Politisierung des Europäischen Gerichtshofs.

Die Anwendung des Prinzips auf die Europäische Raumentwicklungspolitik ist weder vom EUREK noch anderweitig präzisiert worden. Von einem gemeinsamen Verständnis kann daher kaum gesprochen werden.[382] Umso wichtiger ist daher die von Siedentopf diskutierte und auch im Zitat von Kersbergen und Verbeek zum Ausdruck kommende Möglichkeit, das Subsidiaritätsprinzip für unterschiedliche politische Interessen zu instrumentalisieren. Es ist also durchaus möglich, dass sich alle Akteure zum Prinzip bekennen, dabei jedoch sehr unterschiedliche Vorstellungen verfolgen.

Problematisch wird die Instrumentalisierung für die Raumentwicklungspolitik insbesondere dann, wenn Vertreter nationaler bzw. regionaler Raumordnungspolitiken das Subsidiaritätsprinzip zur Wahrung nationaler bzw. regionaler Interessen einsetzen. Dies ist kein Einzelfall, sondern ein weit verbreitetes Phänomen in Europa. So fordert der Ausschuss der Regionen in seiner Stellungnahme zur Europäischen Raumentwicklungspolitik: „Die regionalen und lokalen Gebietskörperschaften fordern die ständige Einhaltung des Subsidiaritätsprinzips".[383] Im selben Artikel wird begründet, warum dies nicht nur eine Forderung unter anderen ist: „Die Anwendung des Subsidiaritätsprinzips hat auch den Charakter eines Dogmas, weil sie die Zuständigkeiten sanktioniert, die die Gebietskörperschaften aus ihrer demokratischen Legitimation und aus dem Leitgedanken herleiten, daß der Bürger im Mittelpunkt des europäischen Integrationsprozesses stehen müsse." Die Raumordnung gehört in allen Mitgliedstaaten zu den Politikbereichen, in denen die Zuständigkeit der sub-nationalen Gebietskörperschaften bzw. zumindest deren Beteiligung geregelt ist. Dem-

[381] Zitiert nach *Siedentopf, Heinrich,* 1995: Das Subsidiaritätsprinzip der EG und die Mitgliedstaaten. EUREG, Heft 2, 9.

[382] *Siedentopf, Heinrich:* 1995, 7-11; *Treuner, Peter,* 1995: Mécanismes de Contrôle: l'autre Côté de la Subsidiarité. EUREG, Heft 2, 27-34.

[383] Amtsblatt der Europäischen Gemeinschaften: Nr. C 116/1 vom 14. April 1997, Artikel 1.6.2.

gegenüber steht die vom Begriff, dem Bedarf und den Zielen her teilweise unzureichend definierte Europäische Raumentwicklungspolitik. Die für Raumordnung auf den unteren politischen Ebenen verantwortlichen Akteure geraten in einen Interessenkonflikt: Als Raumordner mögen sie den konkreten Bedarf für eine europäische Politik mit eigenen Kompetenzen auf der europäischen Ebene sehen, als Vertreter ihrer Gebietskörperschaft haben sie jedoch deren Kompetenzen zu wahren und sich gegebenenfalls gegen eine Kompetenzverlagerung auf die europäische Ebene auszusprechen.

Diese gleichzeitige Beachtung verschiedener, nicht-integrierbarer Interessen durch einen Akteur wird als Multiple Self bezeichnet.[384] In Anlehnung an das von Wiesenthal entwickelte Konzept wären Multiple-Self-Akteure in der Raumentwicklungspolitik die Akteure, welche in der Lage sind, divergierende Interessendefinitionen (z. B. die Präferenzen für Subsidiarität und für europäische Raumentwicklungspolitik) nebeneinander zu tolerieren, ohne sie integrieren zu müssen bzw. zu können. Wie das in der Realität aussieht, soll am Beispiel Deutschlands analysiert werden.

3.2.3.2 Exkurs: Die Diskussion in Deutschland

Die Rolle Deutschlands[385] in der Europäischen Raumentwicklungspolitik ist in gewisser Hinsicht einzigartig. Deutschland ist einer der Hauptakteure bei der Entwicklung und Ausgestaltung einer Europäischen Raumentwicklungspolitik und gleichzeitig einer der entschiedensten Gegner eigener europäischer Kompetenzen im Politikfeld.

Das Engagement von Politik und Verwaltung Deutschlands in der Zusammenarbeit erscheint zunächst jedoch als sehr zurückhaltend, was Faludi am Verhalten der deutschen Vertreter im Ausschuss für Raumentwicklung (CSD) beschreibt.[386] Er macht „federalistic instincts" in der Bundesrepublik dafür verantwortlich, dass der Prozess des policy-making in der Europäischen Raumentwicklungspolitik auf deutscher Seite von Beginn an als eine intergouvernementale Angelegenheit betrachtet wurde, an der zudem die Länderebene als die für die Raumordnung zuständige föderale Ebe-

---

[384] *Jansen, Dorothea*: 1997, 213; *Wiesenthal, Helmut,* 1990: Unsicherheit und Multiple-Self-Identität, Max-Planck-Institut für Gesellschaftsforschung, Discussion Paper 90/2, Köln.

[385] Aus handlungstheoretischer Sicht mag es zunächst verwundern, wenn hier der Kollektivbegriff der Rolle ‚Deutschlands' verwendet wird, anstatt nach einzelnen nationalen bzw. Länderakteuren zu differenzieren. Die Verwendung ist in diesem Fall jedoch gerechtfertigt, weil im Informellen Rat der Raumordnungsminister und anderen europäischen Handlungszusammenhängen nur selten die jeweiligen Interessen einzelner deutscher Organisationen und Akteure, sondern vorwiegend die unmittelbar durch das zuständige Bundesministerium bzw. durch die deutsche Ministerkonferenz für Raumordnung zu einer gemeinsamen Position Deutschlands aggregierten Interessen von Belang sind. Deutschland wird damit zum aggregierten Akteur, der durch den zuständigen Bundesminister oder seinen Vertreter repräsentiert wird. Vgl. *Scharpf*: 2000, 98-100 und 105.

[386] *Faludi, Andreas,* 1997: A Roving Band of Planers, Built Environment, Volume 23, Number 4, 281-287.

ne unbedingt zu beteiligen ist. Angesichts einer solchen Reserviertheit gegenüber einer Europäischen Raumentwicklungspolitik mit eigenen europäischen Kompetenzen verwundert das nach anfänglicher Zurückhaltung außerordentliche Engagement der deutschen Seite auf der europäischen Ebene. Dieses fand seinen Ausdruck unter anderem in der abschließenden Beratung der Leipzig-Prinzipien und des EUREK während der Ratspräsidentschaften Deutschlands in den Jahren 1994 bzw. 1999. Zudem forderte die deutsche Delegation auf der Regierungskonferenz 1996, dass ein Protokoll zur Raumordnungspolitik in den EG-Vertrag aufgenommen werden solle[387]. Das Verhalten Deutschlands ist jedoch keineswegs widersprüchlich oder inkonsequent. Vielmehr hat Deutschland sich engagiert, um die Europäische Raumentwicklungspolitik nach seinen eigenen Vorstellungen mitzugestalten, und Deutschland war mit dem Ergebnis wohl deshalb so zufrieden, weil sich die eigenen Vorstellungen in der Europäischen Raumentwicklungszusammenarbeit tatsächlich niederschlugen.

Bundestag und Bundesregierung hatten sich nie gegen eine Raumentwicklungszusammenarbeit ausgesprochen, sondern diese für notwendig erachtet[388]. Der Deutsche Bundestag hatte die Regierung bereits 1993 aufgefordert, parallel zur Arbeit der Kommission der Europäischen Gemeinschaften am Dokument Europa 2000+ „direkt mit den nationalen Raumplanungsbehörden der Mitgliedstaaten Beratungen zur Überprüfung bzw. Festlegung von raumordnerischen Zielen aus europäischer Ebene aufzunehmen"[389]. Genau das tat die Bundesregierung durch ihre Zusammenarbeit im Informellen Rat, der eben kein EU-Organ sondern eine intergouvernementale Handlungsarena ist. Ausdrücklich vermerkt die Bundesregierung in ihrem Bericht an das Parlament, dass die Ergebnisse informaler Ministertreffen keinen verbindlichen Charakter haben, um im nächsten Satz zu betonen: „Mit dem Leipziger Grundlagenpapier haben die Mitgliedstaaten der EU endgültig zu einer konstruktiven Politik der transnationalen Zusammenarbeit auf dem Gebiet der Raumordnung gefunden. (...) Zusammenarbeit bedeutet in diesem Zusammenhang, dass die einzelnen Staaten der EU die Verantwortung bei der Ausgestaltung ihrer nationalen Raumordnungspolitiken in Richtung auf eine in sich stimmige Raumentwicklungspolitik in

---

[387] *Selke, Welf,* 1999: Einbindung der Bundesraumordnung in die europäische Raumordnungspolitik, in: *Akademie für Raumforschung und Landesplanung (ARL)*: Grundriß der Landes- und Regionalplanung, Hannover, 117.

[388] Ein entsprechender Beschluss wurde beispielsweise auf der deutschen Ministerkonferenz für Raumordnung am 8. März 1995 als Teil des Raumordnungspolitischen Handlungsrahmens gefasst (vgl. Bundesministerium für Raumordnung, Bauwesen und Städtebau 1995b, 23), und auch im Raumordnungsbericht des BMBau des Jahres 1993 ist die Notwendigkeit einer raumentwicklungspolitischen Zusammenarbeit unumstritten (vgl. Bundesministerium für Raumordnung, Bauwesen und Städtebau 1994b, 6-7). *Bundesministerium für Raumordnung, Bauwesen und Städtebau (BMBau),* 1993c: Synopse der raumordnerischen Zielvorstellungen europäischer Länder, Schriftenreihe Forschung, Heft 496, Bonn, 8-9.

[389] *Deutscher Bundestag,* 1993: Drucksache 12/4640 vom 29. April 1993.

Europa tragen."[390] Auch die Position der deutschen Delegation auf der Regierungskonferenz 1996 geht in diese Richtung, denn im Protokoll zum EG-Vertrag, welches letztlich nicht verabschiedet wurde, sollte die Europäische Gemeinschaft verpflichtet werden, bei Ausübung und im Rahmen ihrer Befugnisse die Kompetenzen und Ziele der Mitgliedstaaten für die Raumordnungspolitik zu respektieren.[391] Europäische Raumentwicklungspolitik im Verständnis der Bundesregierung entsteht also nicht über supranationale Institutionen und deren Aktivitäten, sondern über freiwillige internationale Kooperation der Mitgliedstaaten. Wohl wegen der ausdrücklichen Aufforderung des Bundestags an die Bundesregierung, bei seiner Kooperation das Subsidiaritätsprinzip zu beachten, endet der Bericht der Bundesregierung mit dem Hinweis darauf, dass die Bundesländer „in jeder Phase der Ausarbeitung" des Leipziger Grundlagendokumentes beteiligt waren und dass diese die Ergebnisse des Treffens auch begrüßen.

Der Standpunkt der deutschen Raumordnungspolitik zur Europäischen Raumentwicklungszusammenarbeit, wie er sich in der ersten Hälfte der 90er Jahre entwickelt hat, setzt sich auch in der zweiten Hälfte des Jahrzehnts fort, sodass die Bundesregierung am Ende der Informellen Ratstagung in Potsdam am 11. Mai 1999 festhalten kann: „Alle Beteiligten waren sich einig, dass das EUREK keine neuen Kompetenzen auf der Ebene der Gemeinschaft begründet. Es dient den Mitgliedstaaten, deren Regionen und lokalen Gebietskörperschaften und der Europäischen Kommission im jeweiligen eigenen Zuständigkeitsbereich als politischer Orientierungsrahmen"[392].

Sind die obersten Landesbehörden schon allein im Interesse der Wahrung ihrer eigenen Raumordnungskompetenzen an einer entsprechenden Anwendung des Subsidiaritätsprinzips interessiert, so verpflichtet das Grundgesetz auch die Raumordnung des Bundes zu dessen Beachtung. Mit der auf nationaler und europäischer Ebene konsequenten Verteidigung des Subsidiaritätsprinzips durch Deutschland entsprechen die deutschen Vertreter dem eigenen Grundgesetz, dass in der Neufassung des Artikels 23 GG Bundesregierung, Bundesrat und Bundestag dazu verpflichtet, die strikte Beachtung des Subsidiaritätsprinzips auf europäischer Ebene einzufordern und durchzusetzen.[393] Diese Verpflichtung ist insofern von besonderer Re-

[390] Zitiert aus dem „Bericht der Bundesregierung über die erzielten Ergebnisse und den Stand der mitgliedstaatlichen Zusammenarbeit auf dem Gebiet der Raumordnung innerhalb der Europäischen Union", in: *Deutscher Bundestag*: Drucksache 13/1078 vom 6. April 1995, Seite 2.

[391] *Selke, Welf:* 1999, 117.

[392] *Bundesministerium für Verkehr, Bau- und Wohnungswesen (BMVBW),* 1999: Schlussfolgerungen der deutschen Ratspräsidentschaft beim Informellen Rat der für die Raumordnung zuständigen Ministerinnen und Minister der EU in Potsdam am 10./11. Mai 1999, Bonn, Seite 1-2.

[393] *Siedentopf, Heinrich,* 1995: Das Subsidiaritätsprinzip der EG und die Mitgliedstaaten. EUREG, Heft 2, 8.

levanz, da die Raumordnung des Bundes in Ermangelung weitreichender eigener Kompetenzen von der Europäischen Raumentwicklungspolitik keinen nennenswerten Kompetenzverzicht befürchten müsste. Sie könnte davon sogar profitieren, in dem sie zum Beispiel als Mittler zwischen der europäischen und der Länderebene an Bedeutung gewinnt.

Der im Informellen Rat erzielte Grundkonsens ist in Deutschland nicht nur innerhalb der politischen, sondern auch der wissenschaftlichen Diskussion bestimmend. Die ARL kommt in ihrem Arbeitsmaterial zur rechtlichen Verankerung der Raumentwicklungspolitik im Vertrag über die Europäische Union zu den gleichen Schlüssen wie Bundestag und Bundesregierung: Notwendigkeit einer Europäischen Raumentwicklungspolitik[394], Wahrung des Subsidiaritätsprinzips[395] und Institutionalisierung der intergouvernementalen Zusammenarbeit[396]. Als Argument dafür, warum überhaupt eine vertragliche Verankerung im EG-Vertrag notwendig sei, fügen die Autoren des ARL-Dokuments insbesondere an, dass die gegenwärtige „Unbestimmtheit u. U. zu Lasten der Wahrung des Subsidiaritätsgedankens gehen kann, etwa wenn Gemeinschaftsorgane Interpretationsfreiräume zur Ausweitung ihrer Zuständigkeiten nutzen"[397]. Der Vertrag soll also den Status quo verankern, um eine von den Mitgliedstaaten nicht zu kontrollierende Weiterentwicklung zu verhindern.

Der ARL-Arbeitskreis nimmt nicht für sich in Anspruch, stellvertretend für die Wissenschaft zu sprechen, aber da es sich bei dem Arbeitsmaterial um die bisher maßgeblichste entsprechende Positionsbestimmung aus einer deutschen wissenschaftlichen Organisation handelt, kann durchaus angenommen werden, dass es zwischen den beteiligten wissenschaftlichen und politischen Organisationen in Deutschland ein grundsätzliches Einvernehmen gibt: Man sieht die Notwendigkeit einer Zusammenarbeit zugunsten einer nachhaltigen und ausgewogenen räumlichen Entwicklung des Gebiets der Union, will diese jedoch nicht auf Kosten nationaler bzw. regionaler Kompetenzen fördern. Stattdessen soll die Gemeinschaft zwar die Tätigkeit im Bereich der Fachpolitiken koordinieren, die sich auf die Entwicklung von Städten und Regionen der Mitgliedstaaten auswirken, aber sie soll dies auf der Grundlage der Zielvorstellungen der Mitgliedstaaten zur Raumentwicklung und eines in mitgliedstaatlicher Zusammenarbeit aufzustellenden europäischen Raumentwicklungskon-

---

[394] *Akademie für Raumforschung und Landesplanung (ARL),* 1996: Europäische Raumentwicklungspolitik. Rechtliche Verankerung im Vertrag über die Europäische Union, ARL-Arbeitsmaterial, Nr. 233, Hannover, 20-23. Zu den Autoren des von einem so genannten Ad-hoc-Arbeitskreis verfassten Dokuments gehören neben Wissenschaftlern auch Mitarbeiter der EU Kommission, des BMBau sowie der Bayerischen Landesregierung.

[395] Ebenda, Seite 24.

[396] Ebenda, Seite 29.

[397] Ebenda, Seite 29.

zeptes tun[398]. Das Ergebnis nennt die ARL dann „gemeinschaftlich-intergouvernementale Aufgabenwahrnehmung" (oder auf Englisch: „Community-Intergovernmental Responsibilities").[399]

Dieser Begriff ist ungewöhnlich und nicht überzeugend, hat wohl auch die Autoren des Dokuments nicht voll befriedigt, denn diese konstatieren selbst einen dahin gehenden Prüfungsbedarf, ob sich aus der vorgesehenen Aufgabenkonstruktion nicht weitergehende Änderungen der gegenwärtigen gemeinschaftlichen Organisationsstrukturen ergeben. Konkret wird davon gesprochen, dass neben den drei Säulen im EU-Vertrag (Europäische Gemeinschaften, Gemeinsame Außen- und Sicherheitspolitik und Währungsunion) eine vierte politische Säule für die gemeinschaftlich-intergouvernementale Aufgabenwahrnehmung errichtet werden müsse. Eine vierte Säule im europäischen Vertragswerk nur für die Raumentwicklungspolitik? Nein, an dieser Stelle dominiert wieder das Interesse an der Wahrung nationaler und vor allem Länderkompetenzen, dass im Text als „im Interesse der Umsetzung des Subsidiaritätsprinzips" formuliert wird.[400] Die Notwendigkeit der rechtlichen Verankerung wird von der ARL vor dem Hintergrund der Gefahr einer sonst drohenden schleichenden Kompetenzerweiterung der Gemeinschaftsorgane, insbesondere der Kommission, diskutiert und befürwortet. Die vierte Säule ist nur Mittel zu diesem Zweck.

Da die ARL die Gefahr allein im Kompetenzverlust für bestehende Institutionen der Raumordnung sieht, argumentiert sie im Kern nicht fachlich oder gar fachwissenschaftlich sondern politisch. Der Bedarf eigener europäischer Kompetenzen wird nämlich weder analysiert noch widerlegt.

Die im ARL-Dokument von Vertretern der Raumordnung vorgebrachte Sorge eines Kompetenzzuwachses auf Gemeinschaftsebene verortet Krautzberger eher bei den Fachpolitiken. Er erwartet, dass bei Fachpolitiken wie der regionalen Wirtschaftspolitik in Deutschland Befürchtungen wachsen, den deutschen Raumordnungspolitikern könnten über eine europäische Kompetenz Instrumente zuwachsen, die ihr im nationalen Bereich nicht zustehen.[401] Der Gedanke, dass auch die nationale Raum-

---

[398] Ebenda, Seite 27. Bei dieser Formulierung übernimmt der ARL-Arbeitskreis einen Formulierungsvorschlag der Ministerkonferenz für Raumordnung aus dem Jahr 1995 zur Ergänzung des Art. 3 EGV. Diese wurde beim Amsterdamer Vertrag jedoch nicht berücksichtigt.

[399] Ebenda, Seite 29 bzw. 70.

[400] Ebenda, Seite 5 und 25. Zur politischen Diskussion in Deutschland siehe auch *Selke, Welf,* 1999: Einbindung der Bundesraumordnung in die europäische Raumordnungspolitik, in: *Akademie für Raumforschung und Landesplanung (ARL)*: Grundriß der Landes- und Regionalplanung, Hannover, 127-130.

[401] Vgl. hierzu *Krautzberger, Michael,* 1997: Brauchen wir noch Raumordnungspolitik?, Raum, Österreichische Zeitschrift für Raumplanung und Regionalpolitik, Heft 28, Wien: Österreichisches Institut für Raumplanung, 45-49.

ordnung von einer starken Europäischen Raumentwicklungspolitik profitieren könnte, ist nicht von der Hand zu weisen. Doch rational betrachtet, bieten die beschränkten, aber immerhin vorhandenen Kompetenzen der nationalen Raumordnungspolitiken derzeit eine verbindlichere Handlungsgrundlage als die noch vorwiegend visionären, aber eben unverbindlichen und in ihrer Anwendung unsicheren Aussagen des EUREK. Dies ist dann auch der Grund, warum die Multiple-Self-Akteure in der Raumentwicklungspolitik die unterschiedlichen Interessen nebeneinander vertreten.

Ob die von der ARL vorgeschlagene „gemeinschaftlich-intergouvernementale Aufgabenwahrnehmung" wirklich der beste Weg zur Umsetzung der inhaltlichen Ziele der Europäischen Raumentwicklungspolitik unter Wahrung des Subsidiaritätsprinzips ist, davon gehen die Autoren des Positionspapiers wohl aus, aber den Nachweis liefern sie nicht. Dies ist auch insgesamt die Schwäche der deutschen Diskussion, in der einerseits die Notwendigkeit einer Europäischen Raumentwicklungspolitik, -konzeption und -zusammenarbeit gesehen wird, in der dieser Raumentwicklungspolitik sogar ein im Verhältnis zu nationalen Raumordnungstraditionen eigenständiger Charakter zugesprochen wird, in der aber andererseits versucht wird, jegliche Veränderung von der Raumordnung in Deutschland fern zu halten, die von den dort zuständigen Organisationen nicht ausdrücklich gewünscht wird. So nachvollziehbar die offizielle deutsche Position ist, so sind die langfristigen Erfolgsaussichten dieser deutschen Position skeptisch zu betrachten.

In der politikwissenschaftlichen Integrationstheorie hat Moravcsik[402] den Ansatz des Liberalen Intergouvernementalismus entwickelt, welcher ein generelles Modell für zwischenstaatliche Kooperation auch im Rahmen der Europäischen Union als Alternative zum supranationalen Institutionalismus[403] liefert und wozu auch die von Deutschland vertretene Vorstellung von Europäischer Raumentwicklungspolitik gut zu passen scheint. Moravcsik gegenüber argumentieren Neofunktionalisten wie Stone Sweet und Sandholtz[404] allerdings, dass letztlich der Grad der transnationalen Aktivität entscheidend dafür sei, ob es bei intergouvernementaler Zusammenarbeit bleibt oder ob sich eine supranationale Institutionalisierung vollzieht. Aus neofunktionaler Sicht zählt es also nicht, ob die Vertreter von Wissenschaft und Politik eines oder mehrerer Staaten die zwischenstaatliche Kooperation mit aller Kraft verteidigen, sondern für sie ist entscheidend, in welchem Maße die transnationalen Aktivitäten insgesamt zunehmen: „Transnational exchange provokes supranational organizations to make rules designed to facilitate and to regulate the development of trans-

---

[402] *Moravcsik, Andrew,* 1993: Preferences and Power in the European Community: A Liberal Intergovernmentalist Approach, in: Journal of Common Market Studies, 31, 473-524.

[403] *Giering, Claus,* 1997: Europa zwischen Zweckverband und Superstaat, Die Entwicklung der politikwissenschaftlichen Integrationstheorie im Prozeß der europäischen Integration, 130-135.

[404] *Stone Sweet, Alec/Sandholtz, Wayne,* 1997: European integration and supranational governance, Journal of European Public Policy, volume 4, number 3, 297-317.

national society". Intergouvernementale Zusammenarbeit hat zwar, insbesondere im Bereich der Europäischen Union, durchaus eine Existenzberechtigung und -chance, aber eben nur solange der Grad transnationaler Aktivität relativ niedrig bleibt.

Diese Einschätzung kann auch aus handlungstheoretischer Sicht unterstützt werden, denn wie im Kapitel 3.1.2.3 diskutiert, dürften bei einer zunehmenden Zahl grenzüberschreitender Konflikte die Transaktionskosten für Problemlösungen so stark steigen, dass demgegenüber die Transaktionskosten für die Entwicklung einer gemeinsamen Europäischen Politik mit einer entsprechenden Problemlösungsfähigkeit relativ niedrig erscheinen. Letzteres zeichnet sich im Bereich der Europäischen Raumentwicklungspolitik ansatzweise mit dem EUREK ab, aber die Bewährungsprobe kommt erst dann, wenn die Interaktionen zunehmen und sich die Kooperationsbeziehungen intensivieren.

Dabei dürfte auch von Bedeutung sein, wie sich das Akteursspektrum entwickelt. Bisher besteht der engere Akteurskreis im Wesentlichen aus Vertretern der in Bund und Ländern für Raumordnung zuständigen Organe sowie aus Vertretern der Wissenschaft. Damit besteht der Kreis aber im Wesentlichen aus Personen und Institutionenvertretern, die von den Strukturen profitieren, wie sie derzeit sind. Stone Sweet und Sandholtz argumentieren einerseits, dass der Ausgang internationaler Verhandlungen entscheidend von nationalen Interessen mitgeprägt wird, aber sie verweisen auch darauf, dass sich die Interessenlage in den Ländern mit steigender Zahl und Aktivität derer ändern könnte, die eher von einer gemeinschaftlichen Politik profitieren würden. Dann nämlich, so argumentieren sie gemäß ihrer an Haas angelehnten Logik der Institutionalisierung, würden die Institutionen auf die veränderte Situation reagieren und sich an sie anpassen.[405] Der Grund, warum dieses Szenario im Fall der deutschen Position zur Europäischen Raumentwicklungspolitik wahrscheinlicher ist als etwa das Szenario in Anlehnung an den Liberalen Intergouvernementalismus von Moravcsik, ist in den speziellen Interessen des relativ kleinen und gesellschaftlich nicht einflussreichen Akteurskreises in Deutschland zu sehen.

Wenn sich nun die Konstellation durch Erweiterung bzw. veränderte Zusammensetzung des Akteurskreises wesentlich ändern würde, könnte sich allein schon in Konsequenz daraus auch der Stellenwert des Subsidiaritätsprinzips und damit die deutsche Position im Kontext der Europäischen Raumentwicklungspolitik verändern. Wenn sich bis dahin auch noch die begrifflichen und inhaltlichen Vorstellungen zur Europäischen Raumentwicklung weiter konkretisieren würden, wäre es wahrscheinlich, dass die Frage der Kompetenzen in Zukunft mit anderen Vorzeichen diskutiert würde. Der im EUREK selbst ausgesprochene Prozesscharakter der Zusammenarbeit könnte somit seine Dynamik in Zukunft auch im Bereich der Kompetenzverteilung entfalten.

---

[405] Ebenda, Seite 299, 306, 310-315.

Der engere Akteurskreis ähnelt für Deutschland dem Modell der *epistemic community* von Haas, d. h. einem „network of professionals with recognized expertise and competence in a particular domain and an authoritative claim to policy-relevant knowledge within that domain or issue-area".[406] In keinem anderen der näher untersuchten Mitgliedstaaten[407] ist der fachliche Diskurs zwischen Politik, Wissenschaft und Verwaltung derart organisiert wie in Deutschland. Insbesondere im Rahmen der ARL wurde ein enges Kooperationsnetz gespannt, welches die Akademie zu einem der wichtigsten kollektiven Akteure macht.[408] Von einem offenen Fachverband unterscheidet sie sich durch die Berufung der ordentlichen und korrespondierenden Mitglieder durch die Mitgliederversammlung bzw. durch das Präsidium. Wer aus den für die räumliche Entwicklung bedeutenden Bereichen zum Kooperationsnetz der Akademie mit welchem Mitgliedsstatus gehören soll, dies entscheiden die Mitglieder bzw. das Präsidium nach eigenem Ermessen.[409] Von einer rein wissenschaftlichen Akademie unterscheidet sie sich durch die enge Zusammenarbeit mit Vertretern aller für die räumliche Entwicklung bedeutsamen Bereiche in Politik und Verwaltung. Das Kooptationsverfahren bei der Mitgliederrekrutierung ermöglicht einerseits die Auswahl der fachlich profiliertesten Wissenschaftler und wichtigsten Entscheidungsträger, wodurch die Akademie sich selbst zu einem zentralen Knotenpunkt und Moderator des fachlichen und politischen Diskurses im nationalen Politikfeld machen kann. Der Nachteil besteht in der Gefahr, dass sich der Diskurs zu sehr auf diese *in-group* konzentriert und andere Positionen und Sichtweisen unberücksichtigt bleiben.

Der erwähnte ARL-Arbeitskreis zur rechtlichen Verankerung der Raumentwicklungspolitik ist ein Beispiel hierfür.[410] Ihm gehören Vertreter aus Wissenschaft und Verwal-

---

[406] *Haas, Peter,* 1992: Introduction: epistemic communities and international policy coordination, in: International Organization, vol. 46, 1, Winter 1992, 1-35; Zitat von Seite 3. Im konkreten Kontext wird ganz bewusst nur von einer Ähnlichkeit mit dem Modell der *epistemic community* gesprochen. Der empirische Nachweis einer *epistemic community* würde eine eingehende und vergleichende Analyse der normativen und kausalen Vorstellungen aller an einem Netzwerk beteiligten Akteure sowie eine Analyse ihrer regelmäßigen Kooperation (Häufigkeit von Handlungsabstimmungen) voraussetzen. Im Verhältnis zum zu leistenden Aufwand dürfte das Ergebnis jedoch eher enttäuschend ausfallen, denn es ist als unwahrscheinlich anzusehen, dass im sehr jungen Politikfeld der Europäischen Raumentwicklungspolitik bereits derart gefestigte *communities* bestehen, welche die Kriterien von Haas erfüllen. Wenn im Text dennoch auf die Ähnlichkeit der ARL zum Modell der *epistemic community* hingewiesen wird, so soll damit unterstrichen werden, dass es auch im Bereich des neuen Politikfelds bereits Ansätze zu Netzwerken bzw. Handlungsarenen gibt, deren Akteure über Gemeinsamkeiten verfügen, die über die Zuständigkeit bzw. das Interesse für einzelne Sachfragen hinausgehen.

[407] Vor allem Deutschland, Österreich, Italien und Griechenland.

[408] Nach Scharpfs Akteursgliederung handelt es sich bei der ARL um die kollektive Akteursform des Clubs; vgl. *Scharpf*: 2000,105.

[409] Vgl. Satzung der ARL in *Akademie für Raumforschung und Landesplanung (ARL),* 1997: Vademecum 97/98, Hannover, 10-16.

[410] *Akademie für Raumforschung und Landesplanung (ARL),* 1996: Europäische Raumentwicklungspolitik. Rechtliche Verankerung im Vertrag über die Europäische Union, ARL-Arbeitsmaterial, Nr. 233, Hannover.

tung an. Die Verwaltungsvertreter kommen von der Landesverwaltung, von der Bundesverwaltung sowie von der EU-Kommission. So breit das Spektrum der vertretenen Institutionen ist, so ist das Spektrum der vertretenen Anschauungen doch möglicherweise dadurch eingeschränkt, dass alle Arbeitskreismitglieder gleichzeitig Akademiemitglieder sind und vor der Aufnahme in die Akademie einem entsprechenden Auswahlprozess durch die Gremien unterzogen wurden. Zu Wort kommen im Arbeitskreis also nur „Klubmitglieder". Dies ist für eine Akademie legitim, wird aber problematisch, wenn das Arbeitsergebnis als objektives Fachgutachten angesehen und zur Grundlage der Politikformulierung gewählt wird. Bei der Analyse des ARL-Dokuments war sowohl die Übereinstimmung mit der Position Deutschlands als auch die im Kern politische Argumentationsweise aufgefallen. Betrachtet man die Herkunft mehrerer Arbeitskreismitglieder aus der Bundes- bzw. Landesverwaltung, so ist die Übereinstimmung verständlicher. Da das Dokument jedoch eine gemeinsame Position des Arbeitskreises darlegt, welche keine abweichenden Argumentationen und Meinungen enthält, bleibt für den externen Betrachter unklar, ob es sich um den seltenen Fall einer vollständigen Übereinstimmung eines heterogen besetzten Gutachterkreises oder doch eher um eine mehr politische Stellungnahme eines homogen zusammengesetzten Arbeitskreises handelt. Letzteres ist wahrscheinlicher. Wichtiger ist jedoch die Feststellung, dass die Organisation der raumentwicklungspolitischen Diskussion über Einrichtungen wie die ARL den wesentlichen Vorteil hat, dass dort raumordnerische Interessen auch außerhalb der staatlichen Institutionen gebündelt und von dort effektiv, nämlich über die Akademiemitglieder nach außen repräsentiert und über die hauptberuflichen Tätigkeiten der Akademiemitglieder in andere Handlungsarenen hineingetragen werden können.

3.3 Die Raumentwicklungspolitik für Europa als Produkt einer spezifischen Akteurs- und Interessenkonstellation

Die wesentlichen Stärken und Schwächen der bisherigen Politikformulierung gehen vor allem auf die bestehende Akteurs- und Interessenkonstellation zurück. Der relativ überschaubare Akteurskreis erleichterte die Koordination des schon von seiner Thematik her komplexen Prozesses der Politikformulierung. Gleichzeitig werden dabei viele für eine integrierte und nachhaltige Raumentwicklung unverzichtbare Akteursgruppen zunächst ausgegrenzt. Positiv ist dies insofern als dies die Konzentration auf raumordnerische Zusammenhänge erleichtert. Dabei erhalten aber auch die institutionellen Eigeninteressen der Akteure der nationalen und regionalen Raumordnung ein so hohes Gewicht, dass der Kooperationsbedarf auf der europäischen Ebene mehr von diesen Interessen als von den gemeinsamen Raumentwicklungszielen geprägt wird.

Die Diskussion der Raumentwicklungsziele einerseits und der Kooperationsziele andererseits entwickelt sich auseinander. Dem ambitionierten Ziel einer nachhaltigen

Entwicklung des Territoriums der Europäischen Union wurde das Ziel der Bewahrung bestehender Kompetenzen voran gestellt. Für dieses Vorgehen wurde seitens der Akteure keineswegs der Nachweis geführt, dass die bestehenden Kompetenzen und Strukturen tatsächlich für die neue Herausforderung geeignet sind. Vielmehr wurde diese Position von den davon am meisten profitierenden und im Politikfeld gleichzeitig einflussreichsten Organisationen – den Organisationen der nationalen bzw. regionalen Raumordnung – als unverrückbarer Ausgangspunkt der Kooperation festgelegt. Dass sie nicht einmal den Nachweis führten oder wenigstens zu führen versuchten, zeigt, wie stark die Stellung dieser Akteure im Politikfeld ist. Es gibt keinen Akteur, der die Position nachhaltig infrage stellt. Auch Gemeinschaftsorgane wie das Europäische Parlament, der Ausschuss der Regionen unterstützen die Position, und andere wie die Europäische Kommission unterstützen zwar gezielt die Entwicklung europäischer Kooperationen, aber auch sie stellen die mitgliedstaatliche Position nicht offen infrage.

Die getrennte Diskussion von Inhalten und Kompetenzen führt zu einem Dilemma der Repräsentanten der Raumordnung. Sie dominieren die Diskussion, bleiben dabei aber weitgehend unter sich. Das Problem beginnt damit, dass sie die starke Stellung im Politikfeld mit dem Verzicht auf eine engere Verflechtung im europäischen Mehrebenensystem erkaufen. Die Akteurskonstellation erleichtert somit die Durchsetzung ihrer eigenen Interessen und verhindert gleichzeitig eine enge Einbindung der für die Politikimplementierung unverzichtbaren Fachministerien sowie weiterer Akteursgruppen.

Diese Entflechtung hat die Kooperation in ihren Anfängen und bei der Politikformulierung wesentlich erleichtert, da der Akteurskreis bei allen nationalen Unterschieden doch relativ homogen blieb und die meisten Akteure ähnliche Interessen und Orientierungen mitbrachten. Damit dies auch weiter so bleibt, verständigten sich diese Akteure mit dem EUREK darauf, auch in Zukunft informal und in weitgehend unveränderten Strukturen zu kooperieren. Doch schon bei der Jahre vorher einsetzenden Arenenbildung hatte sich gezeigt, dass die Kommission mithilfe von Strukturfondsmitteln formale Kooperationen in für die Raumordnung völlig neuen Strukturen anzuregen vermochte. Die damit verbundenen Risiken für die eigene Autonomie wurden von den meisten mitgliedstaatlichen Akteuren offenbar vernachlässigt, denn insbesondere die strukturfondsfinanzierte Gemeinschaftsinitiative INTERREG II C wurde nicht abgelehnt, sondern angenommen und im EUREK sogar als wichtigstes Anwendungsinstrument dargestellt. Im EUREK liest sich das noch wie ein stimmiges Konzept, denn oberflächlich geschieht bei INTERREG II C nicht anderes, als dass die Kommission und die Mitgliedstaaten im Rahmen ihrer bestehenden Kompetenzen die EUREK-Ziele umzusetzen bemüht sind und dafür die Gemeinschaftsinitiative einsetzen. Faktisch kommt es dabei zum Einsatz eines formalen Instruments der Strukturfondspolitik in einem jungen und noch nicht gefestigten Politikfeld, in dem die Akteure nur recht allgemeine Vorstellungen vom Gegenstand, dem Bedarf und den Zielen der gemeinsamen Politik haben.

Die Ausgangssituation zu Beginn der Politikimplementierung ähnelt der im Kampf zwischen David und Goliath. Dem Stein in der Schleuder vom David entspricht das EUREK und die Kraft Goliaths besteht in den Kompetenzen und Instrumenten bestehender Politiken und der sie vertretenden Organisationen auf allen Ebenen. Der Erfolg des EUREK hängt in Ermangelung spezifischer Kompetenzen allein davon ab, ob seine Argumente in der nationalen und europäischen Politik auf fruchtbaren Boden fallen. Die angebotenen INTERREG-Fördermittel sind wie ein verlockendes Angebot, um die Kraft der EUREK-Argumente zu erhöhen. Um diese zu erlangen, müssen die Vertreter der Raumordnung aber näher an die Gemeinschaft herantreten, was sie zuvor bei der Politikformulierung um ihrer eigenen Autonomie willen vermieden hatten.

Teil 2:

Kooperation im Kontext der Implementierung: das Beispiel INTERREG II C (CADSES)

4 Strukturen der Kooperation im mittel- und südosteuropäischen Raum

4.1 Der Kooperationsraum – zur Implementierung der gemeinsamen Politik durch die Kooperation in einem europäischen Teilraum

Die Gemeinschaftsinitiative INTERREG II C ist ein offizielles Förderinstrument der Europäischen Union und wird nach den formalen Vorgaben des Europäischen Fonds für regionale Entwicklung (EFRE) durchgeführt. Während der EFRE und auch die Gemeinschaftsinitiative INTERREG schon seit Jahren erprobt waren, als 1997 mit der Umsetzung der Ausrichtung C begonnen wurde, war die raumentwicklungspolitische Zusammenarbeit im Mitteleuropäischen, Adriatischen, Donau- und Südosteuropäischen Programmraum (engl. Akronym: CADSES) noch weitgehend unbekannt. Die Öffnung des Eisernen Vorhangs lag erst wenige Jahre zurück und nur langsam begann sich eine grenzübergreifende Raumentwicklungszusammenarbeit zu entwickeln. INTERREG II C (CADSES) wurde somit nicht zur Unterstützung einer bestehenden Kooperation in einem funktionalen Raum eingesetzt, sondern sollte diese Zusammenarbeit erst entwickeln helfen und das in einem sehr heterogenen Raum, der auch als Kooperationsraum erst zu etablieren war.

In der Politikarena der Europäischen Raumentwicklungspolitik bildet dieses Programm eine eigene Arena, welche mit anderen Arenen innerhalb und außerhalb des Politikfelds mal enger und mal loser verknüpft ist. Bei der CADSES-Mehrebenenverflechtung handelt es sich nicht um ein eigenständiges geschlossenes System, aber doch zumindest um einen eigenständigen Interaktionszusammenhang, der sogar präziser definierbar ist als die Politikarena der Europäischen Raumentwicklungspolitik. Der Grund hierfür ist eben der, dass die CADSES-Kooperation im Rahmen eines von den Mitgliedstaaten entwickelten und von der Europäischen Kommission genehmigten Operationellen Programms durchgeführt wird.[411] Das Programm definiert u. a. den geografischen Bezug, den Akteurskreis und die formalen Regeln der Interaktionen. Zu den Festlegungen gehört eine Funktionszuweisung an Repräsentanten der Europäischen Kommission, der nationalen sowie der regionalen Verwaltungen sowie Vorgaben zur Kooperation zwischen diesen Vertretern verschiedener politischer Ebenen und Handlungszusammenhänge. Regelwidriges Verhalten von Akteuren ist sanktionierbar.

---

[411] Europäische Kommission: Gemeinschaftsinitiative INTERREG II C (96/C 200/07), Operationelles Programm (OP) für den Mitteleuropäischen, Adriatischen, Donau- und Südosteuropäischen Raum (CADSES-Raum), Operationelles Programm 1997-1999, vom 6. August 1997, Kapitel 1.1.1, Seite 2.

Während sich das Europäische Raumentwicklungskonzept (EUREK) auf das gesamte Gebiet der Europäischen Union bezieht (vgl. Kap. 3.1.3) und in einem eigenen Kapitel sogar den größeren europäischen Raum behandelt, findet die Anwendung des EUREK nicht in einem gesamteuropäischen oder zumindest EU-Programmraum statt. Stattdessen beziehen sich die Anwendungsprogramme stets auf europäische Teilräume.[412] Hierbei handelt es sich nicht um eine Vorgabe der Kommission, denn die INTERREG II C-Leitlinie nimmt zwar an einer Stelle Bezug auf die von Mitgliedstaaten entwickelten Kooperationsräume wie den Ostseeraum, macht in der Leitlinie jedoch keine eigenen Vorschläge für INTERREG II C-Programmräume. Sie fordert stattdessen die Mitgliedstaaten zu Vorschlägen auf und erwartet lediglich, dass diese jeweils mindestens drei Staaten, von denen zwei Mitgliedstaaten sein müssen, einbeziehen.[413] Eigene von mitgliedstaatlichen Vorstellungen abweichende Vorschläge entwickelte die Kommission erst in der Entwurfsphase der Leitlinie zu INTERREG III.[414]

Die Ausrichtung auf Teilräume hat ihren Ursprung darin, dass am Anfang der Europäischen Raumentwicklungszusammenarbeit die grenzübergreifende Kooperation und somit bereits eine teilräumliche Zusammenarbeit stand, die nun räumlich ausgeweitet wird.[415] Dabei gewann die schon bis dahin erfolgreiche Zusammenarbeit im Ostseeraum (vgl. Kap. 2.3.1.2) eine Modellfunktion. Die Kooperation in Teilräumen hatte sich dabei als sachlich sinnvoll erwiesen. Gemäß der weiter oben formulierten Überlegungen zum Bedarf einer Europäischen Raumentwicklung (vgl. Kap. 3.1.2.3) ist es zur Erleichterung der europäischen Raumentwicklungszusammenarbeit einerseits sachlich sinnvoll, auf einer möglichst hohen (der europäischen) Ebene zu gemeinsamen allgemeinen Leitbildern und Grundsätzen für die Zusammenarbeit zu kommen. Andererseits findet die Anwendung jedoch stets in einem konkreten räumlichen Kontext mit einem konkreten Handlungsbedarf statt.

---

412 In der Literatur wird für diese Räume auch der Begriff Aktionsräume verwendet. Angesichts der inzwischen flächendeckenden Verteilung dieser Räume auf das Unionsgebiet erscheint es jedoch wenig sinnvoll, den Begriff zu verwenden. Im Rahmen dieser Arbeit wird der Begriff Teilräume bevorzugt, da er unterstreicht, dass diese Räume trotz ihrer Besonderheiten als Teil des größeren europäischen Raums zu verstehen sind. Vgl. dazu auch *Robert, Jacques, unter Mitarbeit von Duckert, Ralf,* 1995: Aktionsräume im Aufstellungsverfahren des Europäischen Raumentwicklungskonzeptes, Allgemeine Grundsätze und Fallstudie „Norddeutscher Ostseeraum", im Auftrag der BfLR, Bonn.

413 Amtsblatt der Europäischen Gemeinschaften: Nr. C 200/23 vom 10.07.96.

414 Vgl. verschiedene teilweise unveröffentlichte Entwürfe der Generaldirektion XVI in SYS 4. Die Kommission hat dabei für INTERREG III u. a. die Teilung des CADSES-Raums in einen mittel- sowie in einen südosteuropäischen Programmraum vorgeschlagen, was von den betroffenen Mitgliedstaaten jedoch zurückgewiesen wurde.

415 *Kent County Council and European Commission – Directorate XVI: Regional Policy and Cohesion,* 1999: Study of the Role and Operation of Transnational Management Structures in Achieving Effective Implementation of Transnational, Cross-border and Inter-regional Programmes, Final Report, Revised Version, June 1999, Bristol: University of the West of England, 1.

Angesichts der Heterogenität des europäischen Raums ist es weder möglich[416] noch sinnvoll, Anwendungsprogramme einheitlich für den europäischen Gesamtraum auszuformulieren. Sinnvoll ist es vielmehr, auf der Grundlage allgemeiner Leitbilder wie des EUREK die spezifische Anwendung für einen Teilraum zu konzipieren, dabei ein spezifischeres Leitbild zu entwickeln und dieses dann mit konkreten Entwicklungsprojekten zu untersetzen. Je nach Gegenstand und Zielsetzung der Einzelprojekte erstrecken sich diese auf einen gesamten Programmraum oder nur auf Teilgebiete davon. Diese räumliche Staffelung der Kooperation ist eine Voraussetzung für eine Europäische Raumentwicklungszusammenarbeit, welche einerseits die Gesamtzusammenhänge im Auge behält und andererseits den Handlungsbedarf sowie die Kooperationsziele kontextbezogen präzisiert.

Für die anwendungs- bzw. umsetzungsbezogene Kooperation in den Teilräumen bieten sich prinzipiell mehrere räumliche Grundmuster an:

1. Die grenzübergreifende Zusammenarbeit, wie sie in den Euroregionen und im Rahmen von INTERREG II A sowie III A existiert. Diese Kooperationen beziehen sich jeweils auf die unmittelbaren Grenzregionen beiderseits nationaler Grenzen. Deren Größe variiert zwar entsprechend der Fläche der jeweils einbezogenen Gebietskörperschaften, aber in der Regel erstrecken sich die Regionen nicht weiter als 30-50 km ins Binnenland.[417]
2. Die über die unmittelbaren Grenzräume hinausgehende Zusammenarbeit in transnationalen Kooperationsräumen. Diese im Vergleich zu den Grenzregionen wesentlich größeren Räume umfassen Gebiete bzw. Teilgebiete von mehr als zwei Staaten. Mehrere der INTERREG II C-Räume haben einen Durchmesser von mehr als 1 000 km.[418]
3. Als dritte Kategorie sind interregionale und transnationale Kooperationen zu nennen, bei denen gemeinsame horizontale Themen im Vordergrund stehen, während der Kooperationsraum kein geschlossenes Gebiet darstellt. Dies ist etwa bei der Raumentwicklungszusammenarbeit von Städten oder Regionen mit ähnlichen Herausforderungen der Fall. Diesbezügliche Kooperationen fan-

[416] Nicht möglich ist ein gesamteuropäisches Anwendungsprogramm insofern, als ein solches Programm entweder so allgemein formuliert bliebe, dass seine Anwendung in der Realität extrem interpretationsbedürftig und für die jeweiligen Akteure somit auch wenig hilfreich wäre, oder ein solches Programm müsste so umfangreich sein, um auf die besondere Situation in den Teilräumen eingehen zu können, was im Endeffekt einer Aufteilung des Gesamtprogramms in Subprogramme entspräche.

[417] Zu diesen Kooperationen vgl. *Europäische Kommission – European Commission,* 1999g: Interreg: Cross-border co-operation throughout the Union, inforegio fact sheet, 29.11.1999, Brussels; *Europäische Kommission*, 1997b: Praktisches Handbuch zur grenzüberschreitenden Zusammenarbeit, 2. Auflage, Gronau: AGEG.

[418] In diesem Punkt wurden alle drei Teile der INTERREG II C-Leitlinie zusammengefasst (1. Raumordnung und Aktionen transnationaler Zusammenarbeit, 2. Verhütung von Überschwemmungen, 3. Dürrebekämpfung).

den bisher im Rahmen von ECOS-Ouverture oder INTERREG II C statt und sind in der neuen Förderperiode vor allem im Rahmen der Ausrichtung INTERREG III C vorgesehen.[419]

Kombiniert man die drei Kategorien gedanklich, so wird deutlich, dass sich die verschiedenen Grundmuster räumlich überschneiden. Bereits in ihrer Studie Europa 2000+ veröffentlichte die Europäische Kommission eine Karte mit Gebieten der Zusammenarbeit (Abb. 4.1), welche einige wesentliche Überschneidungen aufzeigt. Keiner der in die Karte eingezeichneten Kooperationsräume ist zwingend logisch in seinem Zuschnitt, weshalb nicht alle als INTERREG II C-Kooperationsräume verwendet wurden. Alle Räume verfügen über Überschneidungen mit anderen, und gleichzeitig bedeutet die Raumabgrenzung auch den Verzicht auf die Berücksichtigung sämtlicher funktionalen Zusammenhänge des jeweiligen Raums mit anderen. Jeder Raum ist somit letztlich nur begrenzt funktional. Die begrenzte Funktionalität gilt auch für Räume wie den Ostseeraum, der mit dem Bezug zur Ostsee nur scheinbar eindeutig definiert ist und für den die dortigen Hauptakteure eine starke gemeinsame Identität anstreben[420]. So lässt sich beispielsweise keine exakte Grenze zwischen dem Ostseeraum einerseits und Mittel- bzw. Osteuropa andererseits ziehen. Folglich ist es nicht verwunderlich, wenn im Rahmen von INTERREG II C Polen und Deutschland sowohl am Ostsee- als auch am CADSES-Programm teilnehmen.

Die Teilräume bleiben, selbst wenn man Überschneidungen vermeiden kann, immer Teil eines größeren Raums. Für die Zusammenarbeit ist es nicht notwendig, dass sich ein Kooperationsraum in jeder Hinsicht als zwingend logisch und von anderen Räumen separat erweist. Entscheidend ist vielmehr, ob die gemeinsamen Stärken, Schwächen, Gefahren und Optionen eines Raums als ausreichender Anlass zur Raumentwicklungszusammenarbeit betrachtet werden. Der Zuschnitt von Kooperationsräumen wird somit nicht nur von objektiven Merkmalen des Raums, sondern auch von Wahrnehmungen und Präferenzen (Handlungsorientierungen[421]) der Akteure in der Anfangsphase einer Kooperation bestimmt.

---

[419] Diesem dritten Muster entsprechen sowohl interregionale Kooperationen nicht benachbarter Regionen innerhalb eines INTERREG II C-Kooperationsraums als auch über einzelne Kooperationsräume hinausgehende Partnerschaften. Zu ECOS-Ouverture vgl. *Europäische Kommission – Commission Européenne,* 1999f: Coopération Interrégionale Externe, 1991-1999, 3ème édition, Luxembourg.

[420] *Group of Focal Points,* 1994: Vision and Strategies around the Baltic Sea 2010, Tallinn Report, prepared for the Third Conference of Ministers for Spatial Planning and Development. December 7-8, 1994, Copenhagen, 3. Zur Diskussion der angesprochenen Identität vgl. auch *Graute, Ulrich,* 1996d: The VASAB Process. An Outstanding Vision Needs an Outstanding Strategy, in: *Ulrich Graute (ed.)*: Vision and Strategies Around the Baltic Sea 2010 and their Relevance to Central and Eastern Europe, IÖR-Schriften, Heft 17, Dresden: Institut für ökologische Raumentwicklung, 77.

[421] Vgl. *Scharpf*: 2000, 84-87.

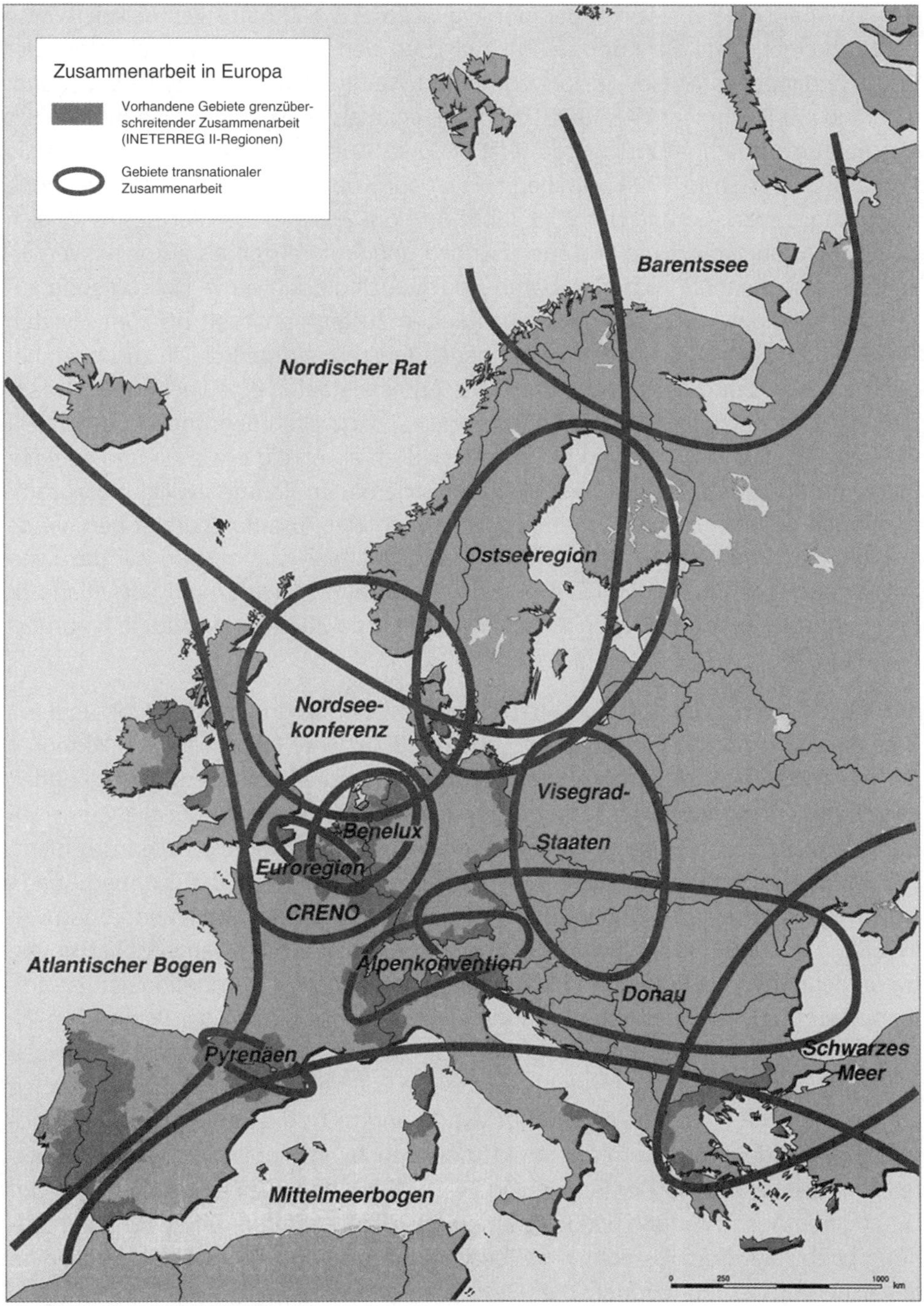

Abb. 4.1: Teilräume für die Zusammenarbeit in Europa (1994)[422]

[422] *Europäische Kommission – European Commission,* 1994a: Europa 2000+, Europäische Zusammenarbeit bei der Raumentwicklung, Europe 2000+, Cooperation for European territorial development, Brussels and Luxembourg, 24.

Bei der Analyse der Ostseekooperation (vgl. Kap. 2.3.1.2) hatte sich beispielsweise herausgestellt, dass die Kooperation zwischen den Raumordnungsministern der Ostseeanrainerstaaten (sowie Norwegens und Weißrusslands) bereits 1992 begann, während das Dokument VASAB 2010, für das erstmals eine gemeinsame Analyse des Ostseeraums durchgeführt wurde, erst 1993 in Auftrag gegeben wurde und die Ergebnisse erst Ende 1994 vorlagen.[423] Der zur Kooperation den Anlass gebende Handlungsbedarf Anfang der 90er Jahre und die Auswahl der Partner hatte sich daher mehr an subjektiven Wahrnehmungen und Präferenzen als an objektiven Erkenntnissen orientiert. Sicherlich baute jedoch auch die subjektive Einschätzung auf historischen Fakten wie der traditionell engen Zusammenarbeit bis zum Zweiten Weltkrieg oder etwa der in den vergangenen Jahrzehnten bedrohlich zugenommenen Verschmutzung der Ostssee durch die Anrainerstaaten eine wichtige Rolle, sodass der Einschätzung nicht das Fehlen jeglicher sachlichen Begründung unterstellt werden darf. Die Einschätzung hat sich schließlich als richtig erwiesen und zu einer bis heute ununterbrochenen und sich intensivierenden Raumentwicklungszusammenarbeit geführt. Dieses auf intergouvernementaler Zusammenarbeit beruhende erfolgreiche Kooperationsmodell dürfte die Europäische Kommission mit dazu veranlasst haben, in der INTERREG II C-Leitlinie die Mitgliedstaaten um Vorschläge zu bitten, anstatt auf den eigenen Vorschlag aus Europa 2000+ (vgl. Abb. 4.1) zurückzugreifen.

In Hinblick auf den Einfluss von Interessen und Orientierungen ist hervorzuheben, dass die Gemeinschaftsinitiative seit Ende der 80er Jahre eben nicht von Akteuren der regionalen bzw. nationalen Raumordnung entwickelt wurde. Vielmehr handelt es sich um ein zwischen der Kommission und den Vertretern der für die Grenzräume verantwortlichen Organisationen entwickeltes und erprobtes Förderinstrument. Die Raumordnung wurde dabei nicht ausgegrenzt, spielte in den Kooperationen jedoch zunächst eine sekundäre Rolle. Erst nach acht Jahren Implementierung von INTERREG I (1989-1993) bzw. II (1994-1999) wurde 1997 die Gemeinschaftsinitiative in der laufenden Förderperiode um die Ausrichtung zur transnationalen Zusammenarbeit im Bereich der Raumordnung erweitert. Schon allein der Beginn von INTERREG II C 1997 während einer laufenden Strukturfondsförderperiode mit ihren seit 1994 gültigen Verordnungen zeigt, dass hier die Raumentwicklungszusammenarbeit an die Strukturfondspolitik angehängt wurde und nicht die Raumentwicklungspolitik angewendet wurde, um die Strukturfondspolitik in Hinblick auf eine integrierte Politik zur verändern. Der Beginn von INTEREG II C hatte keine Auswirkungen auf die anderen Ausrichtungen und Programme. Der Einfluss der Vertreter der Raumordnung blieb so auf die Ausrichtung C beschränkt, und dort bestand er vor allem in der Sicherung des raumordnerischen Bezugs und in der Definition von Kooperationsräumen wie dem mittel- und südosteuropäischen CADSES-Raum.

---

[423] *Group of Focal Points:* 1994, Seite 3.

4.1.1 Der geografische Raum

Ist der Ostseeraum aufgrund der den Kooperationsraum prägenden Ostsee und trotz der erwähnten Einschränkung noch relativ leicht als sachlich geboten darzustellen, so ist dies für den CADSES-Bereich schwieriger. Schon der lange Name „Mitteleuropäischer, Adriatischer, Donau- und Südosteuropäischer Raum" (Central, Adriatic, Danubian and South-Eastern European Space; CADSES) deutet darauf hin, dass es sich hier um verschiedene Teilräume in einem handelt.

Die Karte zur Zusammenarbeit in Europa (Abb. 4.1) weist für den späteren CADSES-Programmraum noch mindestens vier unterschiedliche Räume aus, nämlich den Raum der (ost-)mitteleuropäischen Kooperation der so genannten Visegrad-Staaten, den Donauraum, den Schwarzmeerraum, zu dem Griechenland als zugehörig erachtet wird, und den Alpenraum. Außerdem überschneidet sich der Mittelmeerbogen mit dem später definierten CADSES-Raum.[424] Die Heterogenität des Raums war auch den Autoren des Operationellen Programms (OP) bewusst, denn im OP wird der geografische Raum als ein aus verschiedenartigen, sich überlappenden Teilräumen bestehender und dennoch zusammenhängender Raum bezeichnet.[425]

Der Kooperationsraum, wie er letztendlich in Abstimmung zwischen den Mitgliedstaaten festgelegt wurde, weist neben der Überschneidung verschiedener geografischer Räume eine Reihe von Besonderheiten auf, die Kritik an der Funktionalität des Kooperationsraums nahe legen. Da der Raum von Brandenburg und Stettin im Norden bis Bari und Kreta in den Süden reicht und sich in west-östlicher Richtung von den hochindustrialisierten Regionen Bayerns und Baden-Württembergs bis in die weitgehend agrarischen Regionen Rumäniens erstreckt, erscheint die Frage nach dem Kooperationsbedarf in diesem Raum nicht unberechtigt. Andererseits gehören die Einzugsgebiete von Elbe und Po nur teilweise zum Programmraum und auch die östliche EU-Außengrenze setzt sich nördlich des CADSES-Bereichs fort. Der Kooperationsraum ist trotz seiner Größe für manche Kooperationen noch zu klein. Es zeigt sich, dass die Abgrenzung eines geografischen Raums mitten auf einem Kontinent immer auch die Ausgrenzung von Gebieten bedeutet, zu denen funktionale Bezüge bestehen.

So berechtigt die genannten Einwände gegen den Raum sind, so sind sie letztlich doch nicht stichhaltig. Wie bereits oben angesprochen, werden Kooperationsräume weniger nach ihren inneren Widersprüchen als nach den Handlungsorientierungen definiert, welche einen oder mehrere Kooperationsgründe bieten. Was den CADSES-

---

[424] *Europäische Kommission – European Commission*, 1994a: Europe 2000+, Cooperation for European territorial development, Brussels and Luxembourg, 24.

[425] *Europäische Kommission:* Gemeinschaftsinitiative INTERREG II C (96/C 200/07), Operationelles Programm (OP) für den Mitteleuropäischen, Adriatischen, Donau- und Südosteuropäischen Raum (CADSES-Raum), Operationelles Programm 1997-1999, vom 6. August 1997, Kapitel 1.1.1, Seite 2.

INTERREG II C
Mitteleuropäischer, Adriatischer, Donau- und Südosteuropäischer Raum
(MSOE-Raum/CADSES)

Abb. 4.2: INTERREG II C (CADSES) – Kooperationsraum[426]

[426] Institut für ökologische Raumentwicklung e. V., Kartographie: Katrin Kettner, August 1999.

Raum verbindet, sind vor allem zwei Linien. Einerseits durchzieht den Programmraum von der deutsch-polnischen bis zur griechisch-bulgarischen Grenze die östliche Außengrenze der Europäischen Union. Die Relevanz dieser Grenze sowie der anstehenden EU-Osterweiterung für die Raumentwicklung wird in weiten Teilen des Kooperationsraums sehr hoch eingeschätzt.[427] Das zweite Bindeglied ist die Donau, die von der Quelle im Schwarzwald bis zur Mündung ins Schwarze Meer den Raum durchfließt. Mit der Donau verknüpft stellen sich in allen Staaten und Regionen entlang des Flusses ähnliche ökologische, verkehrliche, kulturelle, touristische Fragestellungen. Die Donau ist jedoch auch als Bindeglied im übertragenen Sinne zu verstehen, da es im Donauraum gemeinsame Herausforderungen gibt, die nicht im unmittelbaren Zusammenhang mit dem Fluss stehen.[428] Als ein weiteres Bindeglied, das im Prinzip jedoch nicht mehr nur diesen Raum betrifft, sind die übergreifenden Fragen des europäischen Integrationsprozesses im Allgemeinen und der europäischen Raumentwicklungspolitik im Speziellen zu nennen. Schon die Kooperation im Netzwerk raumwissenschaftlicher Forschungseinrichtungen in Mittel- und Osteuropa hatte gezeigt, dass der Anlass zur Kooperation nicht nur im eher regionalen Kooperationsbedarf, sondern nicht zuletzt auch in dem Wunsch nach einer Zusammenarbeit zu sehen ist, welche die Teilung des Kalten Kriegs zu überwinden hilft (vgl. Kap. 2.3.2.2). Da der CADSES-Programmraum sowohl Mitgliedstaaten als auch nicht zur Union gehörende Staaten umfasst, ist er neben dem Ostseeraum der einzige Kooperationsraum, der den Erfahrungsaustausch und die Intensivierung der Raumentwicklungszusammenarbeit zwischen EU-Mitgliedstaaten und Beitrittstaaten der Osterweiterung zu fördern in der Lage ist.[429]

4.1.2 Der politische Raum

Mehrere Besonderheiten des Programmraums lassen sich an seinem administrativen Zuschnitt erkennen. Während viele der 17 am Programm beteiligten Staaten mit dem

---

[427] Vgl. dazu Operationelles Programm, Kap. 1.2.1, Seite 6; vgl. zum gemeinsamen Interesse der Mitgliedstaaten die Programmplanung zu INTERREG III B (CADSES) in SYS 4-2 bis 4-4; vgl. auch Ministero dei Lavori Pubblici, 1999: Alcune Riflessioni sui Programmi e le Azioni Pilota di Iniziative Comunitaria INTERREG II C e Prospettive per INTERREG III, A cura della Divisione IV „Programmi Europei" – dirigente dott.ssa Cinzia Zincone, 29 novembre 1999, Seduta Communitaria, Bruxelles, 7.

[428] Zu den gemeinsamen Herausforderungen vgl. Operationelles Programm, Kap. 1. Diesbezüglich zusammenfassend heißt es in Kap. 1.1.4, Seite 5: „Im Zusammenhang mit neuen politischen und wirtschaftlichen Kooperationen eröffnen sich neue Entwicklungschancen beruhend auf folgenden Faktoren:

- die Ansuchen um EU-Mitgliedschaft und europäische Vereinbarungen mit der EU vonseiten einiger MOE-Staaten;
- der laufende Friedensprozess im früheren Jugoslawien;
- der Umstrukturierungsprozess in mittel- und südosteuropäischen Ländern;
- die Gründung neuer „Euromediterraner Partnerschaften."

[429] Vgl. dazu Operationelles Programm, Kap. 1.2.1, Seite 6.

gesamten Staatsgebiet zum Programmraum gehören, wurden von Deutschland, Österreich und Italien nur ausgewählte Regionen einbezogen. Für Deutschland sind dies im Wesentlichen die Bundesländer entlang der Grenze zu Polen und Tschechien sowie das dem Donauraum zugehörende Land Baden-Württemberg. Mecklenburg-Vorpommern konzentrierte sich dagegen zunächst auf die Ostseekooperation und nimmt erst in der Förderperiode 2000-2006 an der Ostsee- und an der CADSES-Kooperation teil. Diese Teilnahme an beiden Programmen haben bei INTERREG II C bereits die in der Landesplanung gemeinsam agierenden Länder Berlin und Brandenburg erprobt, deren Raumordnung in einer Gemeinsamen Landesplanungsabteilung zusammengeschlossen ist. Sachsen-Anhalt und Thüringen grenzen als einzige an der Kooperation beteiligte Bundesländer weder an die Donau noch an die EU-Außengrenze, entschieden sich jedoch aufgrund der relativen räumlichen Nähe zur Tschechischen Republik bzw. Polen dennoch zur Zusammenarbeit.[430]

Österreich, das im Rahmen der Pilotaktionen nach Artikel 10 EFRE-Verordnung auch an der Kooperation im östlichen Alpenraum beteiligt ist (vgl. Kap. 2.3.3), entschied sich zunächst dafür, Überschneidungen von Programmräumen auszuschließen und bezog seine westlichen Alpenländer daher nicht in die CADSES-Zusammenarbeit mit ein. In der Konsequenz bedeutete dies, dass der Alpenraum wie ein Keil zwischen dem nördlichen und südlichen Abschnitt des Kooperationsraums lag. Die Alpenraumzusammenarbeit wird zwar auch in der neuen Förderperiode fortgesetzt, aber um eine bessere Zusammenarbeit auch im CADSES-Raum zu ermöglichen, entschied man sich für eine Einbeziehung der österreichischen Alpenländer in beide Kooperationsräume.[431]

Italien, dem eine enge Verbindung nach Mitteleuropa sehr wichtig ist und das ein Auseinanderdriften der nördlichen und südlichen Regionen zu vermeiden sucht, benannte alle an die Adria angrenzenden Regionen für den Kooperationsraum.[432]

Griechenland, das über keine föderalen Strukturen verfügt, nimmt mit dem gesamten Staatsgebiet an der Kooperation teil.

Die Abstimmungen innerhalb der Mitgliedstaaten bezüglich des Programmraums mussten sehr genau sein, da es bei den Mitgliedstaaten, um die Mitbestimmung

---

430 Der Freistaat Thüringen nimmt im Rahmen von INTERREG II C (CADSES) an mehreren Projekten teil. Von Thüringen wurde jedoch kein Projektantrag selbst initiiert.

431 Vgl. hierzu die Entwürfe zum neuen Programm in SYS 4-2 bis 4-4.

432 In einer Diskussion über den Programmraum im Jahre 1999 spricht sich der italienische Delegationsleiter gegen „any splitting" und für eine Fortsetzung der Zusammenarbeit im existierenden Raum aus, vgl. dazu SYS 2.4.2-7: Minutes of Transnational Monitoring and Steering Committee INTERREG II C (CADSES), 17 and 18 June 1999, Rome. Die zur gleichen Zeit von der Kommission für INTERREG III ins Gespräch gebrachte Teilung des Raums in einen mitteleuropäischen und einen südosteuropäischen Raum wird von den Mitgliedstaaten umgehend und entschieden zurückgewiesen, vgl. dazu SYS 2.4.2-7: Schreiben des Vorsitzenden des CADSES-Begleitausschusses an den Generaldirektor DG XVI vom 2. Juli 1999.

über die Verteilung von Strukturfondsmitteln und zumindest im Falle Deutschlands und Österreichs auch um die Notwendigkeit ging, Kofinanzierungsmittel vonseiten der Länder bereitzustellen. Dagegen war das von den Mitgliedstaaten entwickelte Operationelle Programm bezüglich der Teilnahme anderer Staaten des Kooperationsraumes wesentlich unverbindlicher. Diese wurden nach Absprache zwischen den Mitgliedstaaten zur Kooperation eingeladen und nahmen diese durch einen einfachen *letter of intent* an. Für Polen, die Ukraine und Moldawien hatte man in den Mitgliedstaaten zunächst nur an Teilgebiete gedacht, diese Differenzierung bei der Programmentwicklung jedoch nicht präzisiert und im Verlauf der Umsetzung praktisch fallen gelassen. Neuere Karten des INTERREG II C (CADSES)-Raumes schließen daher das gesamte Staatsgebiet von Polen und Moldawien mit ein. Bezüglich der Ukraine ist zwar offiziell weiterhin nur der Oblast Odessa beteiligt, auf der Projektebene[433] nehmen jedoch auch Partner aus der westlichen Ukraine an der Umsetzung teil.

Der administrative Zuschnitt zeugt insgesamt vom pragmatischen Ansatz der Programmentwicklung, der keine einheitliche Vorgaben für die Teilnahme der einzelnen Staaten macht, sondern der nationale Interessen berücksichtigt und damit ein unterschiedliches Vorgehen bei der Zusammensetzung des Programmraums ermöglicht. Wie bereits für die Kooperation im Ostseeraum festgestellt, so ging auch dem Kooperationsbeginn und der damit verbundenen Partnerauswahl im CADSES-Raum keine eingehende Analyse und keine darauf aufbauende fachliche Komposition des Programmraums voraus. Da damals auch von anderer Seite nur erste Analysen zur Entwicklung in den Transformationsstaaten Mittel- und Osteuropas vorlagen, ist bezüglich der Raumanalyse auf die neuere Literatur zu verweisen.[434]

---

[433] Die betrifft das Projekt VISION PLANET; vgl. SYS 3.4.-6 97/09/D.

[434] Vgl. insbesondere die folgenden Publikationen, die sich überwiegend mit den nicht zur Europäischen Union gehörenden Ländern des Kooperationsraums beschäftigen und dabei insbesondere Aspekte der Raumentwicklung behandeln. Bzgl. Länderstudien aus der ersten Hälfte der 90er Jahre vgl. *Weidenfeld, Werner (Hrsg.)*, 1995: Mittel- und Osteuropa auf dem Weg in die Europäische Union, Bericht zum Stand der Integrationsfähigkeit, Gütersloh: Verlag Bertelsmann Stiftung; *Bundesforschungsanstalt für Landeskunde und Raumordnung (BfLR)*, 1992: Räumliche Folgen des politischen und gesellschaftlichen Strukturwandels in Osteuropa, Materialien zur Raumentwicklung, Heft 49, Bonn: Selbstverlag der Bundesforschungsanstalt für Landeskunde und Raumordnung. Bzgl. der neueren Analyse zu einzelnen Teilräumen vgl. *Graute, Ulrich, (ed.)*, 1998: Sustainable Development for Central and Eastern Europe, Spatial Development in the European Context, Berlin Heidelberg New York: Springer-Verlag; bzgl. neuerer Länderstudien vgl. *Bundesinstitut für ostwissenschaftliche und internationale Studien (Hrsg.)*, 1997: Der Osten Europas im Prozeß der Differenzierung, Fortschritte und Mißerfolge der Transformation, Jahrbuch 1996/97 des Bundesinstituts, München Wien: Carl Hanser Verlag; *State Office for Housing and Urban Development (ed.)*, 2000: Modernization of Urban Areas – Bariers, Experiences and Tasks, Warsaw; *Pütz, Robert (Hrsg.)*, 1999: Ostmitteleuropa im Umbruch, Wirtschafts- und sozialgeografische Aspekte der Transformation, Mainz; *Neuss, Beate/Jurczek, Peter/Hilz, Wolfram (Hrsg.)*, 1999: Transformationsprozesse im südlichen Mitteleuropa, Ungarn und Rumänien, Occasional Papers, Nr. 20, Tübingen; *Neuss, Beate/Jurczek, Peter/Hilz, Wolfram (Hrsg.)*, 1998: Grenzübergreifende Kooperation im östlichen Mitteleuropa, Occasional Papers, Nr. 19, Tübingen.

Politisch ist die Entwicklung des Programmraums das Ergebnis einer Kooperation auf mehreren Ebenen. Intergouvernemental verständigten sich die Vertreter der Mitgliedstaaten zunächst auf die Teilnahme der Staaten an der Kooperation in den verschiedenen Programmräumen, danach verständigten sich die nationalen Regierungen mit den Regionen/Ländern über die nationale Beteiligung an den Räumen, bevor das Operationelle Programm formuliert und der Kommission zur Genehmigung vorgelegt wurde. Die Genehmigung wurde am 6. August 1997 erteilt.

4.1.3 CADSES – ein Beispiel für die Formierung neuer politischer Räume?

Die Quellen vermitteln den Eindruck, als sei die Bildung von Programmräumen eine Frage administrativer Absprachen und Kompromisse und somit mehr ein technischer als ein politischer Vorgang. Betrachtet man denselben Vorgang aus politikwissenschaftlicher Sicht, so stellt sich die Frage nach dessen Bedeutung im Kontext der Entgrenzung und Formierung neuer politischer Räume, wie sie international beobachtet wird.[435] So schlicht wie sich die Entwicklung des Programmraums vollzogen hat, so zeugt sie doch auch davon, dass sich mit dem Programm Staaten anschicken, auf einer neuen transnationalen Ebene (eben der des Programmraums) gemeinsame politisch motivierte Aktivitäten durchzuführen, die in der Politikwissenschaft als grenzüberschreitendes Regieren bzw. International Governance bezeichnet werden.

INTERREG II C (CADSES) ist als Beispiel grenzüberschreitenden Regierens zu verstehen, „das sich auf funktional und territorial bestimmte Räume jenseits der staatlichen Zuständigkeiten richtet und den staatlichen Anspruch untermauern soll, die zentrale Steuerungsebene zu bleiben".[436] Der staatliche Anspruch wird zwar im Politikfeld nicht expressis verbis formuliert, aber er ergibt sich unzweideutig daraus, dass die staatlichen Akteure bei aller Offenheit der Kooperation die Entscheidungskompetenz allein für sich in den Lenkungsgremien (transnationaler Lenkungsausschuss sowie nationale Ausschüsse) reserviert halten (vgl. folgende Kapitelabschnitte).

Mit der Konstituierung eines Kooperationsraums, der sich mal entlang nationaler und mal entlang regionaler Gebietsgrenzen bildet, ist ein Entgrenzungsprozess eigener Art entstanden. Der neue entstehende politische Raum ist politikfeldbezogen und somit auf die Raumentwicklungszusammenarbeit begrenzt. Er ist damit nicht dem politischen Raum der Europäischen Union vergleichbar, den Kohler-Koch und Edler meinen, wenn sie von der Erschließung transnationaler Räume durch europäi-

---

[435] *Kohler-Koch, Beate (Hrsg.),* 1998: Regieren in entgrenzten Räumen, Politische Vierteljahresschrift, Sonderheft 29, 39. Jg., Opladen/Wiesbaden: Westdeutscher Verlag.

[436] *Wolf, Klaus Dieter,* 1998: Die Grenzen der Entgrenzung (Kommentar), in *Beate Kohler-Koch (Hrsg.)*: Regieren in entgrenzten Räumen, Politische Vierteljahresschrift, Sonderheft 29, 39. Jg., Opladen/Wiesbaden: Westdeutscher Verlag, 77-87, Zitat: 83.

sches Regieren sprechen.[437] Die Mitgliedstaaten im CADSES-Raum beziehen sich zwar auf das damals in Vorbereitung befindliche EUREK und damit auf ein gemeinsames Dokument aller Mitgliedstaaten, aber bei der Anwendung der politischen Prinzipien bleiben sie ungebunden. Gleichzeitig aber wird in dem neuen Programmraum eine spezifische Form des Regierens strukturell begünstigt, die sich durch die Bildung mindestens einer eigenen politischen Handlungs- und Entscheidungsebene (der transnationalen) und durch kooperative Entscheidungsstrukturen in den nationalen und transnationalen Gremien auszeichnet.

CADSES ist ein politischer Raum, dessen politische Öffentlichkeit kaum institutionalisiert ist. Dieses Modell wäre nach Greven als eine eigentümliche Ausnahme revolutionärer Phasen der Gründung oder Umgründung politischer Herrschaftsverhältnisse zu bezeichnen. Seinen Analysen zufolge entstehen politische Räume eher allmählich „in der Folge regelmäßiger Kommunikationsprozesse über die Grundlagen, Inhalte und Versäumnisse und anstehenden Entscheidungen der Politik".[438] Dabei ist ein territorialer Bezug nicht einmal entscheidend:

„Der politische Raum einer Gesellschaft wird durch politische Kommunikation konstituiert. Seine Grenzen müssen sich nicht mit den Grenzen der territorialen Organisation der politischen Gesellschaft decken..."[439]. Dies lässt sich beinahe problemlos für den CADSES-Raum feststellen, nur der Begriff Gesellschaft macht Probleme. Nach Greven müssen politische Gesellschaften zwei fundamentale Probleme lösen: die Konstituierung eines politischen Raums und die Definition ihrer Mitgliedschaft. Nimmt man den CADSES-Raum als politischen Raum und sucht dazu die ihn konstituierende Gesellschaft, so kommt man auf die Akteure im Politikfeld und nicht auf die Bürger im betroffenen Territorium. Die Mehrheit der Bürger und ihrer Parlamentarier wissen in der Regel gar nichts von dem INTERREG II C-Programmraum und können ihn daher auch nicht konstituiert haben. So lässt sich folgern, dass CADSES durchaus ein politischer Raum ist, aber dass es sich dabei zumindest bisher nur um einen politischen Raum für die Akteure im Politikfeld und hier wiederum insbesondere für die mit dem Programmraum befassten Akteure handelt. Die Entwicklungsperspektive dieses Raums ist offen, aber es gibt bisher keinen Beleg dafür, dass seine politische Bedeutung über den Zweck der Entwicklung und Durchführung von Anwendungsprogrammen im Rahmen der Europäischen Raumentwicklungspolitik hinaus zunehmen wird.

---

[437] *Kohler-Koch, Beate/Edler, Jakob*, 1998: Ideendiskurs und Vergemeinschaftung: Erschließung transnationaler Räume durch europäisches Regieren, Politische Vierteljahresschrift, Sonderheft 29/1998, 39. Jg., 169-206.

[438] *Greven, Michael Th.*, 1999: Die politische Gesellschaft, Kontingenz und Dezision als Probleme des Regierens und der Demokratie, Opladen: Leske und Budrich, 85.

[439] Ebenda, Seite 72.

4.1.4 Ziele der Kooperation

Für den Programmraum wurden im Operationellen Programm (OP) eigene Ziele der Kooperation formuliert. Gemäß den Aussagen des OP zielt INTERREG II C ab auf

1. die Förderung der transnationalen Zusammenarbeit in der Raumordnung und
2. die Raumentwicklung im Rahmen gemeinsamer Interventionsschwerpunkte.[440]

Im Kooperationsraum fehlt es bei Programmbeginn an einer gemeinsamen Strategie in der Raumentwicklung. Aufgrund der Disparitäten zwischen den bestehenden nationalen und regionalen Planungskonzepten einerseits und der bis 1996 kaum ausgeprägten transnationalen Interaktion wurde die Entwicklung einer gemeinsamen Vision für die zukünftige Entwicklung des Gebiets zwar für sehr wichtig, aber auch für sehr schwierig gehalten.[441] Die Konsequenz hieraus lautet im OP: „Deshalb ist es für diesen Raum wichtig, primär die Schaffung und die Stärkung von Kooperationsnetzwerken im Bereich der Raumentwicklung anzustreben. So können ein gewinnbringender Dialog zwischen öffentlichen und privaten Akteuren und die Basis für die zukünftige Entwicklung einer gemeinsamen und abgestimmten Raumentwicklungspolitik geschaffen werden. Die Hauptaufgaben dieses ersten Teils des Kooperationsprozesses sind die Schaffung einer „gemeinsamen Sprache" in der Raumplanung sowie die Entwicklung von Szenarien und Perspektiven für die Raumentwicklung, die zu Visionen und Aktionen hinsichtlich einer nachhaltigen Entwicklung dieses Gebiets führen sollen".[442] Etwas allgemeiner wird dieses Ziel im *letter of intent* der vier Mitgliedstaaten vermerkt: „The main objective of this Operational programme will be to initiate cooperation in the field of spatial development to enhance social and economic cohesion and sustainable development in this area".[443] Beide Quellen enthalten Bezüge zu Inhalten des erst Jahre später fertig gestellten EUREK. So wird Kooperation auch im CADSES-Raum als Schlüssel für die Raumentwicklungspolitik dargestellt, und eine nachhaltige Entwicklung zur Stärkung des wirtschaftlichen und sozialen Zusammenhalts in Europa wird als weiterführendes Ziel angegeben.[444] Die in der Einführung des OP enthaltene Unterscheidung zwischen Förderung der Zusammenarbeit und Förderung der Raumentwicklung kann daher durchaus als zeitliche Hierarchisierung verstanden werden, die der Einübung der Kooperation zunächst die Priorität einräumt.

---

[440] Operationelles Programm, Einführung, Seite 1.

[441] Operationelles Programm, Kapitel 1.2.1, Seite 7.

[442] Ebenda, Seite 7.

[443] SYS 2.1.1-1: Letter of intent concerning a transnational co-operation programme on spatial planning in the Central, Adriatic, Danubian and South-Eastern European Space, Vienna 12. September 1996.

[444] EUREK, 161, Seite 38, und 17-18, Seite 10-11.

An zweiter Stelle kommen dann die Ziele der räumlichen Entwicklung, zu denen je ein Maßnahmenbereich formuliert wurde:

A Initiativen zum Aufbau eines Kooperationsprozesses in der Raumplanung

B Förderung der Zusammenarbeit für ausgeglichene und polyzentrische Städtesysteme und Siedlungsstrukturen

C Entwicklung von Multimodalität im Verkehrssystem und Ausgewogenheit im Zugang zu Infrastrukturen

D Kooperation zur Verbesserung des Zugangs zu Wissen und Informationen

E Vorsorgliches Management und Entwicklung des natürlichen und kulturellen Erbes

Für den Kontext dieser Arbeit ist bezüglich dieser Raumentwicklungsziele bemerkenswert, dass erneut die Kooperation in den meisten Bereichen explizit hervorgehoben wird.[445] Doch selbst wenn Einübung der Kooperation im Vordergrund steht, ist Kooperation nicht Selbstzweck, sondern sie ist als Voraussetzung für die eigentlich angestrebte nachhaltige Raumentwicklung anzusehen. Dies ambitionierte Fernziel wiederum wird nicht für den Förderzeitraum von INTERREG II C von 1997-1999 (mit einer Auslaufphase bis Ende 2001) angestrebt. INTERREG II C wurde offensichtlich von Beginn an nur als „Beginn einer Zusammenarbeit" und zur „Einleitung erster Schritte"[446] konzipiert.

Der Stellenwert, welcher der Kooperation im Kontext des OP beigemessen wird, ist dann aber doch nicht derselbe wie im EUREK. Im politischen Leitbild stand Kooperation noch recht abstrakt als Schlüssel für eine integrierte Raumentwicklungspolitik. Das OP ist präziser und beschreibt Kooperation vor allem als nächsten Schritt. Kooperation ist damit immer noch der Schlüssel zur nächsten Tür, doch was dahinter kommt, ist noch weitgehend unbekannt und kann prinzipiell auch andere Prioritäten erfordern. In den Quellen zur CADSES-Kooperation stößt man daher auf ein anderes Schlüsselwort: den Lernprozess. Mehrfach wird auf die Prozessorientierung und die damit verbundene Notwendigkeit, eigene Positionen, Strukturen und Methoden zu überdenken und weiter zu entwickeln, hingewiesen.[447] Die Zwischenevaluierung des Programms kommt zu dem Schluss „..mutual learning is both a main objective of INTERREG II C and of utmost necessity along the external EU border.."[448].

---

445 Zum selben Ergebnis führt die Analyse der näheren Beschreibungen der einzelnen Maßnahmenbereiche in Kapitel 2.2 des Operationellen Programms.

446 Zu beiden Zitaten vgl. Operationelles Programm, Kap. 1.2.2, Seite 8.

447 SYS 2.4.2-5 und SYS 2.3.1: INTERREG II C in the Central, Adriatic, Danubian and South-Eastern European Space (CADSES), Experiences of the Common Secretariat, 31 March 1999.

448 *Böhme, Kai/Kokkonen, Merha,* 1999: INTERREG II C CADSES Interim Evaluation, Stockholm: Nordregio, 29. Zum selben Thema vgl. *Graute, Ulrich,* 1998c: INTERREG II C (CADSES) und INTERREG III, Erfahrungen und Empfehlungen, IÖR-Texte, Nr. 120, Dresden: Institut für ökologische Raumentwicklung, 12.

Diese Prozessorientierung gilt selbstverständlich auch für die Kooperation. Wie die Kooperation aussehen soll, unterliegt damit nicht einem vorab definierten Schema, sondern entwickelt sich als Teil des Prozesses.

Es ist bemerkenswert, dass die Position der Mitgliedstaaten in Hinblick auf die Entwicklung der Kooperation, ihrer Strukturen und folglich auch der damit verbundenen Kompetenzen ausgerechnet im Fall der formalen Strukturfondskooperation wesentlich offener erscheint als im Fall des informalen Politikformulierung im EUREK-Pozess. Dieses abweichende Verhalten ist als erster Hinweis darauf zu werten, dass die nationalen Repräsentanten in der anwendungsorientierten Zusammenarbeit insgesamt wesentlich pragmatischer handeln als bei der Formulierung politischer Grundpositionen.

4.2 Kooperation in der CADSES-Mehrebenenstruktur

4.2.1 Der gemeinschaftliche Charakter der Kooperation

Ob der Beginn von INTERREG II C rückwirkend betrachtet einmal als die Ursünde der intergouvernementalen Raumentwicklungszusammenarbeit bezeichnet werden wird, kann noch nicht gesagt werden, aber auf jeden Fall markiert er den Punkt, an dem Gemeinschaftsorgane auch formal einen ersten Einfluss auf die europäische Mehrebenenverflechtung der Raumentwicklungszusammenarbeit gewannen und die Kooperation auch zwischen den Mitgliedstaaten einen stärker gemeinschaftlichen Charakter bekam. Dies geschah nicht durch Kompetenzerweiterung für die EU-Organe auf der Basis eines Ratsbeschlusses, sondern durch die bloße Anwendung bestehender Kompetenzen. Dadurch nämlich, dass nun erstmals eine aus den Strukturfonds kofinanzierte Intervention im Bereich der Raumentwicklungszusammenarbeit eingesetzt wurde, konnte die Europäische Kommission aufgrund eigener Kompetenzen, über die sie als Hüterin der Verträge im Allgemeinen und als Verwalterin der Strukturfonds im Besonderen verfügt, zu einem maßgeblichen Akteur im neuen Politikfeld werden.

Der Gemeinschaftsinitiative ging ein durch die Rahmenverordnung für die Strukturfonds formal geregelter Abstimmungsprozess der Kommission mit den Mitgliedstaaten voraus[449]. Die Durchführung der Gemeinschaftsinitiative wurde formal von der

[449] Amtsblatt der Europäischen Gemeinschaften: Nr. L 193/5, Rahmenverordnung des Rates vom 31. Juli 1993. Zur Einbeziehung der Mitgliedstaaten im Fall von INTERREG II C vgl. u.a. *Arbter, Roland*, 1999: Think transnationally, act regionally … … and influence EU-policy making, Raum, Österreichische Zeitschrift für Raumplanung und Regionalpolitik, Nr. 36, 47; *Zaucha, Jacek*, 1998: VASAB 2010 – Transnational Cooperation in the Spatial Development of the Baltic Sea Region, in: *Ulrich Graute (ed.)*: Sustainable Development for Central and Eastern Europe, Spatial Development in the European Context, Berlin Heidelberg New York: Springer-Verlag, 169.

Kommission beschlossen[450], und auch die Ausführung der Initiative im Rahmen der Kompetenzen der Mitgliedstaaten geht auf einen Kommissionsbeschluss zurück[451]. Was die Rolle der Kommission zusätzlich stärkt, ist das Faktum, dass sie als einzige Institution an der Abstimmung, Genehmigung und Durchführung sämtlicher Programme beteiligt ist, während die Mitgliedstaaten jeweils nur an einzelnen Programmen beteiligt sind. Den dadurch vorhandenen Informationsvorsprung baut die Kommission (Generaldirektion Regionalpolitik) in den folgenden Jahren durch eigene Studien[452] und durch einen organisierten Informationsaustausch mit den Programmsekretariaten aller Programmräume[453] aus.

Der Europäischen Kommission stehen in erster Linie die Mitgliedstaaten, in zweiter Linie deren Regionen und erst in dritter Linie Drittstaaten außerhalb der Union gegenüber. Diese Abstufung der Akteursbeziehung ist bereits in der INTERREG II C-Leitlinie erkennbar. So wurde die Leitlinie als Mitteilung an die Mitgliedstaaten im EG-Amtsblatt veröffentlicht und darin werden die Mitgliedstaaten aufgefordert, Operationelle Programme zu erarbeiten. In der Leitlinie werden die Regionen verschiedentlich angesprochen, eine ausdrückliche Rolle in der aufzubauenden Kooperation wird für die Regionen jedoch nicht definiert. Demnach bleibt es den Mitgliedstaaten im Wesentlichen selbst überlassen, die Rolle der lokalen und regionalen Gebietskörperschaften im Rahmen der Operationellen Programme zu definieren.[454] Die Drittstaaten, damit sind im Fall des CADSES-Raums die nicht zur Union gehörenden jedoch am Programm teilnehmenden Staaten Mittel- und Südosteuropas gemeint, werden in der Leitlinie als Partner akzeptiert. Da sie jedoch nicht über die auf die Mitgliedstaaten ausgerichteten Strukturfonds kofinanziert werden können, werden sie in der Leitlinie bezüglich ihrer Mittelanträge auf andere Gemeinschaftsprogramme, insbesondere PHARE, TACIS und MEDA verwiesen.[455] Ohne die mit der INTERREG II C-Initiative gleichzeitig bereitgestellten EFRE-Mittel des Strukturfonds

---

450 INTERREG II C-Leitlinie, Art. 1.

451 INTERREG II C-Leitlinie, Art. 4.

452 Vgl. insbesondere *Kent County Council and European Commission – Directorate XVI: Regional Policy and Cohesion,* 1999: Study of the Role and Operation of Transnational Management Structures in Achieving Effective Implementation of Transnational, Cross-border and Inter-regional Programmes, Final Report, Revised Version, June 1999, Bristol: University of the West of England.

453 Die Kommission lud die INTERREG II C und Artikel 10-Programmsekretariate in der Förderperiode 1997-1999 mehrmals zu Workshops nach Brüssel ein; vgl. SYS 2.3.1: Workshop-Materialien, vgl. auch SYS 2.1.3-1: Tätigkeitsberichte des Sekretariats. Zur Koordination der Zusammenarbeit zwischen Kommission und Mitgliedstaaten in der Programmplanungsphase vgl. *Europäische Kommission,* 1996e: Schlussfolgerungen und Fortsetzung des Seminars für die Vorbereitung der Gemeinschaftsintiative INTERREG II C, Zweiter Teil: Praktische Ratschläge, Brüssel, den 3.-4. Juli 1996, Brüssel.

454 Zur Abstimmung der regionalpolitischen Tätigkeit der Gemeinschaft mit Behörden und anderen Einrichtungen auf der regionalen Ebene vgl. Artikel 9 der EFRE-Verordnung des Rats (Amtsblatt der Europäischen Gemeinschaften: Nr. L 193/38 vom 31. Juli 1993).

455 INTERREG II C-Leitlinie, Art. 23.

und ohne Aufforderung zur Mitarbeit an der Entwicklung der Operationellen Programme stehen die Drittländer noch schlechter da als die Regionen in den Mitgliedstaaten, deren Gebiete immerhin EFRE-förderfähig[456] sind. Wegen der vorwiegend nur mittelbaren Bedeutung von INTERRG II C für die Drittstaaten im Programmraum und deren zunächst nur geringen Einfluss auf das Programm ist festzustellen, dass der gemeinschaftliche Charakter des Programms trotz der Einbeziehung von Nichtmitgliedstaaten erhalten bleibt.

4.2.2 Die Akteurskonstellation

Gemäß der INTERREG II C-Leitlinie besteht der engere Kreis der an politischen Entscheidungen beteiligten Akteure aus Repräsentanten der Europäischen Kommission und den Mitgliedstaaten. Kommission und Mitgliedstaaten bestimmten ihrer Vertreter unabhängig voneinander, was zur Bildung eines heterogenen Kreises von Programmkoordinatoren führte.

Es ist zwar im Interesse der im EUREK geforderten sektorübergreifenden Zusammenarbeit, wenn neben Raumordnungsministerien auch die für Regionalpolitik, Wirtschaft sowie für europäische Angelegenheiten verantwortlichen Stellen in die Programmkoordination mit einbezogen werden. Im konkreten Fall gilt dies jedoch auch für die Federführung, denn die nationale Koordination wurde in den vier Mitgliedstaaten nicht jeweils beim Raumordnungsministerium, sondern von unterschiedlichen Ministerien wahrgenommen (vgl. Abb. 4.3). Dies kann als Ausdruck für unter-

Europäische Kommission	Generaldirektion Regionalpolitik und Kohäsion, Direktion Regionalinterventionen
Deutschland	Bundesministerium für Verkehr, Bau- und Wohnungswesen, Unterabteilung Strukturpolitik und Raumentwicklung
Österreich	Bundeskanzleramt, Abteilung Raumordnung und Regionalpolitik
Italien	Ministerium für Öffentliche Arbeiten, Generaldirektion Raumordnung
Griechenland	Ministerium für Nationale Ökonomie, Generalsekretariat für Investitionen und Entwicklung, Direktorat für Spezielle EU-Programme

Abb. 4.3: Ausgewählte Programmkoordinatoren für INTERREG II C (CADSES)[457]

[456] Auch bei INTERREG II C wird zwar zwischen Ziel-Gebieten und Nicht-Ziel-Gebieten differenziert. Dies betrifft jedoch nur die Höhe des maximalen Fördersatzes. Maßnahmen, welche Nicht-Ziel-Gebieten in den Mitgliedstaaten zugute kommen, können immerhin mit bis zu 50 % aus dem EFRE kofinanziert werden (vgl. Operationelles Programm für INTERREG II C (CADSES), Kap. 3.

[457] Ohne Programmkoordinatoren aus Drittstaaten.

schiedliche Präferenzen der jeweiligen Mitgliedstaaten in Bezug auf die Gemeinschaftsinitiative angesehen werden. Wo INTERREG II C primär als eine Strukturfondsintervention gesehen wurde (wie im Fall Griechenlands), lag die Zuständigkeit des Wirtschaftsressorts auf der Hand, welches in den meisten Mitgliedstaaten für die Strukturfondsverwaltung zuständig ist. Wo dagegen der Bezug zur Raumordnung im Vordergrund stand (wie im Fall Deutschlands), wurde die Zuständigkeit für diese spezielle Strukturfondsintervention dem für Raumordnung zuständigen Ressort übertragen.

Die Funktion der nationalen Koordinatoren wurde in der Akteurskonstellation mit der Kommission dadurch gestärkt, dass sie erstens das Vorschlagsrecht bezüglich des konkreten Programminhalts bekamen und zweitens erhielten sie einen entscheidenden Einfluss auf die Einbeziehung weiterer nationaler Akteure.

Um diese Kerngruppe der Programmkoordinatoren wurde entsprechend nationaler Präferenzen ein zweiter Akteurskreis gebildet, der ebenfalls noch zum engeren Akteurskreis zu rechnen ist, da er an der Arbeit der für Entscheidungen zuständigen Programmgremien beteiligt ist. Zu nennen sind vor allem Vertreter der Regionen (bzw. Bundesländer) sowie die ohne Stimmrecht an den Sitzungen teilnehmenden Programmsekretariate.

Um diesen engeren bildende sich ein weiterer Akteurskreis, der sich hauptsächlich aus den an den Projekten beteiligten öffentlichen und privaten Partnern zusammensetzt. Quantitativ ist dies der größte Akteurskreis, wogegen sein Einfluss sich auf die Entwicklung und (nach einer Projektgenehmigung durch den Lenkungsausschuss) Durchführung von Projekten beschränkt (vgl. Kap. 4.2.3).

4.2.3 Der Verlauf von Kooperationsprozessen

Aufgrund der formalen Vorgaben des Programms und der Verordnungen zur Akteurskonstellation und dem institutionellen Kontext des Programms ist die CADSES-Mehrebenenverflechtung formal vorstrukturiert, was die Analyse und Darstellung des Systems erleichtert. Im Folgenden soll zwischen der horizontalen und vertikalen Kooperation unterschieden werden. Die vertikale Kooperation umfasst dabei vor allem die Zusammenarbeit der Akteure verschiedener Handlungsebenen, während die horizontale Kooperation die Zusammenarbeit verschiedener Akteure und Arenen auf einer Handlungsebene beschreibt.[458] Beide sind zwar miteinander verflochten,

---

[458] Gemäß dem Verständnis von Mehrebenenverflechtung erfüllen beide Ausrichtungen für sich betrachtet bereits die Anforderungen an ein Mehrebenensystem, denn auch Interaktionen in verbundenen Entscheidungsarenen auf einer Ebene sind als Mehrebenenverflechtung zu verstehen; vgl. hierzu die Analyse der Mehrebenenverflechtung zwischen den norddeutschen Bundesländern von *Benz, Arthur/ Scharpf, Fritz/Zintl, Reinhard,* 1992: Horizontale Politikverflechtung: Zur Theorie von Verhandlungssystemen, Frankfurt/Main New York: Campus.

aber die analytische Unterscheidung offenbart ein differenzierteres Bild von den einzelnen Handlungsebenen und ihren Verflechtungen.

4.2.3.1 Die vertikale Kooperation

Die Programmkooperation umfasst die Zusammenarbeit zwischen den Projektträgern, dem Programmsekretariat und den nationalen sowie transnationalen Gremien. Die genaue Analyse offenbart eine differenzierte vertikale Gliederung der Kooperation (vgl. Abb. 4.4). Das Mehrebenensystem, innerhalb dessen die Kooperation zu koordinieren ist, erstreckt sich vertikal über insgesamt vier Ebenen, in denen die Akteure in unterschiedlichen Akteurskonstellationen und Handlungsarenen kooperieren. Bei der vertikalen Gliederung handelt es sich insofern um eine schematische Vereinfachung als in der Realität auch unmittelbare Beziehungen zwischen Handlungsarenen bestehen, die im Schema einander nicht unmittelbar zugeordnet sind. So nehmen Initiatoren von Projekten je nach ihren sonstigen Funktionen teilweise auch an den europäischen Beratungen teil oder sind sogar Mitglied in einem der Programmgremien. Ähnliches gilt auch für die Europäische Kommission, die einerseits über die Generaldirektion Regionalpolitik im Begleitausschuss und (als nicht stimmberechtigter Teilnehmer) auch im Lenkungsausschuss vertreten ist, die aber im Rahmen der Finanzkontrolle auch Projekte direkt vor Ort überprüfen kann.

Die Zuordnung der Handlungsarenen in der für die Abbildungen 4.4 und 4.5 gewählten Form stellt das Gegenstromprinzip in der vertikalen Kooperation dar. Von oben nach unten gelesen zeigt es die Hauptlinie der Kooperation bei der Programmentwicklung, die mit Beratungen auf der europäischen Ebene begann, die dann in einen Leitlinienbeschluss der Kommission vorläufig endete, an den sich die Programmplanung, die Konstituierung der Programmgremien und Sekretariate anschloss. Es folgte dann der 1. *call* (1. Bekanntmachung des Programms insbesondere über Amtsblätter), mit dem die Akteure auf der Projektebene zur konkreten Projektentwicklung aufgefordert wurden.

In umgekehrter Richtung von unten nach oben zeigt die Abbildung die Hauptlinie der Programmumsetzung, die mit Projektideen, der Bildung von Projektpartnerschaften und der Suche nach nationalen Kofinanzierungspartnern beginnt, bevor der Projektantrag dann beim Nationalen Programmsekretariat eingereicht wird. Dieses bewertet ihn und berät den Nationalen Ausschuss bei seiner Vorauswahl, bevor der Antrag über das Gemeinsame Sekretariat (einem Netzwerk der Nationalen Sekretariate) an den Lenkungsausschuss zur Entscheidung weitergeleitet wird. Dem Begleitausschuss obliegt es, die eben genannten Schritte zu überwachen und ggf. Beschlüsse zur Weiterentwicklung des Programms zu fassen. Darüber angesiedelt sind dann die Planungen für zukünftige Programme im Rahmen von INTERREG III, und zu dieser Programmplanung gehören wiederum entsprechende europäische Beratungen und Beschlüsse.

Dass die europäischen Beratungen auf der Gemeinschaftsebene noch oberhalb der Europäischen Kommission an die höchste Stelle gesetzt wurden, weist auf den diskursiven und partnerschaftlichen Charakter der Kooperation hin, an der Akteure aller Ebenen beteiligt werden und die auf der Gemeinschaftsebene in der Regel durch die Kommission koordiniert wird.

Das vertikale Schema ist nicht als Abbild einer hierarchischen Beziehung zu verstehen. Bei aller Entscheidungskompetenz der Kommission in Sachen Auswahl von Förderinstrumenten und Genehmigung von Einzelprogrammen ist die Kommission zum Prinzip der Partnerschaft nicht nur verpflichtet (vgl. Kap. 2.3.3), sondern sie könnte die komplexen Herausforderungen der Europäischen Raumentwicklung sowie Raumentwicklungszusammenarbeit nicht ohne externen Sachverstand und Partner in den Mitgliedstaaten annehmen, geschweige denn bewältigen. Deswegen unterstützt die Kommission auch die Bemühungen um das Netzwerk Europäisches Raumentwicklungsobservatorium (ESPON) und finanzierte Ende der 90er Jahre das Raumwissenschaftliche Studienprogramm (SPESP) (vgl. Kap. 2.3.2.1).

Die Handlungsebenen sind über das Operationelle Programm formal aneinander gekoppelt. Dabei handelt es sich teilweise um enge und teilweise um lose Kopplungen. Eng gekoppelt sind Begleit- und Lenkungsausschuss. Bei ihnen ist sogar die personelle Zusammensetzung weitgehend identisch. Eng gekoppelt sind zudem die Arenen der Projektkoordinatoren und Projektpartner an den Lenkungsausschuss, denn erst auf der Grundlage seiner Entscheidung und diesbezüglicher Maßgaben werden formale Förderverträge zwischen den nationalen Verwaltungsbehörden (meistens üben die Programmkoordinatoren diese Funktion aus) und den Projektkoordinatoren geschlossen. Lose an das Programm gekoppelt sind dagegen beispielsweise die europäischen Beratungen, die nur mittelbar die Programmkooperation beeinflussen.

Die Kompetenzen in der CADSES-Mehrebenenverflechtung sind auf verschiedene Handlungsarenen verteilt, und kein Akteur kann sämtliche Handlungsarenen kontrollieren. Zwar ist der Lenkungsausschuss das Gremium, das allein Projektgenehmigungen aussprechen kann, aber die ihm vorgelegten Projektanträge haben zuvor bereits die Vorauswahl in den Nationalen Ausschüssen durchlaufen. Die Kommission ist auf der Gemeinschafts- sowie auf der transnationalen Programmebene an wichtigen Entscheidungen beteiligt, initiiert jedoch keine Projekte und ist auch an keiner Projektdurchführung beteiligt. Im Lenkungsausschuss ist sie nicht stimmberechtigt. Da Projektinitiatoren und -partner durch Anregungen bzw. Projektergebnisse durchaus zu Impulsgebern für Innovationen in der Raumentwicklung und sogar in der Raumentwicklungspolitik werden können, existieren auf der Projektebene Handlungsarenen, welche die Kommission nicht direkt, sondern nur indirekt über ihre finanzielle Förderung als ihrem Anreizinstrument beeinflussen kann. Ähnliches gilt für die Raumordnungsministerien, welche auf der transnationalen und der nationalen Programmebene einen zentralen Einfluss haben. Da sie auf der Projektebene jedoch

Handlungsebene	Handlungsarenen	Komplexe Akteure
Gemeinschaftsebene	Europäische Beratungen[459]	← Kommission, Mitgliedstaaten, Regionen, Regierungskonferenzen, NGO, Projekte
	Europäische Kommission als Entscheidungsgremium	← Generaldirektionen, Kommissionsmitglieder
Transnationale Programmebene	Programmplanung	← Kommission, Mitgliedstaaten[460]
	Begleitausschuss	← Kommission, Mitgliedstaaten, Regionen
	Lenkungsausschuss	← Mitgliedstaaten, Regionen, (Kommission[461])
	Gemeinsames Sekretariat	← Nationale Sekretariate
Nationale Programmebene	Nationale Ausschüsse	← Für Deutschland: BMVBW und Raumordnungsministerien der Länder
	Nationale Sekretariate	← Für Deutschland: Institut für ökologische Raumentwicklung (IÖR)
Projektebene	Projektkoordinatoren und -partner	← Private juristische Personen, Gebietskörperschaften, Verbände und öffentlich-rechtliche Einrichtungen
	Initiatoren von Projekten	← Private juristische Personen, Gebietskörperschaften, Verbände und öffentlich-rechtliche Einrichtungen

Abb. 4.4: Handlungsebenen und Arenen im Rahmen von INTERREG II C (CADSES)

[459] Ausschüsse sowie Beratungen anlässlich von Seminaren (inkl. EUREK-Foren).

[460] Je nach Mitgliedstaat unter Einbeziehung der Regionen.

[461] Da die Begleit- und Lenkungsausschüsse stets gemeinsam tagen, nimmt die Kommission (allerdings ohne Stimmrecht) auch an den Lenkungsausschusssitzungen teil.

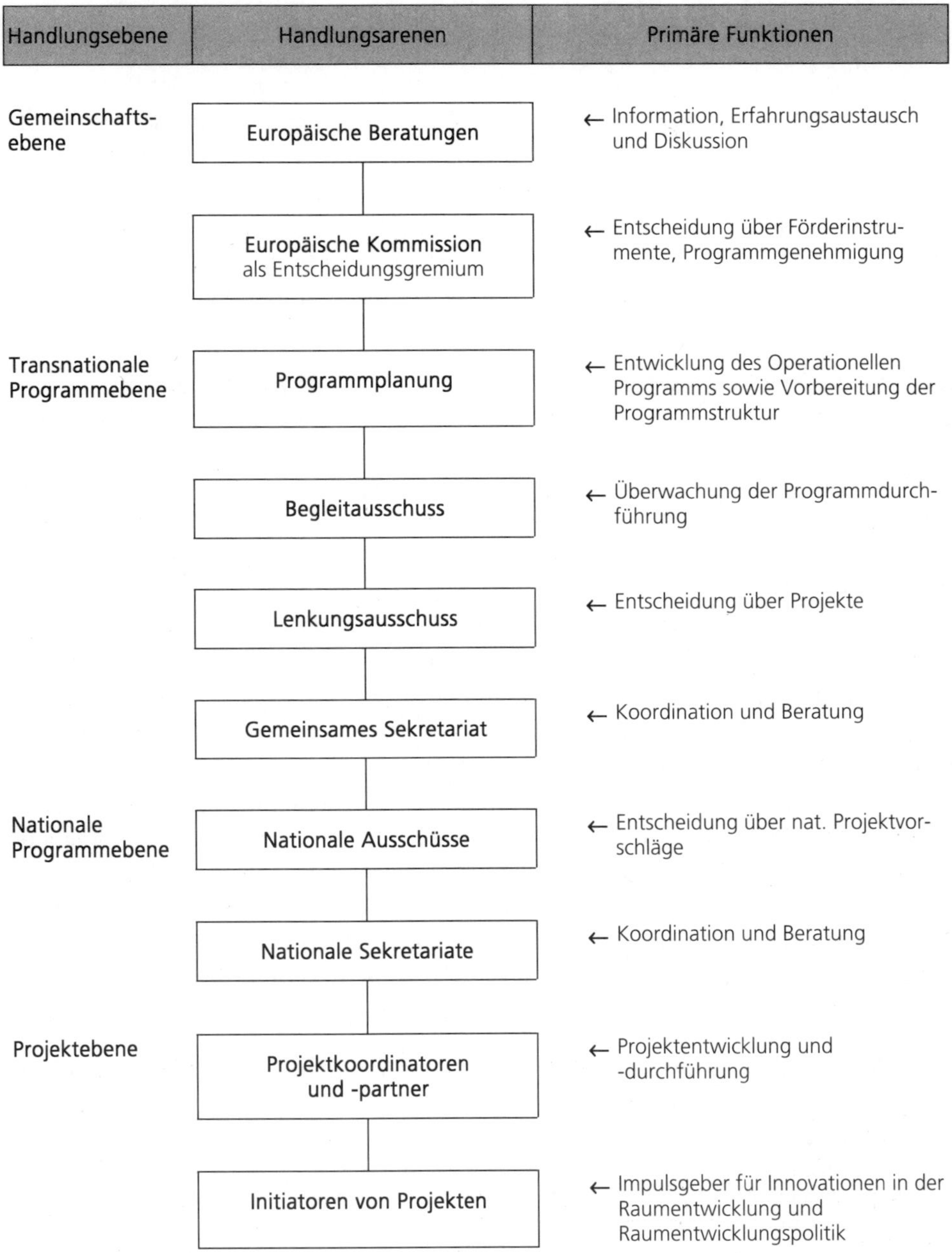

Abb. 4.5: Primäre Funktionen der Akteure in den Handlungsarenen im Rahmen von INTERREG II C (CADSES)

allenfalls an einzelnen Projekten als offizielle Partner oder informale Berater beteiligt sind und zudem nicht an den Kommissionsentscheidungen auf der Gemeinschaftsebene beteiligt sind, ist auch ihr Einfluss begrenzt.

Eine weitere Beobachtung ist die, dass Akteure ohne Beteiligung an den für Entscheidungen zuständigen Programmgremien durchaus einen großen Einfluss auf das Programm haben können, da sie über die Projektebene bzw. über die Beratungen auf der Gemeinschaftsebene Zugang zur Kooperation finden können. Ein Beispiel ist das Bundesamt für Bauwesen und Raumordnung (BBR), das nicht nur als Projektpartner im Projekt VISION PLANET federführend an der Entwicklung eines Leitbilds für die Raumentwicklung im Donauraum beteiligt war, sondern zudem das Bundesministerium bei seinen Funktionen auf der nationalen und transnationalen Programmebene sowie bei den europäischen Beratungen unterstützt und außerdem auch an der Öffentlichkeitsarbeit des Programms mitwirkt.[462]

Die meisten Handlungsarenen sind so eng miteinander verknüpft, dass Entscheidungen in der einen Arena in der Regel unmittelbar von Entscheidungen in anderen Arenen abhängen. Andererseits funktioniert die Kooperation innerhalb der Handlungsarenen weitgehend nach dem Prinzip der Freiwilligkeit, d. h. wenn die Kooperation in einer Handlungsarena aus welchen Gründen auch immer blockiert sein sollte und damit auch die Kooperation mit anderen Arenen blockiert, so verfügen diese anderen Handlungsarenen über keine oder nur einzelne Sanktionsmöglichkeiten wie die Finanzkontrolle durch die EU-Kommission sowie die eigene Überwachung der Verträge auf der Seite der Programmverwaltung. Auch innerhalb von Projekten sind Sanktionsmöglichkeiten denkbar. Sie setzen jedoch entsprechende Verträge zwischen den Projektpartnern voraus. Da es sich stets um transnationale Projekte und zudem meistens um Projekte mit Partnern auch aus Drittländern handelt, sind die faktischen Sanktionsmöglichkeiten jedoch selten eindeutig[463]. Die enge Kopplung zwischen den Arenen bei einer gleichzeitig relativ hohen Autonomie der einzelnen Arenen bzw. der in ihnen handelnden Akteure birgt das Risiko, dass einzelne Akteure die Kooperation blockieren können. In der Praxis ist es jedoch allenfalls zu Verzögerungen gekommen. Kein Akteur wollte die Verletzung des Programms oder gar von Verordnungen der Gemeinschaft riskieren, was der Kommission die Möglichkeit zur Sanktionierung regelwidrigen Verhaltens gegeben hätte.

Die vertikale Kooperation stellt hohe Anforderungen an die Strategiefähigkeit der komplexen Akteure und ihrer Repräsentanten.[464] Da sich die Kooperation auf ver-

---

[462] INTERREG II C (CADSES), SYS 2.3 und 2.4 Ausschussprotokolle; SYS 97/09/D; *Bundesamt für Bauwesen und Raumordnung (BBR),* 1999: Transnationale Kooperation in der Raumentwicklung, Transnational Co-operation in Spatial Development in Europe, Coopération transnationale en matière de développement de l'éspace en Europe, (CD-ROM), Bonn; *Bundesamt für Bauwesen und Raumordnung (BBR),* 2000: Strategies for Integrated Spatial Development of the Central Danubian and Adriatic Area, Guidelines and Policy Proposals, Approved at the Seminar of the Project Panel on 12 January 2000, in Vienna, ohne Ort.

[463] Der Programmverwaltung liegen keine systematischen Angaben über die Regelung der Binnenverhältnisse innerhalb der Projekte vor. Die Schwierigkeiten bei der administrativen Abwicklung deuten jedoch in vielen Fällen u. a. auf unzureichende Abstimmungen zwischen Projektpartnern hin.

[464] Zur Fähigkeit zum strategischen Handeln vgl. *Scharpf:* 2000, 107-110.

schiedene Ebenen und Arenen verteilt, setzt rationales Handeln den Informationszugang zu den Interaktionsprozessen in den einzelnen Arenen voraus. Wer die Interessenkonstellationen in den verschiedenen Arenen kennt, hat einen Vorteil, da rationales Handeln vollständige Informationen voraussetzt. Wer nur über den in einer Arena vorhandenen Informationsstand verfügt, kann Entscheidungsprozesse weniger sicher prognostizieren und durch eigenes Handeln beeinflussen. Daraus ergeben sich für die mit vielen Akteuren und Arenen interagierenden Akteure Vorteile. Die meisten Vorteile dürfte dies für die Kommission bringen, die nicht nur in Arenen eines, sondern aller INTERREG II C-Programme mitwirkt. Am schwierigsten dürfte die Ausgangsposition für private und öffentliche Projektantragsteller sein, die mit den Akteuren, Konstellationen und Interaktionsformen der Raumordnung bzw. Raumentwicklung bisher nicht vertraut sind. Der mögliche Einwand, dass diese ohnehin nicht für die Raumentwicklungszusammenarbeit geeignet sein, ist in Hinblick auf den im EUREK formulierten breiten Adressatenkreis von vornherein zurückzuweisen. Gerade sie gehören zum Adressatenkreis des EUREK und sollten in die Implementierung einbezogen werden.

4.2.3.2 Die horizontale Kooperation

Bei der Analyse der vertikalen Kooperation wurden bereits die Gemeinschaftsebene, die Transnationale Programmebene, die Nationale Ebene sowie die Projektebene als Handlungsebenen erwähnt. Diese vierteilige Gliederung, entlang der die horizontale Verflechtung der Kooperation analysiert wurde, entspricht einer spezifischen Mehrebenenstruktur im Rahmen von INTERREG II C (CADSES) und nicht dem europäischen Mehrebenensystem, wie es etwa von Jachtenfuchs und Kohler-Koch diskutiert wird.[465] Auffallend sind einige grundsätzliche Unterschiede, die in den folgenden Abschnitten mit angesprochen werden und eine programmbezogene Definition bzw. Präzisierung der Ebenen notwendig machen.

4.2.3.2.1 Kooperation auf der Gemeinschaftsebene

Wenn im Bezug auf INTERREG II C der EUREK-Prozess, der an anderer Stelle als vor allem intergouvernementale Initiative dargestellt wurde (vgl. Kap. 2.3.1.1 und 3.1.3), in der Abbildung 4.4 der Gemeinschaftsebene zugeordnet wird, so ist dies nicht im formalen, sondern im faktischen Sinne einer engen Verknüpfung mit der Gemeinschaftsebene zu verstehen. Das EUREK als gemeinsames Produkt der intergouvernmentalen Zusammenarbeit im Informellen Ministerrat wurde de facto zu einem Teil des Wirkens auf der Gemeinschaftsebene, in dem die Kommission in der INTERREG II C-Leitlinie ausdrücklich auf die Schlussfolgerungen von acht Ministertreffen Bezug

---

[465] *Jachtenfuchs, Markus/Kohler-Koch, Beate,* 1996: Regieren im dynamischen Mehrebenensystem, in dies. (Hrsg.): Europäische Integration, Opladen: Leske und Budrich, 15-44.

nimmt[466] und im Leitfaden der Gemeinschaftsinitiativen erstmals ausdrücklich von der Herstellung einer engen Verbindung zwischen INTERREG II C und dem EUREK spricht[467]. In der INTERREG III-Leitlinie wird dann die Berücksichtigung der EUREK-Empfehlungen erstmals in einer Verordnung ausdrücklich vorgegeben.[468] Umgekehrt weist auch das EUREK unmittelbar auf die Gemeinschaftsinitiative INTERREG II C hin, indem es dieses Förderinstrument zu seinem wichtigsten Anwendungsinstrument erklärt. Gemeinschaftsorgan und Informeller Rat sind kooperationsbereit, und die Kommission macht daraus im Rahmen ihrer Zuständigkeit für Leitlinien von Gemeinschaftsinitiativen ein Stück Formalisierung der Europäischen Raumentwicklungspolitik.

Im engeren Kontext des Programms INTERREG II C (CADSES) bezieht sich die horizontale Kooperation auf Gemeinschaftsebene nur auf einen Problembereich: die Finanzierung der Partner aus Drittstaaten aus dem PHARE-Programm[469]. Genauer gesagt, geht es um die im Förderzeitraum nur selten funktionierende Kofinanzierung von INTERREG II C (CADSES)[470] aus zwei unterschiedlichen Finanztöpfen der Gemeinschaft: dem EFRE für die Mitgliedstaaten und PHARE bzw. TACIS[471] für die Drittländer. Hierzu wäre erstens eine Abstimmung zwischen der Generaldirektion für Regionalpolitik (verantwortlich für den EFRE) und der Generaldirektion für die Erweiterung der Union (verantwortlich für PHARE) notwendig. Zweitens müssten auch die Mitgliedstaaten in den Verwaltungsausschüssen der Fonds den dabei notwendigen Richtlinienänderungen zustimmen. Beides hat in den Jahren seit der erstmaligen Auflage von PHARE- und INTERREG-Programmen 1989 trotz wiederholter Aufforderung seitens der Mitgliedstaaten nicht stattgefunden. Zuletzt wiederholten die Mitgliedstaaten ihre Aufforderung mit dem EUREK sowie in einem Schreiben der Mit-

---

466 INTERREG-Leitlinie, Art. 3.

467 *Europäische Kommission,* 1998b: Leitfaden der Gemeinschaftsinitiativen 1994-1999, 2. Teil, Brüssel und Luxemburg.

468 Amtsblatt der Europäischen Gemeinschaften: Nr. C 143/9, Anstrich 14, vom 23.05.2000, INTERREG III-Leitlinie.

469 Zu den Aufgaben und der Rolle des PHARE-Programms vgl. *Bach, Maurizio,* 1999: Die politikunternehmerische Rolle der Kommission im Handlungsfeld der Gemeinschaftshilfe für die Länder Mittelosteuropas, in: *ders.:* Die Bürokratisierung Europas. Verwaltungseliten, Experten und politische Legitimation in Europa, Frankfurt/Main und New York: Campus, 136-151; *Europäische Kommission – European Commission, DG Enlargement,* 2000f: PHARE 2000 Review – Strengthening Preparations for Membership, Communication from Mr Verheugen, Brussels.

470 Gleiches gilt nur für den Ostseeraum, der ebenfalls an der östlichen EU-Außengrenze liegt.

471 Von den Teilnahmestaaten am CADSES-Programm könnte nur die Ukraine von TACIS profitieren. Dies hat jedoch in der Praxis des Programms keine Rolle gespielt, weshalb im folgenden nur die PHARE-Problematik behandelt wird.

gliedstaaten aus dem CADSES-Bereich an die Europäische Kommission.[472] Die Koordination der Zusammenarbeit in diesem wichtigen Punkt funktioniert also bisher nicht, was dazu geführt hat, dass in den meisten Projekten Partnern aus Drittländern keine Kofinanzierungsmittel aus Gemeinschaftsfonds zur Verfügung gestellt werden konnten. Im Sinne des Ziels, den wirtschaftlichen und sozialen Zusammenhalt in Europa zu fördern, ist dies fatal, weil die in der Regel ohnehin besser gestellten Partner in den Mitgliedstaaten EU-Mittel bekommen, während Partner aus Drittländern von den ohnehin meist knappen Eigenmitteln auch noch die Projektarbeit bestreiten müssen.

Bei der PHARE-INTERREG-Problematik handelt es sich um ein externes Koordinationsproblem, das seine Ursache sicherlich auch in unterschiedlichen Aufträgen der beteiligten Generaldirektionen hat. Zudem dürfte von Bedeutung sein, dass die unterschiedlichen Ausrichtungen nur an der Außengrenze zum Konflikt führen, während beide Generaldirektionen ihre Aufgaben in der Hauptsache trotz des Koordinationsproblems erfüllen können. Schließlich ist zu bedenken, dass nicht einmal die Mehrheit der Mitgliedstaaten der Union an die östlichen Nachbarstaaten der Union grenzt, weshalb sie den Problemen in diesen Räumen schon aufgrund ihrer eigenen Lage eine unterschiedliche Bedeutung beimessen dürften.[473] Diese im Rahmen dieser Arbeit empirisch nicht vollständig nachzuvollziehenden externen Beweggründe wirken auf INTERREG II C (CADSES) ein und können gerade deshalb von den am Programm unmittelbar beteiligten Akteuren nicht selbst gelöst werden. Nichts macht das Gewicht der Kommission in der Europäischen Raumentwicklungszusammenarbeit deutlicher als die Folgen dieses Negativbeispiels von horizontaler Koordination.[474] Gleichzeitig offenbart sich an diesem Beispiel, dass die Koordinationsmechanismen in der Mehrebenenstruktur der Raumentwicklungszusammenarbeit nicht weit genug entwickelt sind, um solche Verflechtungsfallen zu vermeiden.

---

[472] EUREK, 179, Seite 46, und SYS 2.4.2-7: Common Statement on the future continuation of the CADSES co-operation under the INTERREG III B Community Initiative, Rome 17 June 1999.

[473] Für diese Deutung sprechen mündliche Aussagen von Mitgliedern der CADSES-Gremien. Für eine wissenschaftliche Verifizierung wäre jedoch eine Analyse der Protokolle des PHARE- und des EFRE- bzw. INTERREG-Ausschusses sowie eine Befragung der westlichen Mitgliedsländer der Union notwendig. Zudem sprechen neue Veröffentlichungen der Kommission für eine wesentliche Verbesserung der Abstimmung der Finanzierungsinstrumente; vgl. hierzu *Europäische Kommission – European Commission, DG Enlargement,* 2000f: PHARE 2000 Review – Strengthening Preparations for Membership, Communication from Mr Verheugen, Brussels.

[474] SYS 2.4.4: Die PHARE-INTERREG-Problematik wurde in fast allen Sitzungen des Begleit- bzw. des Lenkungsausschusses thematisiert. Die Quellen enthalten verschiedene Unterlagen insbesondere zu den ungarischen Bemühungen diesbezüglich. Dabei waren sich die Ausschussmitglieder einig, dass eine Lösung nur auf Gemeinschaftsebene gefunden werden kann. Vgl. auch SYS 4-2: Joint Declaration of the Republic of Austria, the Czech Republic, the Republic of Hungary, the Republic of Slovakia and the Republic of Slovenia on coordination of cross-border and transnational co-operation programmes of the European Union, Vienna 26 July 1999.

4.2.3.2.2 Kooperation auf der transnationalen Programmebene

Auf der transnationalen Programmebene ist die horizontale Koordination hauptsächlich auf die Zusammenarbeit in den transnationalen Gremien und im Gemeinsamen Sekretariat beschränkt.[475] Dies liegt vor allem daran, dass der Programmraum nicht an vorher bestehende Kooperationsräume und deren Kooperationsstrukturen anknüpfen konnte. Während vor INTERREG II C im Ostseeraum bereits die VASAB-Zusammenarbeit mit einem eigenen Ministerrat, Ausschuss, Sekretariat und Aktionsplan existierte, deren Tätigkeit mit Beginn von INTERREG II C nicht eingestellt, sondern fortgesetzt wurde (vgl. Kap. 2.3.1.2), gab und gibt es im CADSES-Raum keine vergleichbaren Strukturen. Die vorhandenen Arbeitsgemeinschaften (ARGE) der Alpen- bzw. der Donauländer decken jeweils nur einen Teil des Kooperationsraums ab und sind nur zum Teil auf Raumordnung ausgerichtet (vgl. Kap. 2.2.1.3). Die sich zwischen diesen Arbeitsgemeinschaften und der transnationalen Programmebene entwickelnden Beziehungen beschränken sich auf vereinzelte Doppelfunktionen von Ausschussmitgliedern[476] und auf die Diskussion und ggf. Genehmigung von Projektvorschlägen der Arbeitsgemeinschaft der Donauländer im Lenkungsausschuss[477]. Eine nachhaltige Wechselwirkung oder bedeutende Aufgabenteilung kann dabei nicht festgestellt werden. Die horizontale Verflechtung der transnationalen Gremien mit anderen transnationalen Strukturen ist daher als insgesamt nicht ausgeprägt zu bezeichnen.

Innerhalb der transnationalen Gremien spiegelt sich ebenfalls nur eine begrenzte horizontale Verflechtung wider. Das Operationelle Programm gibt für die transnationale Zusammenarbeit die Bildung von zwei Gremien vor. Die Aufsicht über die Programmdurchführung, Entscheidungen zur Modifikation des laufenden Programms und andere zur Gewährleistung eines reibungslosen Ablaufes des Programms notwendige Maßnahmen sind Aufgaben des Begleitausschusses.[478] Das eigentliche Hauptorgan der gemeinsamen Struktur bildet jedoch der Lenkungsausschuss, dem insbesondere die Genehmigung der verfügbaren Gemeinschaftsmittel obliegt.[479] In der Praxis sind die nationalen Delegationen für beide Gremien fast identisch besetzt.

---

[475] Zur Beschreibung der Kooperationsstruktur auf der transnationalen Ebene vgl. SYS 2.4.2-7: INTERREG II C-CADSES Programme, First Annual Report for 1997-1998, July 1999, 5-15; Böhme, Kai/Kokkonen, Merha, 1999: INTERREG II C CADSES Interim Evaluation, Nordregio Working Paper 1999:7, Stockholm: Nordregio, 15-18.

[476] So ist die Magistratsverwaltung von Wien sowohl in der Arbeitsgemeinschaft der Donauländer, dem österreichischen nationalen und den transnationalen Programmausschüssen vertreten. Auf österreichischer Seite fungiert sie als Koordinator des Projekts Transport Study ARGE Donauländer (SYS 3.4-2).

[477] Die ARGE Donauländer ist an den Projekten Transport Study ARGE Donauländer (SYS 3.4-2) und EDP-Supported Catalogue (SYS 3.4-1) beteiligt.

[478] Operationelles Programm, Kap. 4.4.1 sowie 5.B.4.

[479] Operationelles Programm, Kap. 4.4.2.

Da die Sitzungen der Gremien zudem stets am selben Tag und Ort stattfinden, gingen sie eine sehr enge Verbindung ein. Der einzig wichtige Unterschied in der Besetzung der Gremien besteht darin, dass im Lenkungsausschuss die Vertreter der Kommission und einzelner nationaler Stellen wie des Bundesministeriums für Wirtschaft und Technologie (BMWi) kein Stimmrecht hatten. In der Praxis spielte dies jedoch keine Rolle, weil die betreffenden Vertreter häufig auch an den Lenkungsausschusssitzungen teilnahmen und ihre Stimme dort schon deswegen nicht ohne Gewicht war, weil sie ein umstrittenes Thema oder eine umstrittene Projektgenehmigung im Begleitausschuss hätten aufgreifen und durch einen dortigen Beschluss revidieren können.[480]

Für den Begleitausschuss (vgl. Abb. 4.6) war ursprünglich auch die Beteiligung der für PHARE verantwortlichen Generaldirektion I. A der Kommission vorgesehen. Teilgenommen haben Vertreter dieser Generaldirektion jedoch nur an der konstituierenden Sitzung der Gremien am 28. Januar 1998.[481] Einheitlich geregelt ist, dass die Kommission und die Mitgliedstaaten durch die bereits an der Programmplanung beteiligten Koordinatoren vertreten werden. Bezüglich der Vertreter der Regionen fallen größere Unterschiede auf. Die Bundesländer Deutschlands und Österreichs werden permanent durch nur ein stellvertretendes Bundesland (Bayern respektive Land Wien) vertreten, während auf italienischer Seite mitunter mehrere Regionen und auf griechischer Seite nie Vertreter von Regionen an den Sitzungen teilnehmen.

Europäische Kommission	Generaldirektion Regionalpolitik
Deutschland	BMVBW, BMWi und Bayerisches Staatsministerium für Landesentwicklung und Umwelt
Österreich	Bundeskanzleramt, Magistratsverwaltung Wien
Griechenland	Wirtschaftsministerium
Italien	Ministerium für öffentliche Arbeiten und Region Friaul-Julisch Venetien; teilweise auch das Außenministerium
Drittländer	Vertreten durch die für Regionalpolitik verantwortlichen Ministerien oder ihnen nachgeordnete Einrichtungen

Abb. 4.6: Zusammensetzung der transnationalen Gremien am Beispiel des transnationalen Begleitausschusses (Monitoring Committee)[482]

[480] SYS 2.4. Teilnehmerlisten zu den einzelnen Sitzungen sowie Geschäftsordnung der Gremien; SYS 2.4.2-1: Protokoll der Sitzung des Lenkungsausschusses vom 28. Januar 1998. In Sitzungsprotokoll vom 28.1. verweist der Vertreter der DG XVI ausdrücklich auf seinen eingeschränkten Status im Lenkungsausschuss und nimmt anschließend ebenso ausdrücklich zu Projekten Stellung (Seite 7).

[481] SYS 2.4.2-1: Teilnehmerliste der Sitzungen am 28. Januar 1998 in Wien.

[482] Operationelles Programm, Kap. 4.4.1

Die Regelungen in den Geschäftsordnungen der Gremien, welche die Länderdelegation auf maximal drei Vertreter begrenzten, wurde nicht streng verfolgt. Verschiedentlich nahmen mehr als drei Vertreter eines Landes an den Sitzungen teil. Weitere nationale Teilnehmer zu Sitzungen mitzubringen, war darüber hinaus auch bei den anderen Delegationen nicht unüblich. Das BMVBW lud mehrfach das Bundesamt für Bauwesen und Raumordnung (BBR) als Berater zu Sitzungen ein und die Vorsitzenden der Sitzungen wurden häufig durch ein oder zwei Referenten aus dem eigenen Ministerium unterstützt. Was im Kontext dieses Kapitels jedoch wesentlich ist: zu den Sitzungen wurden fast nie Vertreter sektoraler Ministerien hinzugezogen, um diese beispielsweise in die Diskussion oder gar den Entscheidungsprozess von Projekten mit entsprechend sektoraler Relevanz einzubeziehen. Selbst als ein Verkehrsprojekt über mehrere Sitzungen hinweg kontrovers diskutiert wurde, blieb die Suche nach einer Lösung den Gremienmitgliedern vorbehalten und sie wurde schließlich auch von ihnen gefunden.[483]

Bemerkenswert ist die horizontale Verflechtung zwischen den Mitgliedstaaten und Drittländern in den Programmgremien insofern, als die in der INTERREG II C-Leitlinie verankerte Differenzierung zwischen den Teilnahmeländern (vgl. Kap. 4.1) in gewisser Hinsicht kompensiert werden konnte. Zwar konnten die Mitgliedstaaten den Drittländern keine Strukturfondsmittel zuweisen, aber zumindest konnten sie die mittel- und südosteuropäischen Staaten überall dort als gleichwertige Partner behandeln, wo dies nicht durch die Leitlinie ausgeschlossen war. So wurde in keinem Fall seitens der Mitgliedstaaten ein Projekt beschlossen, gegen das seitens eines Drittlandes ein Widerspruch eingelegt wurde. Dies wäre jedoch prinzipiell möglich gewesen, weil der Beobachterstatus der Drittländer in den transnationalen Gremien ein Veto gegen die EFRE-geförderten Projekte nicht einschließt.[484] Diese größtmögliche de facto-Gleichbehandlung der Drittländer hatte jedoch den Nachteil, dass es für Ungarn, als es im September 1998 nach Erfüllung verschiedener Vorbedingungen den Status eines Vollmitgliedes bekam, nur noch kleinere Veränderungen in der eigenen Funktion zu verzeichnen gab.[485]

Zur Unterstützung der Gremien wurde ein Gemeinsames Sekretariat gebildet, das keine eigene Entscheidungskompetenz bekam, aufgrund der vielfältigen Aufgaben bei der Durchführung des Programms jedoch dennoch eine wichtige Funktion ausübt. Insbesondere ist es für die Vorbewertung der Projekte und die Vorbereitung an-

---

483 SYS 2.4.3-4: Protokoll der Sitzung vom 15. September 1998 in Dresden; SYS 2.4.2-5 Protokoll der Sitzung vom 15 September 1998 in Athen.

484 Operationelles Programm, Kap. 4.6 Seite 30.

485 SYS 2.4.2-4: Ungarn hat seither ein Nationales Sekretariat, welches auch zum gemeinsamen Sekretariat gehört. Im Jahr 2000 lag der Vorsitz der transnationalen Gremien erstmals bei Ungarn. Als Voraussetzung musste Ungarn eine nationale Programmstruktur schaffen und die Bereitstellung von PHARE-Mitteln zusichern.

derer Entscheidungsvorlagen zuständig.[486] Wie bei den transnationalen Gremien, so kann auch beim Gemeinsamen Sekretariat von horizontaler Verflechtung auf transnationaler Ebene gesprochen werden. Der Grund liegt in der Konstitution des Sekretariats selbst, denn das als „virtuell" bezeichnete Sekretariat[487] bestand in der Praxis aus einer Art Ausschuss der Nationalen Sekretariate, der als gemeinsame Grundlage nicht einmal über eine eigene Geschäftsordnung verfügt. Die Akteure sind also nur lose gekoppelt. Hinzu kommt die unterschiedliche Stellung der nationalen Sekretariate.

Das Institut für ökologische Raumentwicklung in Dresden und das Österreichische Institut für Raumplanung in Wien, die in Deutschland bzw. Österreich die Funktion des nationalen Sekretariats ausüben, unterstützen die Gremien als externe Berater. Dagegen ist die Sekretariatsfunktion in Italien und Griechenland an den nationalen Programmkoordinator und damit an ein nationales Ministerium unmittelbar angebunden.[488] In Ungarn wurde für die 1998 erreichte Vollmitgliedschaft ein nationales Sekretariat bei der PHARE-Programmverwaltung und somit in einer dem Ministerium für Landwirtschaft und Regionalentwicklung nachgeordneten Behörde eingerichtet.[489] Ist das Gemeinsame Sekretariat selbst schon von informaler Kooperation selbstständiger Einrichtungen geprägt, so können auch seine externen Verflechtungen folglich nur informal sein. Dies gilt etwa für die Beziehungen zum Informations- und Erfahrungsaustausch zu den Sekretariaten in anderen Programmräumen.[490]

Insgesamt ist festzustellen, dass für die Handlungsarenen auf der transnationalen Ebene keine geeigneten Anknüpfungspunkte zur horizontalen Kooperation mit Akteuren außerhalb des Programms bestanden und das diese im Lauf der Programmdurchführung auch nicht entwickelt wurden. Wohl auch deshalb blieb der CADSES-Raum ein zunächst künstliches Gebilde, dessen Funktionalität eher infrage gestellt werden konnte, als etwa im Fall des Ostseeraums. Dass sich die Mitgliedstaaten dennoch für diesen Programmraum und nicht für einen anderen geografischen bzw. administrativen Zuschnitt entschieden und sie diese Position auch für die Förderperiode 2000-2006 bestätigten, ist ein Indiz dafür, dass das Fehlen von Akteuren auf transnationaler Ebene außerhalb des Programmzusammenhangs zwar ein Hindernis, aber kein Grund zum Scheitern der Bemühungen um eine intensivere horizontale Kooperation ist. Dies gilt mindestens solange, wie der Handlungsbedarf noch im Aufbau der Kooperationsgrundlagen gesehen wird.

---

[486] Operationelles Programm, Kap. 4.4.3, Seite 28. Diese unterstützenden Aufgaben werden in der EU mit dem Terminus Technische Hilfe bezeichnet.

[487] Ebenda, Seite 28.

[488] SYS 2.3.1: Protokoll des Sekretariatstreffens vom 13.-14. November 1997.

[489] SYS 2.3.1: Protokoll des Sekretariatstreffens vom 29. Februar und 1. März 2000.

[490] SYS 2.3.1: Unterlagen zu europäischen Sekretariatstreffen; siehe auch SYS 2.6.2-1 und 2.6.2-2.

4.2.3.2.3 Kooperation auf der nationalen Programmebene

Trotz der unterschiedlichen Quellenlage bzgl. der vier Mitgliedstaaten kann insgesamt festgestellt werden, dass die horizontale Verflechtung auf der nationalen Programmebene in den vier Staaten unterschiedlich strukturiert ist. Dies deutete sich schon bei den nationalen Programmkoordinatoren an (vgl. Abb. 4.3), die in den Mitgliedstaaten unterschiedlich ausgewählt wurden. Noch deutlicher wird dies jedoch bei der Zusammensetzung der nationalen Ausschüsse.

In Deutschland gehören dem Nationalen Ausschuss Vertreter der folgenden Ministerien an: Bayerisches Staatsministerium für Landesentwicklung und Umweltfragen (Vorsitzender), Bundesministerium für Verkehr, Bau- und Wohnungswesen (nationaler Koordinator) unter Einbeziehung des Bundesministerium für Wirtschaft und Technologie (ohne Stimmrecht) sowie die obersten Landesbehörden für Raumordnung der zum Programmraum zählenden Länder. Neben Bayern handelt es sich um die Gemeinsame Landesplanungsabteilung Berlin/Brandenburg sowie die für Raumordnung zuständigen Ministerien in Baden-Württemberg, Sachsen, Sachsen-Anhalt und Thüringen.[491] Der Ausschuss in Deutschland wird somit nur von für Raumordnung zuständigen Ministerien bestimmt, zumal das Bundeswirtschaftsministerium nur aufgrund seiner Funktion als Fondsverwalter an dem Ausschuss beteiligt ist. Die Zusammensetzung verdeutlicht, dass bei INTERREG II C (CADSES) in Deutschland der raumordnerische Bezug des Programms im Vordergrund steht.

Schon in Österreich, wo die Raumordnung einen ähnlichen Stellenwert und eine ähnliche Struktur hat (vgl. Kap. 2.2.2.2), ist der Nationale Ausschuss anders zusammengesetzt. Den Vorsitz führt in Österreich die für die Koordination der Raumordnung zuständige Abteilung des Bundeskanzleramts. Die am Programm beteiligten Bundesländer sind allerdings nicht in jedem Fall durch die Raumordnungsbehörden vertreten. Das Burgenland, Niederösterreich und Wien werden durch die Europabüros der Landesverwaltung vertreten. Nur Kärnten und die Steiermark entsenden die Landesplanung bzw. Landesbaudirektion in den Ausschuss. Zu dieser im Vergleich zu Deutschland differenzierteren Ländervertretung kommt die horizontale Verflechtung, die in Österreich nicht nur über die Ausschussmitglieder vermittelt, sondern durch sie geradezu verkörpert wird. Neben dem Bundeskanzleramt ist die nationale Ebene Österreichs im Ausschuss auch durch die Ministerien für wirtschaftliche Angelegenheiten, für Arbeit, Gesundheit und Soziales, für Auswärtige Angelegenheiten, für Finanzen, für Land- und Forstwirtschaft, für Umwelt, Jugend und Familie, für Unterricht und kulturelle Angelegenheiten und für Wissenschaft und Verkehr vertreten. An den diese Ministerien vertretenden Abteilungen spiegeln sich nicht zuletzt die auf der Bundesebene verankerten raumordnerischen Kompetenzen wider, weshalb auch

[491] SYS 2.2.1-1: Geschäftsordnung des nationalen Ausschusses.

die horizontale Verflechtung der Programmebene in Österreich als eine vorwiegend raumordnerisch ausgerichtete bezeichnet werden kann.[492]

Ähnlich wie in Österreich erscheint die Zusammensetzung des Nationalen Ausschusses in Italien. Die Federführung liegt in Rom beim Ministerium für öffentliche Arbeiten. Von den nationalen Ministerien gehören dem nationalen Programmausschuss die Ministerien für Äußeres, für Finanzen und Bilanzen, für Umwelt, für natürliche und kulturelle Güter und für Transport und Seefahrt an. Hinzu kommen die Vertreter der Regionen Friaul-Julisch Venetien, Veneto, Emiglia-Romagna, Marken, Abruzzen, Molise und Apulien, die bis auf Molise nicht von der regionalen Planung, sondern von den Büros für europäische Angelegenheiten der Regionalverwaltung vertreten werden. Offenbar schlägt sich in dieser Zusammensetzung die europapolitische Bedeutung von INTERREG II C in Italien nieder, die bereits im Kapitel 2.2.2.3 für Italien festgestellt wurde.

Am schwierigsten ist die Analyse der horizontalen Verflechtung im Fall Griechenlands. Gemäß Auskunft des für das Programm verantwortlichen Wirtschaftsministeriums gibt es einen Nationalen Ausschuss. Auch die Zwischenevaluierung des Programms stellte dessen Existenz nicht in Zweifel.[493] Dessen Zusammensetzung ist jedoch auf der transnationalen Programmebene nicht genau bekannt. Griechenland wird in den Gremien nur über sein Wirtschaftsministerium (ggf. unterstützt durch ein Beratungsunternehmen) vertreten. Selbst an Ausschusssitzungen in Athen haben keine Vertreter griechischer Regionen oder anderer nationaler Ministerien wie des Raumordnungsministeriums teilgenommen.[494] Dies entspricht dem Ergebnis der Akteursanalyse zur Politikformulierung in Griechenland (vgl. Kap. 2.2.2.4), der zufolge die Regionen in Griechenland keine größere Eigenständigkeit gegenüber dem Zentralstaat verfügen und die Raumordnung vor allem als ein Instrument der Wirtschaftspolitik angesehen wird. Wenn in Griechenland ein nationaler Programmausschuss nicht nur formal existieren, sondern auch praktisch arbeiten sollte, so sprechen alle verfügbaren Quellen dafür, dass es sich bei diesem Ausschuss um ein vom Wirtschaftsministerium geprägtes Gremium handelt, in dem die Regionen keine Bedeutung haben. Horizontale Verflechtung auf nationaler Programmebene in Griechenland ist dabei kaum als kooperative, sondern vorwiegend als staatlich-hierarchische Verwaltung vorstellbar.

Abgesehen von der schwierigen Quellenlage bezüglich Griechenlands kann bei allen untersuchten Mitgliedstaaten von einer ausgeprägten horizontalen Kooperation innerhalb der Staaten gesprochen werden, wobei diese je nach Verwaltungsstruk-

---

[492] SYS 2.3.1: Übersicht Nationaler Ausschuss in Österreich.

[493] *Böhme, Kai/Kokkonen, Merha,* 1999: INTERREG II C CADSES Interim Evaluation, Nordregio Working Paper 1999:7, Stockholm: Nordregio.

[494] SYS 2.4.2-5: Protokoll und Teilnehmerlisten der Ausschusssitzungen vom 17. Dezember 1998.

tur der Mitgliedstaaten (vgl. Kap. 2.2.2) mal mehr auf der regionalen Ebene (und dann außerhalb des nationalen Ausschusses) und mal mehr auf der nationalen Ebene (und dann unmittelbar im Ausschuss) stattfindet. Im Kontext des Programms verschmelzen diese Ebenen zur nationalen Programmebene, auf welcher jeweils der nationale Programmausschuss die zentrale Handlungsarena bildet.

Ein wesentlicher Teil der Interaktionsbeziehungen von Ausschussmitgliedern dient Ressortabstimmungen sowie Abstimmungen mit anderen öffentlichen Einrichtungen innerhalb der einzelnen Regionen bzw. auf nationaler Ebene. Diese Verknüpfungen bedürfen im Kontext dieser Untersuchung jedoch keiner eigenen Analyse, weil ihr Einfluss auf die nationale Programmebene stets über Ausschussmitglieder ausgeübt wird. Am Beispiel der Protokolle des Nationalen Ausschusses in Deutschland wurde näher untersucht, ob aus anderen Handlungsarenen auf den Nationalen Ausschuss direkt eingewirkt wurde. Es konnten jedoch keine diesbezüglichen Beispiele gefunden werden. Zumindest für Deutschland ist festzustellen, dass die horizontale Verflechtung der nationalen Programmebene an die Aktivitäten der einzelnen im Ausschuss vertretenen Länder- bzw. Bundesministerien gebunden ist.[495]

Dies zeigt beispielsweise das Projekt ODERREGIO, ein Projekt des vorbeugenden Hochwasserschutzes im Einzugsgebiet der Oder, das zu den wichtigsten Projekten mit deutscher Beteiligung zählt.[496] Dieses Projekt war nicht nur im Nationalen Ausschuss, sondern auch in einer eigenen Arbeitsgruppe der deutschen Ministerkonferenz für Raumordnung, in der Internationalen Kommission zum Schutz der Oder (IKSO) sowie seitens verschiedener polnischer Stellen intensiv diskutiert worden, bevor das Projekt in stark modifizierter Form genehmigt wurde.[497] Die Kopplung dieser Gremien mit dem Nationalen Ausschuss geschah informatorisch über Doppelzugehörigkeiten, d. h. nicht die IKSO wandte sich an den Nationalen Ausschuss, sondern die in beiden Gremien sitzenden Vertreter vermittelten zwischen beiden Arenen. Als Hinweis auf horizontale Abstimmungen ist außerdem zu werten, dass einige Projektanträge mit Kofinanzierungsnachweisen von Landesministerien eingereicht wurden, die selbst nicht, sondern nur über das Raumordnungsministerium ihres Bundeslandes im Nationalen Ausschuss vertreten sind.[498] Diesen Kofinanzierungszusagen gehen üblicherweise Ressortabstimmungen voraus. Die Quellen deuten jedoch insgesamt nicht darauf hin, dass die Arbeit der nationalen Gremien systematisch horizontal verflochten worden ist. Die horizontale Verflechtung entwickelte sich vielmehr gemäß den Verpflichtungen bzw. dem Ermessen der im Ausschuss vertretenen Verwaltungen.

---

[495] SYS 2.2.1-1,2,3: Sitzungsprotokolle des nationalen Ausschusses.

[496] SYS 3.4-3 97/06/D: Projektunterlagen ODERREGIO.

[497] SYS 3.4-3 97/06/D: Protokoll der MKRO-AG Sitzung vom 11. März 1998; SYS 2.2.1-1: Protokoll der 6. Sitzung des Nationalen Ausschusses vom 29./30. April 1999.

[498] Vgl. u. a. SYS 3.4-1 und SYS 3.4-2.

4.2.3.2.4 Kooperation auf der Projektebene

Die Projektebene als Handlungsebene

Die Einzelanalyse der Projekte[499] führt in den meisten Fällen zu einer Binnendifferenzierung der Projekte in verschiedenen Handlungsarenen (bzgl. deren Zusammensetzung vgl. Abb. 4.7 bis 4.9). Selbst Projekte, die im Kern nur aus einer Studie bestehen, gliedern sich oft in zwei oder mehr Arenen. Die Vielzahl der Expertengruppen, Teams, Arbeitskreise und Beiräte lässt sich nach zwei Gruppen unterscheiden: beratende und exekutive Arbeitsgruppen. In den exekutiven Gruppen arbeiten in der Regel private Firmen, wissenschaftliche und andere Einrichtungen, die den Auftrag zur unmittelbaren Projektdurchführung erhalten haben. In den beratenden Arbeitsgruppen sind dagegen die meist öffentlichen Einrichtungen zusammengeschlossen, die ein eigenes Interesse am Ansatz, der Methodik, den Arbeitsschritten sowie Ergebnissen des Projekts haben. Sie wurden auf eigenes Bemühen hin bzw. auf Anfrage durch die Projektkoordinatoren in die Arbeit gerade der anwendungsorientierten Projekte einbezogen.

Eine weitere Differenzierung der Projekte geht auf die Programmverwaltung zurück, die bei INTERREG II C vorsah, dass jeweils zu den Projektteilen der Partner aus Mitgliedstaaten ein eigener nationaler Projektvertrag zwischen dem nationalen Verwalter der Fördermittel und einem nationalen Projektkoordinator abzuschließen sei. Dies war notwendig, da es keine gemeinsame Fördermittelverwaltung (Joint Financial Body) gab, die Projektverträge für die jeweiligen Gesamtprojekte hätte schließen können.[500] Dieser Umstand zwang die Projektpartner in Bezug auf die Projektverwaltung zu einem an nationalen Vorgaben orientierten Handeln. Dies ist in Hinblick auf die Qualität der transnationalen Kooperation von außerordentlicher Wichtigkeit. Aufgrund der formalen Vertragsbeziehungen im nationalen Kontext entwickelten sich enge Verknüpfungen zwischen nationalem Auftragnehmer (Projektkoordinator) und den für EFRE und Kofinanzierung ggf. unterschiedlichen nationalen Auftraggebern (Verwaltungsbehörde). Dies ist für die angestrebte transnationale Zusammenarbeit insofern als kontraproduktiv zu werten, als die zuvor transnational formulierten und ausgewählten Projekte nach ihrer Genehmigung in nationale Teilverträge geteilt wurden. Die Transnationalität der Projektverwaltung kann im Prinzip über die informale Kooperation zwischen nationalen Auftraggebern bzw. zwischen den nationalen Sekretariaten kompensiert werden, was jedoch den Koordinierungsaufwand deutlich erhöht. Im Konfliktfall kann zudem auch der Lenkungsausschuss eingeschaltet werden. Doch kommt es dort nicht zu einer einvernehmlichen Lösung, so bleiben die bestehenden nationalen Teilverträge faktisch die einzigen bindenden Dokumente. Die auf konsensualer Basis kooperierenden Programmgremien können kei-

---

[499] Vgl. die Projektunterlagen in SYS 3.1 sowie 3.4.

[500] Vgl. Kapitel 4.4. und 4.5 im Operationellen Programm für INTERREG II C (CADSES).

ne Beschlüsse zur Änderung einmal geschlossener nationaler Verträge fassen, wenn die entsprechenden nationalen Vertreter dem in den Gremien nicht selbst zustimmen. Daraus ergibt sich für diese jedoch eine Ausstiegsmöglichkeit aus dem transnationalen Diskurs bei gleichzeitiger Fortsetzung nationaler Projektteile. In solch einer denkbaren Blockadesituation könnte eine Lösung nur noch durch das Eingreifen der Kommission erreicht werden. Zum Beispiel könnte sie durch Rückforderung von EFRE-Mittel nationalen Teilverträgen die finanzielle Basis entziehen. Nationale Verwaltungsstellen sowie die Projektbeteiligten müssen dies bei ihrem Vorgehen berücksichtigen und versuchen sicherlich schon deswegen, solche Entwicklungen zu verhindern.

Trotz der beschriebenen Formen der Binnendifferenzierung in den Projekten ist es sinnvoll, im Gesamtkontext des Programms von der Projektebene als einer Handlungsebene zu sprechen. Hierfür spricht vor allem die Tatsache, dass die Projekte trotz ihrer Binnendifferenzierung eine im Allgemeinen durch das Operationelle Programm[501] und im Speziellen durch die Entscheidungslage des Lenkungsausschusses zum Einzelprojekt[502] klar definierte Zweckbestimmung und Rolle zugewiesen bekamen und die Projektpartner einen entsprechenden Interaktionszusammenhang bildeten.

Selbst wenn einzelnen Projekten der Charakter von Leitprojekten zugesprochen wurde[503] und die Projekte jeweils unterschiedliche Fördersummen zugewiesen bekamen, waren die Projekte im Programmkontext dennoch formal gleichrangige Handlungsarenen ein und derselben Ebene. Da diese Ebene aber weder als rein national noch als rein transnational bezeichnet werden kann, sondern eine eigenständige Form darstellt, ist es insgesamt am sinnvollsten, diese Ebene als Projektebene zu bezeichnen.

Projekte als Arenen transnationaler Kooperation

Mit der Bekanntmachung des Programms wurden Projektentwicklungen initiiert und mit der Auswahl von Projekten wurden Interaktionszusammenhänge zunächst auf Zeit geschaffen, wobei die voraussichtliche Fortsetzung der Kooperation nach Projektende ein im Operationellen Programm erwähntes Auswahlkriterium der Projekte ist.

---

501 Operationelles Programm, Kap. 4.3 Kriterien zur Auswahl von Projekten und Kap. 5 Standardklauseln.

502 SYS 2.4.2: Jeweils bestehend aus der Entscheidungsvorlage (*summary sheet*) und dem entsprechenden Beschluss (festgehalten im Protokoll der jeweiligen Sitzung).

503 VISION PLANET (SYS 3.4-6), ESTIA (vgl. SYS 3.4-6, SYS 2.4.2-1 und SYS 2.4.2-2), GILDA (SYS 3.1-3, SYS 2.4.2-1 und SYS 2.4.2-2), ODERREGIO (SYS 3.4-3).

Angesichts weitgehend fehlender Kooperationsstrukturen im Kooperationsraum, auf die aufgebaut hätte werden können, ist eine der interessantesten Fragen die, inwiefern es gelingt, Akteure aus den unterschiedlichen Staaten des Programmraums zu Kooperationen zu veranlassen. Hierzu wurde für alle 45 Projekte des Kooperationsraums eine Analyse der Partnerstrukturen durchgeführt (vgl. Abb. 4.7).

Wegen der fehlenden finanziellen Unterstützung für Drittstaaten aus Gemeinschaftsfonds überrascht am Ergebnis der Analyse die hohe Beteiligung der mittelosteuropäischen Staaten. Ungarn ist an 27 Projekten beteiligt, während die Mitgliedstaaten Italien und Griechenland sich auf die Beteiligung an nur 15 bzw. 10 Projekten konzentrieren. Die am östlichen Rande des Programmraums gelegene Ukraine ist immerhin noch an 6 Projekten beteiligt. Bei den Balkanstaaten (immerhin vier beteiligen sich am Programm) ist die Zurückhaltung relativ am größten und bei den ausgewählten Projekten des 3. calls, dessen Stichtag 1999 noch vor dem Beginn des Kosovokriegs lag, treten sie nicht mit neuen Projektbeteiligungen in Erscheinung.

An den Akteurskonstellationen bei den einzelnen Projekten ist nicht überraschend, dass die meisten Kooperationen zwischen Partnern benachbarter Staaten begonnen wurden. So kooperiert Deutschland sehr häufig mit Tschechien und Österreich, aber nur vereinzelt mit Griechenland. Erfreulich im Sinne der sektorübergreifenden Programmausrichtung ist die Tatsache, dass sich an den Projekten viele Akteure beteiligen, die nicht zu den Trägern der Raumordnung in ihrem jeweiligen Lande gehören. So wurde im Rahmen des 3. calls ein Antrag für ein Projekt eingereicht und genehmigt, bei dem Gemeinden und private Akteure aus dem ländlichen Raum in Deutschland und Griechenland Maßnahmen zur umweltgerechten kommunalen Raumentwicklung entwickeln und umsetzen.[504]

Die Zahl der deutsch-italienischen Kooperation liegt mit sechs Projekten deutlich hinter den fünfzehn deutsch-österreichischen Kooperationen. Dies dürfte mit an der Struktur des Programmraums liegen, die den Deutschland und Italien verbindenden Alpenraum nicht einbezieht und somit entsprechende Kooperationen ausgrenzt (vgl. Kap. 4.1.2).

Ergänzend wurde bei der Analyse der Projektpartner nach dem Verhältnis zwischen Akteuren aus dem öffentlichen und dem privaten Bereich gefragt (vgl. Abb. 4.8 und 4.9).

Die Projektkoordination und damit die Federführung für die Umsetzung wird in Italien und Griechenland nur öffentlichen Einrichtungen anvertraut, während in den beiden anderen Mitgliedstaaten zumindest in einigen Fällen anders verfahren wurde. Betrachtet man die Projekte unter privater Federführung näher, so fällt auf, dass

[504] SYS 3.4-24: IMRA.

Abb. 4.7: Partnerstruktur der Projekte im Rahmen von INTERREG II C (CADSES) nach Ländern

Projekte \ Länder	D	A	I	GR	HU	CZ	SK	PL	SLO	RO	BG	UA	ALB	CR	BIH	SER	
1. VISION PLANET	■	■	■		▒	▒	▒	▒	▒	▒	▒	▒		▒		▒	13
2. ESTIA				■						■	■						3
3. ODERREGIO	■					■		■									3
4. PREPARITY	■	■	■		■												4
5. EDV-gestützter Katalog	■						■			■	■			■			5
6. UTN		■	■	■				■			■	■					6
7. Kooperative Netzwerke	■				■	■		■		■	■						6
8. Trans. Kooperation v. Städten	■				■	■	■		■								5
9. Transportstudie Donauländer	■	■			■		■			■	■	■		■		■	9
10. TECNOMAN		■		■	■												3
11. GILDA		■	■	■					■								4
12. TransCoMeDeS	■	■						■	■								4
13. Wassermanagement Infosys.		■			■												2
14. Planungsinstrumente	■	▒				■	■	■									5
15. Vermittl. raumplaner. Wissens	■	■				■	■										4
16. CEDN	■	■	■		■	■	■	■	■	■	■	■					11
17. Natürliche Ressourcen	▒	■		■	■				■								5
18. LET'S CARE METHOD		■	■						■								3
19. WETLANDS	■		■					■									3
20. NETWET				■						■	■		■				4
21. RDA-NET CEDA		■	■		■	■			■								5
22. IM-PLAN	■	■			■	■		■			■						6
23. Leipzig-Grünau	■				■	■	■	■		■	■						7
24. INTEMIGRA	■		■	■	■								■				5
25. Magistrale für Europa	■	■			■												3
26. SUSTRAIN	■	■			■	■	■		■								6

27. Europ. Wasserstraße Donau		■			■		■										3
28. Countdown	■	■	■	■	■												5
29. Kommunale Radios		■	■												■		3
30. Wissensmanagement		■		■					■								3
31. EWAT		■	■							■							3
32. KATER		■	■						■						■		4
33. Kulturstraße Donau	■	■			■						■	■				■	6
34. Tourismusentwicklung Elbe	■					■											2
35. FOCUS	■	■			■	■	■	■	■	■	■	■					10
36. BRIDGE-Lebensader Donau	■	■			■		■										4
37. VICLI – Virtuelle Clusteridentif.			■		■				■	■	■						5
38. IPPP – Gewerbeparks			■		■					■							3
39. SUDMA – Stadtentwicklung	■								■								2
40. CEEC LOGON		■			■	■	■	■	■	■	■						8
41. Railway Graz – Budapest		■			■												2
42. Environmental Conservation		■			■	■	■										4
43. NPIS – Netzwerk	■	■			■	■											4
44. REVI – Revital. von Städten	■					■											2
45. IMRA – Integr. Management	■			■	■			■									4
1. Call (Nr. 1- 20)	13	13	7	6	9	7	7	8	7	7	8	4	1	3	-	2	102
2. Call (Nr. 21-34)	8	11	6	3	9	5	3	2	4	2	3	1	1	-	2	1	61
3. Call (Nr. 35-45)	6	6	2	1	9	5	4	3	4	4	3	1	-	-	-	-	48
Beteiligungen gesamt	**27**	**30**	**15**	**10**	**27**	**17**	**14**	**13**	**15**	**13**	**14**	**6**	**2**	**3**	**2**	**3**	**211**

■ Projektpartner ■ weitere Projektkooperationen

Legende der in der Abbildung verwendeten Länderkürzel:

D	Deutschland	HU	Ungarn	SLO	Slowenien	ALB	Albanien
A	Österreich	CZ	Tschechien	RO	Rumänien	CR	Kroatien
I	Italien	SK	Slowakei	BG	Bulgarien	BIH	Bosnien-Herzegowina
GR	Griechenland	PL	Polen	UA	Ukraine	SER	Serbien

(das 17. Teilnahmeland Moldawien sowie Makedonien nahmen an keinem Projekt teil) es sich hierbei fast nie um Leitprojekte handelt.[505] Insgesamt erscheint die transnationale Raumentwicklungszusammenarbeit als eine in erster Linie öffentliche Aufgabe.

Deutschland		**Österreich**		**Italien**		**Griechenland**		**Gesamt**	
Öffentl.	Private	Öffentl.	Private	Öffentl.	Private	Öffentl.	Private	Öffentl.	Private
22	4	23	5	13	0	10	0	**68** **88,3 %**	**9** **11,7 %**

Abb. 4.8: Projektkoordinatoren nach Zugehörigkeit zum öffentlichen bzw. privaten Bereich (nur Mitgliedstaaten)

Deutschland		**Österreich**		**Italien**		**Griechenland**		**Gesamt**	
Öffentl.	Private	Öffentl.	Private	Öffentl.	Private	Öffentl.	Private	Öffentl.	Private
64	12	71	13	34	1	21	1	**190** **87,6 %**	**27** **12,4 %**

Abb. 4.9: Partnerstruktur nach Zugehörigkeit zum öffentlichen bzw. privaten Bereich (nur Mitgliedstaaten)

Verlässt man die Ebene der Projektleitung und bezieht die gesamte Partnerstruktur mit ein, so ändert sich das Bild nicht wesentlich. Dieses Analyseergebnis ist insofern überraschend, als anzunehmen ist, dass die unmittelbare Projektdurchführung in den meisten Fällen nicht von kommunalen, regionalen oder gar nationalen Verwaltungen selbst durchgeführt, sondern Instituten und privaten Unternehmen übertragen wird. Dies ist in der Praxis auch der Fall, nur geschieht dies über eine separate Ausschreibung nach Genehmigung des Projekts im Lenkungsausschuss. Die dabei ausgewählten Institutionen haben nicht die formale Funktion von Projektpartnern. Vielmehr handelt es sich um Subauftragnehmer von diesen. Berücksichtigt man diese Akteursgruppe auf der Projektebene mit, so dürften an mehr als 50 % der Projekte private Akteure beteiligt sein. Eine genaue Zahl lässt sich jedoch frühestens nach Abschluss des Gesamtprogramms im Jahr 2002 ermitteln, weil die Subverträge häufig gesplittet und auf die Projektlaufzeit verteilt werden und darüber hinaus nicht in jedem Fall meldepflichtig sind. Mehrfach hat sich zudem gezeigt, dass die Projekt- und Partnerstruktur vor Projektbeginn nicht ausgereift genug war und somit eine

505 Eine Ausnahme bildet das Projekt Sustrain, welches zumindest im deutschen Projektteil von einem Ingenieurbüro geleitet wird, während die österreichische und die transnationale Koordination des Projektes in der Verantwortung einer öffentlichen Einrichtung in Österreich liegt (vgl. SYS 3.4-17 98/17/D).

Projekterweiterung notwendig erschien, durch welche die Zahl der Akteure oft nochmals anstieg.[506]

Die Arenenbildung auf der Projektebene ist insgesamt als pragmatisch einzuschätzen. Mit einbezogen wird in der Regel, wer eine gewünschte und bezahlbare Kompetenz einbringen kann. Projekte, an denen 50 oder mehr Personen beteiligt sind, sind zwar Einzelfälle, die Gesamtzahl der an den 45 Projekten beteiligten Akteure kann aber durchaus 1 000 Personen erreichen. Nominell dürfte damit auch eine beträchtliche horizontale und vertikale Akteursverflechtung entstehen. Für die Raumentwicklungspolitik ist die Akteurszahl jedoch nur insofern von Relevanz, als damit eine wachsender Akteurskreis auf das Politikfeld aufmerksam wird. Die vorliegenden Zwischenberichte zeigen, dass bei vielen Projekten die Beschäftigung mit dem EUREK und der Europäischen Raumentwicklungspolitik einen der ersten intensiven Arbeitsschritte darstellt. Der Umfang und die Intensität der Auseinandersetzung, die in den Projektanträgen oft nur angedeutet wurde, zeigen, welche Aufmerksamkeit der Europäischen Raumentwicklungspolitik innerhalb der Projekte gewidmet wird.[507] Die Ergebnisse der meisten Projekte dürften durch die dabei gesammelten Erfahrungen und insbesondere durch dabei erarbeitete Studien und andere Dokumentationen indirekt auf die Raumentwicklungszusammenarbeit und -politik einwirken. Angesichts der Projektbeschreibungen und vorliegenden Zwischenberichte erschiene es allerdings als falsch, sämtliche Kooperationen im Rahmen der Projekte als Kooperation im Bereich der Raumentwicklungspolitik zu bezeichnen. Als von unmittelbarer Relevanz für die Raumentwicklungspolitik und zukünftige Zusammenarbeit in diesem Politikfeld dürften sich wohl nur die von den Mitgliedstaaten besonders unterstützten Leitprojekte erweisen, weil in ihnen eine breite Rückkopplung zwischen Projektbearbeitern und Vertretern der politischen Organisationen vor, während und zum Abschluss des Projekts stattfindet. Wie diese Kooperation funktioniert, dies wird im folgenden Kapitel am Beispiel des Projektes VISION PLANET analysiert und beschrieben (vgl. Kap. 5.2.3).

---

[506] Vgl. z. B. Projekte SUSTRAIN (SYS 3.4-17 97/17/D) und PLAIN – Local and Regional Planning Instruments (SYS 3.4-5 97/08/D); bei Projekte wie REVI (SYS 3.4-22 99/03/D) oder IMRA (SYS 3.4-24 99/05/D) fand die Erweiterung noch in der Auswahlphase des 3. call statt.

[507] Vgl. SYS 3.4-5 97/08/D: 1. Zwischenbericht des Projektes Lokale und Regionale Planungsinstrumente. Ein Beispiel für eine besonders intensive Auseinandersetzung mit europäischer Politik bietet das von Griechenland entwickelte Projekt zum Management von Feuchtgebieten NetWet; vgl. dazu *Center of Euro-Mediterranean Regions for the Environment (C.E.R.E.),* 2000: From Community Initiative INTERREG II C to INTERREG III: The Multi-level Promotion of International Co-operation, for the Balanced and Sustainable Development of European Space, Documentation for the International Meeting, Athens 20 March 2000, Athens: C.E.R.E.

4.2.3.3 Akteurskonstellation und Mehrebenenverflechtung – lose gekoppelte Kooperationen in einem formal begründeten Interaktionszusammenhang

Die im Rahmen von INTERRREG II C (CADSES) gewachsene Mehrebenenverflechtung zeichnet sich durch lose gekoppelte Kooperationsspiele aus, die im Kontext eines formal geregelten Interaktionszusammenhangs stattfinden. Die Kooperation ist dabei vor allem durch die folgenden Merkmale gekennzeichnet:

1. Im Gegensatz zur Politikformulierung im Rahmen des EUREK-Prozesses haben die Repräsentanten der regionalen bzw. nationalen Raumordnung nicht die alleinige Entscheidungskompetenz. Vielmehr müssen sie den institutionellen Kontext der Strukturfondspolitik und damit auch einen starken Einfluss der Europäischen Kommission berücksichtigen. Gleichzeitig werden sie jedoch in Entscheidungsprozesse bezüglich Territorien eingebunden, die nicht im Zuständigkeitsbereich ihrer Organisation liegen.
2. Kein Akteur ist auf allen Handlungsebenen oder gar in allen Handlungsarenen vertreten und kann daher auch nicht überall direkt Einfluss ausüben. Darüber hinaus ist keine Ebene oder Arena unabhängig von allen anderen. Damit ist jede Ebene, jede Arena und jeder der entsprechenden Akteure insbesondere bei wichtigen Entscheidungsprozessen wie der Projektauswahl auf Kooperation angewiesen.
3. Die Kooperation setzt bei allen Repräsentanten von Organisationen Verhandlungsmandate voraus. Durchsetzungsmandate würden in der Regel an der weiterhin bestehenden Autonomie der Akteure und den auf verschiedenen Arenen und Ebenen verteilten Entscheidungsprozessen scheitern. Dies gilt auch – wenn auch mit Einschränkungen – für die Kommission.

Der kooperative Grundansatz führt zur Berücksichtigung der verschiedensten regionalen und nationalen Besonderheiten im institutionellen Kontext des Programms, was allerdings nicht zu einer einfachen Kooperationsstruktur und leichten Vermittlung der Inhalte des Programms beiträgt. Verstärkt wird die Unübersichtlichkeit durch die Unklarheiten im institutionellen Kontext des Politikfelds (vgl. Kap. 3.2).

Mit dem ersten Aspekt wird die veränderte Akteurskonstellation hervorgehoben, die nun dem gemeinschaftlichen Charakter der Strukturfondsinterventionen und nicht mehr der intergouvernementalen Politikformulierung entspricht. Der zweite Aspekt unterstreicht die Offenheit des Programms, das praktisch jedem kooperationsbereiten Akteur Anknüpfungspunkte und Aktionsfelder anbietet. Insofern stellt das Programm keinen elitären oder geschlossenen Klub dar. Auf der anderen Seite macht der zweite Aspekt das Programm zumindest teilweise unübersichtlich. Es in all seinen Kooperationsbezügen und hinsichtlich der dort wirkenden Einflüsse verstehen zu können, dazu sind hohe Transaktionskosten zu leisten. Schon der Informationszugang ist ungleichmäßig verteilt. Insbesondere die Akteure auf der nationalen und transnationalen Programmebene verfügen über einen Informationsvorsprung, der ihnen die Orientierung und Auswahl von Handlungsoptionen erleichtert. Im Umkehrschluss reduziert dies jedoch die mit dem ersten Aspekt ausgedrückte Offenheit des Programms wieder beträchtlich. So ist das Programm offen für die unterschiedlichsten Akteure und wahrt gleichzeitig die Handlungsfreiräume der in den Programmgremien vertretenen Organisationen. Dies kann als ein Paradox der Schwäche von verflochtenen Verhandlungssystemen bezeichnet werden, welches Grande bereits bei seiner Analyse der Forschungs- und Technologiepolitik in der Europäischen Gemeinschaft festgestellt hat.[508]

Insgesamt erweist sich das Programm mit dieser Einflusskonstellation als eines, das primär auf Unterstützung der in den Programmgremien vertretenen Verwaltungen ausgerichtet ist. Ein Programm zur Verwaltungshilfe durchzuführen ist legitim, insbesondere in einem Politikfeld, das in allen beteiligten Ländern von öffentlichen Verwaltungen wesentlich mitgestaltet wird. Die INTERREG II C-Leitlinie unterstützt diese Ausrichtung auf die Verwaltungshilfe mit dem Hinweis darauf, dass die Gemeinschaftsinitiative im Rahmen der raumordnerischen Kompetenzen der Mitgliedstaaten ausgeführt wird und dass dabei andere Maßnahmen im Rahmen der Raumplanung, die von der Kompetenz der Mitgliedstaaten ausgehen, nicht beeinträchtigt werden.[509] Zu berücksichtigen ist dabei allerdings, dass auch bei Programmen zur Verwaltungshilfe allgemeine Bestimmungen der Gemeinschaft wie das Wettbewerbsrecht[510] oder die Publizitätsprinzipien[511] nicht außer Kraft gesetzt sind. Außerdem geht es um die Verwaltung eines öffentlichen Gutes (das Territorium von Staaten), welche wiederum nicht ohne Berücksichtigung privater Interessen (Eigentums-, Nutzungs-, und Beteiligungsrechte) vollzogen werden kann. Die primäre Ausrichtung der Koordination in der CADSES-Mehrebenenstruktur auf öffentliche Verwaltungen der Raumordnung grenzt somit zwar den Kreis der Hauptakteure beträchtlich ein und reduziert damit auch die Komplexität der zu koordinierenden Akteursbeziehungen. Wegen der Notwendigkeit, dennoch einen weiteren Akteurskreis und schließlich auch die Öffentlichkeit in geeigneter Weise einzubeziehen, bleibt die Mehrebenenverflechtung trotzdem eine von hoher Heterogenität und Komplexität.

---

[508] *Grande, Edgar,* 1996: Das Paradox der Schwäche, Forschungspolitik und die Einflusslogik europäischer Politikverflechtung, in *Markus Jachtenfuchs und Beate Kohler-Koch (Hrsg.)*: Europäische Integration, Opladen: Leske und Budrich, 373-399; *Grande, Edgar,* 1995: Regieren in verflochtenen Verhandlungssystemen, in *Renate Mayntz* und *Fritz W. Scharpf (Hrsg.)*: Gesellschaftliche Selbstregelung und politische Steuerung, Frankfurt am Main: Campus, 327-368.

[509] Amtsblatt der Europäischen Gemeinschaften: Nr. C 200/23 vom 10. Juli 1996, Artikel 4.

[510] *Europäische Kommission,* 2000c: Gemeinschaftsvorschriften über Staatliche Beihilfen, Vademekum, Luxemburg.

[511] *Europäische Kommission – European Commission,* 1995d: Practical guide to the information and publicity requirements of the Structural Funds and Financial Instrument for Fisheries Guidance, Luxembourg.

5 Probleme bei der Implementierung intergouvernementaler Politik mithilfe eines gemeinschaftlichen Förderinstruments

Die Analyse der CADSES-Kooperationsstrukturen im vorhergehenden Kapitel hat die Existenz formaler Kooperationselemente hinreichend verdeutlicht. Es ist offensichtlich so, dass auch die Repräsentanten der regionalen bzw. nationalen Raumordnung die Vorteile der gemeinschaftlichen Kooperation über den Nachteil der damit einhergehenden formalen Kompetenzen für die Europäische Kommission stellen. Schon der einfache Vergleich zu dem zehn Jahre dauernden und partiell parallel verlaufenden EUREK-Prozess zeigt, dass die (teilweise selben) Organisationen im CADSES-Kooperationsprozess innerhalb kurzer Zeit eine höhere Handlungs- und Entscheidungsfähigkeit erreicht haben. Im ersten Prozess wurde ein politischer Diskurs geführt, der mit einem informalen, nicht bindenden Dokument abgeschlossen wurde. Im zweiten Prozess wurden 45 konkrete Projekte gemeinsam ausgewählt und EU- sowie nationale Mittel für deren Umsetzung bereitgestellt, um die Ergebnisse des EUREK-Prozesses umzusetzen, die zu Beginn der CADSES-Kooperation aber noch gar nicht vorlagen. Während am EUREK-Dokument noch bis 1999 gearbeitet wurde, beschloss die Kommission bereits 1996 die Durchführung von INTERREG II C und ein Jahr später konnte sie die ersten von Mitgliedstaaten vorgelegten Programme genehmigen. Die Implementierung hatte die Politikformulierung nicht nur eingeholt, sondern überholt. Auch wenn in den INTERREG-Programmen der EUREK-Bezug betont wird, so zeigt doch schon die Phasenverschiebung zwischen den Prozessen, dass die Implementierung der Politikformulierung keineswegs nachgeordnet ist. Sie entwickelte sich vielmehr parallel und teilweise eigenständig. Praktisch nutzen die INTERREG-Akteure die erst Jahre später im EUREK verankerte Ausstiegsklausel schon vorab, um neben die intergouvernementale Kooperation eine gemeinschaftliche zu setzen.

Der empirische Befund der vorherigen Kapitel ist bereits ein wesentlicher Beleg für die Richtigkeit der Ausgangsthese dieser Arbeit. Doch die CADSES-Kooperation bietet die Möglichkeit zu einem noch tieferen Einblick in die Funktionsweise einer Zusammenarbeit, die sowohl von Formen einer formalen als auch informalen Kooperation geprägt wird. Dieser Einblick ist wichtig, denn in Verbindung mit der Akzeptanz formaler Kooperationsformen für das Politikfeld stellen sich neue Fragen wie die nach der Funktionsweise, der Legitimität und der Zielorientierung einer aus formalen mit informalen Kooperationsformen bestehenden Raumentwicklungspolitik. Hierzu kann von der CADSES-Kooperation keine Blaupause erwartet werden, denn sie beschränkt sich auf die Politikimplementierung in dem überschaubaren Kontext eines einzelnen Förderprogramms. Erwartet werden können jedoch Hinweise auf Einzelaspekte einer zukünftigen Kooperationsstruktur. Wichtig sind diese schon jetzt, weil von formalen Kooperationsformen allein auch nicht die Lösung aller Probleme zu erwarten ist. Im Gegenteil, aus der politischen Zusammenarbeit innerhalb der Europäischen Union gibt es genug Beispiele für ineffiziente bzw. in Verflechtungsfallen endende formale Kooperationsformen.[512] Diese könnten sich auch in der Europäischen Raumentwicklungspolitik einstellen, wenn nicht auch die Probleme bei der Implementierung einer solchen Kooperation frühzeitig mitbeachtet werden. Hierzu soll das folgende Kapitel einen Beitrag leisten, in dem einige INTERREG II C-spezifische Probleme näher betrachtet werden.

5.1 Umsetzung einer informalen Politik mit einem formalen Förderinstrument

Es widerspricht dem Verständnis von formalen Instrumenten, dass mit ihnen informale Politiken umgesetzt werden können. Faktisch wird eine informale Politik spätestens in dem Moment zu einer formal geregelten, wenn sie beispielsweise im Kontext eines Förderinstruments nach formalen Regeln implementiert wird. Dies geschieht im Rahmen von INTERREG II C und III B. Trotz dieser Formalisierung bleibt die Kopplung zwischen formal und informal bestehen, denn einerseits ist der Formalisierungsgrad noch relativ niedrig[513] und andererseits bleiben die Mitgliedstaaten trotz ihrer INTERREG-Kooperation beim Nein zur Schaffung gemeinschaftlicher Kompetenzen und zur Bildung europäischer Institutionen im Bereich der Raumentwicklungspolitik (vgl. Kap. 3.2). Die mit der Kopplung verbundene Problematik ist in den untersuchten Programmgremien nie selbst Gegenstand einer intensiveren Debatte gewesen. Während im Informellen Ministerrat und seinem Ausschuss für Raumentwicklung das EUREK im Vordergrund stand, fand die Vorbereitung für INTERREG II C im Wesentlichen innerhalb der Kommission und seitens der Programmkoordinatoren der Mitgliedstaaten statt. Für letztere veranstaltete die Kommission im Juli 1996 ein Vorbereitungsseminar. Die Ergebnisdokumentation[514] veranschaulicht, wie unproblematisch die Kopplung damals wahrgenommen wurde. Sie zeigt aber auch, wie

---

[512] Vgl. u. a. *Bach, Maurizio,* 1999: Die Bürokratisierung Europas. Verwaltungseliten, Experten und politische Legitimation in Europa, Frankfurt/Main und New York: Campus; *Heinelt, Hubert (Hrsg.),* 1996: Politiknetzwerke und europäische Strukturfondsförderung, Ein Vergleich zwischen EU-Mitgliedstaaten, Opladen: Leske und Budrich.

[513] Die Kommission verweist auf die Leipzig Prinzipien und das EUREK nur im Rahmen der Leitlinien für INTERREG II und III. Bei diesen Leitlinien handelt es sich nicht um Verordnungen, sondern nur um Mitteilungen der Kommission.

[514] *Europäische Kommission,* 1996e: Schlussfolgerungen und Fortsetzung des Seminars für die Vorbereitung der Gemeinschaftsintiative INTERREG II C, Zweiter Teil: Praktische Ratschläge, Brüssel, den 3.-4. Juli 1996, Brüssel (vgl. SYS 2.1.1-1).

pragmatisch und kompromissbereit die Zusammenarbeit angegangen wurde. Im Dokument wird formuliert, dass im Bezug zum in Vorbereitung befindlichen EUREK (damals noch als „Perspektive Europäischer Raumordnungspolitik" bezeichnet) für die einzelnen Programmräume deren gemeinsame transnationale Raumordnungsstrategie in ihren „großen Linien" zu erläutern sei.[515] Und selbst dies ist nur unter der Einschränkung „wünschenswert"[516] aufgeführt. Ebenso als wünschenswert wird die ansonsten bei Förderinstrumenten obligatorische *ex-ante*-Bewertung beschrieben. Die Tatsache, dass die Kommission diese Teile im Abstand weniger Zeilen zunächst als „besonders wichtig" und dann doch nur als „wünschenswert" bezeichnet, offenbart die Gratwanderung, welche die damals Verantwortlichen zwischen den formalen Anforderungen der Strukturfonds und dem weitgehend unbekannten und keineswegs formalisierten Terrain der Raumentwicklungszusammenarbeit zu leisten hatten. Da die Förderperiode 1994-1999 bereits fast zur Hälfte verstrichen war, aber die Finanzreserve der Kommission noch nicht vergeben war, bestand zudem Eile bei der Aufstellung neuer Programme. Statt auf eine weitere Entwicklung der Kooperation und entsprechend intensivere Vorbereitung der Programme zu warten, widmete man die ohnehin auf drei Jahre Laufzeit begrenzten II C-Programme genau dieser Entwicklung. Die vom Begriff her eindeutig in das Vorfeld einer Intervention gehörende *ex-ante*-Bewertung wurde damit praktisch in das Programm selbst verlagert und dieses Programm damit gleichzeitig der Vorbereitung weiterer und intensiverer Kooperationen gewidmet. Dies erklärt dann auch, warum in den generellen Zielen des Operationellen Programms der „Beginn einer Zusammenarbeit in der Raumentwicklung" und „Einleitung erster Schritte" in den Vordergrund gestellt wird.[517] Die zukunftsorientierte Intention bestätigte der Kommissionsvertreter dann auch ausdrücklich auf der CADSES-Auftaktkonferenz in Wien: „Thus INTERREG II C will be a model that will be considered very seriously by planning the new generation of this community initiatives after 1999"[518]. Die Orientierung auf zukünftige Aktivitäten statt der Orientierung an formalen Regeln stellte im Nachhinein betrachtet den erfolgreichen Auftakt des Lernprozesses zur Raumentwicklungszusammenarbeit im Kontext von INTERREG II C dar. Die informale Politik wurde also nur lose an die formale Strukturfondsförderung gekoppelt.

---

[515] Ebenda, Seite 5, erster Anstrich.

[516] Ebenda, Seite 4.

[517] Ebenda, Seite 5, dritter Anstrich; vgl. dazu die Formulierung der generellen Zielsetzungen im Operationellen Programm, Kap. 1.2.2, Seite 8.

[518] Beitrag von Herrn Niessler, DG XVI, vgl. SYS 2.4.2-1: Minutes of the Conference on INTERREG II C: Transnational spatial development along the external borders of the European Union, Vienna, October 6-7, 1997, 4.

5.1.1 Stärken und Schwächen informaler Kooperation

Seit der frühen Arenenbildung im Politikfeld (vgl. Kap. 2.3) sammelten die Akteure eine Reihe positiver Erfahrungen mit Kooperationsformen, deren Interaktionsregeln nicht formalisiert wurden. Die Grunderfahrung ist die, dass informale Kooperationsformen nicht nur funktionieren, sondern auch intensive und ergebnisorientierte Interaktion bewirken können. In der Vorgeschichte zu INTERREG II C (CADSES) geschah es eher selten und schien auch nur selten nötig zu sein, Kooperationen zu formalisieren. Stattdessen hatten kooperatives und prozessorientiertes Handeln sowie die lose Kopplung von Interaktionszusammenhängen zu einem flexiblen und durchaus erfolgreichen Kooperationsansatz geführt.

Dass ein solcher Ansatz auch in der Startphase von INTERREG II C (CADSES) der einzig anwendbare war, ergibt sich schon aus der Terminkette nach Genehmigung des Operationellen Programms (OP). Die Umsetzungsphase der EU-Gemeinschaftsinitiative INTERREG II C (CADSES) begann offiziell mit der Genehmigung des Programms am 6. August 1997 durch die damals zuständige EU-Kommissarin für Regionalpolitik.[519] Bereits drei Wochen später fand am 1. und 2. September in Dresden die deutsche Auftaktveranstaltung statt. Nach Ende dieser Veranstaltung versammelte sich der Nationale Ausschuss erstmals zu einem ersten improvisierten Gespräch.[520] Das Deutsche Programmsekretariat nahm seine Tätigkeit am 1. Oktober offiziell auf.[521] Einen Tag später erschien die offizielle Bekanntmachung des Programms mit der ersten Antragsfrist im Sächsischen Amtsblatt.[522] Die sich seit diesem Tag einarbeitenden Mitarbeiter begannen unmittelbar mit der Beratung von Antragstellern. Ebenfalls in den ersten Oktobertagen fand die transnationale Auftaktveranstaltung zum Programm in Wien statt.[523] Anlässlich dieser Veranstaltung trat auch erstmals das Gemeinsame Sekretariat zusammen, welches sich innerhalb seiner ersten nur zweitägigen Arbeitssitzung nicht nur auf ihre eigene Arbeitsorganisation, sondern auch auf Form und Inhalt der Antragsunterlagen und die Auswahlkriterien für die sich an den Stichtag des 1. calls (31. Oktober) anschließende Bewertung der Anträge verständigen musste. Dieselben Themen beschäftigten auch das ebenfalls in Wien stattfindende informelle Treffen der Programmkoordinatoren[524], und in diese Diskus-

---

[519] Entscheidung der Europäischen Kommission Nr. C (97) 2458 vom 4. August 1997.

[520] SYS 2.1.4-1: Unterlagen zur Auftaktveranstaltung.

[521] Grundlage hierfür war die Finanzierungszusage an das IÖR im Schreiben des Sächsischen Umweltministeriums vom 29. September 1997 (SYS 2.1.1.-1).

[522] SYS 2.2.1-2: Kopie der Bekanntmachung; gleichlautende Bekanntmachungen wurden auch in den Amtsblättern anderer Bundesländer veröffentlicht.

[523] SYS 2.4.2-1: Minutes of the Conference on INTERREG II C: Transnational spatial development along the external borders of the European Union, Vienna, October 6-7, 1997.

[524] SYS 2.4.2-1: Informal meeting of Austria, Germany, Greece, Italy and DG XVI in Vienna, 6. October 1997.

sionen waren im Laufe des Oktobers zahlreiche weitere Einrichtungen mit einzubeziehen[525]. Nach dem 1. call blieben den Sekretariaten dann nur wenige Wochen zur Antragsbewertung und Präsentation der Bewertungen in den Nationalen Ausschüssen.[526] Begleit- und Lenkungsausschuss tagten erst im Januar 1998 erstmals offiziell, diskutierten dort an einem Tag jedoch nicht nur ihre eigene Geschäftsordnungen, sondern genehmigten bereits die ersten Projekte.[527]

Die Startphase des Programms im Herbst 1997 kann man am besten definieren als eine Phase der Gleichzeitigkeit ungleichzeitiger Prozesse. Die Aufbauphase in den Sekretariaten und die ersten Vortreffen der nationalen und transnationalen Gremien verliefen praktisch parallel zur ersten Antragsrunde. Bemerkenswert daran ist, dass die zugrunde gelegte Terminkette von den beteiligten Akteuren selbst festgelegt worden war. Weder vom Operationellen Programm (OP) noch von den diversen EU-Vorschriften war eine entsprechende Terminierung vorgegeben. Auch der Vergleich zu anderen Programmräumen eignete sich nicht, um die CADSES-Kooperation zu beschleunigen, denn das OP für den CADSES-Raum war ohnehin das erste von der Kommission genehmigte.[528] Erklären lässt sich das Vorgehen in den ersten Monaten nur mit der Aufbruchstimmung bei allen Beteiligten und den beschränkten Erfahrungen der Akteure im Umgang mit Förderinstrumenten der Gemeinschaft.

Den Lernprozess, den sich die Akteure auf der nationalen und transnationalen Programmebene zubilligten, gewährten sie auch den Antragstellern. Die Bewertungen der Anträge des 1. calls durch die Sekretariate ermittelten teilweise wesentliche Defizite. Viele Anträge waren nicht nur unvollständig, sondern wiesen auch bezüglich der Projektinhalte Schwächen auf. Statt diese Projektanträge aber sofort abzulehnen, wurde den Antragstellern, die eine prinzipiell förderwürdige Projektidee in das Bewertungsverfahren eingebracht hatten, eine Chance zur Weiterentwicklung der Projektpartnerschaften und Überarbeitung der Anträge gegeben. Im deutschen Ausschuss war hierfür eigens das Kriterium der „Heilung" von Projekten formuliert worden.[529] Dieses wurde vom Lenkungsausschuss in seiner 1. Sitzung am 20. Januar

---

525 An den Auswahlkriterien arbeiteten auf deutscher Seite v. a. die BfLR, Vertreter des Bundesländern und schließlich auch der Nationale Ausschuss mit; vgl. SYS 2.2.1-2: Vorschläge verschiedener Behörden zur Antragsbewertung; SYS 2.2.1-1: Protokoll der 2. Sitzung des Nationalen Ausschusses vom 8. und 9. Januar 1998, Tagesordnungspunkt 2.

526 Bzgl. Deutschland vgl. SYS 2.2.1-1: Protokoll der 1. Sitzung des Nationalen Ausschusses vom 24. November 1997. In Italien und Österreich fanden die ersten Sitzungen bereits Anfang November statt.

527 SYS 2.4.2-1 Protokoll und Unterlagen zu den Sitzungen des Begleit- und Lenkungsausschusses am 28. Januar 1997 in Wien.

528 *Europäische Kommission*: Operationelle Programme für die Gemeinschaftsinitiative INTERREG II C (96/C 200/07). Programmgenehmigungen im Vergleich: NWMA, 3. Juni 1998; Nordsee, 17. Dezember 1997; Ostsee, 11. Dezember 1997; IRMA, 17. Dezember 1997.

529 SYS 2.2.1-1: Protokoll der 2. Sitzung des Nationalen Ausschusses vom 8. und 9. Januar 1998, Tagesordnungspunkt 2, Punkt 10. Zum Begriff der „Heilung" von Projekten vgl. den Tagesordnungspunkt 3.

1998 faktisch übernommen. Bis März konnten die nur bezüglich ihrer Projektidee prinzipiell befürworteten Projektanträge überarbeitet werden. Nach der erneuten Vorbewertung durch die Sekretariate fand die abschließende Entscheidung in einem schriftlichen Verfahren statt.[530]

Die durch Flexibilität und unbürokratische Verwaltung geprägte Kooperation dominierte noch bis zum Herbst 1998. Ohne sie wären die bis dahin erreichten Programmfortschritte nicht möglich gewesen. Doch bereits im Laufe des Jahres zeigten sich die Grenzen der informalen Kooperation innerhalb des formalen Förderinstruments. In der ersten Sitzung des Lenkungsausschusses am 28. Januar 1998 wies der Vertreter der Generaldirektion Regionalpolitik und Kohäsion (DG XVI) erstmals auf eine in Zukunft zu erwartende Kontrolle des Programms durch den Rechnungshof hin (vgl. Kap. 2.2.1.2).[531] Finanzkontrollen sind bei allen Interventionen der Europäischen Gemeinschaft üblich. Bemerkenswert an dem Hinweis auf den Rechnungshof ist lediglich, dass damit ein neuer Akteur angekündigt wurde, dessen Aufgabe in einer rein formalen Kontrolle der Kooperation besteht. Die Ankündigung stellte somit unmissverständlich klar, dass den formalen Aspekten der Kooperation zukünftig eine größere Beachtung zu schenken ist. Und noch eine zweite Grenze der informalen Kooperation begann sich abzuzeichnen.

Der Vertreter der DG XVI schlug in der Sitzung vom Januar 1998 die Bildung von transnationalen Projektarbeitsgruppen zur Stärkung der Transnationalität vor.[532] Der Vorschlag wurde aufgegriffen, doch da die Antragsteller im Herbst 1997 davon noch nichts wissen konnten, hatten sie die Kosten für die Mitarbeit in einer solchen Arbeitsgruppe nicht einkalkuliert. Da aus der Technischen Hilfe und anderen Maßnahmenbereichen ebenfalls keine Mittel zur Finanzierung der Gruppen bereitgestellt werden konnten, musste der Begleitausschuss schon auf seiner nächsten Sitzung feststellen, dass die Teilnahme an diesen Gruppen den Projektträgern dringend empfohlen, jedoch nicht formal auferlegt werden kann.[533] Die Entwicklung solcher die transnationalen Bezüge stärkenden und somit für das Programm wesentlichen Arbeitsgruppen scheiterte somit letztlich an der Form der Programmbekanntmachung, und es gelang erstmals nicht mehr, ein bestehendes Problem durch informale Kooperation zu beseitigen. Die dann dennoch gebildeten drei Transnationalen Projektarbeitsgruppen konnten daher nur bedingt ihren Zweck erfüllen.

Im Herbst begann mit der Übernahme des Vorsitzes in den transnationalen Gremien und in Gemeinsamen Sekretariat durch das griechische Wirtschaftsministerium

---

[530] SYS 2.4.2-2: Unterlagen zum schriftlichen Umlaufverfahren.

[531] SYS 2.4.2-1: Protokoll der Sitzung des Begleitausschusses vom 28. Januar 1998, Seite 4.

[532] SYS 2.4.2-1: Protokoll der Sitzung des Begleitausschusses vom 28. Januar 1998, Seite 6.

[533] SYS 2.4.2-4: Protokoll der Sitzung des Begleitausschusses vom 15. September 1998, Feststellung des Ausschussvorsitzenden, Herrn Dr. Runkel, Seite 6.

eine Phase der Stagnation. Hatten Österreich und Deutschland zuvor in den Perioden ihres Vorsitzes den Elan der Aufbruchsstimmung zur Forcierung der Kooperation genutzt, so begann der griechische Vorsitz mit zwei Monaten ohne größere Aktivität. Da die Programmkoordination und das Sekretariat in Athen bei derselben Verwaltungseinheit angebunden sind, die mit einer kleinen Arbeitsgruppe sämtliche INTERREG II A-, INTERREG II C-, Artikel 10-Programme und einige weitere Programme betreut, an denen Griechenland beteiligt ist, musste diese Verwaltungseinheit sich erst einmal in die Details der CADSES-Kooperation einarbeiten, bevor sie aktiv werden konnte. Dieser Prozess gestaltete sich als schwierig und eine externe Unterstützung bei der Einarbeitung als notwendig.[534] Dass dies trotz der Funktionsbündelung im Athener Wirtschaftsministerium nach einem Jahr der Zusammenarbeit notwendig war, verweist auf die unterschiedliche Intensität, mit der sich die Mitgliedstaaten auf die Kooperation eingelassen haben.

Aus diesem relativen Ungleichgewicht des Einsatzes gingen verschiedene, aber keine entscheidenden Konflikte im Kooperationsprozess hervor. Bemerkenswert sind sie nur deswegen, weil es gegen sie keine anderen Maßnahmen als den wiederholten Appell zu mehr Aktivität und zur Einhaltung von Verabredungen gab. Der unterschiedlich hohe Einsatz verletzte keine gemeinsamen Beschlüsse. Auch Griechenland erfüllte alle formalen Erwartungen (insbesondere wurden Gremiensitzungen durchgeführt und der erste Jahresbericht erstellt). Dass Griechenland kein Deutschland, Österreich und Italien gleichwertiges Engagement an den Tag legte, mögen Akteure in den jeweiligen Ländern bedauert haben, aber ein gleichwertiges Engagement war im Programm und den Geschäftsordnungen weder definiert noch vereinbart worden.

Die informale Kooperation gelangte an die Grenzen ihrer Funktionsfähigkeit, sobald der konsensuale Kooperationsprozess nicht mehr zum Konsens führte. Mit Konflikten im Umsetzungsprozess hatte man angesichts der schwierigen Ausgangssituation im Programmraum sicherlich gerechnet, aber Vorkehrungen für Konfliktfälle waren seitens der an der Programmentwicklung beteiligten Akteure nicht getroffen worden. Das Operationelle Programm sieht die Zuständigkeit in Konfliktfällen insbesondere beim Begleitausschuss, dem sogar die Kompetenz zur Änderung des Programms eingeräumt ist. Die Geschäftsordnungen des Begleit- sowie des Lenkungsausschusses[535] sehen für Entscheidungen allerdings allein den konsensualen Prozess vor. Für ein von einem einmal getroffenen Konsensus abweichendes Verhalten wurden keine Sanktionsmöglichkeiten festgelegt. Im Konfliktfall könnten sie also auch nur durch einen entsprechenden konsensualen Beschluss festgelegt werden, was jedoch als höchst unwahrscheinlich gelten dürfte (vgl. hierzu auch Kap. 4.2.3.2.4).

---

[534] SYS 2.3.3: Briefwechsel und Unterlagen zur Reise nach Athen im November 1998.

[535] SYS 2.4.2-1: Rules of Procedure of the Monitoring Committee, Article 2; Rules of Procedure of the Steering Committee, Article 2.

Lässt man zunächst noch einmal die regulativen Steuerungsmöglichkeiten der Europäischen Kommission außer Acht, über die sie als Strukturfondsverwalter verfügt, dann spiegelt sich in der Kooperation in den transnationalen Gremien das Kooperationsmuster des Informellen Ministerrats wider. Hier wie dort findet intergouvernementale Zusammenarbeit statt, die von der Gleichrangigkeit der beteiligten Mitgliedstaaten und einer Kooperation im gegenseitigen Vertrauen ausgeht, bei der die Kooperationsregeln entweder nicht schriftlich fixiert sind oder den Partnern eine Ausstiegsmöglichkeit (exit option) bieten. Dieses Muster wurde so uneingeschränkt übernommen, dass es sogar für das über die Technische Hilfe finanzierte Gemeinsame Sekretariat gilt. Obwohl dort gar nicht die Ministerien vertreten sein sollten und obwohl die Arbeit im Wesentlichen von Instituten und Beratungsfirmen getragen wird, kooperieren die nationalen Sekretariatsmitglieder im Gemeinsamen Sekretariat wie ein informaler Ausschuss der Programmgremien. Im Gegensatz zu den transnationalen Gremien verfügt das Sekretariat nicht einmal über eine Geschäftsordnung, sondern nur über ein gemeinsames, aber wiederum unverbindliches Grundverständnis von den Prinzipien der Kooperation.[536] Es gibt keinen Gremienbeschluss der festlegt, dass dies so sein solle. Dass es so gekommen ist, dürfte in diesem Fall auf eine Prioritätensetzung der Mitgliedstaaten zurückgehen, denn auf nationaler Ebene sind die Sekretariate klar definiert und vertraglich bzw. strukturell eng an eine regionale oder nationale Behörde gebunden. Dort, wo sie strukturell an ein Ministerium angebunden sind (in Italien und Griechenland), reicht der interne Geschäftsverteilungsplan aus. In Deutschland und Österreich, wo die Sekretariate nicht mit den Nationalen Programmkoordinatoren identisch sind, ist die Sekretariatstätigkeit über Verträge geregelt.[537] Diese nationalen Verträge gehören zu den wenigen für die transnationale Kooperation auf Programmebene relevanten rechtsverbindlichen Vereinbarungen, denn selbst der Beschluss der Mitgliedstaaten zur gemeinsamen Durchführung des Programms ist nur in der relativ weichen Form einer Einvernehmenserklärung (letter of intent) gefasst worden.[538] Gegenüber den verbindlichen nationalen Sekretariatsverträgen bestand keine vergleichbar verbindliche Regelung für die transnationale Kooperation im Gemeinsamen Sekretariat. Obwohl die mitgliedstaatlichen Vertreter die gemeinschaftliche Kooperationsform im Rahmen von INTERREG II C akzeptiert hatten, scheint hier noch einmal das im EUREK-Prozess vorherrschende Interesse an der Wahrung des nationalen Einflusses in den Vordergrund getreten zu sein. Dabei wurde auf eine Formalisierung der Beziehung zu den nationalen Sekretariaten Wert gelegt, während man das Gemeinsame Sekretariat der informalen Kooperation überließ.

---

[536] SYS 2.3.1: Principles of further proceedings in Minutes of the Meeting of the CADSES Secretariats of Germany, Greece, Italy and Austria, Vienna, 29. January 1998.

[537] In Österreich handelt es sich um einen bzw. mehrere Verträge zwischen dem Bundeskanzleramt und dem Österreichischen Institut für Raumplanung (ÖIR). In Deutschland handelt es sich um einen Vertrag zwischen dem Sächsischen Staatsministerium des Innern (SMI, vormals SMUL) und dem Institut für ökologische Raumentwicklung (IÖR).

[538] SYS 2.1.1-1: *letter of intent* der Mitgliedstaaten.

5.1.2 Stärken und Schwächen formaler Kooperation

Wie im vorigen Abschnitt erwähnt war auch die Europäische Kommission zu Beginn der Kooperation sehr flexibel und ließ ihr regulatives Kontrollinstrumentarium weitgehend ungenutzt. Durch ihren letter of intent hatten die Mitgliedstaaten ihre Zustimmung zur Durchführung einer Gemeinschaftsinitiative INTERREG II C im vorgeschlagenen Programmraum gegeben. Mit der Genehmigung eines entsprechenden Operationellen Programms durch die Kommission galten automatisch alle mit entsprechenden Förderinstrumenten der Europäischen Gemeinschaften verbundenen Verordnungen auch für die Raumentwicklungszusammenarbeit im CADSES-Raum, obwohl sie natürlich keineswegs für diesen besonderen Programmtyp, nämlich die über die EU-Außengrenze hinausgehende transnationale Raumentwicklungszusammenarbeit entwickelt worden waren.[539]

Von Anfang an bestand eine der gravierendsten Schwächen des formalen Förderinstruments INTERREG II C in seiner auf das Territorium der Union beschränkten Anwendbarkeit (vgl. Kap. 4.2.3.2.1). Dass die Kommission die Programme an der östlichen Außengrenze der Union unter dieser Voraussetzung überhaupt genehmigt hat, ist nur mit der Hoffnung der zuständigen Kommissarin und ihrer Mitarbeiter darauf zu erklären, dass es zu einer baldigen Vereinfachung der Förderbestimmungen für die außenpolitischen Förderinstrumente PHARE und TACIS kommen werde.[540] Das Kapitel im Operationellen Programm zur Zusammenarbeit mit den teilnehmenden Drittstaaten zeugt von dieser Hoffnung ebenso wie die Aussagen der Kommissionsvertreter während der ersten Begleitausschusssitzung im CADSES-Raum.[541]

Die Quellen geben keinen Hinweis, der auf Versuche einer Dominanz der Kooperation seitens der Kommission schließen lässt. Der eigentliche Türöffner zur Formalisierung der Kooperation lässt sich mit einem Wort bezeichnen: Haftung. Fragen, welche mit der Haftung für Fehlentwicklungen und Fehlentscheidungen zu tun haben, wurden zunächst nicht näher erörtert, jedoch rückten sie schon im Laufe des ersten Jahres nach Programmgenehmigung immer stärker in den Vordergrund. Entzündet hat sich die Diskussion im Kontext der Präzisierung des Programmmanagements und insbesondere der Finanzverwaltung. Die Kernfrage lautete meist: Wer haftet gegenüber der Europäischen Kommission, wenn ein Projekt teilweise oder ganz fehlschlägt? Aus Kommissionssicht war die Frage leicht zu beantworten. Da die

539 Eine Übersicht zu den relevanten Verordnungen enthält das Kapitel Standardklauseln des Operationellen Programms. Vgl. außerdem SYS 2.1.3.-1: Arbeitsblätter zur Förderung der Ausgaben im Rahmen der EG-Strukturfonds (SEM 2000).

540 Diese Hoffnung begann sich jedoch erst im Jahre 2000 zu erfüllen; vgl. *Europäische Kommission – European Commission, DG Enlargement,* 2000f: PHARE 2000 Review – Strengthening Preparations for Membership, Communication from Mr Verheugen, Brussels.

541 Operationelles Programm, Kapitel 4.6, Seite 30. SYS 2.4.2-1: Protokoll der Sitzung des Begleitausschusses vom 28. Januar 1998, Redebeiträge der Herren Franco und Shotton.

Kommission die EFRE-Mittel zu den einzelnen Zahlungstranchen des Programms jeweils an eine zuvor vom Nationalen Koordinator genannte Stelle im jeweiligen Mitgliedstaat überweist, haftet ihr gegenüber der Empfänger für die Mittelverwendung. Wie die Haftung im Weiteren geregelt werden sollte, dies war den Mitgliedstaaten überlassen. Während in Österreich und Griechenland die Projektverträge durch das Bundeskanzleramt bzw. das Wirtschaftsministerium (und somit durch die Programmkoordinatoren und INTERREG-Fondsverwalter) geschlossen wurden, war dies in Italien und Deutschland anders geregelt. In beiden Ländern wurde die regionale Ebene (für Italien jeweils eine Region pro Maßnahmenbereich und für sämtliche Projekte mit deutscher Beteiligung der Freistaat Sachsen) zwischengeschaltet.[542] Im Fall Italiens stand zwischen jeder Projektgenehmigung und jedem Projektvertrag ein Dekret des römischen Ministeriums für Öffentliche Arbeiten, welches die Förderung genehmigte und auch die nationale Kofinanzierung zuwies.[543] In Deutschland gab es weder solche Dekrete noch hat man eine Verwaltungsvereinbarung zwischen den Ländern geschlossen. Vielmehr übernahm der Freistaat Sachsen die Haftung per einseitiger Erklärung gegenüber den Mitgliedern des Nationalen Ausschusses.[544] Die in den Mitgliedstaaten nunmehr für die Finanzverwaltung zuständigen Stellen sicherten sich wiederum durch die Projektverträge mit den Projektträgern (Projektkoordinatoren) ab. Damit ist die Haftungsfrage im Prinzip geklärt.

Die Festlegungen führten jedoch zu nicht unbedeutenden Gewichtsverschiebungen in den Kooperationsbeziehungen. So wurde die in Deutschland für die Vertragsabschlüsse und die Überwachung der Vertragsabwicklung zuständige Abteilung Landesentwicklung des sächsischen Innenministeriums (SMI)[545] noch vor dem Nationalen Ausschussvorsitzenden (Bayern) und dem Nationalen Programmkoordinator (BMVBW) zur wichtigsten nationalen Behörde bei der Projektüberwachung, ohne dass diese Verschiebung jedoch zu einem höheren Gewicht des Freistaats in der politischen Kooperation führte. Sachsen entsendet nach wie vor keinen Repräsentanten in die transnationalen Gremien.

Problematischer für die Funktionsfähigkeit war jedoch der mangels formaler transnationaler Vereinbarungen zwischen den Mitgliedstaaten notwendige Abschluss von nationalen Verträgen für die nationalen Partner in den transnationalen Projekten (vgl. 4.2.3.2.4). Dieser Verwaltungsmodus im Programmraum zwingt die Projektpartner,

---

[542] Zur Beschreibung des Finanzmanagements in den vier Mitgliedstaaten vgl. SYS 2.4.2-7: INTERRREG II C (CADSES) Programme, First Annual Report for 1997-1998, July 1999, 18-21.

[543] Musterdekret vgl. SYS 2.3.4: Ministero dei Lavori Pubblici, Gabineto, Decreta 22 Maggio 1998.

[544] SYS 2.2.1-1: Protokolle des Nationalen Ausschusses zu den Sitzungen vom 6. April 1998 (TOP 1) und vom 6./7. Juli 1998 (TOP 4.3).

[545] Die Abteilung Landesentwicklung war bei Programmbeginn dem Umweltministerium (SMU), dann dem Umwelt- und Landwirtschaftsministerium (SMUL) und ist erst seit Ende 1999 dem Innenministerium zugeordnet.

sich auf die spezifischen Anforderungen (insbesondere das nationale Haushaltsrecht) zu orientieren und im Zweifelsfall die transnationale Kooperation darunter leiden zu lassen. Dieser Trend wurde dadurch verstärkt, dass sämtliche Projekte national kofinanziert werden mussten. Dies bedeutet etwa für den Fall Deutschlands, dass neben dem Vertrag über den „deutschen EFRE-Anteil" noch ein oder gar mehrere Erklärungen bzw. Verträge zur nationalen Kofinanzierung seitens privater, kommunaler, Länder- oder Bundeseinrichtungen durch die Projektpartner in Deutschland zu berücksichtigen waren. Dazu zwei Beispiele: Beim Leitprojekt VISION PLANET[546] besteht die Projektfinanzierung aus den drei EFRE-Verträgen in Deutschland, Österreich und Italien. Die Kofinanzierung steuert in Deutschland das Bundesamt für Bauwesen und Raumordnung bei, welches gleichzeitig der deutsche Projektkoordinator ist. In Italien und Österreich kommt die Kofinanzierung über dieselbe Stelle wie die EFRE-Mittel, weshalb sich ein separater Vertragsabschluss erübrigt. Es handelt sich bei VISION PLANET mit seinen drei Verträgen und der deutschen Kofinanzierungserklärung seitens des Projektkoordinators noch um einen der einfacheren Fälle. Im zweiten Beispiel, dem Projekt, Magistrale für Europa[547], kooperieren 26 Partner aus Deutschland, Österreich und Ungarn, von denen sich 20 an der Kofinanzierung beteiligen. Im Rahmen des Projektmanagements sind 22 Verträge bzw. Erklärungen zur EFRE- bzw. nationalen Kofinanzierung bezüglich ihrer Anforderungen und deren Einhaltung zu koordinieren. Wenn dann noch hinzukommt, dass das jeweilige Projekt so transnational angelegt ist, dass sich Belege nur schwer einzelnen nationalen Projektteilen zuordnen lassen, was insbesondere bei Studien der Fall ist, dann wird die Finanzverwaltung für alle Beteiligten zu einem Unterfangen, bei dem Aufwand und Leistung gerade bei den Projekten mit geringem Finanzvolumen in keinem rechten Verhältnis mehr stehen.

Bedeutete die vertragliche Fixierung der Projektkooperationen im Programmrahmen im Hinblick auf die zu klärende Haftungsfrage zunächst eine Stärkung der Zusammenarbeit, weil sie Verbindlichkeit schuf, so erwies sie sich in der gewählten Form später als eine erhebliche Bürde. Nachdem die Verträge einmal geschlossen waren, sank der Handlungsspielraum aller beteiligten Akteure deutlich. Jede Änderung am Projekt musste nun seitens der Projektkoordinatoren erst mit den verschiedenen Vertragspartnern abgestimmt werden, was häufig sogar eine Vertragsänderung notwendig machte.[548] Die Programmgremien konnten ihrerseits keine Änderungen am laufenden Programm mehr vornehmen, da alle Mittel spätestens seit dem 31. Dezember 1999 vertraglich gebunden waren. In dieser Hinsicht war die Programmentwicklung auf der Programmebene tatsächlich mit dem Jahr 1999, dem

[546] SYS 3.4-6 97/09/D.

[547] SYS 3.4-20 98/20/D.

[548] Vertragsänderungen insbesondere beim Arbeits- und Zeitplan der Projekte ließen sich für einen großen Teil der deutschen Projektbeteiligungen feststellen.

formalen Ende der Förderperiode beendet, auch wenn die Projekte teilweise noch bis in die zweite Hälfte des Jahres 2001 laufen.

Zusammenfassend lässt sich die Stärke der formalen Kooperation im CADSES-Programm damit beschreiben, dass sie der Kooperation Verbindlichkeit gegeben hat. Ohne die formale Haftungsregelung zwischen den Akteuren der verschiedenen Handlungsebenen wäre jedem Akteur eine einfache exit option geblieben, die das Kooperationsrisiko derart erhöht hätte, dass die meisten Kooperationen wohl erst gar nicht begonnen worden wären. Die Schwäche der formalen Kooperation in der gewählten Form besteht dagegen darin, dass die formalen Interaktionsregeln nun ihrerseits die Transaktionskosten deutlich erhöhen und der Kooperation einen Teil ihrer Dynamik nehmen.

5.1.3 Komplementarität informaler und formaler Kooperation

Die Analyse informaler und formaler Kooperationsformen führte zu einer präziseren Bestimmung der Grenze zwischen beiden Grundtypen. Formale Kooperation beginnt demnach nicht bereits dort, wo eine beliebige Kooperation formalisiert wird, sondern dort, wo die Zusammenarbeit einen Verbindlichkeitsgrad erreicht hat, welcher die Durchsetzung von getroffenen Vereinbarungen durch jeden der beteiligten Akteure ermöglicht. Vereinbarungen müssen also sanktionierbar sein. Dementsprechend endet informale Kooperation dort, wo konsensuale Prozesse und Kooperationsappelle eine für alle Beteiligten zufriedenstellende Zusammenarbeit nicht mehr sicherstellen können. Informal zu kooperieren bedeutet jedoch nicht, dass die Kooperation völlig formlos gestaltet wird. So kann sich eine informale Kooperation durchaus auf einen eindeutig definierten Akteurskreis beziehen, der seine Zusammenarbeit mittels einer Satzung, Sitzungstagesordnungen und -protokollen eine gewisse Form gibt. Um eine formale Kooperation im Sinne des hier zugrunde gelegten Verständnisses handelt es sich aber eben erst dann, wenn die Vereinbarungen und Ergebnisse der Kooperation für alle Akteure verbindlich sind. Der in verschiedenen Zusammenhängen behandelte Informelle Ministerrat steht also nicht deswegen für eine informale Kooperationsform, weil er sich „informell" nennt, sondern weil die Vereinbarungen und Ergebnisse des Rats keinen bzw. nur einen geringen Verbindlichkeitsgrad haben.

Im Rahmen der durchgeführten Analysen konnte eine Komplementarität der Kooperationsformen nur bezüglich ihrer unterschiedlichen Tauglichkeit in verschiedenen Situationen festgestellt werden. So waren Formen der informalen Kooperation vor allem in der Programmplanungs- und der Programmstartphase erfolgreich. Die erheblichen Unsicherheiten angesichts der Neuartigkeit der Gemeinschaftsinitiative und der erst beginnenden Raumentwicklungszusammenarbeit zwischen den beteiligten Staaten in einem sehr heterogenen Raum hätten wohl nicht so schnell zu einer Programmzusammenarbeit geführt, wenn die formalen Aspekte der strukturfondsfinanzierten Kooperation zu Beginn nicht im Hintergrund geblieben wären. Wären sie dort jedoch dauerhaft geblieben, so wäre die sich im Laufe der Zeit als schwierig erweisende Koordination der Mehrebenenkooperation wohl noch schwieriger geworden. Sieht man einmal davon ab, wie bürokratisch die Projektverwaltung geworden ist, so muss doch anerkannt werden, dass gerade die vertraglichen Vereinbarungen (Projektverträge) die Gewähr für die Verbindlichkeit der Kooperationen wesentlich erhöhten.

Die informale Kooperation auf der transnationalen Programmebene war an ihre Grenzen geraten, als sich unterschiedliche Verständnisse von zu erbringenden Leistungen offenbarten. Auf dieser Ebene ließen sie sich über Tolerierung überbrücken, da letztlich jeder vor allem seine eigenen Aktivitäten rechtfertigen können muss. Diese lose Kopplung wäre jedoch für die Projektebene nicht denkbar, da die beteiligten Akteure dort nicht auf eigene Rechnung, sondern auf Rechnung der meist öffentlichen Geldgeber wirtschaften. Im Konfliktfall sind es nicht zuletzt diese für die Verwaltung öffentlicher Mittel verantwortlichen Organisationen auf der Programmebene, welche sich für die von ihnen (ko-)finanzierten Aktivitäten in den Projekten rechtfertigen können müssen. Dass sie in dieser Situation auf verbindliche und kontrollierbare Zusagen ihrer Auftragnehmer verzichten, kann nicht erwartet werden.

Synergieeffekte sind zwischen informalen und formalen Kooperationsformen in der CADSES-Zusammenarbeit nur in den wenigen Situationen entstanden. Diese sind dadurch charakterisiert, dass in ihnen beide Formen zurückhaltend eingesetzt wurden. Eine solche Situation war die Programmplanungsphase, als man die Kooperation zu formalisieren begann, die Kommission aber noch in der Lage war, die formalen Anforderungen zurückzustellen, um die Zusammenarbeit nicht übermäßig zu belasten. Eine zweite Situation war die pragmatische Handhabung der Staatshaftung zwischen den Mitgliedern des Nationalen Ausschusses in Deutschland. Eine dritte Situation war die faktische Einbeziehung der Drittstaaten in den konsensualen Entscheidungsprozess zur EFRE-Mittelvergabe innerhalb des Programms (vgl. Kap. 4.2.3). Sobald formale Elemente zusätzlich an Gewicht gewannen, wurde die Flexibilität der Kooperation bedroht, weil der höhere Verbindlichkeitsgrad die Transaktionskosten bei Abstimmungen erhöhte und ein Einvernehmen oft schwerer zu erzielen war. Sobald dagegen informale Elemente an zusätzlichem Gewicht gewannen, war es zwar leichter, ein Einvernehmen zu erzielen. Dafür erhöhte sich für die einzelnen Akteure das Risiko, den eigenen Einsatz zu verlieren. Wer einen hohen Einsatz leistete, hatte keine Gewähr dafür, dass die anderen Akteure einen gleichwertigen Einsatz leisten und auf die Möglichkeit des Trittbrettfahrens verzichten würden.

Wann die Vorteile einer formalen und wann die einer informalen Kooperation überwiegen, kann nicht im Voraus für sämtliche Situationen in einem Kooperationsprozess gesagt werden. Von daher dürfte es auch kaum möglich sein, für die Raumentwicklungspolitik eine präzise Schnittstelle zwischen den Anwendungsfeldern der unterschiedlichen Kooperationsformen zu definieren. Als erfolgreich hat sich das Vorgehen der Kommission erwiesen, die das Gemeinschaftsrecht flexibel einsetzte. In der Startphase 1996-1998 stellte sie die Strukturfondsverordnung weitgehend in den Hintergrund, in der Umsetzungsphase 1998-2000 verwies sie zunehmend auf die Vorgaben zur Finanzverwaltung, und erst nachdem die Mitgliedstaaten ihr Interesse an der Fortsetzung der Gemeinschaftsinitiative bekundet hatten, begann die Kommission Anfang 2001, die Einhaltung der Gemeinschaftspolitiken deutlicher einzufordern.[549] Erfolgreich war sie dabei erstens, weil sie jederzeit auf die Verordnung hätte zurückgreifen können und somit über ein Sanktionsmittel verfügte (Kooperation im Schatten von Hierarchie), und sie zweitens darauf verzichten konnte, wenn sie mit einem Verweis auf Verordnungen die Kooperation blockiert hätte. Der Erfolg lag damit letztlich in der adäquaten Ausnutzung von Ermessensspielräumen.

5.2 Legitimität der Politikgestaltung im Rahmen des Programms

5.2.1 Legitimität von Politikgestaltung durch Verwaltungshandeln – die Demokratiefähigkeit der Mehrebenenverflechtung im Rahmen von INTERREG II C (CADSES)

Im Zusammenhang mit transnationalem Regieren werden die diesbezüglichen Legitimitätsprobleme seit einigen Jahren verstärkt diskutiert, wobei es dabei nicht nur darum geht, ob eine Handlung ex ante durch den politischen Souverän ausdrücklich legitimiert wurde. Vielmehr wird gerade auch im Kontext der europäischen Komitologie die Demokratiefähigkeit des Verwaltungshandelns in Mehrebenensystemen analysiert und dabei ein Demokratiedefizit festgestellt.[550] Joerges und Neyer spre-

---

[549] Vgl. SYS 4-5: Position der Kommission zu den Programmen der Gemeinschaftsinitiative (PGI) INTERREG III B im Ostsee- und Alpenraum sowie das Ablehnungsschreiben zum CADSES-PGI vom März 2001.

[550] *Scharpf:* 2000, 348-351; *Kohler-Koch, Beate,* 2000: Regieren in der Europäischen Union, Auf der Suche nach demokratischer Legitimität, APUZ, B 6, 4. Februar 2000, 30-38; *Haldenwang, Christian von*, 1999: Staatliches Handeln und politische Regulierung, Die Legitimität politischer Ordnungen im 21. Jahrhundert, Politische Vierteljahresschrift (PVS), 40. Jg., September 1999, Heft 3, 366-390; *Benz, Arthur,* 1998d: Postparlamentarische Demokratie? Demokratische Legitimation im kooperativen Staat, in *Michael Greven* (Hrsg.): Demokratie – eine Kultur des Westens? 20. Wissenschaftlicher Kongress der deutschen Vereinigung für Politische Wissenschaft, Opladen: Leske und Budrich, 201-222; *Benz, Arthur,* 1998b: Ansatzpunkte für ein europafähiges Demokratiekonzept, in: Beate Kohler-Koch (Hrsg.): Regieren in entgrenzten Räumen, PVS, Sonderheft 29, 39. Jg., Opladen/Wiesbaden: Westdeutscher Verlag, 345-368; im selben Band vgl. auch *Joerges, Christian/Neyer, Jürgen,* 1998: Von intergouvernementalem Verhandeln zur deliberativen Politik: Gründe und Chancen für eine Konstitutionalisierung der europäischen Komitologie, 207-233; *Bach, Maurizio,* 1999: Die Bürokratisierung Europas. Verwaltungseliten, Experten und politische Legitimation in Europa, Frankfurt/Main und New York: Campus.; *Scharpf, Fritz W.,* 1993: Legitimationsprobleme der Globalisierung, Regieren in Verhandlungssystemen in *Carl Böhret und Göttrik Wewer (Hrsg.)*, 1993: Regieren im 21. Jahrhundert – zwischen Globalisierung und Regionalisierung, Opladen: Leske und Budrich, 165-185; *Czada, Roland,* 1997: Vertretung und Verhandlung, Aspekte politischer Konfliktregelung in Mehrebenensystemen, in *Arthur Benz und Wolfgang Seibel (Hrsg.)*: Theorieentwicklung in der Politikwissenschaft – eine Zwischenbilanz, Baden-Baden: Nomos Verlagsgesellschaft, 237-259.

chen sogar von einem Schisma zwischen Integration und Demokratie.[551] Gleichzeitig werden die damit ihn Verbindung stehenden Politik-Netzwerke wegen ihrer Problemlösungsfähigkeit jedoch weitgehend positiv eingeschätzt.[552]

Sowohl die Akteursanalyse von Teil 1 (vgl. Kap. 2.2) als auch von Teil 2 (vgl. Kap. 4.2) belegen eindeutig, dass die Europäische Raumentwicklungspolitik primär durch Verwaltungshandeln bestimmt wird. Politische Mandatsträger stehen nur in einzelnen Handlungsarenen wie dem Informellen Ministerrat im Vordergrund. In anderen Handlungsarenen treten sie nur vereinzelt in Erscheinung, z. B als Referenten bei EUREK-Foren[553] oder auch im Kontext einzelner INTERREG II C-Projekte[554]. Ähnlich selten wird die Öffentlichkeit unmittelbar einbezogen (z. B. im Rahmen der obligaten Informations- und Publizitätsaktivitäten der Förderprogramme). Wenn aber sowohl das Volk als auch seine gewählten Vertreter nur sehr begrenzt an der Gestaltung und Anwendung der Europäischen Raumentwicklungspolitik beteiligt sind, drängt sich die Frage nach der demokratischen Legitimität des Verwaltungshandelns auf.

Zunächst ist festzustellen, dass die formalen Anforderungen an die Legitimität der Gemeinschaftsinitiative seitens der Europäischen Kommission erfüllt wurden:

1. Die Kommission kooperiert bei der Vorbereitung und Durchführung der Gemeinschaftsinitiative mit den Mitgliedstaaten, deren nationale bzw. regionale Regierungen für die Raumordnung zuständig sind.[555]
2. Die Kommission bezieht sich bei ihrem Beschluss zur Durchführung von INTERREG II C als Gemeinschaftsinitiative auf die EFRE-Verordnung und ordnet die neue Intervention damit ein in einen Handlungsrahmen, der von den im Rat versammelten Vertretern der demokratisch gewählten nationalen Regierungen formal gebilligt wurde.[556]
3. Durch die Veröffentlichung des Durchführungsbeschlusses (INTERREG-Leitlinie) mit der Beschreibung der Förderziele, des vorgesehenen Programmaufbaus

---

[551] *Joerges, Christian/Neyer, Jürgen:* 1998, 230.

[552] *Kohler-Koch, Beate:* 2000, 34-35.

[553] Am EUREK-Forum in Wien im November 1998 nahmen beispielsweise die für die Raumordnung zuständigen Minister aus Polen und Großbritannien teil.

[554] Vereinzelt wurde die nationale Kofinanzierung für Projekte von Stadtverordnetenversammlungen genehmigt, und vereinzelt setzten sich Stadtverordnete und Landtagsabgeordnete für Projekte direkt ein, vgl. dazu SYS 3.4-2 99/03/D: Projekt REVI.

[555] *Europäische Kommission,* 1996e: Schlussfolgerungen und Fortsetzung des Seminars für die Vorbereitung der Gemeinschaftsintiative INTERREG II C, Zweiter Teil: Praktische Ratschläge, Brüssel, den 3.-4. Juli 1996, Brüssel (vgl. SYS 2.1.1-1).

[556] Amtsblatt der Europäischen Gemeinschaften: Nr. C 200/23 vom 10. Juli 1997 und Nr. L 193/34 vom 31. Juli 1993.

und des weiteren Procedere werden die wesentlichen Aspekte der Gemeinschaftsinitiative öffentlich dargelegt. Diese Publizität ist eine wesentliche Voraussetzung, um einen größeren Adressatenkreis von der Initiative in Kenntnis zu setzen.

Eine Genehmigung der Initiative per Beschluss des Europäischen Parlaments, des Rats oder nationaler gesetzgebender Körperschaften ist nicht notwendig, da die Kommission im Rahmen ihrer Kompetenzen als Verwalter der Strukturfonds tätig wird.

Auch für die transnationale und nationale Programmebene kann die Erfüllung der formalen Legitimitätsanforderungen festgestellt werden. Diese beruht auf den folgenden Merkmalen:

1. Stimmberechtigt im Begleitausschuss, im Lenkungsausschuss sowie in den nationalen Programmgremien sind nur Vertreter der Kommission sowie nationaler und regionaler Exekutiven, die im Auftrag ihrer Organisation in den Gremien kooperieren (vgl. Kap. 4.2.3.2).
2. Trotz der zahlreiche Handlungsarenen einbeziehenden Kooperationsstruktur konzentrieren sich die wichtigsten Entscheidungen auf den transnationalen Begleit- und Lenkungsausschuss sowie die nationalen Ausschüsse der Mitgliedstaaten (vgl. Kap. 4.2.3.2). Diese Konzentration erhöht die Transparenz der Entscheidungsprozesse und erleichtert damit die Kontrolle der Kooperation.
3. Die Arbeit der Programmgremien sowie der Sekretariate war bereits Gegenstand einer Zwischenevaluierung und wird erneut gegen Ende des Programms evaluiert werden. Für die Evaluierung wurde ein unabhängiges Institut ausgewählt, welches seinen Sitz in Schweden und somit nicht in einem der Teilnahmestaaten des Programms hat. Die Ergebnisse der für den CADSES-Bereich positiv verlaufenen Zwischenevaluierung wurden inzwischen publiziert.[557]

Die formale Legitimität des Programms beruht zusammenfassend betrachtet auf zwei Säulen. Erstens handeln alle an Entscheidungen beteiligten Akteure im Rahmen ihrer demokratisch legitimierten Aufgaben. Als Exekutive unterliegen sie bei der Erfüllung dieser Aufgaben der Kontrolle ihres jeweiliges Parlaments sowie der Rechtsprechung der zuständigen Gerichte. Andere am Programm und seinen Projekten beteiligte Akteure handeln nur im Auftrag der in den Gremien vertretenen Exekutiven. Dies gilt sowohl für die Sekretariate als auch für die Projektpartner. Die zweite Säule der Legitimität beruht auf der Transparenz der Kooperationsstruktur. Bekanntmachungen in Amtsblättern, Informationsveranstaltungen, Internetseiten, Publikationen und externe Evaluierungen zum Programm stellen eine Grundinformation zum Programm dar, welche es Parlamenten oder auch beliebigen anderen Akteuren

[557] *Böhme, Kai/Kokkonen, Merha,* 1999: INTERREG II C CADSES Interim Evaluation, Nordregio Working Paper 1999:7, Stockholm: Nordregio.

erlaubt, sich über das Programm zu informieren und sich ggf. über Nachfragen und Analysen ein eigenes Urteil über das Programm zu bilden.

Trotz der Erfüllung der formalen Legitimitätsanforderungen trifft jedoch auch auf INTERREG II C (CADSES) der Vorwurf der Exekutivlastigkeit der politischen Prozesse in der EU[558], und diese erschwert die Überprüfung der Legitimität der vielen einzelnen Aktivitäten bei der laufenden Programmumsetzung. Angesichts der über 700 allein aus dem EFRE finanzierten Programme ist es ausgeschlossen, dass die Öffentlichkeit, ihre gewählten Repräsentanten oder auch die mit Kontrollfunktionen ausgestatteten öffentlichen und privaten Stellen sämtliche Aktivitäten dieser Programme überprüfen. Möglich sind nur Stichproben und eingehende Untersuchungen in Verdachtsfällen.

Wie groß die Möglichkeiten der externen Kontrolle einer Kooperation sind, dies hängt jedoch nicht nur von der Erfüllung formaler Legitimitätsanforderungen, sondern auch von der Binnenorganisation der Kooperation, ihren Regeln und ihrer Transparenz ab. Diese sollen im Laufe dieses Kapitels am Beispiel des Projektauswahlverfahrens im CADSES-Programm sowie am Beispiel eines der Leitprojekte näher analysiert und beschrieben werden, um auf dieser Grundlage die für die Legitimität wichtigen Kontrollmöglichkeiten näher bestimmen zu können.

Eng verbunden mit der Frage nach der Legitimität eines Programms ist die nach der Demokratiefähigkeit von Programmen, die in einem Mehrebenensystem durchgeführt werden. Die CADSES-Kooperation wird zwar von demokratisch legitimierten Akteuren getragen, aber in diesem Raum findet keine unmittelbare, demokratisch organisierte Partizipation der Bevölkerung am Programm statt. Politische Partizipation und Repräsentanz existiert, wenn man von den relativ wenigen an Programm und Projekten direkt beteiligten Personen absieht, allenfalls mittelbar über die gewählten Vertreter auf der kommunalen, regionalen/Länder-, nationalen oder Gemeinschaftsebene. Diese Repräsentanten kontrollieren in der Praxis nur den Vertreter ihrer Gebietskörperschaft in den Gremien. Eine der transnationalen Programmebene entsprechende Gebietskörperschaft mit eigener Volksvertretung existiert nicht. Da außerdem keiner der Vertreter der verschiedenen politischen Ebenen alle Handlungsarenen steuern kann (vgl. Kap. 4.2.3.3), können Volksvertreter einer einzelnen Ebene auch nicht über ihre Exekutive das Programm unmittelbar steuern oder vollständig kontrollieren. Ohne Kooperation zwischen den Parlamenten können nur einzelne Akteure effektiv kontrolliert werden, während die Gesamtkooperation im Raum sich einer effektiven demokratischen Kontrolle entzieht. Dies wäre für die Akteure von Vorteil, wenn man ihnen unterstellen würde, sie hätten Interesse an einer Politik in einem demokratiefreien Raum. Doch ein solcher Ansatz wäre für die Europäische

[558] Zur Exekutivlastigkeit vgl. *Benz, Arthur,* 1998b: Ansatzpunkte für ein europafähiges Demokratiekonzept, in: Beate Kohler-Koch (Hrsg.): Regieren in entgrenzten Räumen, Politische Vierteljahresschrift, Sonderheft 29, 39. Jg., Opladen/Wiesbaden: Westdeutscher Verlag, 358.

Raumentwicklungspolitik fatal. Schon die Akteurskonstellation der CADSES-Kooperation setzt kooperatives Verhalten bei den Akteuren der unterschiedlichen Ebenen voraus (vgl. Kap. 4.2.3.3). Politische Partizipation entspricht zudem nicht nur dem Demokratiegebot, sondern erscheint als eine Voraussetzung, um die Implementationschancen der u. a. im Rahmen von INTERREG II C entwickelten politischen Optionen (vgl. Kap. 5.2.3) zu erhöhen.

Die Möglichkeiten, die Demokratiefähigkeit der eigenen Kooperation zu erhöhen, wurden in den transnationalen CADSES-Programmgremien nicht diskutiert. Die gemeinsame Öffentlichkeitsarbeit für das Programm wurde bei der Zwischenevaluierung als verbesserungsbedürftig kritisiert.[559] Im Rahmen des Projekts VISION PLANET sind immerhin einzelne generelle Empfehlungen zur Erhöhung der Demokratiefähigkeit über die gezielte Einbeziehung unterschiedlicher Akteursgruppen formuliert worden, doch zu deren Umsetzung wird es frühestens in der Förderperiode 2000-2006 kommen.[560]

5.2.2 Legitimität von Entscheidungsprozessen – das Projektauswahlverfahren im Rahmen von INTERREG II C (CADSES)

Wie bei allen Strukturfondsinterventionen, so geht es auch bei INTERREG II C (CADSES) um öffentliche Mittel und deren Verteilung. Verteilungskonflikte und damit verbunden unerlaubte Einflussnahmen auf die Projektgenehmigung sind in solchen Situationen prinzipiell nicht auszuschließen. Es sei gleich zu Beginn darauf hingewiesen, dass es im Förderzeitraum 1997-1999 im CADSES-Raum weder nennenswerte Verteilungskonflikte noch Versuche zur unerlaubten Einflussnahme gab. Auch die Analyse der Entscheidungsprozesse im Rahmen der Zwischenevaluierung führte zu keinen diesbezüglichen Anhaltspunkten.[561] Ein Grund für diese positive Entwicklung ist sicherlich im Fehlen typischer Konfliktsituationen in Produktions- und Verteilungsfragen zu sehen.[562]

In der kurzen Förderperiode zwischen 1997 und 1999 standen für die Raumentwicklungszusammenarbeit ausreichende Finanzmittel zur Verfügung. Zudem waren die EFRE-Mittel schon gleich mit dem Operationellen Programm auf die Mitgliedstaaten verteilt worden, sodass es zwischen diesen gar nicht zum Verteilungskonflikt kom-

---

[559] *Böhme, Kai/Kokkonen, Merha,* 1999: INTERREG II C CADSES Interim Evaluation, Nordregio Working Paper 1999:7, Stockholm: Nordregio, 46.

[560] *Bundesamt für Bauwesen und Raumordnung (BBR, Hrsg.),* 2000: Strategies for Integrated Spatial Development of the Central Danubian and Adriatic Area, Guidelines and Policy Proposals, Approved at the Seminar of the Project Panel on 12 January 2000, in Vienna, ohne Ort, 49-50.

[561] *Böhme/Kekkonen*, s. o., Seite 45-46.

[562] Zur Produktions- und Verteilungsdimension in Verhandlungen vgl. *Scharpf*: 2000, 204-211.

men konnte.[563] Ein Wettbewerb zwischen den Mitgliedstaaten fand also nicht statt. Keiner der Mitgliedstaaten hatte seinen EFRE-Anteil bereits vor dem dritten und letzten Antragstermin (call) vollständig gebunden.[564] In Deutschland blieb sogar nach dem 3. call ein kleinerer Restbetrag übrig, obwohl das Volumen der beantragten Projekte deutlich über der Obergrenze der zur Verfügung stehenden Mittel lag. Da die Protokolle der transnationalen Gremien sowie die Protokolle des deutschen Ausschusses (die Protokolle des italienischen, griechischen und österreichischen Ausschusses standen für die Analyse nicht zur Verfügung) wiederholt Hinweise auf die noch nicht ausreichende Qualität vieler der transnationalen Projektanträge enthalten[565], ist die Akzeptanz einer nicht ganz vollständigen Mittelbindung in Deutschland als ein Beleg dafür zu ansehen, dass die Qualität der Projekte als wesentlicher angesehen wurde als die hundertprozentige Mittelausschöpfung. Die Verteilungsdimension spielte also auch zwischen den Akteuren innerhalb Deutschlands keine große Rolle.

Ein zweiter und sicherlich wesentlicherer Grund für die positive Entwicklung im Programmraum ist in der Transparenz des Projektauswahlverfahrens zu sehen. Für jedes Projekt, an dem Partner beispielsweise aus zwei Mitgliedstaaten wie Deutschland und Österreich sowie aus Drittstaaten wie beispielsweise Tschechien, der Slowakei, Ungarn und Slowenien teilnehmen wollten, verlief das Auswahlverfahren nach dem folgenden Schema ab: In jedem der Mitgliedstaaten wurde beim Nationalen Programmsekretariat ein Projektantrag gestellt, der neben einer Gesamtbeschreibung u. a. auch eine Beschreibung des geplanten nationalen Programmteils enthielt. In den Drittstaaten musste kein eigener INTERREG-Antrag eingereicht werden. Dafür mussten sich die dortigen Partner um eine Finanzierung ihres Projektteils aus dem PHARE-Programm der Europäischen Union, anderen EU-Programmen oder aus eigenen nationalen Mitteln bemühen. Mit der Vollmitgliedschaft Ungarns im Programm seit September 1998 liefen dann auch die ungarischen Anträge über die für diesen Zweck aufgebaute nationale ungarische Programmverwaltungsstruktur. Nach Eingang der Anträge in den Sekretariaten wurden sie dort jeweils vorbewertet, das Ergebnis im Nationalen Ausschuss präsentiert und dessen Entscheidung mit den Bewertungsbögen auf die transnationale Ebene weitergereicht. Im gewählten Projektbeispiel kamen auf dieser Ebene bis zu drei Bewertungsbögen (assessment sheets) und drei Vorauswahlen nationaler Gremien (national recommendations) an. Im Gemeinsamen Sekretariat wurden die Empfehlungen nur noch zusammengefasst (summary sheet) und mit den Bewertungsbögen der nationalen Ebene an die Mit-

563 Operationelles Programm, Kap. 3, Seite 21.

564 SYS 2.5.1-1 und SYS 2.5.1-1: Monitoringtabellen; vgl. auch Angaben zu einzelnen Mitgliedstaaten in *Böhme, Kai/Kokkonen, Merha,* 1999: INTERREG II C CADSES Interim Evaluation, Nordregio Working Paper 1999:7, Stockholm: Nordregio, 21.

565 SYS 2.2.1-1 Protokoll der 2. Sitzung des Nationalen Ausschusses vom 8./9. Januar 1998 und SYS 2.4.2-1: Protokoll der Sitzung des Begleitausschusses vom 28. Januar 1998.

glieder des Lenkungsausschusses versendet. Diese bereiteten sich nun auf der Grundlage dieser Unterlagen und ggf. weiterer im heimischen Ministerium und dessen Ressortabstimmungen ermittelten zusätzlichen Einschätzungen auf die Abstimmung im Lenkungsausschuss vor. Der im Ausschuss nicht stimmberechtigten Europäischen Kommission wurden die Unterlagen ebenfalls zur Verfügung gestellt, sodass auch sie Einschätzungen anderer Generaldirektionen einholen und eigene Stellungnahmen in den Entscheidungsprozess einfließen lassen konnte. Im Bedarfsfall konnten sich Ausschussmitglieder auch vollständige Antragsunterlagen von den Sekretariaten zur Verfügung stellen lassen.[566]

Die Beschreibung verdeutlicht, dass den Ausschussmitgliedern angesichts meist mehrerer Bewertungen, mehrerer nationaler Empfehlungen[567] sowie vollständiger Antragsunterlagen eine sehr gute Informationsgrundlage zur Entscheidungsfindung zur Verfügung stand. Die Transparenz bestand nicht darin, dass dies alles öffentlich vor sich gegangen wäre. Vielmehr handelt es sich um eine Transparenz im Sinne von Nachprüfbarkeit. Der Entscheidungsprozess ist in seinen einzelnen Schritten dokumentiert und somit nachprüfbar. Eine klare Aufgabenteilung zwischen den für die Bewertung zuständigen Sekretariaten und den für die Entscheidung zuständigen Gremienmitgliedern sorgte zudem für eine Funktionsdifferenzierung, die zur Vermeidung von Interessenkonflikten wichtig war. In Einzelfällen wurden weitergehende Regelungen getroffen. Dies galt etwa für Projektanträge, an denen Wissenschaftler des Instituts für ökologische Raumentwicklung (IÖR) beteiligt waren. Auch wenn diese nicht gleichzeitig für das ebenfalls beim IÖR angebundene Nationale Programmsekretariat arbeiteten, wurde einer möglichen Interessenverquickung dadurch vorgebeugt, dass die Bewertung dieser Projekte nicht durch das Sekretariat beim IÖR, sondern durch das Bundesamt für Bauwesen und Raumordnung (BBR) vorgenommen wurde.[568] Ergänzten sich die Bewertungen der Sekretariate und Empfehlungen der Ausschüsse zu einem einheitlichen Votum, was in der Mehrzahl der Fälle geschah, so kam es auch im Lenkungsausschuss nur selten zu kontroversen Diskussionen. Waren jedoch schon die Entscheidungsvorlagen kontrovers und brachten Ausschussmitglieder ggf. noch weitere Einwände aus ihrem Land mit in die Sitzung, so kam es im Lenkungsausschuss zu kontroversen Diskussionen zu den Inhalten, Zielen und Akteurskonstellationen von Projekten (Konflikte zur Produktionsdimension). An

---

566 Die Programmsekretariate informierten die nationalen Ausschüsse jeweils unmittelbar nach dem Stichtag schriftlich (z. B. in Deutschland) oder in einer eigens einberufenen Sitzung mündlich (z. B. in Italien und Österreich) über die eingegangen Anträge. Zur Anforderung vollständiger Antragsunterlagen ist von einem unterschiedlichen Vorgehen der Ausschussmitglieder auszugehen. So erhielten im deutschen Ausschuss das BMVBW bzw. die BfLR/BBR sowie einige Bundesländer sämtliche Anträge, während andere nur die Unterlagen zu ausgewählten Projekten anforderten.

567 Die Entscheidungen der Nationalen Ausschüsse hatten in den transnationalen Gremien nur einen empfehlenden Charakter, da dem Lenkungsausschuss die eigentliche Projektauswahl oblag; vgl. Operationelles Programm, Kap. 4.4.2. und 4.4.3, Seite 26-28.

568 SYS 2.4.2-4: Protokoll der Sitzung des Begleitausschusses vom 15. September 1998, 2.

deren Ende musste jedoch ein Konsens stehen, um ein Projekt genehmigen zu können.

Aus dem schematisierten Auswahlverfahren ergibt sich, dass eine erfolgreiche einseitige Einflussnahme auf die Entscheidung im Lenkungsausschuss generell als unwahrscheinlich, eine externe Kontrolle dafür als um so einfacher gelten kann. Selbst wenn ein Ausschussmitglied für ein Projekt eine besonders große und ggf. einseitig positive Unterstützung ausdrücken sollte, weil dieses Projekt beispielsweise ein wichtiges Anliegen der eigenen Region zum Gegenstand hat, würden den anderen Ausschussmitgliedern genügend unabhängige Informationen bleiben, um sich eine eigene Meinung zu bilden. Zudem trägt das konsensuale Entscheidungsprinzip dafür Sorge, dass auch Minderheitsvoten bei der Entscheidungsfindung berücksichtigt werden müssen. Träte nun dennoch der Verdacht einer einseitigen Einflussnahme auf, so könnte die Entscheidungsfindung wahrscheinlich relativ einfach anhand der Projektakten, Bewertungen und Gremienprotokolle rekonstruiert werden. Die Einschränkung der Aussage um ein „wahrscheinlich" ist notwendig, da eine vollständige Überprüfung im Rahmen der Analysen für diese Arbeit nicht möglich war und auch in der Realität einer Programmrevision dadurch erschwert sein dürfte, dass bei allen Projekten, an denen Partner aus mindestens zwei Mitgliedstaaten beteiligt sind, die Projektakten auf die entsprechenden nationalen Sekretariate sowie die für den nationalen Vertragsabschluss und seine Überwachung zuständigen Ministerien verteilt und somit nicht an einem Ort verfügbar sind. Trotz dieses abschließenden Vorbehalts kann das Auswahlverfahren insgesamt als transparent bezeichnet werden, weil eine Kontrolle von Entscheidungen möglich ist und beispielsweise dann durchgeführt werden kann, wenn eine Entscheidung angefochten wird. Die Legitimation besteht solange, wie die demokratisch legitimierten Akteure ihre Aufgaben erfüllen.[569]

Ein besonderes Legitimitätsproblem stellt die Einbeziehung der Vertreter aus Drittstaaten in den INTERREG II C-Kooperationsprozess dar. Es ist zwar einerseits unstrittig, dass ein transnationales Programm zur Verwaltungshilfe in einem weit über die Außengrenze der EU hinausgehenden Raum nur unter Einbeziehung aller betreffenden Länder durchgeführt werden kann. Die Leitlinien für INTERREG II C und das Operationelle Programm für den CADSES-Bereich stellen eine Einbeziehung der Drittstaaten nicht infrage. Schon die bisherige Analyse des Projektauswahlverfahrens hat jedoch deutliche Unterschiede zwischen der Beteiligung von Mitgliedstaaten und Drittstaaten offenbart und in der INTERREG II C-Leitlinie vermerkt die Kommission: „Es sei jedoch daran erinnert, daß die Gemeinschaft einen Beitrag gemäß der Initiative INTERREG II C nur für die in der Europäischen Union gelegenen Gebiete gewäh-

[569] Zur Sicherung der Akzeptanz und Legitimation von konsensualen Entscheidungsprozessen vgl. *Benz, Arthur,* 1994: Kooperative Verwaltung: Funktionen, Voraussetzungen und Folgen. Baden-Baden: Nomos Verlagsgesellschaft, 61-62.

ren kann."[570] In Hinblick auf die Legitimität der Einbeziehung von Drittstaaten ist der Hinweis auf die Gemeinschaft als gewährende Organisation von Bedeutung. Eine Beteiligung von Drittstaaten an Entscheidungen über Strukturfondsmittel ist in den Verordnungen der Gemeinschaft zwar nicht expressis verbis ausgeschlossen, aber die Verordnungen des Rats der Europäischen Gemeinschaft stellen die Fonds eindeutig als eine Aufgabe der Gemeinschaft für ihre gemeinsamen Politiken und für die Gebiete der Gemeinschaft dar.[571] Drittstaaten fehlt die Legitimität zur Mitentscheidung einfach deswegen, weil sie ihnen von der Gemeinschaft nicht zugebilligt wurde. Demgegenüber steht die Praxis, in den transnationalen Gremien nur konsensuale Entscheidungen zu fällen. Die Geschäftsordnungen der Gremien lösen den Wiederspruch insofern, als sie der Beteiligung der Drittstaaten an konsensualen Entscheidungen zunächst nur einen beratenden Charakter geben, die entsprechenden Repräsentanten aber in der Praxis informal stärker beteiligen.[572]

Die Geschäftsordnung des Begleitausschusses sieht eine Beteiligung der Drittstaaten an der Konsensfindung („...may participate in the consensus...") bezüglich der in ihrem nationalen Gebiet vorgesehenen Projekte vor. Aus Artikel 1 der Geschäftsordnung des Lenkungsausschusses geht zudem indirekt hervor, dass zu Vollmitgliedern gewordene Drittstaaten („A non Member State within the CADSES area which is participating fully in the operational programme...") gleichwertig zu behandeln sind. Alle diese Bestimmungen werden aber im Operationellen Programm vorab durch den Vermerk relativiert, dass „vollständig" am Programm teilnehmende Drittstaaten „in Anbetracht der Bestimmungen der EU-Gesetzgebung bezüglich der Strukturfonds nicht an der Konsensfindung über die Verwendung von Mitteln für Projekte auf EU-Territorium beteiligt" würden.[573] Als Ungarn 1998 Vollmitglied wurde, verwies der damalige Ausschussvorsitzende ausdrücklich auf den im Operationellen Programm gesetzten Rahmen.[574] Damit ist klar, dass die Kooperation im CADSES-Raum sich formal am gesetzlichen Rahmen orientierte. Faktisch bedeutete dies jedoch, dass auch Vollmitglieder keine nennenswert größeren Rechte hatten als die nur mit einer beratenden Stimme bedachten Drittstaaten, denn im Lenkungsausschuss wurde mangels anderer Mittel nur über die Verwendung von Strukturfonds-Mitteln für das EU-Territorium entschieden. Für die in Ungarn vorgesehenen PHARE-Mittel hatte die Entscheidung im Lenkungsausschuss keine bindende Wirkung, was die Ungarn anschließend leidvoll erfahren mussten.[575]

---

[570] Amtsblatt der Europäischen Gemeinschaften: Nr. C 200/25 vom 10. Juli 1996, Art. 16.

[571] Amtsblatt der Europäischen Gemeinschaften: Nr. L 193/5 vom 31. Juli 1993.

[572] SYS 2.4.2: Geschäftsordnung des Begleitausschusses, Art. 2, und Geschäftsordnung des Lenkungsausschusses, Art. 1.

[573] Operationelles Programm, Kap. 4.6, Seite 30.

[574] SYS 2.4.2-4: Protokoll der Sitzung des Begleitausschusses vom 15. September 1998, 4.

[575] SYS 2.4.2: In den Protokollen des Begleitausschusses werden wiederholt Hinweise Ungarns auf Schwierigkeiten bei der Bewilligung von Mitteln gemäß PHARE-Regularien erwähnt.

Die Tatsache, dass die Drittstaaten trotz der formalen Ausgrenzung aus den wesentlichen Entscheidungsprozessen ihre Mitarbeit in den Programmgremien nicht einstellten[576], ist nur teilweise über ihr in den letters of intent der Programmplanungsphase und in den späteren Gremiensitzungen mehrfach erklärtes fachliche und politische Kooperationsinteresse zu erklären. Ein weiterer Grund dürfte darin zu sehen sein, dass die Drittstaaten informal doch weitgehend wie Mitgliedstaaten behandelt wurden. So nahmen sie nicht nur an der Diskussion von Projektanträgen teil, sondern die Protokolle verzeichnen auch keine Projektgenehmigung, welche gegen das erklärte Interesse von Drittstaaten erteilt wurde. Zudem kam es zu einzelnen Zurückstellungen von Projektentscheidungen oder zu Auflagen bei Projektbewilligungen, die im Zusammenhang mit Einwänden von Drittstaaten standen.[577] Letzteres wäre ein eindeutiger Beweis für einen gleichwertigen Umgang mit Drittstaaten. In diesen wenigen Fällen gab es gleichzeitig jedoch immer auch ähnliche oder weitere Einwände vonseiten einzelner Mitgliedstaaten, sodass der Stellenwert von Einwänden seitens der Drittstaaten nicht zuverlässig bewertet werden kann.

Die Gesamtanalyse der Programmkooperation vermittelt den Eindruck, dass Beiträge von Ungarn und anderen Drittstaaten seitens der Mitgliedstaaten durchaus sehr ernst genommen wurden und dass von den Drittstaaten, insbesondere aber von Ungarn, auch eine Mitgestaltung der Zusammenarbeit ausging. Diese ging in der Regel in die laufende Arbeit mit ein, ohne große Zugeständnisse seitens der Mitgliedstaaten zu erfordern. Allein die Übertragung des Vorsitzes in Begleit- und Lenkungsausschuss sowie die Koordinatorenrolle in Gemeinsamen Sekretariat auf Ungarn für das Jahr 2000 ist als eines der wenigen sichtbaren und bemerkenswerten Zugeständnisse zu sehen.[578]

Legitim war die Übertragung des Vorsitzes auf jeden Fall, da mit ihm keine Entscheidungskompetenz über Strukturfondsmittel verknüpft ist. Legitim wäre es allerdings auch gewesen, wenn die Mitgliedstaaten ausdrücklich bekundet hätten, dass sie auf die mit der EU-Gesetzgebung bezüglich der Strukturfonds gegebenen exklusiven Rechte insofern verzichten, als sie die Drittstaaten stets so behandeln wie ein Mitgliedsland. Mit dieser freiwilligen Regelung im Interesse einer partnerschaftlichen Kooperation würde kein EU-Gesetz verletzt, denn formal betrachtet würden die EU-Staaten mit dieser Regelung Positionen von Drittstaaten nur so behandeln als wären sie eigene Positionen. Mag sein, dass sie dies zu manchen Zugeständnissen zwingen würde, aber ohne sie ist die von den Mitgliedstaaten gewollte partnerschaftliche Kooperation in der Praxis ohnehin nicht möglich. Da die Mitgliedstaaten

576 SYS 2.4.2: Die Teilnehmerlisten der Gremiensitzungen belegen zwar eine partiell schwach ausgeprägte Repräsentanz einer Reihe von Drittstaaten. Formal eingestellt hat die Kooperation jedoch keines dieser Länder.

577 SYS 3.4-3 97/06/D und SYS 3.4-17 98/17/D.

578 SYS 2.4.2-7: Protokoll des Sitzung des Begleitausschusses vom 1. Oktober 1999 in Rom, 4.

im CADSES-Bereich soweit nicht gehen wollten oder konnten (vgl. Kap. 4.2.3.2.2 und 2.2.2.5), entstand das schiefe Bild, dass Mitgliedstaaten und Drittstaaten im Rahmen des Europarats, in dem sie gleichwertige Mitglieder sind, und daher ganz legitim gemeinsam Leitlinien für eine nachhaltige räumliche Entwicklung auf dem europäischen Kontinent entwickelten[579], die selben Staaten sich aber im Anwendungsprogramm INTERREG II C zur Raumentwicklungszusammenarbeit in Europa wie ungleiche Partner behandeln.

5.2.3 Transparenz und Legitimität der angestrebten Raumentwicklung – das Projektbeispiel VISION PLANET

Ein ganz anderer Aspekt der Legitimität berührt die Aktivitäten und Ergebnisse der Projekte bezüglich der mit ihnen angestrebten oder gar induzierten Raumentwicklung. Mit der Durchführung von calls, d. h. öffentlichen Bekanntmachungen des Programms mit dem Angebot, Projektanträge zu einem bestimmten Stichtag einzureichen, wird ein Ideenwettbewerb zur Raumentwicklung durchgeführt. An diesem können sich private juristische Personen, Gebietskörperschaften, Verbände und öffentlich-rechtliche Einrichtungen beteiligen.[580] Schon allein die Tatsache, dass die Anträge zumindest in den nationalen Gremien diskutiert und nach dessen Befürwortung auch an die transnationale Ebene weitergeleitet werden, kann Impulse auslösen, die sich in der Raumentwicklungszusammenarbeit niederschlagen. Noch größer kann dieser Impuls werden, wenn ein Projekt genehmigt und dann umgesetzt wird. Dessen Wirkung, die allerdings erst auf längere Sicht gemessen und bewertet werden kann, gilt nicht nur als legitim, sondern wird mit dem Programm ausdrücklich intendiert. Die Legitimitätsfrage stellt sich erst, wenn die Raumentwicklungspolitik der teilnehmenden Staaten durch INTERREG II C-Projekte mitgestaltet wird. Diesbezüglich ist zu fragen, ob dies intendiert ist und, wenn ja, ob das entsprechende Vorgehen legitim ist.

Die Mitgliedstaaten haben bereits in der Planungsphase des Programms so genannte Leitprojekte entwickelt und zur Diskussion gestellt. Noch vor dem Stichtag des ersten calls bei den Informationsveranstaltungen zum Programmauftakt im September 1997 in Dresden und dann im Oktober in Wien wurden Ideen möglicher Projekte präsentiert, unter denen sich auch schon die für die langfristige Weiterentwicklung der Kooperation besonders herausragenden Kooperationsprojekte (so genannte Leitprojekte) befanden.[581] Als das bedeutendste Projekt entwickelte sich VISION PLANET.

[579] *Europäische Raumordnungsministerkonferenz (CEMAT),* 1999: Leitlinien für eine nachhaltige räumliche Entwicklung auf dem europäischen Kontinent, Hannover 7./8. September 2000, Entwurf von September 1999, unveröffentlichtes Dokument.

[580] SYS 2.2.1-2: Bekanntmachung im Sächsischen Amtsblatt vom 2. Oktober 1997.

[581] SYS 2.1.4.-1 zu Dresden und SYS 2.4.2-1 zu Wien.

Andere Leitprojekte wie GILDA verzögerten sich in ihrer Umsetzung oder waren wie das Projekt ESTIA eng mit VISION PLANET verknüpft. VISION PLANET war auf deutscher Seite von der damaligen Bundesforschungsanstalt für Landeskunde und Raumordnung (BfLR, später Bundesamt für Bauwesen und Raumordnung) und auf österreichischer Seite vom Bundeskanzleramt beantragt worden. Die Umsetzung auf österreichischer Seite wurde dann dem Österreichischen Institut für Raumplanung übertragen. Im Projekt geht es um die „Erarbeitung von Perspektiven und Strategien der Raumentwicklungspolitik im mitteleuropäischen, Donau- und Adriaraum in vernetzter Planung" (Projektuntertitel).[582] Das EUREK weist dem Projekt ausdrücklich eine wichtige Rolle als Orientierungshilfe bei der Gestaltung der zukünftigen Kooperation zu.[583] Das von der zentralen Arbeitsgruppe des Projekts erarbeitete Dokument „Strategies for Integrated Spatial Development of the Central Danubian and Adriatic Area, Guidelines and Policy Proposals"[584] wurde auf einer Sitzung des so genannten Project Panels genehmigt. Dieser Arena im Projektkontext gehörten Vertreter der nationalen und vereinzelt auch der regionalen Raumordnungsministerien aus Deutschland, Österreich, Italien, Bulgarien, Kroatien, Tschechien, Ungarn, Polen, Rumänien, der Slowakei, Slowenien sowie Jugoslawiens (Republik Serbien) an. Die Beschlussfassung des Panels weist dem Dokument ausdrücklich einen informalen Charakter zu, wie das im Politikfeld schon zuvor beim EUREK geschah, aber formuliert ebenso nachdrücklich, dass der Umsetzung der Ergebnisse aus der VISION PLANET-Kooperation trotz ihres informalen Charakters höchste Priorität eingeräumt werden sollte. Auch dieses Vorgehen entspricht dem Vorgehen beim EUREK.[585]

Die Legitimität der Projektaussagen zur zukünftigen Raumentwicklung im Untersuchungsraum ist gegeben. Einerseits wurde das Projekt durch die Einbeziehung von Regierungsvertretern aus den Ländern des Projektraums zu einem politischen Projekt. Der informale Charakter stellt andererseits klar, dass das Dokument nur als Empfehlung für die weitere und konkretere Zusammenarbeit gedacht ist. Gleichzeitig wird aber auch Konflikten mit den vom Dokument berührten sektoralen Interessen der einzelnen Staaten aus dem Wege gegangen, denn das Dokument erhebt nicht den Anspruch, politisch verbindlich zu sein. Vom EUREK-Vorbild sowie vom VASAB 2010-Vorbild im Ostseeraum (vgl. Kap. 2.3.1.2) unterscheidet sich das VISION PLANET-Dokument insbesondere dadurch, dass das Projekt Panel von seinem Status und

---

[582] SYS 3.4-6 97/09/D: Projektunterlagen zu VISION PLANET; vgl. auch *Schindegger, Friedrich (Hrsg.),* 2000: Reviewing Transnational Spatial Planning, Proceedings of the VISION PLANET Bratislava Conference, 13-14 January 2000, Vienna: ÖIR.

[583] EUREK, 230, Seite 55.

[584] *Bundesamt für Bauwesen und Raumordnung (BBR, Hrsg.),* 2000: Strategies for Integrated Spatial Development of the Central Danubian and Adriatic Area, Guidelines and Policy Proposals, Approved at the Seminar of the Project Panel on 12 January 2000, in Vienna.

[585] Ebenda, Resolution: „... the Project Panel agreed that the application of the results should be a priority of the future."

seiner öffentlichen Wahrnehmung her noch weniger bedeutend war als der für das EUREK verantwortliche Informelle Ministerrat oder der Ministerrat im Ostseeraum. Im Projekt Panel fanden sich nicht einmal sämtliche Teilnahmestaaten des CADSES-Raums zusammen, während in den genannten Ministerräten jeweils die Raumordnungsministerien der EU bzw. des Ostseeraums kooperieren.

Bei der Bewertung der Legitimität der Aktivitäten des Projekt Panels für den CADSES-Raum ist allerdings auch die besondere Situation im Raum mitzubeachten. Damit ist nicht so sehr die insgesamt schwierige Ausgangslage des heterogenen Raums gemeint. Bedeutender ist, dass zeitgleich zur Erarbeitung des Dokuments auf dem Balkan ein Krieg stattfand, der Hunderttausende in die Flucht trieb und wesentliche Teile der Infrastruktur im betreffenden Abschnitt des Donauraums zerstörte. Der Einfluss dieses transnationalen Konflikts im Zentrum des Programmraums auf die Raumentwicklungszusammenarbeit ist nicht eigens untersucht worden. Es ist jedoch anzunehmen, dass der Kosovo-Konflikt in seiner Wirkung das politische Gewicht des VISION PLANET-Dokuments zunächst einmal zusätzlich reduziert haben dürfte. Für die Zukunft ist es jedoch zumindest nicht auszuschließen, dass sich das Verhältnis umkehrt, denn gerade weil der Krieg viele grenzübergreifend und transnational wichtige Kooperationen und Infrastrukturen zerstörte, könnte den wenigen fortgesetzten Kooperationen wie VISION PLANET eine umso größere Bedeutung bei der Wiederbelebung und erneuten Intensivierung der Zusammenarbeit in der Region zukommen. Dass die Zusammenarbeit einen informalen Charakter hat, könnte sich dabei sogar als besonderer Vorteil erweisen, wie schon das Muster der informellen Netzwerkkooperation raumwissenschaftlicher Institute in Mittel- und Osteuropa in den frühen 90er Jahren gezeigt hatte (vgl. Kap. 2.3.2).[586]

Betrachtet man die Ergebnisse zur Analyse der Legitimität in Hinblick auf informale und formale Kooperationsformen, so scheint kein unmittelbarer Zusammenhang zu bestehen. Solange die Repräsentanten den Auftrag ihrer demokratisch legitimierten Organisationen erfüllen und solange die Entscheidungsprozesse zumindest so transparent sind, dass sie im Bedarfsfall extern überprüft werden können, scheint auch stets die Legitimität gegeben zu sein. Bei näherer Betrachtung fällt jedoch auf, dass die formal geregelten Entscheidungsprozesse (wie die über die Förderfähigkeit von Einzelmaßnahmen) wesentlich transparenter sind als die informalen (wie die Formulierung der politischen Optionen in einem Leitprojekt wie VISION PLANET). Die informale Kooperation mag ihre Aufgabe genauso gut erfüllen wie die formale Kooperation ihre, aber im Zweifelsfall hat die informale Kooperation wegen ihrer schwierigeren Kontrollierbarkeit ein Demokratiedefizit. Dem VISION PLANET-Dokument einen unverbindlichen Charakter zu geben, ist insofern auch aus demokratie-

---

586 Zur Thematik des Balkankriegs im Kontext der Raumentwicklungszusammenarbeit vgl. *Graute, Ulrich,* 1999: Il futuro di INTERREG II C nell'europa centrale e sud-orientale, in: *Regione Autonoma Friuli-Venezia Giulia* (editore), Cooperazione transeuropea per il consolidamento della coesione e dello sviluppo economico, Conferenza europea sulla nuova iniziativa INTERREG III, Grado e Trieste: 73-76.

theoretischer Sicht angemessen. Es ist legitim, Empfehlungen auszusprechen, aber zur Implementierung des Leitbilds bedarf es zunächst weiterer Präzisierungen des Leitbilds und der Legitimierung von Umsetzungsmaßnahmen, welche aber wohl kaum im Kontext des Programms oder gar eines einzelnen Projekts geleistet werden kann.

5.3 Zielorientierung der Zusammenarbeit – Komplexitätsmanagement, Komplexitätsreduktion und selektive Qualitätssicherung bei der Programmdurchführung

Im EUREK und im Operationellen Programm für den CADSES-Bereich bleiben die Ziele unpräzise in ihrer praktischen Ausgestaltung. Ist dies beim EUREK als erstem allgemeinen politischen Raumentwicklungskonzept aller Mitgliedstaaten noch verständlich, so führt dies bei einem auf Umsetzung bedachten Programm zu Durchführungsproblemen. Die Maßnahmenbeschreibungen im Operationellen Programm spiegeln die Breite möglicher Aktivitäten in der Raumentwicklungszusammenarbeit wider.[587] Sie sind jedoch konzeptionell nicht so verknüpft, dass die vorrangige Bedeutung integrativer Ansätze zur Raumentwicklung deutlich genug würde. Vielmehr wirken sie wie ein breites Angebot der unterschiedlichsten Aktivitäten, aus dem man frei wählen kann. Dies spiegelt sich in den Projektanträgen wider, die häufig an Einzelbegriffen der Maßnahmenbeschreibungen wie „Netzwerke" oder „Verkehrssystem" anknüpfen, ohne den übergreifenden Kontext der Raumentwicklungspolitik zu berücksichtigen. Bewusst oder unbewusst wurde dabei der Komplexität der Programmzielsetzung aus dem Wege gegangen. Doch wie wird die Komplexität handhabbar?

Für den Umgang mit dieser Komplexität bieten sich zwei Grundmuster an:

1. Komplexer Ansatz: Aufbau der Kapazitäten, die zur Bearbeitung sowohl der Einzelaspekte als auch der Zusammenhänge als notwendig erachtet werden
2. Selektiver Ansatz: Reduzierung der Komplexität auf das Maß, für dessen Bearbeitung die verfügbaren Kapazitäten als ausreichend erachtet werden.

Von ihren Zielen her müsste sich die Europäische Raumentwicklungszusammenarbeit auf die erste Variante hin orientieren. Das EUREK strebt ausdrücklich einen integrierten Ansatz an, und die Raumentwicklungspolitik unterscheidet sich von den meisten anderen Politikfeldern gerade durch ihren sektorübergreifenden Ansatz. Trotz des hohen damit verbundenen Anspruchs verlangt er nicht alles von den relativ wenigen Akteuren im Politikfeld. Unter „Aufbau der notwendigen Kapazitäten" ist nämlich nicht zu verstehen, dass die jetzt handelnden Akteure im Politikfeld sämtliche Kapazitäten repräsentieren müssten. Vielmehr wäre es ausreichend, wenn sie die vorhan-

[587] Operationelles Programm, Kap. 2, Seite 9-20.

denen sektoralen Kapazitäten so koordinieren, dass alle koordinierten Akteure insgesamt betrachtet einen integrierten Ansatz verfolgen könnten. Die Komplexität würde somit insgesamt bearbeitet, aber durch Arbeitsteilung würde die Arbeit auf viele Akteure auf den unterschiedlichsten Handlungsebenen und in den unterschiedlichsten Handlungsarenen verteilt werden.

Dagegen entspricht die zweite Grundvariante einer rein arbeitsökonomischen Reduzierung des Gegenstands auf das, was mit den bereits jetzt beteiligten Akteuren leistbar erscheint. Bei diesem Vorgehen besteht die Gefahr, dass die Komplexität aus den Augen verloren gerät und sich die Raumentwicklungszusammenarbeit doch wieder nur mit Ausschnitten des Ganzen beschäftigt und von einem integrierten Ansatz nur noch bedingt gesprochen werden kann. So problematisch dieser Ansatz aus fachlicher Sicht ist, so hat er aber doch den Reiz, dass er keine Veränderungen seitens der beteiligten Akteure verlangt. Es ist nämlich zu bedenken, dass die erste Grundvariante einiges von den Akteuren der Raumentwicklung verlangt. Die Koordination eines breiten und daher in seiner Zusammensetzung heterogenen Akteurskreises ist eine enorme Herausforderung für die in der großen Mehrheit aus dem Kontext der nationalen Raumordnung kommenden Akteure (vgl. Kap. 2.2). Sie sind selbst neu im europäischen Politikfeld und können von daher gar nicht alle sektoralen europäischen Politiken und die relevanten Akteure kennen, die sie eigentlich durch geschickte Koordination in ein kooperatives Handeln unter den Vorzeichen der Raumentwicklungspolitik einbinden sollen. Mehr noch, Organisationen wie die in den nationalen und transnationalen Gremien vertretenen erhielten für diese Arbeit in fast allen Fällen keine Aufstockung ihrer Budgets für Personal, Sachmittel und Reisekosten.[588] Über das Programm wurden zwar Mittel für die Technische Hilfe bereitgestellt, die auch zur Erstattung von Reisekosten an Gremienmitglieder hätten genutzt werden können, doch angesichts der letztlich auch in diesem Bereich begrenzten Mittel wurde ein entsprechender Vorschlag fallengelassen und damit de facto festgelegt, dass die Gremienmitglieder ihre Aufwendungen aus dem eigenen Haushalt abdecken müssen.[589] Das Programm mit seinen zusätzlichen Herausforderungen musste somit von den meisten Ministerien ohne zusätzliche Kapazitäten und damit in Konkurrenz zu anderen Aufgaben betreut werden. Die Reduzierung der schon durch den Gegenstand der Kooperation gegebenen Komplexität auf das Maß, für

[588] Eine Ausnahme stellt das Referat für Grenzübergreifende Zusammenarbeit des Sächsischen Staatsministeriums des Innern (SMI, vormals Umweltministerium SMU) dar. Dieses in Deutschland für die Mittelverwaltung von INTERREG II C CADSES (insbesondere Vertragsabschlüsse und Vertragsüberwachung) zuständige Referat wurde um mehrere Mitarbeiter erweitert, um seine Aufgaben erfüllen zu können. Ansonsten stellte die Gremienarbeit für die Mitglieder nur eine zusätzliche Aufgabe neben ihren sonstigen dienstlichen Tätigkeiten dar. Hinzu kommt, dass die Mittel für Reisekosten beispielsweise beim BMVBW zeitweise so knapp bemessen waren, dass dessen Vertreter 1999 nicht an allen Gremiensitzungen teilnehmen konnte (vgl. SYS 2.4.2-7: Protokoll und Teilnehmerliste vom 1. Oktober 1999).

[589] Vgl. dazu die verschiedenen Entwürfe der Kostenübersicht zum deutschen Programmsekretariat, insbesondere die Übersicht vom 3. Juni 1997 in SYS 2.1.1-1.

dessen Bearbeitung die verfügbaren Kapazitäten als ausreichend erachtet werden, war damit zwar immer noch kein Wunsch, wurde jedoch als realitätsnahe Perspektive attraktiv.

In der Praxis entschied man sich nicht für eines der beiden Grundmuster, sondern entwickelte ein pragmatisches Vorgehen, welches im Prinzip zwischen beiden Grundmustern liegt, aber dem Muster der arbeitsökonomischen Komplexitätsreduzierung näher ist als einem arbeitsteiligen Komplexitätsmanagement.

5.3.1 Reduktion der Komplexität durch inhaltliche Gewichtungen

Auch wenn die Beschreibungen der Maßnahmen im Programm wie ein breites Angebot der unterschiedlichsten Aktivitäten wirken und die Ausgangssituation im Programmraum den meisten Akteuren nicht genau bekannt gewesen sein kann, so versuchten sie doch aktiv, das Programm inhaltlich zu steuern. Neben der eigentlichen Projektauswahl bestand ein weiteres wichtiges Instrument in der indikativen Mittelverteilung auf die einzelnen Maßnahmenbereiche. Die Finanztabelle im Operationellen Programm weist die Gesamtkosten des Programms nach Maßnahmen gegliedert aus. Damit erhielten bereits die potenziellen Antragsteller einen eindeutigen Hinweis auf die Schwerpunktsetzung. 11.697,5 Mio. ECU/EUR[590] der insgesamt 36.796,0 Mio. ECU/EUR waren allein für die Entwicklung der Multimodalität im Verkehrssystem und Ausgewogenheit im Zugang zu Infrastrukturen (Maßnahme C) vorreserviert, während der mit 4.962,4 Mio. ECU/EUR geringste Betrag für die Kooperation zur Verbesserung des Zugangs zu Wissen und Information (Maßnahme D) eingeplant wurde.[591] Es wurde damit nach außen hin sichtbar gemacht, dass eine gewisse Konzentration der Mittel vorgesehen war.

Eine weitergehende bewusste Reduzierung der Komplexität durch eine bewusste inhaltliche Gewichtung konnte im Rahmen der Analyse nicht nachgewiesen werden. Im deutschen Nationalen Ausschuss sind die Projektanträge zwar sehr intensiv diskutiert worden, aber die zur Auswahl entwickelten spezifischen Kriterien (neben denen des Programms) zielten mehr auf die Abdeckung der thematischen Breite des Programms als auf eine Gewichtung.[592] In den Beratungen der transnationalen Gremien spielte die Auseinandersetzung mit der Komplexität der Zielsetzungen keine große Rolle. Im Lenkungsausschuss wurden die Projekte in der Regel einzeln für sich diskutiert und genehmigt bzw. zurückgestellt. Eine bewusste Komplexitätsreduzierung ging von den Gremien also nicht aus.

---

[590] Bei Programmbeginn wurden die Beträge zunächst in ECU festgelegt. Mit Einführung des Euro zum 1. Januar 1999 wurden die Beträge gemäß dem Wechselkurs 1 ECU = 1 Euro (EUR) umgewandelt.

[591] Vgl. Operationelles Programm, Kap. 3, Seite 22.

[592] SYS 2.2.1-1: Protokoll der 2. Sitzung des Nationalen Programmausschusses am 8./9. Januar 1998, Seite 2.

Die Einrichtung Transnationaler Projektarbeitsgruppen ist durchaus als eine Maßnahme zu werten, welche vorhandene Schwächen in den sektorüber- und länderübergreifenden Ansätzen der Projekte beseitigen sollte. Da diese Arbeitsgruppen sich jedoch primär zu Foren des Informations- und Erfahrungsaustausches zwischen den Projekten entwickelten, ohne dass die Projekte dabei wesentlich stärker miteinander verflochten und ihre Ansätze stärker integriert worden wären, können auch diese Arbeitsgruppen nicht als wesentliche Beiträge zur Reduzierung oder zum Management der Komplexität gewertet werden.[593]

Ist die Gewichtung einzelner Maßnahmen durch die indikative Mittelverteilung im Programm als bewusster Beitrag zur Reduktion der Komplexität des Gegenstandes auf Schwerpunkte interpretierbar, so sind andere Aktivitäten zur Reduzierung der Komplexität als rein arbeitsökonomisch zu betrachten. Genauer gesagt, handelt es sich bei diesen Aktivitäten eigentlich um die Reduktion von Komplexität durch Unterlassung von Aktivitäten. Vor allem der Begleit- und Lenkungsausschuss beschränkte sich ganz auf die engeren im Operationellen Programm beschriebenen Aufgaben. Die wenigen grundsätzlichen Perspektivdiskussionen in den Gremien endeten mit einem Votum zur Sicherung des Status quo der Kooperation bzw. seiner modifizierten Weiterentwicklung.[594] Nicht reflektiert wurde beispielsweise die Tatsache, dass der transnationale Begleitausschuss in Ermangelung einer Art Raumordnungsministerrat im CADSES-Raum faktisch auch das höchste beschlussfassende Gremium darstellt, welches sich in dem Raum mit Fragen der Raumentwicklungspolitik beschäftigt. Hieraus lassen sich keine formalen Kompetenzen ableiten, jedoch wäre es im Prinzip naheliegend, wenn sich dieses Gremien über seine engeren in EU-Verordnungen vorformulierten Aufgaben hinaus mit der Perspektive der allgemeineren Raumentwicklungspolitik und -zusammenarbeit im Programmraum beschäftigt hätte. Die bereits seit dem Frühsommer 1999 im Entwurf vorliegenden politischen Optionen, die im Rahmen des VISION PLANET-Projekts formuliert wurden, wären als Auftakt einer solchen Diskussion sicherlich geeignet gewesen. Diese Diskussion fand jedoch genauso wenig statt wie die Entwicklung von Außenbeziehung des Gremiums zu anderen für die Raumentwicklungszusammenarbeit wichtigen, aber an der INTERREG II C-Zusammenarbeit bis dato nicht beteiligten Institutionen im Programmraum. Kontakte zur Arbeitsgemeinschaft der Donauländer, zur Arbeitsgemeinschaft Alpen-Adria oder der Internationalen Kommission zum Schutze der Elbe bestanden durch Doppelmitgliedschaften von INTERREG II C-Gremienmitgliedern in Gremien der genannten Institutionen. Die Möglichkeiten, diese Kontakte zu koordinieren und weitere Kontakte zu entwickeln, um die Raumentwicklungspolitik über die Pro-

593 Vgl. SYS 2.4.3: Unterlagen zu den Transnationalen Projektarbeitsgruppen ‚Danube', ‚Water management' und ‚Transport and Logistics'; vgl. auch SYS 2.4.2: Protokolle und Unterlagen der Gremiensitzungen zum Thema Projektarbeitsgruppen.

594 SYS 2.4.1-7: Protokolle der Begleitausschusssitzungen am 17./18. Juni 1999 und 1. Oktober 1999 in Rom zur Weiterentwicklung der Kooperation im Rahmen von INTERREG III.

grammgremien hinaus in der Region stärker zu diskutieren und zu verankern, wurden in den transnationalen Gremien jedoch nicht einmal erörtert. Ohne zwingenden Grund, außer vielleicht seinen arbeitsökonomischen Grenzen, reduzierte der Begleitausschuss seine Auseinandersetzung mit der Komplexität im Politikfeld auf die Abwicklung eines gegebenen Programms und verpasste damit sicherlich die Chance zu einer umfassenderen Verfolgung der Ziele der Gemeinschaftsinitiative durch die Akteure auf der transnationalen Programmebene.[595]

5.3.2 Komplexitätsmanagement durch Aufgabenteilung

Während die Koordinierung auf der transnationalen Programmebene teilweise als suboptimal zu bezeichnen ist, weil sie nicht alle Möglichkeiten nutzte (vgl. 5.2.1), hat die nationale und transnationale Programmkooperation mit der Projektauswahl zumindest eine Reihe von Impulsen zu einem sich zukünftig verbessernden Komplexitätsmanagement ausgelöst. Diese resultieren im Wesentlichen darin, dass mit der Projektauswahl der Aufbau von Kapazitäten begann bzw. verstärkt wurde, welche für die Bearbeitung sowohl der Einzelaspekte als auch der Zusammenhänge notwendig sind. Die Gliederung der Maßnahmenbereiche und die indikative Mittelverteilung wirkten sich hierbei sicherlich positiv aus, weil sie eine Verteilung der Aktivitäten auf ein breiteres Spektrum bewirkten. Die damit grundgelegte Aufgabenteilung reduziert die Komplexität für die Akteure, die mit ihren Projekten jeweils eine eigene Handlungsarena bilden. Wird die Entwicklung in den Arenen koordiniert, können auch die übergreifenden gemeinsamen Ziele im Auge behalten werden. Separate Bearbeitung von Teilaufgaben und deren koordinierte Verknüpfung auf der Programmebene oder in Transnationalen Projektarbeitsgruppen bilden gemeinsam die zwei Säulen eines programmadäquaten Komplexitätsmanagements.

Zwischen acht und zehn Projekte wurden je Maßnahmenbereich ausgewählt. Selbst wenn nicht jedes Projekt in dem Sinne erfolgreich verläuft, dass die Projektpartner ein von den übergreifenden Zielen des Programms und des EUREK geprägtes Projekt durchführen, so ist die Wahrscheinlichkeit doch als sehr hoch anzusehen, dass es nach Abschluss der letzten Projekte im Jahre 2001 einen deutlich größeren Kreis von Akteuren gibt, die inzwischen mit den Zielen der Raumentwicklungspolitik vertraut sind und Erfahrungen mit der Bearbeitung von Einzelaspekten gesammelt haben. Es gibt Projekte, welche sich mit methodischen und instrumentellen Fragen der Raumentwicklung beschäftigen (LRPI/PLAIN[596] und VERMITTLUNG RAUMPLANERISCHEN

---

[595] Die Einschränkung mit einem „vielleicht" ist notwendig, da es in den Quellen keine Hinweise darauf gibt, ob die arbeitsökonomischen Grenzen tatsächlich so eng waren, dass die Behandlung weiterer Themen in den Programmgremien nicht mehr möglich war. Ebenfalls gibt es keine Hinweise darauf, dass den Gremienmitgliedern eine Befassung mit weiteren Themen durch externe Akteure oder institutionelle Rahmenbedingungen verwehrt worden wäre oder wurde.

[596] SYS 3.4-5 97/08/D: Projektakte und Berichte zum Projekt Lokale und Regionale Planungsinstrumente.

WISSENS[597]). Andere Projekte beschäftigen sich mit Aspekten der Siedlungsentwicklung (z. B. LEIPZIG-GRÜNAU[598], IM-PLAN[599] und SUDMA[600]), der Verkehrssysteme (z. B. SUSTRAIN[601] und VERKEHRSSTUDIE ARGE DONAULÄNDER[602]) oder des natürlichen und kulturellen Erbes (z. B. WETLANDS[603] und NPIS[604]). Und es gibt schließlich übergreifende Leitprojekte (z. B. VISION PLANET[605] und ESTIA[606]). Die Basis dieser Projekte, der darin gewachsenen Kooperationsbeziehungen und fachlichen Kompetenz garantiert selbst kein besseres Komplexitätsmanagement, aber verbessert die Kapazitäten für ein solches. In dieser Hinsicht erfüllt INTERREG II C (CADSES) auch sicherlich seine generellen Ziele des Beginns einer Zusammenarbeit in der Raumentwicklung und der Einleitung erster Schritte zu einer den Leipzig-Prinzipien entsprechenden Raumentwicklungskonzeption. Mehr als das hatten auch die Autoren des Operationellen Programms nicht anzustreben gewagt[607] und die Realität des Programms gibt ihnen Recht.

Das Fazit dieses Abschnitts fällt ambivalent aus. Einerseits ist zu bedauern, dass die Programmzusammenarbeit nicht stärker auf übergreifende Ziele einer integrierten Raumentwicklungszusammenarbeit ausgerichtet worden ist und das diesbezügliche Instrumentarium des Programms nicht stärker genutzt hat. Andererseits haben die Autoren des Programms nicht mehr versprochen als mit dem Programm in der Praxis angestrebt und wohl auch letztendlich bis Ende 2001 erreicht wird. Insofern kann der Kooperation im Rahmen des Programms auch nicht die Orientierung auf diese Ziele und eine diesbezügliche Leistungsfähigkeit abgesprochen werden. Andererseits wäre eine stärkere Ausrichtung auf die mit dem EUREK verbundenen Ziele der Europäischen Raumentwicklungspolitik durchaus denkbar gewesen. Sie hätte sogar

---

597 SYS 3.4-9 97/17/D: Projektakte und Berichte zum Projekt Vermittlung raumplanerischen Wissens, Entwicklung von mehrsprachigen Handbüchern und Durchführung von Konferenzen.

598 SYS 3.4-16 98/15/D: Projektakte und Berichte zu Leipzig-Grünau, Weiterentwicklung großer Neubauwohngebiete.

599 SYS 3.4-15 98/14/D: Projektakte und Berichte zu IM-Plan, Anwendung von Modellen der kooperativen Planung in Metropolregionen.

600 SYS 3.4-25 99/08/D: Projektakte und Berichte zu SUDMA, Nachhaltige Stadtentwicklung und Flächenmanagement in mittleren und kleinen Städten.

601 SYS 3.4-17 98/17/D: Projektakte und Berichte zu SUSTRAIN, Nachhaltige Verkehrsinfrastruktur und internationale Verkehrskonzepte.

602 SYS 3.4-2 97/05/D: Projektakte und Berichte zu Verkehrsstudie ARGE Donauländer.

603 SYS 3.4-11 97/19/D: Projektakte und Berichte zu WETLANDS, Integriertes Management von Feuchtgebieten.

604 SYS 3.4-21 99/01/D: Projektakte und Berichte zu NPIS, Nationalpark Informationssystem.

605 SYS 3.4-6 97/09/D: Projektakte und Berichte zu VISION PLANET.

606 SYS 3.4-6 97/09/D: Angaben zu ESTIA in der Projektakte und Unterlagen zu VISION PLANET.

607 Vgl. Operationelles Programm, Kap. 1.2.2, Seite 8.

vorrangig betrieben werden sollen, da die übergreifenden Ziele und das Streben nach einer integrierten Raumentwicklung den eigentlichen Kern des EUREK und damit der Zusammenarbeit im Politikfeld ausmachen.

Wenn die stärkere Ausrichtung an den Herausforderungen der Komplexität vor allem an Kapazitätsgrenzen gescheitert sein sollte, wovon aufgrund der Analyseergebnisse auszugehen ist, dann haben es die Akteure auf der Programmebene versäumt, die Kapazitätsengpässe durch Ressourcensteuerung bei den Projekten auszugleichen. Das Programm ist als eine Intervention zur Verwaltungshilfe ausgerichtet (vgl. 4.2.3.3) und von daher ist es nur konsequent, wenn das, was die wenigen Personen in den Programmgremien aus plausiblen Gründen nicht alles selbst leisten können, über Projekte umgesetzt oder zumindest vorbereitet wird. Umso überraschender ist es, wenn sich das Kriterium der Verwaltungshilfe in den Auswahlkriterien des Operationellen Programms und weiteren Kriterien wie denen des Nationalen Ausschusses in Deutschland nicht explizit wiederfindet.[608] Projekte wie VISION PLANET sind gute Beispiele dafür, wie externer Sachverstand über Projekte in die Entwicklung der Zusammenarbeit und der gemeinsamen Politik eingebaut werden kann. Wurde bei Projekten wie VISION PLANET der Kreis der Projektpartner noch überwiegend durch öffentliche Einrichtungen geprägt, werden viele andere Projekte vorwiegend von privaten oder halbstaatlichen Institutionen durchgeführt und von staatlichen Stellen lediglich beaufsichtigt. Denkbar wäre jedoch auch, dass Projekte wie VISION PLANET von privaten oder halbstaatlichen Institutionen weitgehend selbstständig durchgeführt und nur in ihren Grundlagen mit den für Raumordnung bzw. Raumentwicklung zuständigen Stellen abgestimmt werden. Alle diese möglichen Varianten können zusammen als Teil eines outsourcings öffentlicher Aufgaben verstanden werden, welches es den staatlichen Stellen ermöglichen soll, sich auf ihre politischen Kernaufgaben zu konzentrieren.

5.3.3 Selektive Qualitätssicherung als Indikator selektiver Interessenverfolgung

Die bisherigen Analyseschritte haben nur wenige Beispiele für eine gezielte Gesamtsteuerung der Kooperation im Rahmen der Gemeinschaftsinitiative liefern können. Daraufhin wurde eine weitere Analyse durchgeführt, um der Frage nachzugehen, ob und, wenn ja, wie eine Qualitätssicherung gemäß einzelner Kriterien durchgeführt wurde. Diese Analyse stellte zum einen eine Gegenprobe zu den vorherigen Analysen dar, denn wenn die Komplexität der Herausforderungen gemieden wurde, so könnte dies theoretisch auch daran gelegen haben, dass trotz der deklaratorischen Gesamtausrichtung des Programms die Interessen der Entscheidungsträger in den

[608] SYS 2.2.1-1: Protokoll der 2. Sitzung des Nationalen Ausschusses am 8./9. Januar 1998 in Erfurt, 2; vgl. Operationelles Programm, Kap. 4.3, Seite 25.

Gremien partikularer Natur waren. Sichtbar gemacht werden können müsste dies wiederum durch die Analyse der Aktivitäten zur Qualitätssicherung. Genauer gesagt: Dort wo sich Maßnahmen zur Qualitätssicherung konzentrieren, lässt sich auf ein besonderes Interesse von Akteuren schließen. Werden einzelne Kriterien bei der Qualitätssicherung wesentlich stärker fokussiert als andere und weichen diese bevorzugten Kriterien vom Ansatz einer integrierten Raumentwicklungspolitik deutlich ab, so wäre der Nachweis erbracht, dass es eine Differenz gibt zwischen den Interessen der auf den Programmebenen wirkenden Akteuren und der formalen Ausrichtung des Programms.

Die Analyse lieferte zunächst einige Anhaltspunkte für die Richtigkeit der Annahme, denn unter den genehmigten und gleichzeitig von den Mitgliedstaaten besonders unterstützten Projekten befinden sich einige Projekte mit einem stark sektoralen Akzent. Dies gilt etwa für das auf die Optimierung des intermodalen Güterverkehrs in Italien und Mitteleuropa ausgerichtete Projekt GILDA[609], welches mit 8,5 Mio. ECU/EUR Gesamtfördervolumen etwa ein Fünftel des gesamten Programmvolumens bindet, das sich ansonsten auf 45 Projekte verteilt. Aber auch die vom Bundeswirtschaftsministerium in Berlin beantragte stark ökonomisch ausgerichtete Studie PREPARITY[610] oder das vom Wiener Bundesministerium für Land- und Forstwirtschaft eingebrachte und vorwiegend forstwirtschaftliche Fragen analysierende Projekt NATÜRLICHE RESSOURCEN[611] unterstützten zunächst die Annahme. Der erste Wiederspruch wird jedoch schon an der unterschiedlichen Ausrichtung der drei gewählten Beispiele deutlich. Selbst wenn die Antragsteller primär sektorale Interessen verfolgen sollten, was bei den genannten sektoralen Ministerien nicht verwunderlich wäre, stehen schon die drei Projekte für eine insgesamt breit gestreute und sektorübergreifende Projektauswahl. Das Projekt GILDA beweist zudem eine sogar so deutliche Binnendifferenzierung, dass ein Teil des Projekts nicht aus dem verkehrsbezogenen Maßnahmenbereich C, sondern aus der Maßnahme B zur Stadtentwicklung finanziert wird. Dies ist der einzige Fall einer Projektfinanzierung aus mehreren Maßnahmenbereichen. Ein weiteres Argument gegen eine von der formalen Ausrichtung abweichende Programmsteuerung liefert die Tatsache, dass die indikative Mittelbindung bezüglich der Maßnahmenbereiche insgesamt nicht wesentlich von den vorgegebenen Werten abweicht.

Maßgeblich bei der Analyse zur Qualitätssicherung war die Auswertung der Protokolle von Begleitausschuss und Lenkungsausschuss sowie der ebenfalls zur Verfügung stehenden deutschen Ausschussprotokolle. Im Ergebnis führte dies zu der Er-

---

[609] SYS 2.4.2-1 und SYS 2.4.2-2: Assessment und Summary Sheets zu GILDA; SYS 2.3.4: Unterlagen zum Projekt GILDA.

[610] SYS 3.4-4 97/06/D: Projektakte PREPARITY.

[611] SYS 2.4.2-1 und SYS 2.4.2-2: Assessment und Summary Sheets zu NATURAL RESSOURCES.

kenntnis, dass zwei Auswahlkriterien bei den Projektbewertungen und deren Diskussion immer wieder thematisiert und mit besonderer Relevanz versehen wurden: Transnationalität und raumordnerischer Bezug. Schon in der ersten Sitzung waren Schwächen in der Transnationalität und im raumordnerischen Bezug einer Reihe von Projekten festgestellt worden.[612] Die unzureichende Transnationalität der Partnerstrukturen war ein Grund für die Kommission, Transnationale Projektarbeitsgruppen vorzuschlagen. Ein anderer war das Bemühen, die Stärkung des raumordnerischen und transsektoralen Bezugs der Projekte durch die Vernetzung von Projekten zu stimulieren. So wiederholt und nachdrücklich Transnationalität und raumordnerischer Bezug problematisiert wurden, was vor allem an den zahlreichen diesbezüglichen Auflagen bei den Projektgenehmigungen ablesbar ist, so handelt es sich bei diesen beiden Themen nicht um sektorale Interessen, sondern um originäre Programmziele. Wenn im Rahmen eines Programms zur transnationalen Zusammenarbeit in der Raumordnung diese zwei Themen besonders nachdrücklich behandelt werden, so belegt dies eher eine prinzipiell vorherrschende Orientierung der Gremienmitglieder an der Grundausrichtung des Programms. Somit kann festgestellt werden, dass die Qualitätssicherung zwar vorwiegend an ausgewählten Kriterien orientiert und somit selektiv war bzw. ist, aber gleichzeitig ist festzuhalten, dass diese selektive Qualitätssicherung im Sinne der Raumentwicklungszusammenarbeit zielorientiert ist. Betrachtet man sie aus arbeitsökonomischer Sicht, so handelt es sich um ein koordinationsminimierendes Vorgehen, denn statt alle Auswahlkriterien ausführlich zu beraten, was auf der Grundlage der Bewertungsbögen (assessment sheets) jederzeit möglich gewesen wäre, konzentrierten sich die Gremien vor allem auf die zwei Kriterien, ohne deswegen jedoch die anderen Auswahlkriterien völlig unbeachtet zu lassen.[613]

Zwei weitere Felder, in denen eine selektive Qualitätssicherung vermutet werden kann, bestehen einerseits in der Projektbewertung durch die Programmsekretariate bzw. die auftraggebenden Ministerien und andererseits in der Mitarbeit von Gremienmitgliedern in Projekten. Für beide Felder war keine ausführlichere Analyse möglich. Dies liegt bezüglich der Projektbewertung daran, dass die Bewertung von Zwischenberichten in den vier Mitgliedstaaten, in Ungarn und anderen Teilnahmestaaten des CADSES-Bereichs unabhängig voneinander stattfindet, die Berichte daher auch nicht an einer Stelle zentral verfügbar sind und zudem für viele der Projekte noch keine oder nur erste Zwischenberichte vorliegen. Eine wissenschaftliche Analyse setzt jedoch die Verfügbarkeit der Bewertungen zu allen Zwischenberichten und des Endberichtes zu den einzelnen Projekten voraus, da die Hervorhebung einzelner Bewertungskriterien bei Teilberichten schon durch den jeweiligen Einzelgegenstand eines

[612] SYS 2.4.2-1: Protokoll der Begleitausschusssitzung vom 28. Januar 1998, Beiträge des Vertreters von DG XVI.

[613] Die als Ergebnisprotokolle abgefassten Niederschriften spiegeln nur in Einzelfällen detailliertere Diskussionen wider. Die Unterschiedlichkeit der beratenen Auswahlkriterien schlägt sich mehr indirekt in den Maßgaben nieder, die häufig mit den Projektgenehmigungen verbunden wurden.

Zwischenberichts bedingt sein kann und somit keinen Rückschluss auf eine ggf. selektive Betrachtung durch die Gutachter ermöglicht. Auch wenn die Quellenlage nicht ausreichend ist, um eine genaue Analyse der externen Qualitätssicherung und Steuerung von Projekten über die Projektbewertung durchzuführen, so lässt sich doch aufgrund der Gesamtanalyse zum Thema annehmen, dass eine solche Analyse wahrscheinlich gar keinen Nachweis einer von den vertraglich vereinbarten Zielen und Aufgaben abweichenden Projektsteuerung hervorbringen würde.

Wie gering die Steuerungsmöglichkeiten schon bei der Projektgenehmigung (und somit noch deutlich vor dem Vertragsabschluss) sein konnten, hat die Bildung der Transnationalen Projektarbeitsgruppen gezeigt. Wegen fehlender finanzieller Spielräume zur Kostenerstattung konnte die Teilnahme an diesen Gruppen nur empfohlen werden und der Lenkungsausschuss konnte den Gruppen daher nicht das vorgesehene Gewicht geben. Die bewertenden und mit den Bewertungen die Politik beratenden Sekretariate haben keine Entscheidungskompetenz und die Ausschussmitglieder sind an die Verträge und den Programmrahmen gebunden. Sie können natürlich stets, ob von außen als Auftraggeber oder von innen als projektbeteiligte Repräsentanten ihrer Organisationen die Einhaltung des Vertrags und damit ggf. auch ihre persönliche Interpretation der Vertragsinhalte anmahnen, aber mehr als in den Verträgen tatsächlich festgehalten ist, kann normalerweise auch nicht eingefordert werden. Die Einschränkung bezieht sich auf mögliche Einschüchterungsversuche, für die es in der Praxis jedoch keinerlei Anhaltspunkte gibt. Die Analyse zu diesem Abschnitt kann nicht zu dem Fazit führen, dass die Entscheidungsträger keinen maßgeblichen Einfluss auf die Projekte hatten, aber das Operationelle Programm und dann die extern bewerteten und gemeinsam beschlossenen Projekte schränkten die Möglichkeiten einer von den Programmzielen abweichenden Steuerung weitgehend ein.

Ähnlich verhält es sich bei der Mitwirkung von Ausschussmitgliedern an Projekten. Eine wissenschaftliche Analyse würde neben der Auswertung von Projektberichten eine Teilnahme an Arbeitssitzungen des Projekts notwendig machen, um die direkte oder indirekte Beeinflussung von Projekten durch die in vielen Projektbeiräten und Expertengruppen mitwirkenden Gremienmitglieder nachweisen zu können. Während es für die Auswertung der Berichte noch zu früh ist, steht das zu erwartende Ergebnis einer Analyse aller Projektkooperationen oder auch nur an einen repräsentativen Samples in keinem Verhältnis zu dem hierfür zu leistenden Aufwand. Geht man davon aus, dass alle Akteure rational handeln oder zumindest um ein rationales Handeln bemüht sind, so kann ebenfalls davon ausgegangen werden, dass an Projekten beteiligte Gremienmitglieder in diesen Projekten ihre persönlichen Interessen bzw. die Interessen ihrer Institution vertreten. Wie erfolgreich sie dabei sein können, hängt von ihrer Rolle im Projekt und vom Prozess der Projektdurchführung ab. Sicherlich ist ihr Einfluss in den Projekten aber auch durch die in den Projektverträgen festgelegten Rahmenbedingungen eingegrenzt, zu denen neben den finanziellen Aussagen eben auch der Zeit- und Arbeitsplan gehört.[614] Da die Abwicklung der Projekte eng an die Festlegungen der jeweiligen Verträge gebunden ist, kann sich der externe oder interne Einfluss auf ein laufendes Projekt im Wesentlichen nur innerhalb des vertraglich festgelegten Rahmens entfalten. Eine vorwiegend durch Einzelinteressen geleitete Projektsteuerung entgegen den formalen Projektzielen kann damit auch für den Fall der Mitwirkung von Ausschussmitgliedern an Projekten als ausgeschlossen gelten.

Die Tatsache, dass an vielen Projekten Gremienmitglieder als Beobachter oder Beiräte und an fast allen Projekten Vertreter von kommunalen, Landes- oder Bundeseinrichtungen teilnehmen, spricht jedoch dafür, dass die Einflussmöglichkeiten in dem durch den Projektvertrag definierten Rahmen immer noch groß genug sind, um eine unmittelbare Beteiligung als lohnend anzusehen. Bei der Bewertung des Punkts, von dem an eine Beteiligung lohnend erscheint, spielen jedoch auch andere Kriterien eine Rolle, wie der erleichterte und frühzeitige Informationszugang, der Aufbau von Kontakten und der Erfahrungsaustausch im Rahmen einer unmittelbaren Teilnahme oder persönliche Interessen einzelner Akteure an den behandelten Themen.

Für die Vernachlässigung der Binnenaktivitäten von Projekten im Rahmen dieser Arbeit ist von besonderer Bedeutung, dass die Projektaktivitäten in einer geschlossenen Handlungsarena stattfinden. Ergebnisse, wie selbst die Leitlinien und politischen Optionen des Projekts VISION PLANET sind zunächst nur Projektergebnisse, die sich ihre Relevanz im Politikfeld erst noch erlangen müssen, d. h. die Ergebnisse müssen nach außen vermittelt werden, um raumentwicklungspolitisch wirksam werden zu können. In einem nur für das Programm definierten Raum wie dem mittel- und südosteuropäischen CADSES-Bereich, in dem es auf transnationaler Ebene keinen Rat für Raumentwicklung oder vergleichbare politische Institutionen gibt, welche Projektergebnisse zur Grundlage ihrer Politik machen könnten, fällt die Verbindung offensichtlich besonders schwer. Im Fall von VISION PLANET hat dies zur Beantragung und Genehmigung einer Projekterweiterung geführt, bei der genau diese Vermittlung der Projektergebnisse im Mittelpunkt steht.[615] Wenn sich aber die Ergebnisvermittlung schon bei einem Leitprojekt wie VISION PLANET, an dem Regierungsstellen fast aller Länder des Programmraums teilnehmen, als so schwierig erweist, dass eine über die normale Öffentlichkeitsarbeit von Projekten hinausgehende Ergebnisvermittlung durch Publikationen aber auch durch persönliche Präsentationen insbesondere bei europäischen Akteuren notwendig ist, dann sagt dies viel aus über die zumindest bisher sehr begrenzten Möglichkeiten, um aus dem Innern eines Projekts heraus die Kooperation im Politikfeld mitzugestalten.

---

[614] Vgl. dazu die Zuschussvereinbarungen in den Projektakten SYS 3.4.

[615] SYS 3.4-6 97/09/D VISION PLANET (inkl. Erweiterung 99/15/D).

Die Gesamtanalyse zu dieser Arbeit und insbesondere die Teilanalysen zu diesem Kapitel haben eine Reihe von Fragezeichen hinter die Relevanz der Projekte gesetzt. Diese Fragezeichen betreffen jedoch nicht die Qualität der Projekte. Es wird nicht infrage gestellt, dass sich nach Programmabschluss alle oder zumindest der überwiegende Teil der Projekte als wissenschaftlich bzw. planerisch hervorragend erweist. Zu hinterfragen ist lediglich ihre Relevanz im Rahmen der Europäischen Raumentwicklungspolitik. Die Analysen führten zu der Einschätzung, dass die Binnenentwicklung von Projekten entweder rein fachlicher Natur ist oder allenfalls dem vorpolitischen Raum zuzuordnen ist. VISION PLANET gehört zu den Projekten, die trotz der Erarbeitung politischer Optionen dem vorpolitischen Raum zuzurechnen sind, während den meisten anderen Projekten zunächst keine eigene raumentwicklungspolitische Relevanz beigemessen werden kann. Die Projekte bleiben nur deshalb Handlungsarenen im Politikfeld, weil sie Produkte der politischen Zusammenarbeit im Rahmen der Gemeinschaftsinitiative sind und eine potenzielle Relevanz für die Europäische Raumentwicklungspolitik haben. So losgelöst viele Projekte sich derzeit entwickeln, so verkörpern sie doch auch Potenziale für die Politik. Die praktische Relevanz hängt allerdings von der Einbeziehung der Projekte bzw. ihrer Ergebnisse in die politische Kooperation ab.

5.4 Handlungs- und Entscheidungsfähigkeit der CADSES-Kooperation

Wie erwartet ergeben die in diesem Kapitel analysierten und dargestellten Probleme und Problemlösungen kein Gesamtbild, welches unmittelbar auf das Politikfeld übertragen werden könnte. Der Umgang mit den INTERREG II C-spezifischen Problemen, wie sie in diesem Kapitel analysiert wurden, lässt sich dahin gehend auf den Punkt bringen, dass die Handlungs- und Entscheidungsfähigkeit von der Vielfalt und dem adäquaten Einsatz der Kooperationsformen bestimmt wird.

Der Kommission, den beteiligten Mitgliedstaaten sowie Drittstaaten ist es gelungen, im Rahmen des CADSES-Programms eine Akteurskonstellation und einen programmspezifischen institutionellen Kontext zu schaffen, der die mit den selbstgesetzten Programmzielen[616] verbundenen Implementierungsprobleme zu lösen in der Lage ist. Die Funktionsfähigkeit der Programmstruktur wurde gerade in der Anfangszeit durch die Kopplung informaler und formaler Kooperationsformen gestärkt.

Die Legitimität der Raumentwicklungszusammenarbeit wird zwar nur indirekt hergestellt, dennoch ist sie insofern ausreichend, als die raumentwicklungspolitischen Ergebnisse der Kooperation nur einen empfehlenden Charakter haben und keine

[616] Europäische Kommission: Operationelle Programme für die Gemeinschaftsinitiative INTERREG II C (96/C 200/07) CADSES, Mitteleuropäischer, Adriatischer, Donau- und Südosteuropäischer Raum (CADSES-Raum), Operationelles Programm 1997-1999, vom 6. August 1997, Kap. 1.2.2, Brüssel.

politischen Entscheidungen darstellen, die unmittelbare Auswirkungen auf die betroffenen Territorien und ihre Bevölkerung hätten. Schließlich sind auch die Ziele schon jetzt (noch vor dem Ende des Programms) als erreicht zu bezeichnen, weil es eben nicht darum ging, das EUREK oder die Leipzig-Prinzipien umzusetzen, sondern sie nur im Rahmen des Kooperationsaufbaus bei ersten Aktivitäten anzuwenden.

Kritischer fällt die Bilanz aus, wenn man sie vor dem Hintergrund der EUREK-Ziele im Politikfeld zieht. Einerseits sind auch dann die Erfolge der CADSES-Kooperation festzuhalten, aber andererseits fallen bei der weiteren Perspektive auch die Schwächen der Kooperation stärker ins Gewicht. So ist zur Kopplung formaler und informaler Kooperationsformen im Programm zu bemerken, dass dabei die Kommission und somit die Gemeinschaftsebene eine formale Kompetenz bei der Implementierung ausübt, die gemäß dem intergouvernementalen Credo der Mitgliedstaaten, wie sie es v. a. im EUREK ausdrücken, eigentlich nicht akzeptabel sein dürfte. Da die Funktion der Kommission aber akzeptiert ist, liegt das Problem nicht in der Praxis, sondern in den anderslautenden politischen Deklarationen.

Aus der Perspektive des Politikfelds ist auch die Legitimation der CADSES-Kooperation als zumindest langfristig unzureichend zu bezeichnen. Insbesondere dann, wenn mit Gemeinschaftsinitiativen wie INTERREG III B wesentliche Beiträge zur Anwendung und Umsetzung der EUREK-Ziele geleistet werden sollen, sind damit politische Entscheidungen verbunden, welche die Territorien und ihre Bevölkerung unmittelbar betreffen würden. Die indirekte Legitimation politikrelevanter Entscheidungen über die einzelnen demokratisch legitimierten Repräsentanten von nationalen und regionalen Ministerien in den Programmgremien dürfte gerade in kontroversen Fragen der Raumentwicklung auf keine ausreichende Akzeptanz mehr stoßen.

Kritisch sind zudem die Aktivitäten zur Zielorientierung zu betrachten. Diese begannen mit der als realistisch zu wertenden Formulierung relativ bescheidener Programmziele für INTERREG II C (CADSES), doch die in Hinblick auf diese Ziele ergriffenen Maßnahmen sind nicht mit dem zu vergleichen, was für die Anwendung und Umsetzung der EUREK-Ziele notwendig wäre. Die wichtigsten Handlungsarenen (Begleit- und Lenkungsausschuss) verfügen über keine eigenen Interaktionen zu Akteuren außerhalb des Programmkontextes. Da es parallel zu diesen Ausschüssen jedoch keine anderen transnationalen Handlungsarenen für CADSES als Gesamtraum gibt, beschränkt sich die Koordination der Raumentwicklungszusammenarbeit in diesem Raum auf das Förderinstrument INTERREG II C. Die Raumentwicklungspolitik und raumentwicklungspolitische Zusammenarbeit zwischen den Staaten in Mittel- und Südosteuropa zu koordinieren, würde über den Programmkontext deutlich hinausgehende und intensivere Interaktionen voraussetzen. INTERREG II C (CADSES) leistet hierzu erste Beiträge, aber der institutionelle Kontext eines einzelnen Strukturfondsförderprogramms erscheint nicht geeignet als Rahmen für die gesamte raumentwicklungspolitische Zusammenarbeit in einem Raum wie dem CADSES-Bereich, der zudem weit über die EU-Grenzen hinausragt.

An der Auseinandersetzung mit der Politikimplementierung fällt auf, dass im Gegensatz zur Politikformulierung die Kompetenzfrage in den Hintergrund tritt. Gefordert wird von den Akteuren nicht die Abschaffung der Gemeinschaftsinitiative, weil sie der Kommission und anderen Organen der Gemeinschaft einen Einfluss auf die Raumentwicklungspolitik ermöglicht. Auch wird die Kopplung formaler mit informalen Kooperationsformen weder als disfunktional noch als illegitim dargestellt und auch die Zielorientierung der bisherigen Kooperation stellt die Akteure zufrieden. Gefordert wird vielmehr eine Verbesserung und insofern eben auch eine Weiterentwicklung des formalen Instrumentariums. Dabei fordern die Akteure der regionalen bzw. nationalen Raumordnung nicht die Stärkung ihrer eigenen Rolle in den Gremien, mit der sie offensichtlich zufrieden sind, sondern sie fordern eine bessere Verknüpfung von INTERREG mit anderen Förderinstrumenten insbesondere in Hinblick auf die Förderprogramme für Nichtmitgliedstaaten und sie fordern, wenn auch weniger deutlich, eine Verbesserung des Rahmens für die finanzadministrative Abwicklung transnationaler Programme innerhalb der Union.

Die Tatsache, dass die Europäische Kommission den Einsatz ihres formalen Instrumentariums nur sukzessiv verstärkte, war bisher nur als erfolgreiche Strategie der Kommission dargestellt worden. Gleichzeitig ist die Entwicklung aber auch ein Zeichen des gestiegenen Vertrauens der mitgliedstaatlichen Akteure in das gemeinschaftliche Engagement. Trotz der faktischen Kompetenzerweiterung für die Kommission ist der Handlungs- und Entscheidungsspielraum für die einzelnen Repräsentanten der regionalen bzw. nationalen Raumordnung nicht geringer geworden. Im Gegenteil, durch die EFRE-Mittel verfügen die an Projekten beteiligten Behörden über einen wesentlich höheren Handlungsspielraum als zuvor. Bei den an Programmgremien beteiligten Repräsentanten kommt hinzu, dass sie sogar eine Kompetenzerweiterung erfahren, indem sie auch über die Projekte mitentscheiden, welche außerhalb der territorialen Zuständigkeit ihrer eigenen Organisation liegen. Schließlich dürfte auch die mit der Gemeinschaftsinitiative einhergehende Vernetzung der europäischen Raumordner von diesen als positiv gewertet werden, zumal sie ihnen auch einen direkten Zugang zu den für die Raumentwicklung in ihrem Lande immer wichtiger werdenden Gemeinschaftsorganen bietet.

Teil 3:

Entwicklungsstand und -perspektiven der Kooperation in der Europäischen Raumentwicklungspolitik

6 Zusammenfassung der Analyseergebnisse und Schlussfolgerungen

6.1 Der status nascendi eines neuen Politikfelds

Der Zeitpunkt, an dem diese Analyse zur Europäischen Raumentwicklungspolitik endet, ist noch der Entstehungsphase des neuen Politikfelds zuzurechnen. Es konnten zwar Aktivitäten eines inzwischen mehr als zehnjährigen Kooperationszeitraums untersucht werden, dabei musste aber auch festgestellt werden, dass wesentliche Grundlagen wie der Begriff, Gegenstand, Bedarf und die Ziele der politischen Zusammenarbeit sich nach wie vor einer eindeutigen Definition entziehen und somit auch das Politikfeld in seinen Umrissen unscharf verbleibt. Mit dem Europäischen Raumentwicklungskonzept (EUREK) wurde ein wesentlicher programmatischer Fortschritt erzielt, doch das intergouvernementale Dokument der EU-Mitgliedstaaten enthält keine Beschlüsse sondern beschreibt Visionen und Optionen für mögliche politische Entscheidungen bzw. Prozesse. Passend zu diesem Entwicklungsstadium dient die Gemeinschaftsinitiative INTERREG II C (CADSES) als Anwendungsinstrument vor allem der Entwicklung der Zusammenarbeit und diesbezüglicher Leitbilder. Für die erfolgreiche Stimulierung von Kooperationen spielt die Funktion der Gemeinschaftsinitiative als finanzielles Anreizinstrument eine wesentliche Rolle. Dennoch ist festzustellen, dass das CADSES-Programm trotz dieses Erfolgs in den Teilnahmeländern erst langsam bekannt wird und in der Entwicklung des betroffenen Territoriums bisher keine Spuren hinterlassen konnte. Politikformulierung als auch Implementierung befinden sich dafür noch zu sehr in ihrer konstituierenden Phase. Folglich kann die Analyse dieser Arbeit zu keiner abschließenden Bewertung der Kooperation gelangen, sondern stellt eine Momentaufnahme zu einem laufenden Prozess dar und untersucht die Handlungs- und vor allem die Entscheidungsfähigkeit in dieser Phase angesichts der gewählten Kooperationsformen und deren bestehenden Rahmenbedingungen.

Die Europäische Raumentwicklungspolitik entwickelt sich als ein eigenständiges Politikfeld mit besonderen Merkmalen. Im Vertragswerk von Amsterdam wird die Raumordnung als ein mögliches Betätigungsfeld des Ministerrats erwähnt, aber in Ermangelung entsprechender Ratsbeschlüsse und ohne spezifische Kompetenzen etwa für die Europäische Kommission kann die Europäische Raumentwicklungspolitik nicht als eine Gemeinschaftspolitik betrachtet werden. Andererseits steht sie aber auch nicht so weit und deutlich außerhalb des europäischen Mehrebenensystems, dass ihr die Eigenständigkeit eines internationalen Regimes parallel zur Gemeinschaft zugesprochen werden könnte. Aus der Perspektive des EUREK handelt es sich um eine intergouvernementale Politik der 15 Staaten, welche der Union angehören und welche auch bei der Raumentwicklungszusammenarbeit mit Gemeinschaftsorganen kooperieren. Sie nutzen deren Infrastruktur und werden bei der Umsetzung der politischen Ziele finanziell aus dem Europäischen Fonds für regionale Entwicklung (EFRE) unterstützt. Aber gerade wegen dieser engen Zusammenarbeit mit Gemeinschaftsorganen und deren deutlichem Mitwirken an der weiteren Entwicklung der Europäischen Raumentwicklungspolitik kann der intergouvernementale Charakter, den die Mitgliedstaaten ihrer Kooperation im Politikfeld zuschreiben, nur bedingt bestätigt werden. Das Analyseergebnis vermittelt vielmehr den Eindruck einer Gemeinschaftspolitik in der Phase des Noch-nicht-seins, in der sie in ihren programmatischen und strukturellen Umrissen bereits erkennbar wird. In dieser Phase des Entstehens bezieht sich die Kooperation vor allem auf den Aufbau und das Einüben der Kooperationsgrundlagen und weniger auf die Lösung konkreter Raumentwicklungsprobleme.

6.2 Repräsentanten der regionalen und nationalen Raumordnung bestimmen das äußere Profil des europäischen Politikfelds

Ginge man vom EUREK-Hauptziel einer „ausgewogenen und nachhaltigen Entwicklung der Europäischen Union" aus und würde davon den notwendigen Akteurskreis der Europäischen Raumentwicklungspolitik ableiten, so würde dieser wohl nahezu alle öffentlichen und privaten Akteure der Union und ihrer Mitgliedstaaten umfassen. Raumentwicklung betrifft letztlich jeden Bürger sowie die Kooperation auf allen politischen Ebenen und daher ist es ohne deren Beteiligung nicht vorstellbar, die Europäische Union nachhaltig zu entwickeln. Diese Position spiegelt sich auch im EUREK wider, das für die Anwendung des Konzepts eine breite horizontale und vertikale Akteursverflechtung skizziert, die letztlich keine gesellschaftliche Gruppe ausgrenzt.

Die Analyse dieser Arbeit ging jedoch weniger vom theoretischen als vom realen Akteurskreis aus, denn geprägt wird das Politikfeld in der Praxis von der Kooperation des relativ kleinen Kreises der für Raumordnung bzw. Raumentwicklung zuständigen Verwaltungen der Mitgliedstaaten, von Vertretern einzelner Gemeinschaftsorgane sowie des Europarats. Schon die Fachministerien der verschiedenen Ebenen werden dagegen meist nur mittelbar einbezogen. Viele politische Organisationen und Arenen wie der Europäische Rat sind nicht aktiv tätig oder wirken nur informal wie im Fall des Informellen Rats der für Raumordnung verantwortlichen Minister. Parlamente beschäftigen sich nur vereinzelt mit der Thematik, an den großen öffentlichen Veranstaltungen (z. B. EUREK-Foren) nehmen neben Behördenvertretern und Wissenschaftlern kaum Vertreter von Interessengruppen teil, die Medien berichten kaum über diese Veranstaltungen oder andere Aktivitäten aus dem Politikfeld, und so steht auch die europäische Öffentlichkeit weitgehend außerhalb des Prozesses der Raumentwicklungszusammenarbeit. Mit der Anwendung von Leipzig-Prinzipien und EUREK im Rahmen von INTERREG II C hat die Diskussion über die europäische Raumentwicklung zwar den engeren wissenschaftlich-administrativen Kreis verlassen und eine steigende Zahl von Akteuren wird einbezogen. Die herausragende Bedeutung der Verwaltungen wurde dabei aber eher gestärkt, denn die Entscheidung darüber, wer INTERREG II C-Fördermittel erhält, lag und liegt bei den in den Programmgremien vertretenen nationalen und regionalen Verwaltungen. Deren Entscheidungskompetenz ist sogar insofern eine erweiterte, als die einzelnen Repräsentanten nun auch an Entscheidungen über Projekte beteiligt werden, die nicht in der territorialen Zuständigkeit ihrer Organisation liegen.

Die Akteurskonstellation hat Vor- und Nachteile. Ein wesentlicher Vorteil im Sinne der Politikziele besteht darin, dass bei Repräsentanten der Raumordnung bzw. Raumentwicklung von einem größeren Interesse an einer sektorübergreifenden und integrierten Politik ausgegangen werden kann. Wären von vornherein Repräsentanten aller raumrelevanten Fachpolitiken unmittelbar einbezogen worden, so wäre die Zahl der zu berücksichtigenden sektoralen Interessen größer und die Formulierung einer integrierten Zielsetzung entsprechend schwieriger geworden. Schon ohne diese hat es vom Beginn der Kooperation zwischen den Mitgliedstaaten bis zur abschließenden Diskussion des EUREK zehn Jahre gedauert. Zudem ist zu berücksichtigen, dass es sich beim EUREK nur um eine Konzeption und einen Vorschlag handelt, und es ist legitim, wenn ein solcher im kleineren Kreis formuliert wird und andere zunächst nur als Adressaten des Konzepts betrachtet werden.

Die Komplexitätsreduzierung durch Einschränkung des Akteurskreises hat jedoch auch einen wesentlichen Nachteil, denn nicht sämtliche Interessen und Orientierungen der beteiligten Akteure unterstützen bzw. entsprechen notwendigerweise einer integrierten Politik. Je homogener der Akteurskreis ist, desto größer ist die Gefahr, dass die Akteure Entwicklungen unterbinden, welche objektiv durchaus sinnvoll sein mögen, die aber ihren eigenen Interessen widersprechen. So sind die Vertreter der nationalen Raumordnung nicht nur Vertreter eines Fachgebiets, sondern auch Vertreter von Organisationen mit entsprechenden formalen Kompetenzen auf der regionalen bzw. nationalen Ebene. Ihnen gegenüber stehen nur einzelne Repräsentanten transnationaler bzw. gemeinschaftlicher Organisationen. Dies bedeutet, dass die neue Europäische Raumentwicklungspolitik überwiegend von Repräsentanten der Organisationen gestaltet wird, deren formale Kompetenzen eben nicht auf der europäischen, sondern auf der nationalen bzw. regionalen Ebene verankert sind. Für sie könnte eine Kompetenzbildung oberhalb der staatlichen Ebene mit einem Kompetenzverlust auf den unteren Ebenen und somit in ihrem eigenen Bereich einhergehen. Sowohl als Vertreter ihrer Organisation als auch im Interesse der Sicherung ihres persönliches Einflusses auf die Politikgestaltung liegt es auf der Hand, dass sie sich dafür engagieren, um Kompetenzverluste zu vermeiden.

Die Repräsentanten nationaler bzw. regionaler Organisationen der Raumordnung äußern nur vereinzelt offen Angst vor dem Kompetenzverlust als Argument gegen eine gemeinschaftliche Kompetenz für Raumentwicklung. Meist wird eine positive Formulierung gewählt, in dem eine freiwillige Kooperation im Rahmen bestehender Kompetenzen als eine ausreichende Grundlage bezeichnet wird, um das Nachhaltigkeitsziel erreichen zu können. Auffallend an dieser Argumentation ist allerdings, dass kein einziger Akteur auch nur zu erläutern versucht, warum die bestehenden Kompetenzen der Mitgliedstaaten sowie der Gemeinschaftsorgane für eine integrierte Politik als ausreichend erachtet werden. Verwunderlich ist dies umso mehr, da die nationalen Kompetenzen schon zwischen den vier untersuchten Mitgliedstaaten teilweise sehr deutlich variieren und der gegenwärtige Handlungsrahmen der Gemeinschaftsorgane unabhängig von einer Europäischen Raumentwicklungspolitik geschaffen wurde. Kaum ein Akteur kennt alle nationalen Systeme und kaum ein Akteur hat langjährige Erfahrungen in der Europäischen Raumentwicklung. Dies macht es verständlich, warum Begriff, Gegenstand, Bedarf, Ziele und schließlich die Regeln der Kooperation bisher nicht eindeutig definiert werden konnten. Angesichts der komplexen Herausforderungen im Politikfeld können Akteure gar nicht über sämtliche Informationen verfügen, um zu einer uneingeschränkt rationalen Entscheidung zu gelangen. Vor diesem Hintergrund kann die Aussage maßgeblicher Akteure, dass die in nationalen Zusammenhängen gewachsenen Kompetenzen und Strukturen für die neue europäische Herausforderung geeignet sind, allenfalls als Hypothese bezeichnet werden. Trotz ihrer fehlenden Verifizierung wurde sie in der bisherigen Politikformulierung vor allem von mitgliedstaatlichen Akteuren als unverrückbare Grundposition betrachtet.

Bedingt durch die spezifische Akteurskonstellation gibt es im Politikfeld zwei vorherrschende Interessen: zum einen das Interesse an einer integrierten Politik für eine nachhaltige Entwicklung der Europäischen Union und zum anderen das Interesse, die eigene Autonomie zu schonen und diesbezüglich eigene Kompetenzen zu wahren. Das zweite Interesse ist stärker entwickelt und so erscheint das Politikfeld als eines, in dem sich die Akteure an einer idealistischen Vorstellung von Raumentwicklung orientieren, welche nahezu überall in Staat und Gesellschaft weitreichende Konsequenzen impliziert, die aber einen Bereich ausspart: In den national unterschiedlichen Strukturen der Raumordnung, deren Akteure die Europäische Raumentwicklung maßgeblich gestalten sollen, wird eine Veränderung formaler Kompetenzen für nicht notwendig gehalten.

6.3 Informale Kooperation auf der Gemeinschaftsebene als Instrument zur Sicherung nationaler Kompetenzen

Das EUREK sieht in der Kooperation den Schlüssel zu einer integrierten Raumentwicklungspolitik. Diese Kooperation wird als freiwillige Zusammenarbeit verstanden, welche sich über mehrere Handlungsebenen und -arenen erstreckt und dennoch ohne sanktionierbare Interaktionsregeln auf der Gemeinschaftsebene auskommt. Mit dem EUREK drücken die Mitgliedstaaten nicht aus, dass sie formale Kooperationsformen im zwischenstaatlichen Bereich grundsätzlich ablehnen. Im Gegenteil, sie richten die Regeln der Kooperation so aus, dass gerade die eigene Freiheit zu formalen Entscheidungen und intergouvernementalen Kooperationen stets erhalten bleibt. So denken die Mitgliedstaaten durchaus über eine formale Vereinbarung bezüglich eines europäischen Raumentwicklungsobservatoriums (ESPON) nach. Doch dabei wollen sie keinesfalls eine europäische Kompetenz für Raumbeobachtung und -forschung oberhalb der mitgliedstaatlichen Ebene schaffen, weshalb das Observatorium nur als ein Netzwerk nationaler Einrichtungen geschaffen werden soll. Die mitgliedstaatliche Autonomie soll jederzeit gesichert bleiben.

Über das EUREK wurde ebenfalls nicht formal entschieden. Es wurde in Potsdam 1999 nur abschließend diskutiert, nicht beschlossen und bietet zudem eine einfache Ausstiegsmöglichkeit. Der informale Charakter der Raumentwicklungspolitik zeigt sich daran, dass die mitgliedstaatlichen Vertreter ihr Einverständnis zur Kooperation stets so ausdrücken, dass daraus keine Verpflichtungen entstehen, welche sie nicht mehr kontrollieren oder zurücknehmen können. Sie lehnen alle Interaktionsregeln ab, welche ihr eigenes Handeln durch andere sanktionierbar machen würden. In der Praxis bedeutet dies eine Gratwanderung zwischen einer prinzipiell informalen und dennoch zuverlässigen Kooperation. Bisher verlief diese Gratwanderung so, dass der informale Charakter zumindest bei den politischen Entscheidungen stets gewahrt wurde. Formale Beschlüsse, wie sie etwa in den INTERREG II C-Programmausschüssen getroffen werden, stehen dem aus Sicht der Akteure nicht entgegen. Die Gremien haben weder politische Leitbilder beschlossen noch andere für die Raumplanung oder Raumentwicklung in den Teilnahmestaaten relevanten Entscheidungen getroffen. Ihre Rolle entsprach mehr der einer Wettbewerbsjury und -verwaltung. Diese Rolle schließt zwar eine hohe politische Bedeutung genehmigter Projekte nicht prinzipiell aus, nur konnte diese bisher nicht festgestellt werden. Selbst im Fall von VISION PLANET, dem wichtigsten Leitprojekt im CADSES-Programm, wurden die bei Projektende formulierten „politischen" Optionen außerhalb des projektbezogenen Akteurskreises bisher nicht aufgegriffen und sie sind somit als (noch) ohne raumentwicklungs- bzw. raumentwicklungspolitische Relevanz einzuschätzen.

Die Einschätzung der politischen Relevanz von INTERREG II C (CADSES) als relativ gering steht im Widerspruch zur Intention der Hauptakteure, die in INTERREG II C erklärtermaßen das wichtigste politische Anwendungsinstrument der Raumentwicklungspolitik sehen. Die Analyse führte jedoch zu der Erkenntnis, dass in der kurzen Förderperiode 1997-1999 allein der Aufbau und die Verwaltung der CADSES-Kooperation schon eine so große Aufgabe darstellte, dass der strategische Einsatz des Programms und seiner Projekte in Hinblick auf eine integrierte Raumentwicklungspolitik für Mittel- und Südosteuropa deutlich zu kurz kam. Somit wird sich die Leistungsfähigkeit von INTERREG als politischem Anwendungsinstrument erst in der nächsten Förderperiode unter Beweis stellen lassen. Als handlungs- und entscheidungsfähig haben sich die INTERREG-Kooperationsstrukturen jedoch schon jetzt erwiesen. Die Umsetzung der Gemeinschaftsinitiative funktioniert formal gut und die Durchführung liegt weitgehend im Zeitplan.

An der analysierten Raumentwicklungszusammenarbeit in Europa lassen sich sowohl Ideal als auch Trugbild der informalen Kooperation demonstrieren. Das Prinzip entspricht durchaus vielen politischen Diskursen der Gegenwart, in denen gleichzeitig sowohl von Deregulierung als auch von Integration gesprochen wird. Die Akteure suchen im neuen Politikfeld nach Antworten auf Fragen, die sich aus Globalisierungs- und Integrierungsprozessen ergeben. Dabei fordern sie keinen hierarchisch steuernden europäischen Staat, sondern sie erproben oberhalb der nationalen Ebene kooperative Verwaltungspraxis und weiche Steuerungsinstrumente. Während jedoch in anderen Policies wie der Liberalisierung der Märkte und der Nutzung des Internets immer auch nach einem für alle verbindlichen (Rechts-)Rahmen gesucht wird, in dem sich die freien Märkte und Netze entfalten sollen, wird ein gemeinsamer formaler Rahmen für die Europäische Raumentwicklungspolitik für nicht notwendig erachtet. Angestrebt wird eine europäische Kooperation zwischen den Verwaltungen der Raumordnung, die jeweils nach dem Willen der einzelnen Verwaltungen organisiert und ohne übergeordnete Strukturen oder auch nur den Schatten von Hierarchien (auf die man zurückgreifen könnte) auskommt.

Ein Trugbild ist diese politisch gewollte Kooperationsform schon allein deswegen, weil sich ihre Protagonisten selbst nicht daran halten. Bereits im EUREK wird ausgerechnet ein in der EU-Strukturpolitik fest verankertes Förderinstrument (INTERREG II C) zum wichtigsten Anwendungsinstrument der intergouvernemental formulierten Politik erklärt. Wie stark jedoch der damit verbundene Einfluss von Kommissionsdienststellen ist, zeigt die Analyse der INTERREG II C (CADSES)-Zusammenarbeit im zweiten Teil der Arbeit. Zwar stimmt die Kommission inhaltliche Programmvorgaben mit den Mitgliedstaaten ab, aber auf der Basis der Strukturfondsverordnung sowie anderer maßgeblicher Förderbestimmungen drängt die Kommission die Mitgliedstaaten erfolgreich zum Aufbau gemeinsamer Strukturen. Dabei sind es oft gerade die scheinbar unbedeutenden Details wie die Verordnung zur Finanzkontrolle und bei INTERREG III B die obligatorische Benennung eines gemeinsamen Bankkontos pro Programmraum (anstatt pro Mitgliedstaat), welche die Mitgliedstaaten in eine gemeinsame Verantwortung drängen.

Die Kommission hat mit der Leitlinie für INTERREG III für die nächste Zukunft faktisch festgelegt, dass gegenüber der Kommission ein Mitgliedstaat (der Kontoinhaber) stellvertretend haftet.[617] In der Praxis kann dies nur funktionieren, wenn sich auch

617 Amtsblatt der Europäischen Gemeinschaften: Nr. C 143 vom 23. Mai 2000, INTERREG III-Leitlinie vom 28. April 2000.

die anderen Mitgliedstaaten gegenüber dem Kontoinhaber zur Mithaftung verpflichten. Da alle Projekte im Rahmen von INTERREG III B einen transnationalen Charakter haben werden, wird es folglich auch nur Projekte geben, bei denen die beteiligten Mitgliedstaaten immer auch ein Stück Verantwortung für Maßnahmen der Raumentwicklung in anderen Ländern übernehmen. Wird dann auch noch der Anspruch ernst genommen, INTERREG III B als Instrument der Raumentwicklungspolitik einzusetzen, steigt auch die politische Mitverantwortung für die Raumentwicklung im gesamten Programmraum. Das Wasser auf den Mühlen dieses Prozesses stellt das in der neuen Förderperiode von 2000-2006 um das sechsfache höhere Fördervolumen dar.[618] Damit wird zunächst der Kooperationsanreiz und anschließend das finanzielle Gewicht der Einbindung erhöht. Zudem stellt die Kommission nicht nur Mittel bereit, sondern fordert auch eine Kofinanzierung seitens der Mitgliedstaaten. Um diese meist aus öffentlichen Haushalten des Bundes und der Länder stammenden Mittel bereitstellen zu können, müssen die regionalen und nationalen Akteure in ihren Verwaltungen, Parlamenten und in der Öffentlichkeit für die Akzeptanz der Gemeinschaftsinitiative werben. Parallel zu diesem Engagement auch noch eine von Gemeinschaftsorganen unabhängige intergouvernementale Raumentwicklungspolitik zu betreiben und zu finanzieren, dürfte immer schwieriger werden. INTERREG III B bleibt somit auch auf absehbare Zeit das wichtigste Förderinstrument der Raumentwicklungspolitik.

Unterstellt man sowohl den Repräsentanten der Mitgliedstaaten als auch der Europäischen Kommission ein Interesse daran, den eigenen Einfluss zu erhalten oder gar auszubauen, so verhalten sich die Kommissionsvertreter eindeutig geschickter. In der Startphase von INTERREG II C interpretierte die Kommission die eigenen Verordnungen sehr flexibel, verzichtete beispielsweise auf *ex-ante*-Bewertungen und senkte damit die Eintrittsschwelle in die Kooperation. Nachdem die Mitgliedstaaten dann im Jahr 1999 ihr Interesse an einer Fortsetzung der Initiative im Rahmen von INTERREG III B (2000-2006) geäußert hatten, setzte die Kommission mit der INTERREG-Leitlinie vom April 2000 eine Erhöhung der Anforderungen durch. Nun besteht sie nicht nur auf einer *ex-ante*-Bewertung, sondern auch auf gemeinsamen Verwaltungseinrichtungen sowie einem gemeinsamen Bankkonto. Bisher vorwiegend national verwaltete Programme wie im CADSES-Bereich werden durch diese scheinbar nur technischen Vorgaben zum Umdenken gezwungen.

Doch selbst mit diesen Maßnahmen hat die Kommission noch nicht alle verfügbaren Instrumente eingesetzt, um den eigenen Einfluss auszuweiten. So ruhen in den Kommissionsdokumenten noch einige Klauseln, welche auch den fachpolitischen Einfluss der Kommission deutlich erhöhen könnten. Gemäß Art. 2 (5) der Strukturfondsverordnung sorgen Kommission und Mitgliedstaaten für die Kohärenz zwischen der Tätigkeit der Fonds und den übrigen Politiken sowie Tätigkeiten der Ge-

[618] SYS 4-5: Community Initiative Programme INTERREG III B for CADSES, 23.01.2001.

meinschaft. Die Kommission hat mit diesem Artikelabsatz bereits jetzt die formale Kompetenz, unmittelbar inhaltlich auf die Implementierung der Raumentwicklungspolitik im Rahmen von INTERREG einzuwirken, sobald sie einen Widerspruch zu den Gemeinschaftspolitiken sieht. Die Verhandlungen zu INTERREG III B in den verschiedenen Programmräumen könnten sich als Wendepunkt erweisen, denn schon im Vorfeld der Verhandlungen forderte die Kommission einen stärkeren Bezug der neuen Programme zu den verschiedenen Gemeinschaftspolitiken ein.

6.4 Im Schatten der exit option – Raumentwicklungspolitik in der Entflechtungsfalle

Auch unabhängig von einem fachpolitischen Engagement der Kommission muss festgestellt werden, dass die regionalen und nationalen Akteure der Raumordnung seit Beginn der Gemeinschaftsinitiative INTERREG in einer Zwickmühle sitzen. Einen Verzicht auf die einmal angenommenen Fördermittel der Gemeinschaftsinitiative können sie sich ohne gute Begründung nicht mehr erlauben. Nehmen sie diese weiterhin in Anspruch, akzeptieren sie, ohne es unbedingt zu wollen, den wachsenden Einfluss von Gemeinschaftsorganen. Um der Kommission als dem diesbezüglich wichtigsten Gemeinschaftsorgan keinen Einfluss im Bereich der Europäischen Raumentwicklungspolitik zukommen zu lassen, hätten die Mitgliedstaaten das Förderinstrument ablehnen und konsequenterweise auch bei der Zusammenarbeit in europäischen Teilräumen auf die Unterstützung der EU verzichten müssen. Dies nicht getan zu haben, hat der Raumentwicklungszusammenarbeit nicht geschadet und wird hier auch nicht kritisiert. Im Gegenteil, mit INTERREG II C standen erstmals umfangreichere finanzielle Ressourcen zur Verfügung, konnten mehr Akteure einbezogen und die Kooperation konnte ausgeweitet sowie intensiviert werden. Gerade dies zeigt aber auch, dass formale Interaktionsformen einen Mehrwert zu leisten in der Lage sind, der auf andere Weise bisher nicht erbracht werden konnte. Die Mitgliedstaaten lehnen bei der Politikformulierung eine Kompetenzzuweisung an die Kommission und andere Gemeinschaftsorgane ab und beweisen anschließend bei der Implementierung, wie hilfreich genau diese sein kann. Zwar weisen sie der Kommission formal betrachtet keine neuen Kompetenzen zu, aber sie akzeptieren, dass die Kommission ihre Kompetenzen aus der Strukturfondspolitik auch im Bereich der Raumentwicklungspolitik einsetzt.

Das größte Problem für die Entwicklung der Europäischen Raumentwicklung besteht derzeit nicht in fachpolitischen Differenzen, denn von institutionellen Restriktionen unabhängige fachpolitische Interessen und Orientierungen, und sich daraus ergebende Interessen- oder Orientierungskonflikte kommen im Politikfeld bisher kaum zum Tragen. Der Grund hierfür besteht nicht etwa darin, dass es in fachlichen Fragen bereits ein breites Einvernehmen gäbe, sondern die prinzipiell informale und daher unverbindliche Kooperation außerhalb der Förderprogramme lässt es als attraktiver erscheinen, möglichen fachpolitischen Konflikten aus dem Weg zu gehen. Rein informale Kooperation bedeutet Kooperation im Schatten des jederzeit möglichen Ausstiegs der Partner. Mit der Festlegung auf eine rein informale politische Kooperation auf der Gemeinschaftsebene geraten die regionalen und nationalen Akteure gerade auf dieser Ebene in eine Entflechtungsfalle.

Das Verdienst des gegenwärtigen Kooperationsansatzes besteht darin, den Eintritt in die Kooperation zu erleichtern. Darüber hinaus sind informale Formen der Kooperation angesichts der komplexen Akteurskonstellation im Mehrebenensystem der Koordination auch im laufenden Kooperationsprozess unverzichtbar. Dennoch schränkt die Ablehnung formaler Kooperationsformen für die transnationale und gemeinschaftliche Ebene und die damit verbundene exit option das Instrumentarium zur Gestaltung der politischen Kooperation entscheidend ein. Weil kein Akteur das EUREK in größerem Umfang anzuwenden braucht als er dies selbst möchte, besteht nicht einmal eine moralische Verpflichtung, es überhaupt in irgendeiner Weise anzuwenden. Es drohen in diesem Fall also auch keine moralischen oder rechtlichen Sanktionen seitens der anderen Akteure. Bedarf und Ziele der Raumentwicklungspolitik sind noch so offen und unpräzise, dass von einer einzelnen Nicht-Kooperation kein messbarer Nachteil für die eigenen Interessen abgeleitet werden kann. Die Grundsituation ist somit die, dass ein Akteur zunächst nichts verlieren kann, wenn er keinen eigenen Beitrag leistet und auf freiwillige Beiträge der anderen Akteure hofft. Wenn er in Hinblick auf langfristig erwartete Vorteile der Kooperation dennoch eigene Beiträge leistet, riskiert er, dass von den anderen Akteuren kein Beitrag geleistet wird und diese stattdessen von seinem Beitrag einseitig profitieren. Unverbindliche Zielvorstellungen und informale Kooperationsvereinbarungen auf Gemeinschaftsebene machen ein Trittbrettfahrerverhalten anderer Akteure risikofrei. Um das eigene Risiko ebenfalls zu senken, bietet sich stets die exit option an. Der Kooperationsprozess wäre damit beendet und müsste ggf. neu begonnen werden. Das Risiko, dass ein Kooperationspartner die Ausstiegsoption wählt, besteht auch noch nach längerer Kooperation, wenn diese Kooperation zwischen den Mitgliedstaaten wie angestrebt informal bleibt. Angesichts der Tatsache, dass die Kooperation auf der europäischen Ebene stets eine Multi-Akteurskooperation ist, besteht stets eine relativ hohe Wahrscheinlichkeit der Defektion eines oder mehrerer Akteure, so dass jeder Akteur prinzipiell gut beraten ist, seinen eigenen Beitrag so gering wie möglich zu halten. Und so orientieren sich die meisten Akteure dahin, sich im neuen Politikfeld prinzipiell alle Optionen offen zu halten und gleichzeitig das Kooperationsrisiko so gering wie möglich zu halten, indem man den eigenen Beitrag minimiert und den Verlust bestehender formaler Kompetenzen zu verhindern sucht. Der rein informale Kooperationsansatz belohnt im gegenwärtigen Kontext des Politikfelds die individuellen anstatt die solidarischen Interaktionsorientierungen und wirkt als exklusive Kooperationsform kontraproduktiv auf das langfristige Kooperationsziel.

6.5 Formale Elemente der Raumentwicklungszusammenarbeit zur Vermeidung von Politikentflechtungsfallen

Das oben (vgl. Kap. 6.3) für INTERREG II C beschriebene Szenario eines zunehmenden Einflusses der Kommission auch ohne entsprechende neue Kompetenzen ist auch deswegen möglich, weil die mitgliedstaatlichen Organisationen sich in der trügerischen Hoffnung wiegen, dass sie ihren Einfluss am besten wahren können, indem sie den institutionellen Kontext möglichst nicht verändern. Dabei übersehen sie, dass sie gar nicht die Kontrolle über den gesamten Kontext und die Dynamik seiner Entwicklung haben. Sie selbst bewegen sich stets zwischen Kooperationsbereitschaft und Ausstieg aus der Zusammenarbeit. Es ist nicht zu erkennen, wie eine langfristige integrierte Politik auf der europäischen Ebene allein mit diesem Kooperationsansatz umgesetzt werden kann.

Eine teilweise Formalisierung der Kooperation könnte dagegen den Entflechtungskreislauf aufbrechen, da die damit einhergehende Verbindlichkeit den Ausstieg aus der Kooperation verhindern oder zumindest verteuern würde. Zudem könnte eine Formalisierung koordinationsminimierend wirken, indem ein aquis geschaffen wird, der Kooperationsprozesse vorstrukturiert und den Akteuren die Orientierung im Politikfeld erleichtert. Die Förderung von INTERREG II C und III B ist diesbezüglich durchaus wegweisend. Die entsprechenden Verordnungen und Bekanntmachungen sind nämlich nicht bloß Grundlage für mitunter recht aufwendige Verwaltungsverfahren, sondern sie sind auch anerkannte Wegweiser. Die Verbindlichkeit der Verordnungen erspart den Beteiligten die Entwicklung jeweils neuer Regelungen und bietet die Sicherheit, dass alle Akteure ihre Beiträge (Kofinanzierung u. ä.) leisten. Nur handelt es sich bei den Strukturfondsvorgaben um eine schleichende Formalisierung der Raumentwicklungspolitik und nicht um eine von allen Beteiligten bewusst an den Politikzielen des EUREK ausgerichtete Formalisierung von Teilen der raumentwicklungspolitischen Zusammenarbeit. Die durch die Strukturfondsvorgaben begünstigte schleichende Formalisierung kann sogar zu einem Ergebnis führen, das vor allem eigenen Interessen der Kommission und weniger den gemeinsamen Raumentwicklungszielen nützt. Die Analyse der Implementierung von INTERREG II C (CADSES) hat zudem gezeigt, dass dieses Programm gemessen an den bescheidenen Programmzielen für die Periode 1997-1999 zwar durchaus erfolgreich verlief, aber angesichts des EUREK-Hauptziels einer nachhaltigen Entwicklung der Europäischen Union als langfristig unzureichend einzuschätzen ist. Die Gestaltung einer derart weitreichenden Politik kann letztlich nicht von Verwaltungsgremien einzelner Strukturfondsinterventionen erwartet werden.

Dagegen könnte die Entwicklung eines gemeinsamen raumentwicklungspolitischen aquis in der Europäischen Union die Übersichtlichkeit und Legitimität der Kooperationsprozesse erhöhen. Der dabei entstehende verbindliche Rahmen würde die Kooperationsrisiken auch für die regionalen und nationalen Vertreter der Raumordnung senken. Angesichts sinkender Risiken würde sich dann auch die Konkretisierung von fachpolitischen Interessen und Orientierungen und ein entsprechender Beitrag zur Kooperation für die einzelnen Akteure eher lohnen. Erst ab dieser Phase kämen dann auch fachpolitische Interessenkonflikte stärker zum Tragen.

Wie die teilweise Formalisierung der Raumentwicklungszusammenarbeit aussehen sollte, kann aus der Analyse nicht im Einzelnen abgeleitet werden. Es wären insbesondere europarechtliche sowie das nationale Recht der Mitgliedstaaten betreffende Voruntersuchungen nötig, um genau formulieren zu können, welche Maßnahmen zu ergreifen wären. Zudem hat die Analyse gezeigt, dass selbst beim Verständnis von Raumentwicklungspolitik nach wie vor Unklarheiten bestehen, ohne deren Bereinigung wohl auch eine formalisierte Raumentwicklungspolitik nicht handhabbar wäre. Was die Analyse jedoch schon jetzt zulässt, sind Hinweise auf mögliche Umrisse einer gemeinschaftlichen Raumentwicklungspolitik.

Mit EUREK, INTERREG II C/III B sowie den verschiedenen anderen in der Arbeit analysierten Interaktionszusammenhängen hat sich ein Politikfeld mit einer beträchtlichen und gleichzeitig ausbaufähigen Interaktionsdichte sowie einem ebenfalls ausbaufähigen Instrumentarium entwickelt. Hieran hat die informale und intergouvernementale Zusammenarbeit trotz der Entflechtungsfalle einen wesentlichen Anteil. Der Schlüssel für eine integrierte Raumentwicklungspolitik ist daher weder in einer rein formalen noch in einer rein informalen Kooperation zu sehen. Folglich geht es nicht darum, die informale Kooperation in Gänze zu ersetzen, sondern sie sollte um formale Elemente erweitert werden. Diesbezüglich ist insbesondere an die Folgenden zu denken:

- Ein verbindliches Leitbild bzw. verbindliche Prinzipien für die europäische Raumentwicklung. Hierzu sollten die politischen Ziele der Europäischen Raumentwicklungspolitik (Leipzig-Prinzipien, EUREK-Ziele) weiter entwickelt, präzisiert und in die Verträge der Europäischen Union aufgenommen werden.
- Der Rat der für Raumordnung verantwortlichen Minister sollte zu einem formalen Rat werden, d. h. er müsste sich als Rat der Europäischen Union in Gestalt der Raumordnungsminister konstituieren und in diesem Rahmen Beschlüsse fassen können.
- Der Kommission würde mit der Verankerung eines Leitbildes bzw. von Prinzipien in das Vertragswerk von Amsterdam die Verantwortung zur Wahrung der entsprechenden raumentwicklungspolitischen Ziele übertragen. Die dann dafür zuständige Generaldirektion hätte zudem dafür Sorge zu tragen, dass das Leitbild bzw. die Prinzipien auch im Rahmen der anderen Gemeinschaftspolitiken (v. a. Umwelt, Strukturpolitik, TEN) berücksichtigt werden. Gegenüber den Mitgliedstaaten sollte die neue Kompetenz der Kommission darauf beschränkt sein, den Zielen widersprechende Raumentwicklungsplanungen zu verhindern.

Die für das europäische Politikfeld vorgeschlagene vertragliche Verankerung der Politikziele im Vertragswerk von Amsterdam und die damit verbundene Kompetenzzuweisung an Gemeinschaftsorgane ist nicht mit einer Europäisierung der gesamten Raumentwicklung zu verwechseln. Nationale Kompetenzen würden weitgehend erhalten bleiben und auch informale Formen der Kooperation wären weiterhin unverzichtbar. Die entstehende Gemeinschaftspolitik würde die regionale und nationale Raumordnung weder überflüssig machen noch ersetzen können. Bei den skizzierten Maßnahmen ist auch zu beachten, dass verbindliche Ziele der Europäischen Raumentwicklungspolitik selbst bei ihrer Verankerung im Vertragswerk der Europäischen Union nicht so knapp und gleichzeitig eindeutig sein können, dass ihre Anwendung keinerlei Interpretationsspielräume mehr ermöglicht. Die unterschiedlichen Begriffsverständnisse und Bedarfsausrichtungen in den Mitgliedstaaten (vgl. Kap. 2.2 und Kap. 3.1.2) werden noch auf längere Sicht nicht vollständig harmonisiert sein. Es ist davon auszugehen, dass selbst deutlich präzisierte EUREK-Ziele auch noch langfristig zu divergierenden Interpretationen führen werden, die dann vom Ministerrat, vom Europäischen Parlament und vielleicht sogar vor dem Europäischen Gerichtshof verhandelt werden müssten. Insgesamt bleibt die Entwicklung der konkreten Politik auch unter den skizzierten neuen Rahmenbedingungen offen und eine Harmonisierung der nationalen Raumentwicklungspolitiken wäre nur langfristig zu erwarten.

Angesichts der Heterogenität und Komplexität der Raumentwicklung in Europa wäre die verbleibende Offenheit jedoch angemessen. Entscheidend ist, dass das Interesse der Mitgliedstaaten an einer koordinierten und integrierten Entwicklung des europäischen Territoriums durch verbindliche und koordinationsminimierende Regeln der Zusammenarbeit seitens der Gemeinschaft und ihrer Organe unterstützt wird. Vertraglich verankerte Ziele hätten dabei die wesentliche Funktion, dass die Akteure in einem beliebigen europäischen Teilraum ihre Zusammenarbeit nicht mit einem eigenen dem EUREK-Prozess vergleichbaren Prozess beginnen müssten, sondern aufbauend auf dessen allgemeinen raumentwicklungspolitischen Zielen ihre konkreten Kooperationsziele vor Ort entwickeln könnten.

Wo die teilweise Formalisierung enden und der informale Charakter der Kooperation erhalten bleiben soll, hängt von den noch zu präzisierenden politischen Zielen ab. Dazu ein Beispiel: Die Ausgestaltung des Europäischen Raumentwicklungsobservatoriums (ESPON) als eigenständige europäische Organisation oder als Netzwerk nationaler Institutionen sollte letztendlich von den diesem Observatorium zu übertragenden Aufgaben abhängen. Um einzelne Forschungsprojekte oder auch -programme durchzuführen, wäre eine zentrale Organisation nicht notwendig. Wenn es jedoch um eine langfristige Raumbeobachtung und Raumforschung geht, sind entsprechend langfristige Aktivitäten notwendig. Auch diese können prinzipiell im Rahmen eines als Netzwerk organisierten Observatoriums durchgeführt werden, vorausgesetzt dieses Netzwerk verfügt über für alle Partner verbindliche Kooperationsregeln und die Arbeiten werden auf der Grundlage gemeinsamer Methoden und Instrumente durchgeführt. Nicht sinnvoll erschiene dagegen ein Netzwerk, in dem jeder seine Teilaufgaben nach eigenen nationalen Methoden und Instrumenten durchführt und die Teilergebnisse anschließend nicht kompatibel wären. Damit verbunden ist auch, dass die von den Netzwerkpartnern bereitzustellenden Kapazitäten für die Kooperation verbindlich zwischen den Partnern abgestimmt werden. In der weiteren Konsequenz bedeutet dies jedoch, dass die langfristige und verbindliche Kooperation in Europa den Handlungsspielraum für die einzelnen nationalen Netzwerkpartner im Vergleich zu ihrer derzeitigen Situation einschränken dürfte. Verbindliche Kooperation bei gleichzeitig autonomen Entscheidungen schließen sich praktisch aus. Insofern dürfte bei den gemeinsamen Arbeiten der Unterschied zwischen einer europäischen Institution und einem Netzwerk nur noch ein gradueller sein. Die Ausführung weiterer nationaler Aufgaben neben den gemeinsamen würde allerdings als ausreichender Grund für die Beibehaltung eigener nationaler Raumbeobachtungseinrichtungen angesehen werden können. Im Prinzip sind diese mit ihren nationalen Zusatzaufgaben durchaus auch als Garant für Vielfalt und Innovation in der Raumbeobachtung und Raumforschung denkbar. Es kommt daher bei der Auswahl der geeigneten Interaktionsform auch weiterhin auf politische Präferenzen der Entscheidungsträger an.

6.6 Fazit

Ausgangspunkt der Analyse war die These, dass sich die Europäische Raumentwicklungspolitik über Kooperationsprozesse entwickelt, für deren Endscheidungsfähigkeit die Entwicklung formaler Regeln der Kooperation eine wesentliche, aber bisher nicht gegebene Voraussetzung darstellt. Die Analyse hat zunächst gezeigt, dass informale Interaktionsformen aufgrund ihres unverbindlichen und offenen Charakters den Umgang mit komplexen Situationen und Prozessen sowohl erleichtern als auch verhindern können. Informale Kooperation hat sich gerade in der Frühphase von Kooperationsprozessen als Voraussetzung für die Handlungsfähigkeit der Akteure erwiesen. Die im EUREK und verschiedenen anderen Dokumenten vertretene Position, der zufolge die ambitionierte Zusammenarbeit im Politikfeld keiner formalen Interaktionsregeln auf der Gemeinschaftsebene bedürfe, konnte jedoch für die übergreifenden Prozesse der europäischen Politikformulierung (EUREK) und Politikimplementierung (INTERREG II C) nicht bestätigt werden. Die Ergebnisse des über zehn Jahre andauernden EUREK-Prozesses sind bescheiden, für die Raumentwicklung bisher sogar ohne praktische Konsequenz und dies hat eine wesentliche Ursache in der Unverbindlichkeit der Zusammenarbeit. Es ist nicht erkennbar, wie allein mit informaler Kooperation das ambitionierte Ziel einer nachhaltigen Entwicklung der Europäischen Union erreicht werden kann.

Formale Kooperationsformen als Erweiterung des Instrumentariums könnten demgegenüber helfen, die Komplexität der Kooperation im Mehrebenensystem zu reduzieren, den Koordinationsaufwand zu minimieren und die Wirkung der Kooperation zu erhöhen. Dies zeigt schon allein die INTERREG II C-Kooperation, in deren Kontext sich die Repräsentanten der Raumordnung längst mit dem formalen Rahmen gemeinschaftlicher Förderinstrumente arrangiert haben. Sie sind wegen möglicher Kompetenzverluste nach wie vor besorgt, aber in der Kooperationspraxis erfahren sie auch, dass sich ihr Wirkungskreis erweitert hat, indem sie nun auch über die Projekte mitentscheiden, welche außerhalb der territorialen Zuständigkeit ihrer eigenen Organisation liegen. Auch die mit der Gemeinschaftsinitiative einhergehende Vernetzung der Organisationen der Raumordnung dürfte als positiv gewertet werden, zumal sie den regionalen und nationalen Repräsentanten einen unmittelbaren Zugang zu den für die Raumentwicklung immer wichtiger werdenden Gemeinschaftsorganen ermöglicht.

In der Zusammenarbeit zur Politikimplementierung hat sich so zwischen den Akteuren der unterschiedlichen Handlungsebenen de facto ein Stück gemeinschaftlicher Raumentwicklungspolitik entwickeln können.

Im Gegensatz hierzu ist eine formale Gemeinschaftspolitik jedoch nach wie vor nicht konsensfähig. Doch angesichts des zunehmenden Gewichts der INTERREG-Kooperation im Politikfeld scheint es nur noch eine Frage der Zeit zu sein, bis die gemeinschaftliche Anwendungszusammenarbeit eine entsprechende Rückwirkung auf die Politikformulierung erfährt. Dabei dürfte die Entscheidungsautonomie der Organisationen der regionalen und nationalen Raumordnung partiell eingeschränkt werden. Dieser Verlust wird jedoch weitgehend kompensiert durch deren Einbeziehung in Entscheidungsprozesse auf den höheren Ebenen. Wenn diese Kooperation dann auch noch eine höhere Leistungsfähigkeit in Hinblick auf die Umsetzung raumordnerischer Zielsetzungen entwickelt, würde sich der Einsatz auch für die Mitgliedstaaten und ihre Regionen lohnen.

Literaturverzeichnis

Abildgaard, J., (2000): Energiepolitik und Energieplanung in Dänemark. In: Jänicke, M.; Jörgens, H.: Umweltplanung im internationalen Vergleich, Strategien der Nachhaltigkeit. 39-52, Berlin.

Abraham, Th.; Eser, Th., (1999): Regionalentwicklung in Mittel- und Osteuropa im Spannungsfeld von Transformation und Integration. In: Raumforschung und Raumordnung. Heft 2/3, 83-95.

Adler, E.; Haas, P. (1992): Conclusion: epistemic communities, world order, and the creation of a reflective research program. In: International Organization, Vol. 46, 1, Winter 1992, 367-390.

Akademie für Raumforschung und Landesplanung (ARL) (1999): Grundriß der Landes- und Regionalplanung. Hannover.

Akademie für Raumforschung und Landesplanung (ARL) (1998): Methoden und Instrumente räumlicher Planung. Handbuch. Hannover.

Akademie für Raumforschung und Landesplanung (ARL) (1997): Vademecum 97/98. Hannover.

Akademie für Raumforschung und Landesplanung (ARL) (1997b): Deutsch-Slowakisch-Tschechisches Handbuch der Planungsbegriffe. Hannover.

Akademie für Raumforschung und Landesplanung (ARL) (1996): Europäische Raumentwicklungspolitik, Rechtliche Verankerung im Vertrag über die Europäische Union. ARL-Arbeitsmaterial, Nr. 233, Hannover.

Akademie für Raumforschung und Landesplanung (ARL) (1996b): Planerische und raumordnungsrechtliche Betrachtung der grenzüberschreitenden Zusammenarbeit aus polnischer und deutscher Sicht. ARL-Arbeitsmaterial, Nr. 232, Hannover.

Akademie für Raumforschung und Landesplanung (ARL) (1996c): Planerische Zusammenarbeit und Raumentwicklung in tschechischen, slowakischen und deutschen Grenzregionen. ARL-Arbeitsmaterial, Nr. 231, Hannover.

Akademie für Raumforschung und Landesplanung (ARL) (1996d): Grenzüberschreitende Zusammenarbeit in Landes- und Regionalplanung, Russisch-Deutsches Seminar in St. Petersburg. ARL-Arbeitsmaterial, Nr. 226, Hannover.

Akademie für Raumforschung und Landesplanung (ARL) (1996e): Europabezogene Raumforschung, Stand und Perspektiven, Regional Research on Europe, Present Situation and Perspectives, Science Régionale de l'Europe, Situation Actuelle et des Perspectives. ARL-Arbeitsmaterial, Nr. 224, Hannover.

Akademie für Raumforschung und Landesplanung (ARL) (1995): Deutsch-Polnisches Handbuch der Planungsbegriffe. Hannover.

Akademie für Raumforschung und Landesplanung (ARL) (1995b): Towards a New European Space, Aufbruch zu einem Neuen Europäischen Raum, Vers un nouvel espace européen. Hannover.

Akademie für Raumforschung und Landesplanung (ARL) (1995c): Entwicklungen in Europa, Konsequenzen für die Landesentwicklung in Bayern. ARL-Arbeitsmaterial, Nr. 213, Hannover.

Akademie für Raumforschung und Landesplanung (ARL) (1994): Handwörterbuch der Raumordnung. Hannover.

Akademie für Raumforschung und Landesplanung (ARL) (1994b): Institutionelle Bedingungen einer europäischen Raumentwicklungspolitik, Conditions Institutionelles d'une Politique Européenne de Dévelopment Spatial, Institutional Conditions of an European Regional development Policy. Hannover.

Akademie für Raumforschung und Landesplanung (ARL) (1992): Perspektiven für die Raumentwicklung in Europa, Wissenschaftliche Plenarsitzung 1991. Forschungs- und Sitzungsberichte 190. Hannover.

Akademie für Raumforschung und Landesplanung (ARL) (1992b): Räumliche Entwicklungen in Mitteleuropa nach Öffnung der Grenzen im Osten unter besonderer Berücksichtigung Bayerns. 14. Seminar für Landesplaner in Bayern. Arbeitsmaterial, Hannover.

Akademie für Raumforschung und Landesplanung (ARL) (1990): Europäische Integration, Aufgaben für Raumforschung und Raumplanung. Wissenschaftliche Plenarsitzung 1989, Forschungs- und Sitzungsberichte 184, Hannover.

Akademie für Raumforschung und Landesplanung (ARL) (1983): Grundriß der Stadtplanung. Hannover.

Akademie für Raumforschung und Landesplanung (ARL) (1982): Grundriß der Raumordnung. Hannover.

Akademie für Raumforschung und Landesplanung (ARL) (ohne Jahr): Perspectives of Spatial Development in Europe, Dutch-German Colloquium. Perspektiven der Raumentwicklung in Europa, Niederländisch-Deutsches Kolloquium. ARL-Arbeitsmaterial, Hannover.

Albert, M. (1998): Entgrenzung und Formierung neuer Räume. In Kohler-Koch, B. (Hrsg.): Regieren in entgrenzten Räumen. Politische Vierteljahresschrift, Sonderheft 29, 39. Jg. Opladen/Wiesbaden: Westdeutscher Verlag, 49-77.

Alpine Space – Common Secretariat (1998): Alpine Space/Eastern Alps. Paper presented at the ESDP-Seminar, Vienna, November 25-26, 1998.

Amoroso, B. (1995): The Euro-Mediterranean Dimension. In: Akademie für Raumforschung und Landesplanung (ARL): Towards a New European Space, Aufbruch zu einem Neuen Europäischen Raum, Vers un nouvel espace européen. Hannover, 44-51.

Amt für amtliche Veröffentlichungen der Europäischen Gemeinschaften: Amtsblatt der Europäischen Gemeinschaften (deutsche Ausgabe) und Official Journal of the European Communities (englische Ausgabe), Luxemburg. Zu den verwendeten Ausgaben vgl. Fußnoten im Text.

Arbeitsgemeinschaft Europäischer Grenzregionen/LACE (1998): Institutional Aspects of Cross-border Cooperation, Working Document, September 1998. Gronau: AGEG.

Arbeitsgemeinschaft Europäischer Grenzregionen/LACE (1997): Die EU-Gemeinschaftsinitiative INTERREG und zukünftige Entwicklungen, Dezember 1997. Gronau: AGEG.

Arbeitsgemeinschaft Europäischer Grenzregionen (1996): 25 Jahre Gemeinschaftsarbeit. Gronau: AGEG.

Arbter, R. (1999): Think transnationally, act regionally ... ... and influence EU-policy making. In: Raum, Österreichische Zeitschrift für Raumplanung und Regionalpolitik, Nr. 36, 47-49.

Arbter, R. (1997): Noordwijk: Etappenziel in einem politischen Prozeß. In: Raum, Österreichische Zeitschrift für Raumplanung und Regionalpolitik, Nr. 27, 22-24.

Arbeitsgemeinschaft Europäischer Grenzregionen (AGEG) (1998): Institutional Aspects of Cross-border Cooperation. Working Document, Gronau: AGEG.

Arbeitsgemeinschaft Europäischer Grenzregionen (AGEG) (ohne Jahr.): 25 Jahre Gemeinschaftsarbeit. Gronau: AGEG.

Arvanitaki-Fisher (1995): Spatial Planning in Greece after 1974 and Public Participation: practices, experiences and prospects. In: Europarat – Council of Europe: Public participation in regional/spatial planning in different European countries, The challenges facing European society with the approach of the year 2000. European regional planning, No. 58, Strasbourg, 53-65.

Assembly of the European Regions – Commission V „Infrastructure and regional development" (1995): Regions and Territories in Europe, The Region's View of the Territorial Effects of European Policies. Report presented by Savy, R. assisted by Husson, C. Strasbourg.

Axelrod, R. (1997): Die Evolution der Kooperation. München und Wien: Oldenbourg Verlag.

Bach, M. (1999): Die Bürokratisierung Europas, Verwaltungseliten, Experten und politische Legitimation in Europa. Frankfurt/Main und New York: Campus.

Balling, R. (1998): Kooperation – Strategische Allianzen, Netzwerke, Joint Ventures und andere Organisationsformen zwischenbetrieblicher Zusammenarbeit in Theorie und Praxis. Europäische Hochschulschriften, Frankfurt am Main: Peter Lang.

Barca, F. (2001): Programmazione economica e sviluppo sostenibile del territorio. In: Ministero dei Lavori Pubblici: Le domande di territorio – otto confronti per l'innovazione, Conferenza Nazionale del Territorio, 8-9 febbraio 2001, Genova, 5-16.

Bassi, T. (1998): Sustainable Development for Greater Europe. In: Graute, U. (ed.): Sustainable Development for Central and Eastern Europe, Spatial Development in the European Context. Berlin Heidelberg New York: Springer-Verlag, 25-30.

Bastrup-Birk, H.; Doucet, Ph. (1997): European Spatial Planning from the Heart. Built Environment, Vol. 23, No. 4, 307-314.

Bätzing, W. (1999): Die Alpen im Spannungsfeld der europäischen Raumordnungspolitik, Anmerkungen zum EUREK-Entwurf auf dem Hintergrund des aktuellen Strukturwandels im Alpenraum. In: Raumforschung und Raumordnung, Heft 1.1999/57. Jg., 3-13.

Beirat für Raumordnung (1997): Stellungnahme zum 1. offiziellen Entwurf des Europäischen Raumentwicklungskonzeptes, Entwurf, Stand 08.10.1997, unveröffentlichtes Manuskript.

Bellers, J.; Woyke, W. (Hrsg.) (1989): Analyse internationaler Beziehungen, Methoden – Instrumente – Darstellungen. Opladen: Leske und Budrich.

Benz, A. (2000): Entflechtung als Folge von Verflechtung, Theoretische Überlegungen zur Entwicklung des europäischen Mehrebenensystems. In: Grande, E.; Jachtenfuchs, M. (Hrsg.): Wie problemlösungsfähig ist die EU? Regieren im europäischen Mehrebenensystem. Baden-Baden: Nomos Verlagsgesellschaft, 141-163.

Benz, A.; Fürst, D.; Kilper, H.; Rehfeld, D. (1999): Regionalisierung, Theorie – Praxis – Perspektiven. Opladen: Leske und Budrich.

Benz, A. (1999): Mehrebenenkoordination in einer europäischen Raumentwicklungspolitik. Unveröffentlichtes Manuskript.

Benz, A. (1998): Politikverflechtung ohne Politikverflechtungsfalle – Koordination und Strukturdynamik im europäischen Mehrebenensystem. Politische Vierteljahresschrift 3, 39. Jg. Opladen: Westdeutscher Verlag, 558-589.

Benz, A. (1998b): Ansatzpunkte für ein europafähiges Demokratiekonzept. In: Kohler-Koch, B. (Hrsg.): Regieren in entgrenzten Räumen. Politische Vierteljahresschrift, Sonderheft 29, 39. Jg., Opladen/Wiesbaden: Westdeutscher Verlag, 345-368.

Benz, A. (1998c): Zur Theorie der Planungskontrolle. In: Akademie für Raumforschung und Landesplanung (ARL): Methoden und Instrumente räumlicher Planung. Handbuch. Hannover, 254-273.

Benz, A. (1998d): Postparlamentarische Demokratie? Demokratische Legitimation im kooperativen Staat. In: Greven, M. (Hrsg.): Demokratie – eine Kultur des Westens? 20. Wissenschaftlicher Kongress der deutschen Vereinigung für Politische Wissenschaft. Opladen: Leske und Budrich, 201-222.

Benz, A.; Seibel, W. (Hrsg.) (1997): Theorieentwicklung in der Politikwissenschaft – eine Zwischenbilanz. Baden-Baden: Nomos Verlagsgesellschaft.

Benz, A. (1997): Von der Konfrontation zur Differenzierung und Integration – Zur neueren Theorieentwicklung in der Politikwissenschaft. In: Benz, A.; Seibel, W. (Hrsg.): Theorieentwicklung in der Politikwissenschaft – eine Zwischenbilanz. Baden-Baden: Nomos Verlagsgesellschaft, 9-29.

Benz, A. (1994): Kooperative Verwaltung: Funktionen, Voraussetzungen und Folgen. Baden-Baden: Nomos Verlagsgesellschaft.

Benz, A.; Scharpf, F. W.; Zintl, R. (1992): Horizontale Politikverflechtung: Zur Theorie von Verhandlungssystemen. Frankfurt/Main New York: Campus.

Benz, A. (1992): Mehrebenen-Verflechtung: Verhandlungsprozesse in verbundenen Entscheidungsarenen. In: Benz, A.; Scharpf, F.; Zintl, R.: Horizontale Politikverflechtung: Zur Theorie von Verhandlungssystemen. Frankfurt/Main New York: Campus, 147-205.

Berg-Schlosser, D.; Müller-Rommel, F. (1991): Vergleichende Politikwissenschaft: ein einführendes Handbuch. Opladen: Leske und Budrich.

Beyme, K. von (1992): Die politischen Theorien der Gegenwart, eine Einführung. 7., neubearbeitete Auflage. Opladen: Westdeutscher Verlag.

Beyme, K. von (1991): Regierungslehre zwischen Handlungstheorie und Systemansatz. In: Hartwich, H.-H.; Wewer, G. (Hrsg.) (1991): Regieren in der Bundesrepublik III, Systemsteuerung und „Staatskunst", Theoretische Konzepte und empirische Befunde. Opladen: Leske und Budrich, 19-34.

Biehl, D. (1996): Ein Plädoyer für eine Europäische Raumentwicklungskonzeption. In: Karl, H.; Henrichsmeyer, W.: Europäische Raumentwicklungspolitik: Notwendigkeit einer vertraglichen Verankerung? Bonner Schriften zur Integration Europas, Band 8. Bonn, 13-19.

Blaas, W. (ed.) (1998): A New Perspective for European Spatial Development Policies. Aldershot: Ashgate Publishing.

Bökemann, D. (1984): Theorie der Raumplanung – regionalwissenschaftliche Grundlagen für die Stadt-, Regional- und Landesplanung. München: Oldenbourg.

Böhme, K.; Kokkonen, M. (1999): INTERREG II C CADSES Interim Evaluation. Nordregio Working Paper 1999:7. Stockholm: Nordregio.

Böhret, C.; Wewer, G. (Hrsg.) (1993): Regieren im 21. Jahrhundert – zwischen Globalisierung und Regionalisierung, Festgabe für Hartwich, Hans-Hermann zum 65. Geburtstag. Opladen: Leske und Budrich.

Braun, D. (1997): Handlungstheoretische Grundlagen in der empirisch-analytischen Politikwissenschaft. In: Benz, A.; Seibel, W. (Hrsg.) (1997): Theorieentwicklung in der Politikwissenschaft – eine Zwischenbilanz. Baden-Baden: Nomos Verlagsgesellschaft, 45-73.

Bullmann, U. (Hrsg.) (1994): Die Politik der dritten Ebene, Regionen im Europa der Union. Baden-Baden: Nomos Verlagsgesellschaft.

Bundesamt für Bauwesen und Raumordnung (BBR) (2000): Strategies for Integrated Spatial Development of the Central Danubian and Adriatic Area, Guidelines and Policy Proposals, Approved at the Seminar of the Project Panel on 12 January 2000, in Vienna.

Bundesamt für Bauwesen und Raumordnung (BBR) (2000b): Raumordnungsbericht 2000. Bonn.

Bundesamt für Bauwesen und Raumordnung (BBR) (2000c): Das Europäische Raumentwicklungskonzept und die Raumordnung in Deutschland. Bonn.

Bundesamt für Bauwesen und Raumordnung (BBR) (1999): Transnationale Kooperation in der Raumentwicklung, Transnational Co-operation in Spatial Development in Europe, Coopération transnationale en matière de développement de l'èspace en Europe. (CD-ROM), Bonn.

Bundesamt für Bauwesen und Raumordnung (BBR) (1998): Agenda 2000, Auswirkungen auf Deutschland. In: Informationen zur Raumentwicklung, Heft 9/1998. Bonn: Selbstverlag des Bundesamtes für Bauwesen und Raumordnung.

Bundesamt für Bauwesen und Raumordnung (BBR) (1998b): Europäisches Raumentwicklungskonzept (EUREK) und das ESPON-Studienprogramm zur Europäischen Raumplanung. In: Informationen zur Forschung des BBR, 6. Dezember 1998. Bonn, 3-4.

Bundesforschungsanstalt für Landeskunde und Raumordnung (BfLR) und Institut für Landes- und Stadtentwicklungsforschung des Landes Nordrhein-Westfalen (ils) (1997): Forschung – Raumordnung, Städtebau, Wohnungswesen, 1996 – Neuzugangsliste. Bonn.

Bundesforschungsanstalt für Landeskunde und Raumordnung (BfLR) – Federal Research Institute for Regional Planning, Building and Urban Development (1996): The Informal Council of Ministers for Territorial Development and Regional Policy, German Contributions, prepared on behalf of the Federal Ministry for Regional Planning, Building and Urban development. Bonn.

Bundesforschungsanstalt für Landeskunde und Raumordnung (BfLR) und Institut für Landes- und Stadtentwicklungsforschung des Landes Nordrhein-Westfalen (ils) (1996b): Forschung – Raumordnung, Städtebau, Wohnungswesen, 1995 – Neuzugangsliste. Bonn.

Bundesforschungsanstalt für Landeskunde und Raumordnung (BfLR) (1995): Trendszenarien der Raumentwicklung in Deutschland und Europa, Beiträge zu einem Europäischen Raumentwicklungskonzept. Bonn: Selbstverlag der Bundesforschungsanstalt für Landeskunde und Raumordnung.

Bundesforschungsanstalt für Landeskunde und Raumordnung (BfLR) (1995b): Die Rolle der BfLR im europäischen Forschungsnetz. In: Mitteilungen und Informationen, 5. Oktober 1995. Bonn, 6-7.

Bundesforschungsanstalt für Landeskunde und Raumordnung (1993): Planungsatlas zur Raumentwicklung in Europa – Internationale Wissenschaftskonferenz. In: Mitteilungen, 6. Dezember 1993, 1.

Bundesforschungsanstalt für Landeskunde und Raumordnung (BfLR) (1992): Räumliche Folgen des politischen und gesellschaftlichen Strukturwandels in Osteuropa. In: Materialien zur Raumentwicklung, Heft 49. Bonn: Selbstverlag der Bundesforschungsanstalt für Landeskunde und Raumordnung.

Bundesforschungsanstalt für Landeskunde und Raumordnung (1992b): BfLR richtet Referat „Raumordnung in Europa" ein. In: Mitteilungen, 5. Oktober 1992, 8.

Bundesinstitut für ostwissenschaftliche und internationale Studien (Hrsg.) (1997): Der Osten Europas im Prozeß der Differenzierung, Fortschritte und Mißerfolge der Transformation. Jahrbuch 1996/97 des Bundesinstituts, München Wien: Carl Hanser Verlag.

Bundeskanzleramt der Republik Österreich (1999): INTERREG in Österreich 1995 – 1999, Grenzen überwinden – Netzwerke knüpfen. Wien.

Bundesministerium für Bildung und Forschung (1999): Das 5. Europäische Forschungsrahmenprogramm, Chancen für die Forschung in Deutschland. Bonn

Bundesministerium für Raumordnung, Bauwesen und Städtebau (BMBau) (1997): Konzept zur Schaffung eines Netzwerkes „Europäisches Raumplanungs-Observatorium" (NERPO). Konzeptpapier für die Sitzung In Echternach, Bonn.

Bundesministerium für Raumordnung, Bauwesen und Städtebau (BMBau) (1997b): Präventiver Schutz vor Überschwemmungen durch Erstellung einer Raumplanungskonzeption für das Flussgebiet der Oder, gemeinsame Deklaration der für Raumordnung verantwortlichen Minister der Bundesrepublik Deutschland, der Republik Tschechien und der Republik Polen vom 22. August in Stettin.

Bundesministerium für Raumordnung, Bauwesen und Städtebau (BMBau) (1995): Grundlagen einer Europäischen Raumentwicklungspolitik, Principles for a European Spatial Development Policy. Principes pour une politique d'aménagement du territoire européen. Bonn: Selbstverlag der Bundesforschungsanstalt für Landeskunde und Raumordnung.

Bundesministerium für Raumordnung, Bauwesen und Städtebau (BMBau) (1995b): Raumordnungspolitischer Handlungsrahmen, Beschluß der Ministerkonferenz für Raumordnung in Düsseldorf am 4. März 1995. Bonn.

Bundesministerium für Raumordnung, Bauwesen und Städtebau (BMBau) (1994): Newsletter, Nr. 4. Netzwerk raumwissenschaftlicher Forschungseinrichtungen in Mittel- und Osteuropa. Essen: PLANCO Consulting.

Bundesministerium für Raumordnung, Bauwesen und Städtebau (BMBau) (1994b): Raumordnungsbericht 1993. Bonn.

Bundesministerium für Raumordnung, Bauwesen und Städtebau (BMBau) (1993): Newsletter, Nr. 1. Netzwerk raumwissenschaftlicher Forschungseinrichtungen in Mittel- und Osteuropa. Essen: PLANCO Consulting.

Bundesministerium für Raumordnung, Bauwesen und Städtebau (BMBau) (1993b): Raumordnungspolitischer Orientierungsrahmen – Leitbilder für die räumliche Entwicklung in der Bundesrepublik Deutschland. Bonn.

Bundesministerium für Raumordnung, Bauwesen und Städtebau (BMBau) (1993c): Synopse der raumordnerischen Zielvorstellungen europäischer Länder. In: Schriftenreihe Forschung, Heft 496, Bonn.

Bundesministerium für Verkehr, Bau- und Wohnungswesen (BMVBW) (1999): Schlussfolgerungen der deutschen Ratspräsidentschaft beim Informellen Rat der für die Raumordnung zuständigen Ministerinnen und Minister der EU in Potsdam am 10./11. Mai 1999. Bonn.

Bundesministerium für Verkehr, Bau- und Wohnungswesen (BMVBW) (1999b): Ergebnisprotokoll des BMVBW mit drei Anlagen zur Ratstagung am 4. und 5. Oktober 1999 in Tampere, AZ: A 31, 79 10 03 – 16 vom 8. Oktober 1999.

Bundesministerium für Verkehr, Bau- und Wohnungswesen (BMVBW) (1998): Europäisches Raumentwicklungskonzept. Auf dem Wege zu einer nachhaltigen Europäischen Union. Entwurf Dezember 1998, Arbeitsdokument für die CSD-Beratung am 18./19. Januar 1999 in Brüssel. Bonn.

Bußhoff, H. (Hrsg.) (1992): Politische Steuerung, Steuerbarkeit und Steuerungsfähigkeit, Beiträge zur Grundlagendiskussion. Baden-Baden: Nomos Verlagsgesellschaft.

Caldiroli, V. M. (1994): Resume. In: Europarat – Counseil de l'Europe: La régionalisation en Europe: bilan et perspectives. actes, Genèves, 3-5 juin 1993. Strasbourg, 83-84.

Camagni, R. (2000): Giustificazione teorica, principi e obiettivi di politiche di compe-titività territoriale in un'era di globalizzazione e nuovi ruoli per la pianificazione. In: Janin-Rivolin, U. (ed.): Le politiche territoriali dell'Unione europea – esperienze, analisi, riflessioni. Milano: Franco Agneli, 165-193.

Campagnola, A. (1996): La pianificazione sovracomunale. In: Mazzarelli, V.: Fondamenti di Diritto Urbanistico. Studi superiori NIS, 291, Urbanistica, Roma: La Nuova Italia Scientifica, 229-260.

Center of Euro-Mediterranean Regions for the Environment (C.E.R.E.) (2000): From Community Initiative INTERREG II C to INTERREG III: The Multi-level Promotion of International Co-operation, for the Balanced and Sustainable Development of European Space, Documentation for the International Meeting, Athens 20 March 2000. Athens: C.E.R.E.

Christiansen, Th. (1996): A maturing bureaucracy? The role of the Commission in the policy process. In: Richardson, J. (ed.): European Union, Power and Policy-making. London and New York: Routledge, 77-95.

Coleman, J. S.; Fararo, Th. J. (eds.) (1992): Rational Choice Theory, Advocacy and Critique. Newbury Park London New Delhi: SAGE Publications.

Conference of Ministers for Spatial Planning and Development (1996): Vision and Strategies around the Baltic Sea 2010. IV. Conference, Statement and Documents, October 22, 1996, Stockholm.

Coppo, M. (1995): Report on the Allocation of Regional/Spatial Planning Power in Italy. In: Europarat – Council of Europe: Public participation in regional/spatial planning in different European countries, The challenges facing European society with the approach of the year 2000. In: European regional planning, No. 58. Strasbourg, 41-51.

Cram, L. (1996): Integration theory and the study of the European policy process. In: Richardson, J. (ed.): European Union, Power and Policy-making. London and New York: Routledge, 40-58.

Czada, R. (1997): Vertretung und Verhandlung, Aspekte politischer Konfliktregelung in Mehrebenensystemen. In: Benz, A.; Seibel, W. (Hrsg.): Theorieentwicklung in der Politikwissenschaft – eine Zwischenbilanz. Baden-Baden: Nomos Verlagsgesellschaft, 237-259.

Czempiel, E.-O. (1999): Kluge Macht. Außenpolitik für das 21. Jahrhundert. München: Beck.

Czempiel, E.-O. (1996): Internationale Beziehungen: Begriff, Gegenstand und Forschungsabsicht. In: Knapp, M.; Krell, G. (Hrsg.): Einführung in die Internationale Politik. München: Oldenbourg Verlag, 2-26.

Czempiel, E.-O. (1981): Internationale Politik. Paderborn: Schönigh.

Dallhammer, E. (1998): Landschaftsplanung und Raumordnung in Österreich. Schriftenreihe des Instituts für Landschaftsplanung und Gartenkunst der Technischen Universität Wien, Heft 19. Wien.

Daunora, Z. (1996): VASAB 2010 in Lithuania. In: Graute, U. (Editor / Hrsg.) (1996): Vision and Strategies Around the Baltic Sea 2010 and their Relevance to Central and Eastern Europe. IÖR-Schriften, Heft 17. Dresden: Institut für ökologische Raumentwicklung, 26.

Delamarre, A. (1996): Recherches recentes, ou en cours, en France – De portee Europeenne ou effectues dans des Reseaux Europeens. In: ARL: Europabezogene Raumforschung, Stand und Perspektiven, Regional Research on Europe, Present Situation and Perspectives, Science Régionale de l'Europe, Situation Actuelle et des Perspectives, ARL-Arbeitsmaterial, Nr. 224. Hannover, 19-29.

Demathas, Z. (1997): Die Perspektive der südlichen Peripherie. In: Raum, Österreichische Zeitschrift für Raumplanung und Regionalpolitik, Nr. 27, 32-35.

Dematteis, G. (2000): Il territorio nelle politiche dell'Unione europea. In: Janin-Rivolin, U. (ed.): Le politiche territoriali dell'Unione europea – esperienze, analisi, riflessioni. Milano: Agneli, Franco 139-150.

Deutscher Bundestag: Drucksachen.

Dicken, P.; Lloyd, P. E. (1999): Standort und Raum – Theoretische Perspektiven in der Wirtschaftsgeographie. Stuttgart: Verlag Eugen Ulmer.

Dematteis, G.; Bonavero, P. (editori) (1997): Il sistema urbano italiano nello spazio unificato europeo. Studi e Ricerche, CCCXCIII. Bologna: il Mulino.

Eskelinen, H.; Snickars, F. (1995): Competitive European Peripheries, Advances in Spatial Science. Berlin Heidelberg New York: Springer-Verlag.

EUREK siehe Europäische Kommission (1999b).

Europäische Gemeinschaft – European Communities (publisher, no editor) (1997): European spatial development perspective, First official draft, Presented at the informal meeting of Ministers responsible for spatial planning of the member states of the European Union, Noordwijk, 9 and 19 june 1997. Luxembourg.

Europäische Gemeinschaft – Europäische Union (1992): Die Vertragstexte von Maastricht. Bearbeitet und eingeleitet von Thomas Läufer. Bonn: Europa Union Verlag.

Europäische Kommission (2000a): Strukturpolitische Maßnahmen 2000-2006. Kommentare und Verordnungen, Strukturfonds, Kohäsionsfonds, Strukturpolitisches Instrument zur Vorbereitung auf den Beitritt. Luxemburg.

Europäische Kommission (2000b): Mitteilung der Kommission an die Mitgliedstaaten vom 28.04.00 über die Leitlinien für eine Gemeinschaftsinitiative betreffend die transeuropäische Zusammenarbeit zur Förderung einer harmonischen und ausgewogenen Entwicklung des europäischen Raums INTERREG III. K(2000) 1101 – DE. Brüssel.

Europäische Kommission (2000c): Gemeinschaftsvorschriften über Staatliche Beihilfen, Vademekum. Luxemburg.

Europäische Kommission – European Commission (2000d): Community initiative INTERREG II 1994-1999: An initial evaluation. January 2000. Brussels.

Europäische Kommission – European Commission (2000e): Terra – An Experimental Laboratory in Spatial Planning. Luxemburg.

Europäische Kommission – European Commission, DG Enlargement (2000f): PHARE 2000 Review – Strengthening Preparations for Membership. Communication from Mr Verheugen. Brussels.

Europäische Kommission – Generaldirektion Regionalpolitik (1999a): Die strukturpolitischen Maßnahmen in der Prodi-Kommission. Brüssel: GD XVI, F.2.

Europäische Kommission (1999b): EUREK, Europäisches Raumentwicklungskonzept, Auf dem Wege zu einer räumlich ausgewogenen und nachhaltigen Entwicklung der Europäischen Union, Angenommen beim Informellen Rat der für Raumordnung zuständigen Minister in Potsdam, Herausgegeben von der Europäischen Kommission, Luxemburg.

Europäische Kommission (1999c): Das EUREK, Eine Strategie für eine ausgewogene und nachhaltige Entwicklung der Europäischen Union, Synthese der Ergebnisse der transnationalen Seminare, EUREK Forum Brüssel, 2-3 Februar 1999, Sitzung 1, Brüssel.

Europäische Kommission (1999d): European Forum on the European Spatial Development Perspective. List of Participants, 2-3 February, Brussels, Charlemagne Building, Brussels.

Europäische Kommission – European Commission (1999e): An Operational Guidance Paper for the preparation and management of the INTERREG III B Programmes 2000-2006. 1st Working Document of DG Regio, Brussels.

Europäische Kommission – Commission Européenne (1999f): Coopération Interrégionale Externe, 1991-1999, 3ème édition, Luxembourg.

Europäische Kommission – European Commission (1999g): Interreg: Cross-border cooperation throughout the Union. Inforegio fact sheet, 29.11.1999, Brussels.

Europäische Kommission – Kommissionsdienststellen (1998a): Bericht über die Gemeinschaftspolitiken und Raumentwicklung. Arbeitsunterlage der Kommissionsdienststellen, unveröffentlichtes Manuskript, Brüssel.

Europäische Kommission (1998b): Leitfaden der Gemeinschaftsinitiativen 1994-1999. 2. Teil, Brüssel und Luxemburg.

Europäische Kommission – Generaldirektion Regionalpolitik und Kohäsion (1998c): Transnationales Seminar zum Europäischen Raumentwicklungskonzept. Thessaloniki – Chalkidiki, 2-3 Juli 1998, Brüssel.

Europäische Kommission: Operationelle Programme für die Gemeinschaftinitiative INTERREG II C (96/C 200/07).

NWMA, Joint Operational Programme for the North Western Metropolitan Area 1997-1999, 3 June 1998

Nordsee, Nordseeraum Operationelles Programm 1997-1999. 17. Dezember 1997, inoffizielle Übersetzung

Ostsee, Baltic Sea Region Operational Programme 1997-1999. 11 December 1997

IRMA, INTERREG Rhein Maas Aktivitäten 1997-1999. 17. Dezember 1997, vgl. IRMA in diesem Verzeichnis

CADSES, Mitteleuropäischer, Adriatischer, Donau- und Südosteuropäischer Raum (CADSES-Raum), Operationelles Programm 1997-1999, vom 6. August 1997

Europäische Kommission – European Commission (1997a): The EU compendium of spatial planning systems and policies. In: Regional development studies, Vol. 28. Luxembourg.

Europäische Kommission (1997b): Praktisches Handbuch zur grenzüberschreitenden Zusammenarbeit. 2. Auflage, Gronau: AGEG.

Europäische Kommission (1997c): Die Strukturfonds in 1996. Achter Jahresbericht. Luxemburg.

Europäische Kommission (1996a): Strukturfonds und Kohäsionsfonds 1994-1999. Verordnungstexte und Erläuterungen. Brüssel und Luxemburg.

Europäische Kommission (1996b): Erster Bericht über den wirtschaftlichen und sozialen Zusammenhalt 1996. Brüssel und Luxemburg.

Europäische Kommission – European Commission and Council of Europe (1996c): The regional planning of greater Europe in co-operation with the countries of central and eastern Europe. Proceedings of a joint conference held in Prague 16-17 October 1995. Brussels and Luxembourg.

Europäische Kommission (1996d): Europa fördert die regionale Entwicklung. 2. Ausgabe. Luxemburg.

Europäische Kommission (1996e): Schlussfolgerungen und Fortsetzung des Seminars für die Vorbereitung der Gemeinschaftsinitiative INTERREG II C. Zweiter Teil: Praktische Ratschläge, Brüssel, den 3.-4. Juli 1996. Brüssel.

Europäische Kommission – Europarat (1995a): Entwicklungsperspektiven für den größeren europäischen Raum. Dokumentation der Gemeinsamen Konferenz in Dresden, 15.-16. November 1993. Brüssel und Luxemburg.

Europäische Kommission (1995b): Leitfaden für innovative Maßnahmen zur regionalen Entwicklung: (Artikel 10 der EFRE-Verordnung) 1995-1999, interregionale Zusammenarbeit und Innovation zur wirtschaftlichen Entwicklung, Raumordnung, städtischer Bereich / Europäische Kommission. Luxemburg.

Europäische Kommission (1995c): Deutschland – Neue Länder. Gemeinschaftliches Förderkonzept 1994-1999, Ziel 1: Förderung der Entwicklung und der strukturellen Anpassung der Regionen mit Entwicklungsrückstand, Dokument. Brüssel und Luxemburg.

Europäische Kommission – European Commission (1995d): Practical guide to the information and publicity requirements of the Structural Funds and Financial Instrument for Fisheries Guidance. Luxembourg.

Europäische Kommission – European Commission (1994a): Europe 2000+, Cooperation for European territorial development. Brussels and Luxembourg.

Europäische Kommission (1994b): Wachstum, Wettbewerbsfähigkeit, Beschäftigung. Bulletin der Europäischen Union, Maßnahmen im Anschluß an das Weißbuch, Beilage 2/94, Brüssel und Luxemburg, 17.

Europäische Kommission – Kommission der Europäischen Gemeinschaften (1993): Für eine dauerhafte und umweltgerechte Entwicklung. Ein Programm der Europäischen Gemeinschaft für Umweltpolitik und Maßnahmen in Hinblick auf eine dauerhafte und umweltgerechte Entwicklung, GD XI – Umwelt, nukleare Sicherheit und Katastrophenschutz, Brüssel und Luxemburg.

Europäische Kommission – Commission of European Communities (1991): Europe 2000, Outlook for the development of the Community's territory. Brussels and Luxembourg.

Europäische Raumordnungsministerkonferenz (CEMAT) (1999): Leitlinien für eine nachhaltige räumliche Entwicklung auf dem europäischen Kontinent. Hannover 7./8. September 2000, Entwurf von September 1999, unveröffentlichtes Dokument.

Europäische Union (1997): Who's Who in der Europäischen Union. Interinstitutionelles Verzeichnis, Luxemburg.

Europarat – European Conference of Ministers responsible for Regional Planning (CEMAT) (2000): Guiding Principles for Sustainable Spatial development of the European Continent. Prepared by the Committee of Senior Officials, Hanover, September 7 and 8, 2000.

Europarat – Counseil de l'Europe (1996): L'environnement et les collectivités locales et régionales. Communes et régions d'Europe, No. 55, Strasbourg.

Europarat – Council of Europe (1995): Public participation in regional/spatial planning in different European countries. The challenges facing European society with the approach of the year 2000. In: European regional planning, No. 58, Strasbourg.

Europarat – Council of Europe, Parliamentary Assembly (1995b): Report on a comprehensive European regional planning strategy. 10th session of the CEMAT, ADOC7291 of 26 April 1995.

Europarat – Counseil de l'Europe (1994): Définition et limites du principe de subsidiarité. Communes et régions d'Europe. No. 55, Strasbourg.

Europarat – Counseil de l'Europe (1994b): La régionalisation en Europe: bilan et perspectives. actes, Genèves, 3-5 juin 1993. Strasbourg.

Europarat – Council of Europe (1994c): Role and representation of women in urban and regional planning aiming at sustainable development. The challenges facing European society with the approach of the year 2000. In: European regional planning, No. 56, Strasbourg.

Europarat – Council of Europe (1994d): Strategies for sustainable development in urban regions in Europe. The challenges facing European society with the approach of the year 2000. European regional planning, No. 57. Strasbourg.

Europarat – Council of Europe (1993): Transborder co-operation within sustainable regional/spatial planning in central Europe. The challenges facing European society with the approach of the year 2000. In: European regional planning, No. 55. Strasbourg.

Europarat – Council of Europe (1992): Strategies for sustainable quality tourism. The challenges facing European society with the approach of the year 2000. In: European regional planning, No. 53. Strasbourg.

Europarat – Council of Europe (1992b): European Regional Planning Strategy. CEMAT. Strasbourg.

Europarat – Council of Europe (1983): European regional/spatial planning Charter. Torremolinos Charter. Strasbourg.

Faludi, A. (2000): Die Anwendung des EUREK – oder: Wonach man strategische Plandokumente bewertet. In: Noetzel, R.; Schmitz, H. (Hrsg.): Europäisches Raumentwicklungskonzept – Entstehung und Anwendung. Bonn: Verlag Irene Kuron.

Faludi, A.; Zonneveld, W. (eds.) (1997): Shaping Europe: The European Spatial Development Perspective. In: Built Environment, Vol. 23, No. 4.

Faludi, A.; Zonneveld, W. (1997b): Shaping Europe: The European Spatial Development Perspective: Introduction. In: Built Environment, Vol. 23, No. 4, 257-266.

Faludi, A. (1997): A Roving Band of Planers. In: Built Environment, Vol. 23, No. 4, 281-287.

Faludi, A.; (1997b): Österreich als Vorbild. In: Raum, Österreichische Zeitschrift für Raumplanung und Regionalpolitik, Nr. 27, 35-36.

Filippini, R. (2001): Programmazione economica e sviluppo sostenibile del territorio. In: Ministero dei Lavori Pubblici: Le domande di territorio – otto confronti per l'innovazione. Conferenza Nazionale del Territorio, 8-9 febbraio 2001. Genova, 17-23.

Fischer, H. (1998): Sustainable Development and Coastal Zone Management around the Baltic Sea. In: Graute, U. (ed.) (1998): Sustainable Development for Central and Eastern Europe, Spatial Development in the European Context. Berlin Heidelberg New York: Springer-Verlag, 181-199.

Flyvbjerg, B. (1998): Rationality and Power, Democracy in Practice. Chicago and London: The University of Chicago Press.

Fontana, G. (2001): La conferenza sul governo del territorio. Conferenza Nazionale del Territorio, 8-9 febbraio 2001, Genova, 5-16, Roma: Ministero die Lavori Pubblici.

Fontana, G. (1997): Politiche e strumenti di riqualificazione urbana. In: Ministero dei Lavori Pubblici: I Programmi di riqualificazione urbana. Roma: Istituto Nazionale di Urbanistica, 124-127.

Fürst, D. (1998): Projekt- und Regionalmanagement. In: Akademie für Raumforschung und Landesplanung (ARL): Methoden und Instrumente räumlicher Planung. Handbuch. Hannover, 237-253.

Fürst, D. (1995): Transfrontier co-operation and public participation. In: Europarat – Council of Europe: Public participation in regional/spatial planning in different European countries. The challenges facing European society with the approach of the year 2000. In: European regional planning, No. 58. Strasbourg, 205-215.

Fürst, D.; Güldenberg, E.; Müller, B. (1994): System of Spatial Planning in Germany, elaborated on behalf of the Federal Ministry of Regional Planning, Construction and Urban Development. PLANCO Consulting GmbH (editor), Essen.

Fürst, D. (1994): Europäische Tendenzen der Regionalisierung und Dezentralisierung der Raumplanung. In Pernthaler, P. (Hrsg.): Föderalistische Raumordnung – eine europäische Herausforderung. Wien: Universitäts-Verlagsbuchhandlung, 3-15.

Getimis, P.; Economou, D. (1996): Griechenland. In: Heinelt, H. (Hrsg.): Politiknetzwerke und europäische Strukturfondsförderung. Ein Vergleich zwischen EU-Mitgliedstaaten. Opladen: Leske und Budrich, 166-186.

Giering, C. (1997): Europa zwischen Zweckverband und Superstaat, Die Entwicklung der politikwissenschaftlichen Integrationstheorie im Prozeß der europäischen Integration. In: Weidenfeld, W. (Hrsg.): Münchner Beiträge zur Europäischen Einigung. Band 1, Bonn: Europa Union Verlag.

Ginneken, K. M. van (1998): Towards a European Spatial Development Perspective. In: Ulrich Graute (ed.): Sustainable Development for Central and Eastern Europe, Spatial Development in the European Context. Berlin Heidelberg New York: Springer-Verlag, 43-62.

Goldstein, J.; Keohane, R. O. (1993): Ideas and Foreign Policy: An Analytical Framework. In: dies.: Ideas and Foreign Policy, Beliefs, Institutions, and Political Change. Ithaca and London: Cornell University Press, 3-30.

Görmar, W. (1996): German Cooperation in Spatial Planning with Central and Eastern Europe. In: Newsletter, No. 7. Network of Spatial Research Institutes in Central and Eastern Europe. Dresden: Institut für ökologische Raumentwicklung, 49-51.

Grande, E.; Jachtenfuchs, M. (Hrsg.) (2000): Wie problemlösungsfähig ist die EU? Regieren im europäischen Mehrebenensystem. Baden-Baden: Nomos Verlagsgesellschaft.

Grande, E. (2000): Mulit-Level Governance: Institutionelle Besonderheiten und Funktionsbedingungen des europäischen Mehrebenensystems. In: Grande E.; Jachtenfuchs, M. (Hrsg.): Wie problemlösungsfähig ist die EU? Regieren im europäischen Mehrebenensystem. Baden-Baden: Nomos Verlagsgesellschaft, 11-30.

Grande, E. (1996): Das Paradox der Schwäche. Forschungspolitik und die Einflusslogik europäischer Politikverflechtung. In: Jachtenfuchs, M.; Kohler-Koch, B. (Hrsg.): Europäische Integration. Opladen: Leske und Budrich, 373-399.

Grande, E. (1995): Regieren in verflochtenen Verhandlungssystemen. In: Mayntz, R.; Scharpf, F. W. (Hrsg.): Gesellschaftliche Selbstregelung und politische Steuerung. Frankfurt am Main: Campus, 327-368.

Graute, U. (1999): Il futuro di INTERREG II C nell'europa centrale e sud-orientale. In: Regione Autonoma Friuli-Venezia Giulia (editore). Cooperazione transeuropea per il consolidamento della coesione e dello sviluppo economico. Conferenza europea sulla nuova iniziative INTERREG III, Grado e Trieste: 73-76.

Graute, U. (ed.) (1998): Sustainable Development for Central and Eastern Europe, Spatial Development in the European Context. Berlin Heidelberg New York: Springer-Verlag.

Graute, U. (1998b): The European Debate on Sustainable Spatial Development. In Graute, U. (ed.): Sustainable Development for Central and Eastern Europe, Spatial Development in the European Context. Berlin Heidelberg New York: Springer-Verlag, 1-21.

Graute, U. (1998c): INTERREG II C (CADSES) und INTERREG III, Erfahrungen und Empfehlungen. In: IÖR-Texte, Nr. 120. Dresden: Institut für ökologische Raumentwicklung.

Graute, U. (1996): The process of VASAB 2010 in the Baltic Sea Region. In: European Journal of Regional Development (EUREG), 4/1996, 57-59.

Graute, U. (1996b): The European Dimension in Regional Sciences and the Network of Spatial Research Institutes in Central and Eastern Europe. In: Wotte, J. et al. (eds.): Environmental Engineering and Pollution Prevention, European Network of Excellence and Partnership. Dordrecht, Boston and London: Kluwer Academic Publishers, 279-292.

Graute, U. (ed.) (1996c): Vision and Strategies Around the Baltic Sea 2010 and their Relevance to Central and Eastern Europe. In: IÖR-Schriften, Heft 17. Dresden: Institut für ökologische Raumentwicklung.

Graute, U. (1996d): The VASAB Process. An Outstanding Vision Needs an Outstanding Strategy. In: Graute, U. (ed.): Vision and Strategies Around the Baltic Sea 2010 and their Relevance to Central and Eastern Europe. In: IÖR-Schriften, Heft 17. Dresden: Institut für ökologische Raumentwicklung, 76-81.

Graute, U. (1995): Umweltpolitik. In: Jenkis, H. W. (Hrsg.): Raumordnung und Raumordnungspolitik. München Wien: Oldenbourg Verlag, 288-312.

Greven, M. Th. (1999): Die politische Gesellschaft. Kontingenz und Dezision als Probleme des Regierens und der Demokratie. Opladen: Leske und Budrich.

Groth, N. B. (1997): Baltic Agenda 21. Spatial Planning and Sustainable Development. Danish Forest and Landscape Research Institute. Hoersholm.

Group of Focal Points (1994): Vision and Strategies around the Baltic Sea 2010. Towards a Framework for Spatial Development in the Baltic Sea Region. Tallinn Report, prepared for the Third Conference of Ministers for Spatial Planning and Development. December 7-8, 1994. Copenhagen.

Haas, P. M.; Keohane, R. O.; Levy, M. A. (eds.) (1993): Institutions for the Earth. Sources of Effective International Environmental Protection. Cambridge (Mass.) and London: The MIT Press.

Haas, P. M. (1992): Introduction: epistemic communities and international policy coordination. In: International Organization, Vol. 46, 1, Winter 1992, 1-35.

Haldenwang, C. von (1999): Staatliches Handeln und politische Regulierung, Die Legitimität politischer Ordnungen im 21. Jahrhundert. In: Politische Vierteljahresschrift, 40. Jg., September 1999, Heft 3, 366-390.

Hartwich, H.-H.; Wewer, G. (Hrsg.) (1991): Regieren in der Bundesrepublik II. Formale und informale Komponenten des Regierens in den Bereichen Führung, Entscheidung, Personal und Organisation. Opladen: Leske und Budrich.

Häussermann, H.; Siebel, W. (1994); Neue Formen der Stadt- und Regionalpolitik. In: Archiv für Kommunalwissenschaften (AfK), I/94, 32-45.

Heinelt, H. (Hrsg.) (1996): Politiknetzwerke und europäische Strukturfondsförderung, Ein Vergleich zwischen EU-Mitgliedstaaten. Opladen: Leske und Budrich.

Hedegaard, L.; Lindström, B. (eds.) (1998): The NEBI Yearbook 1998 – North European and Baltic Sea Integration. Berlin: Springer.

Heinrichs, B. (2000): The Baltic Sea spatial vision today and tomorrow. In: Schindegger, F. (Hrsg.): Reviewing Transnational Spatial Planning, Proceedings of the VISION PLANET Bratislava Conference, 13-14 January 2000. Vienna: ÖIR, 49-59.

Héritier, A. (1997): Die Koordination von Interessenvielfalt im Europäischen Entscheidungsprozeß: Regulative Politik als „Patchwork". In: Benz, A.; Seibel, W. (Hrsg.): Theorieentwicklung in der Politikwissenschaft – eine Zwischenbilanz. Baden-Baden: Nomos Verlagsgesellschaft, 261-279.

Héritier, A. (Hrsg.) (1993): Policy-Analyse, Kritik und Neuorientierung. PVS Sonderheft 24/1993. Opladen: Westdeutscher Verlag.

Héritier, A. (1993b): Policy-Analyse, Elemente der Kritik und Perspektiven der Neuorientierung. In: dies. (Hrsg.): Policy-Analyse, Kritik und Neuorientierung. PVS Sonderheft 24/1993. Opladen: Westdeutscher Verlag, 19.

Hesse, J. J.; Ellwein, Th. (1992): Das Regierungssystem der Bundesrepublik Deutschland. Texte (Band 1) und Materialien (Band 2), 7., völlig neubearbeitete und erweiterte Auflage. Opladen: Westdeutscher Verlag.

Hooghe, L. (Hrsg.) (1996): Cohesion Policy and European Integration: Building Multi-Level Governance. Oxford: Oxford University Press.

Hössl, P. (1999): Comparative Study of the EU-Programmes INTERREG – PHARE CBC in Austria and the Baltic Sea Area. In: Beiträge zur Europäischen Raumentwicklung. Heft 1, Institut für Geographie und Regionalforschung der Universität Klagenfurt. Klagenfurt.

Holtmann, E. (Hrsg.) (1991): Politiklexikon. München Wien: Oldenbourg Verlag.

Hübler, K.-H.; Kaether, J. (Hrsg.) (1999): Nachhaltige Raum- und Regionalentwicklung – wo bleibt sie? Befunde, Perspektiven und Vorschläge. Berlin: Verlag für Wissenschaft und Forschung.

Immergut, E. M. (1997): The Normative Roots of the New Institutionalism: Historical-Institutionalism and Comparative Policy Studies. In: Benz, A.; Seibel, W. (Hrsg.): Theorieentwicklung in der Politikwissenschaft – eine Zwischenbilanz. Baden-Baden: Nomos Verlagsgesellschaft, 325-355.

Institut für ökologische Raumentwicklung (IÖR) (1999): Gemeinschaftliches Entwicklungs- und Handlungskonzept für die grenzüberschreitende Zusammenarbeit in den vier sächsischen Euroregionen. Endbericht eines Projekts des IÖR, des Instituts für Stadtforschung und Strukturpolitik, Berlin, und des Instituts für Geographie der TU Dresden. Dresden: IÖR.

Institut für ökologische Raumentwicklung (IÖR) (1996): Newsletter 6, Netzwerk raumwissenschaftlicher Forschungseinrichtungen in Mittel- und Osteuropa. März 1996. Dresden.

Institut für ökologische Raumentwicklung (IÖR) (1995): Newsletter 5, Netzwerk raumwissenschaftlicher Forschungseinrichtungen in Mittel- und Osteuropa. Sept. 1995. Dresden.

IRMA-Sekretariat (1998): INTERREG Aktivitäten Rhein-Maas (IRMA) – Informationsmaterial, Informationshandbuch zum INTERREG II C (IRMA)-Programm zum vorbeugenden Hochwasserschutz, April 1998, ohne Ort und Verlag.

Ivlichev, V.; Khazdan, I. (1998): Regional Development Concept for the Brest-Minsk-Orsha Section of the Berlin-Moscow Trans-European Transport Corridor. In: Graute, U. (ed.) (1998): Sustainable Development for Central and Eastern Europe, Spatial Development in the European Context. Berlin Heidelberg New York: Springer-Verlag, 281-297.

Jachtenfuchs, M.; Kohler-Koch, B. (Hrsg.) (1996): Europäische Integration. Opladen: Leske und Budrich.

Jachtenfuchs, M.; Kohler-Koch, B. (1996b): Regieren im dynamischen Mehrebenensystem. In: dies. (Hrsg.): Europäische Integration. Opladen: Leske und Budrich, 15-44.

Jachtenfuchs, M. (1996): Regieren durch Überzeugen: Die Europäische Union und der Treibhauseffekt. In: Jachtenfuchs M.; Kohler-Koch, B. (Hrsg.) (1996): Europäische Integration. Opladen: Leske und Budrich, 429-454.

Jänicke, M.; Jörgens, H. (2000): Umweltplanung im internationalen Vergleich, Strategien der Nachhaltigkeit. Berlin Heidelberg New York: Springer-Verlag.

Jänicke, M. (2000): Strategien der Nachhaltigkeit – Eine Einführung. In: Jänicke, M; Jörgens, H.: Umweltplanung im internationalen Vergleich, Strategien der Nachhaltigkeit. Berlin Heidelberg New York: Springer-Verlag, 1-12.

Janin-Rivolin, U. (ed.) (2000): Le politiche territoriali dell'Unione europea – esperienze, analisi, riflessioni. Milano: Franco Agneli.

Janin-Rivolin, U. (2000b): Interreg e la cooperazione transnazionale per lo sviluppo del territorio comunitario. In: ders.: Le politiche territoriali dell'Unione europea – esperienze, analisi, riflessioni. Milano: Franco Agneli, 45-68.

Jansen, D. (1997): Das Problem der Akteursqualität korporativer Akteure. In: Benz, A.; Seibel, W. (Hrsg.) Theorieentwicklung in der Politikwissenschaft – eine Zwischenbilanz. Baden-Baden: Nomos Verlagsgesellschaft, 193-235.

Jansen, D. (1991): Policy Networks and Change: The Case of High-T_c Superconductors. In: Marin, B; Mayntz, R. (eds.): Policy Networks, Empirical Evidence and Theoretical Considerations. Frankfurt and Boulder: Campus Verlag/Westview Press, 137-174.

Jenkis, H. W. (Hrsg.) (1996): Raumordnung und Raumordnungspolitik. München und Wien: Oldenbourg.

Joerges, C.; Neyer, J. (1998): Von intergouvernementalem Verhandeln zur deliberativen Politik: Gründe und Chancen für eine Konstitutionalisierung der europäischen Komitologie. In: Kohler-Koch, B. (Hrsg.): Regieren in entgrenzten Räumen. Politische Vierteljahresschrift, Sonderheft 29, 39. Jg. Opladen/Wiesbaden: Westdeutscher Verlag, 207-233.

Kahn, J. (2000): Strategische Umweltplanung in Schweden. In: Jänicke, M.; Jörgens, H.: Umweltplanung im internationalen Vergleich, Strategien der Nachhaltigkeit. Berlin Heidelberg New York: Springer-Verlag, 27-38.

Karl, H.; Henrichsmeyer, W. (Hrsg.) (1996): Europäische Raumentwicklungspolitik: Notwendigkeit einer vertraglichen Verankerung?. In: Bonner Schriften zur Integration Europas, Band 8. Bonn.

Kaspar, M. (2000): Erfolgsfaktoren regionaler Umweltprogramme in Mittel- und Osteuropa. Dissertation der Universität Wien. Wien: WUV.

Keating, M.; Hooghe, L. (1996): By-passing the nation state? Regions and the EU policy process. In: Richardson, J. (ed.): European Union, Power and Policy-making. London and New York: Routledge, 216-229.

Kent County Council and European Commission – Directorate XVI: Regional Policy and Cohesion (1999): Study of the Role and Operation of Transnational Management Structures in Achieving Effective Implementation of Transnational, Cross-border and Inter-regional Programmes. Final Report, Revised Version, June 1999. Bristol: University of the West of England.

Kevenhörster, P. (1997): Politikwissenschaft, Band 1: Entscheidungen und Strukturen der Politik. Opladen: Leske und Budrich.

Kharitonov, I. A. (1998): Integrated Coastal Zone Management around the Black Sea. In: Graute, U. (ed.): Sustainable Development for Central and Eastern Europe, Spatial Development in the European Context. Berlin Heidelberg New York: Springer-Verlag, 233-242.

Knapp, M.; Krell, G. (1996): Einführung in die internationale Politik. München und Wien: Oldenbourg.

Knoepfel, P.; Kissling-Näf, I. (1993): Transformationen öffentlicher Politiken durch Verräumlichung – Betrachtungen zum gewandelten Verhältnis zwischen Raum und Politik. In: Héritier, A. (Hrsg.): Policy-Analyse, Kritik und Neuorientierung. PVS Sonderheft 24/1993. Opladen: Westdeutscher Verlag, 267-288.

Kohler-Koch, B. (2000): Regieren in der Europäischen Union, Auf der Suche nach demokratischer Legitimität. In: Aus Politik und Zeitgeschichte (APUZ), B 6, 4. Februar 2000, 30-38.

Kohler-Koch, B. (Hrsg.) (1998): Regieren in entgrenzten Räumen. Politische Vierteljahresschrift, Sonderheft 29, 39. Jg. Opladen/Wiesbaden: Westdeutscher Verlag.

Kohler-Koch, B. u. a. (1998b): Interaktive Politik in Europa: Regionen im Netzwerk der Integration. Opladen: Leske und Budrich.

Kohler-Koch, B. (Hrsg.) (1989): Regime in den internationalen Beziehungen. Baden-Baden: Nomos Verlagsgesellschaft.

Kohler-Koch, B.; Edler, J. (1998): Ideendiskurs und Vergemeinschaftung: Erschließung transnationaler Räume durch europäisches Regieren. Politische Vierteljahresschrift, Sonderheft 29/1998, 39. Jg., 169-206.

Krautzberger, M. (1997): Brauchen wir noch Raumordnungspolitik?. In: Raum, Österreichische Zeitschrift für Raumplanung und Regionalpolitik, Heft 28. Wien: Österreichisches Institut für Raumplanung, 45-49.

Läufer, Th. (1999): Vertrag von Amsterdam, Texte des EU-Vertrages und des EG-Vertrages mit den deutschen Begleitgesetzen, 2. Auflage. Bonn: Europa Union Verlag.

Lindström, B. (1996): Regional Policy and Territorial Supremacy, Nordic Region Building and Institutional Change in the Wake of European Integration. Stockholm: NordREFO.

Löwendahl, B.; Zaucha, J. (1998): VASAB 2010 – From Vision to Action. Cooperation on Transnational Spatial Planning, EUREG. 7/1998, 40-42.

Luitwieler, F. (2000): National Environmental Policy Plan 3: Dauerhafter Fortschritt durch Kontinuität und Modernisierung der Umweltpolitik. In: Jänicke, M.; Jörgens, H.: Umweltplanung im internationalen Vergleich, Strategien der Nachhaltigkeit. Berlin Heidelberg New York: Springer-Verlag, 15-26.

Magistratsdirektion Wien – EU-Förderungen (MD-EUF) (2000): INTERREG, Projekte der Stadt Wien zur EU-Erweiterung, Pojects of the City of Vienna for EU-Enlargement, 2. Wien/Vienna.

Magistratsdirektion Wien – Koordinationsbüro (2000b): Wien und Europa, Fünf Jahre Mitgliedschaft in der Europäischen Union 1995-2000. Wien.

Magistratsdirektion Wien – EU-Förderungen (MD-EUF) (1998): INTERREG, Projekte der Stadt Wien zur EU-Erweiterung, Pojects of the City of Vienna for EU-Enlargement, 1. Wien/Vienna.

Maier, J.; Scholich, D. (1998): Raumforschung und Raumentwicklung in Mittel- und Südosteuropa. In: EUREG, 7/1998, 33-39.

Majone, G. (1993): Wann ist Policy-Deliberation wichtig? In: Héritier, A. (Hrsg.): Policy-Analyse, Kritik und Neuorientierung. PVS Sonderheft 24/1993. Opladen: Westdeutscher Verlag, 97-115.

Malchus, V. Freiherr von (1998): Transfrontier Cooperation in Spatial Planning at the External Border of the European Union. In: Graute, U. (ed.): Sustainable Development for Central and Eastern Europe, Spatial Development in the European Context. Berlin Heidelberg New York: Springer-Verlag, 65-75.

Malchus, V. Freiherr von (1995): Europäische Raumordnung. In: Akademie für Raumforschung und Landesplanung (Hrsg.): Handwörterbuch der Raumordnung. Hannover, 261-268.

Mammarella, G.; Cacace, P. (1999): Le sfide dell'Europa, Attualità e prospettive dell'integrazione. Saggi Tascabili Laterza. 230, Roma e Bari: Editori Laterza.

Manzo, R. (2000): Lo Ssse nel contesto della programmazione territoriale nazionale. In: Janin-Rivolin, U. (ed.): Le plitiche territoriali dell'Unione europea – esperienze, analisi, riflessioni. Milano: Franco Agneli, 31-43.

March, J. G.; Olsen, J. P. (1989): Rediscovering Institutions. The Organizational Basis of Politics. New York: The Free Press.

Marcou, G.; Treuner, P. (1998): Les Priorités de la Recherche sur la Politique de Développement Spatial. Prioritäten raumentwicklungspolitischer Forschung. In: EUREG, 7/1998, 1-3.

Marcou, G. (1996): L'analyse comparartive des cadres institutionnels de l'aménagement du territoire dans six pays de L'union Europeenne et ses enseignements pour un aménagement tu territoire communautaire. In: ARL: Europabezogene Raumforschung, Stand und Perspektiven, Regional Research on Europe, Present Situation and Perspectives, Science Régionale de l'Europe, Situation Actuelle et des Perspectives. ARL-Arbeitsmaterial, Nr. 224, Hannover, 150-163.

Marin, B.; Mayntz, R. (eds.) (1991): Policy Networks, Empirical Evidence and Theoretical Considerations. Frankfurt and Boulder: Campus Verlag/Westview Press.

Marks, G. (1996): Politikmuster und Einflußlogik in der Strukturpolitik. In: Jachtenfuchs, M.; Kohler-Koch, B. (Hrsg.) (1996): Europäische Integration. Opladen: Leske und Budrich, 313-344.

Martin, D.; Ten Velden, H. (1997): Extra Options as Optional Extras: What Ideas are behind the ESDP?. In: Built Environment, Vol. 23, No. 4, 267-280.

Martin, D. (1996): The Intergovernmental Conference and Spatial Planning: Some Considerations on Present Thinking in the Netherlands. In: EUREG, 12-13.

Maurer, J. (1996): Zur aktuellen Raumforschung in der Schweiz. In: ARL: Europabezogene Raumforschung, Stand und Perspektiven, Regional Research on Europe, Present Situation and Perspectives, Science Régionale de l'Europe, Situation Actuelle et des Perspectives. ARL-Arbeitsmaterial, Nr. 224, Hannover, 119-127.

Mayntz, R.; Scharpf, F. W. (Hrsg.) (1995): Gesellschaftliche Selbstregelung und politische Steuerung. Frankfurt am Main: Campus.

Mayntz, R.; Scharpf, F. W. (1995b): Der Ansatz des akteurzentrierten Institutionalismus. In: dies. (Hrsg.): Gesellschaftliche Selbstregelung und politische Steuerung. Frankfurt am Main: Campus, 39-72.

Mazey, S.; Richardson, J. (1996): The logic of organisation: Interest groups. In: Richardson, J. (ed.): European Union, Power and Policy-making. London and New York: Routledge, 200-215.

Mazzarelli, V. (1996): Fondamenti di Diritto Urbanistico. Studi superiori NIS, 291, Urbanistica, Roma: La Nuova Italia Scientifica.

Middlemas, K. (1995): Orchestrating Europe, The Informal Politics of the European Union 1973-1995. London: Fontana Press.

Ministerium für Umwelt, Raumordnung und Landwirtschaft des Landes Nordrhein-Westfalen (1994): Raumordnungspolitiken in der Europäischen Union, 23. Ministerkonferenz für Raumordnung in Brüssel. Dokumentation, Düsseldorf.

Ministero dei Lavori Pubblici (2001a) und (2001b): Rapporto sullo Stato della Pianificazione del Territorio 2000. Volume primo e volume secondo. Roma: Istituto Nazionale di Urbanistica.

Ministero dei Lavori Pubblici (2001c): Le domande di territorio – otto confronti per l'innovazione. Conferenza Nazionale del Territorio, 8-9 febbraio 2001. Genova.

Ministero dei Lavori Pubblici (2000): Programma Urban-Italia – Europa, nuove politiche urbane. Roma: Istituto Nazionale di Urbanistica.

Ministero dei Lavori Pubblici (1999a): Alcune Riflessioni sui Programmi e le Azioni Pilota di Iniziative Comunitaria INTERREG II C e Prospettive per INTERREG III. A cura della Divisione IV „Programmi Europei" – dirigente dott.ssa Cinzia Zincone, 29 novembre 1999, Seduta Communitaria, Bruxelles.

Ministero dei Lavori Pubblici (1999b): Programmi di riqualificazione urbana, Azioni di programmazione integrata nelle città italiane. Volume primo, Roma: Istituto Nazionale di Urbanistica.

Ministero dei Lavori Pubblici (1999c): Programmi di riqualificazione urbana, Azioni di programmazione integrata nelle città italiane. Volume secondo, Roma: Istituto Nazionale di Urbanistica.

Ministero dei Lavori Pubblici (1997): I Programmi di riqualificazione urbana. Roma: Istituto Nazionale di Urbanistica.

Miosga, M. (2000): Die Umsetzung der Gemeinschaftsinitiative INTERREG im nordrhein-westfälisch-niederländischen Grenzraum, Ein Beitrag zur Diskussion um die Problemlösungsfähigkeit in multilateralen Mehrebenensystemen. In: Grande, E.; Jachtenfuchs, M. (Hrsg.): Wie problemlösungsfähig ist die EU? Regieren im europäischen Mehrebenensystem. Baden-Baden: Nomos Verlagsgesellschaft, 257-281.

Moravcsik, A. (1994): Preferences and Power in the European Community: A Liberal Intergovernmentalist Approach. In: Bulmer, S.; Scott, A. (eds.): Economic and Political Integration in Europe, Internal Dynamics and Global Context. Oxford u. a., 29-80.

Moravcsik, A. (1993): Preferences and Power in the European Community: A Liberal Intergovernmentalist Approach. In: Journal of Common Market Studies, 31, 473-524.

Müller, B. (1999): Krise der Raumplanung – Chancen für neue Steuerungsansätze?. In: Bergmann, A.; Einig, K.; Hutter, G.; Müller, B.; Siedentop, S. (Hrsg.): Siedlungspolitik auf neuen Wegen. Steuerungsinstrumente für eine ressourcenschonende Flächennutzung. Berlin: Edition Sigma, 65-80.

Müller, H. (1996): Internationale Ressourcen- und Umweltproblematik. In: Knapp, M.; Krell, G.: Einführung in die internationale Politik. München und Wien: Oldenbourg, 440-475.

Müller, H. (1993): Die Chance der Kooperation: Regime in den internationalen Beziehungen. Darmstadt: Wissenschaftliche Buchgesellschaft.

Neuss, B.; Jurczek, P.; Hilz, W. (Hrsg.) (1999): Transformationsprozesse im südlichen Mitteleuropa, Ungarn und Rumänien. Beiträge zu einem politik- und regionalwissenschaftlichen Symposium an der TU Chemnitz. Occasional Papers, Nr. 20. Tübingen: Europäisches Zentrum für Förderalismus-Forschung.

Neuss, B.; Jurczek, P.; Hilz, W. (Hrsg.) (1998): Grenzübergreifende Kooperation im östlichen Mitteleuropa. Beiträge zu einem politik- und regionalwissenschaftlichen Symposium an der TU Chemnitz. Occasional Papers, Nr. 19. Tübingen: Europäisches Zentrum für Förderalismus-Forschung.

Noetzel, R.; Schmitz, H. (Hrsg.) (2000): Europäisches Raumentwicklungskonzept – Entstehung und Anwendung. In: Material zur Angewandten Geographie, Band 37. Bonn: Verlag Irene Kuron.

Nohlen, D. (Hrsg.) (1991): Wörterbuch Staat und Politik. München

Nordic Centre for Spatial Development (Nordregio) (2000): Study Programme on European Spatial Planning (SPESP), SPESP Report, draft version, March 2000. Stockholm and Brussels.

Österreichisches Institut für Raumplanung (Hrsg.): Raum. Österreichische Zeitschrift für Raumplanung und Regionalpolitik. Wien.

Österreichische Raumordnungskonferenz (ÖROK) (1999): Transeuropäische Netze und regionale Auswirkungen auf Österreich. Schriftenreihe, Nr. 147. Wien: ÖROK.

Österreichische Raumordnungskonferenz (ÖROK) (1999b): Regionale Auswirkungen der EU-Integration der Mittel- und Osteuropäischen Länder. Band I, Schriftenreihe, Nr. 146/I. Wien: ÖROK.

Österreichische Raumordnungskonferenz (ÖROK) (1999): Regionale Auswirkungen der EU-Integration der Mittel- und Osteuropäischen Länder. Band II, Schriftenreihe, Nr. 146/II. Wien: ÖROK.

Österreichische Raumordnungskonferenz (ÖROK) (1998): Raumordnung in Österreich. Schriftenreihe, Nr. 137. Wien: ÖROK.

Österreichische Raumordnungskonferenz (ÖROK) (1996): Position Österreichs im Rahmen der Europäischen Raumentwicklungspolitik. Schriftenreihe, Nr. 125. Wien: ÖROK.

Österreichische Raumordnungskonferenz (ÖROK) (1994): Aktionsprogramme und transnationale Netzwerke der Europäischen Union mit regional bedeutsamen Schwerpunkten. Schriftenreihe, Nr. 115. Wien: ÖROK.

Österreichische Raumordnungskonferenz (ÖROK) (1994b): Informationshandbuch EU-Gemeinschaftsinitiativen. Schriftenreihe, Nr. 116. Wien: ÖROK.

Österreichische Raumordnungskonferenz (ÖROK) (1994c): Informationshandbuch EU-Gemeinschaftsinitiativen II. Schriftenreihe, Nr. 119. Wien: ÖROK.

Oye, K. A. (ed.) (1986): Cooperation under Anarchy. Princeton: Princeton University Press.

Palermo, P. C. (2000): Orientamenti e limiti territoriali delle politiche comunitarie. In: Janin-Rivolin, U. (ed.): Le politiche territoriali dell'Unione europea – Esperienze, analisi, riflessioni. milano: Franco Agneli, 151-164.

Pallagst, K. M. (1999): Raumordnung der Tschechischen Republik – Mittel- und Osteuropa vor dem Hintergrund europäischer Raumordnungsbestrebungen. Dissertation. Baden-Baden: Berlin Verlag.

Pappas, S. A., (1994): De l'anarchie à l'aménagement du territoire en Grèce sous l'impulsion communautaire. In: Akademie für Raumforschung und Landesplanung (ARL): Institutionelle Bedingungen einer europäischen Raumentwicklungspolitik, Conditions Institutionelles d'une Politique Européenne de Dévelopment Spatial, Institutional Conditions of an European Regional development Policy. Hannover.

Pernthaler, P. (Hrsg.) (1994): Föderalistische Raumordnung – eine europäische Herausforderung. Wien: Universitäts-Verlagsbuchhandlung.

Pernthaler, P. (1994b): Neuordnung der Kooperation zwischen Fachplanungen des Bundes und der Landesraumordnung. In: ders. (Hrsg.): Föderalistische Raumordnung – eine europäische Herausforderung. Wien: Universitäts-Verlagsbuchhandlung, 30-48.

Pernthaler, P.; Prantl, B. (1994): Raumordnung in der europäischen Integration, Rechtliche und rechtspolitische Auswirkungen des EG-Rechts und der EG-Planungen auf die österreichische Raumordnung und ihre Organisation. Wien: Literas-Universitätsverlag.

Prantl, B. (1994): Die Auswirkungen des EG-Beitritts auf die österreichische Raumordnung. In: Prantl, P. (Hrsg.): Föderalistische Raumordnung – eine europäische Herausforderung. Wien: Universitäts-Verlagsbuchhandlung, 16-29.

Prätorius, R. (1997): Theoriefähigkeit durch Theorieverzicht? Zum staatswissenschaftlichen Ertrag der Policy-Studies. In: Benz, A.; Seibel, W. (Hrsg.): Theorieentwicklung in der Politikwissenschaft – eine Zwischenbilanz. Baden-Baden: Nomos Verlagsgesellschaft, 283-301.

Prittwitz, V. (1989): Internationale Regime – Ein Fallvergleich. In: Kohler-Koch, B. (Hrsg.): Regime in den internationalen Beziehungen. Baden-Baden: Nomos Verlagsgesellschaft, 225-245.

Prodi, R. (1999): Un'idea dell'Europa, Il valore Europa per modernizzare l'Italia. Bologna: il Mulino.

Puchert, B. (1999): Die Praxis der INTERREG II C Programmabwicklung: Eine vergleichende Analyse zwischen den transnationalen Kooperationsräumen „Ostsee" und „Mitteleuropäischer, Adriatischer, Donau- und Südosteuropäischer Raum (CADSES)". Häusliche Prüfungsarbeit. Hamburg.

Pütz, R. (Hrsg.) (1999): Ostmitteleuropa im Umbruch, Wirtschafts- und sozialgeographische Aspekte der Transformation. Mainz: Geographisches Institut der Johannes Gutenberg-Universität.

Rat von Sachverständigen für Umweltfragen (Hrsg.) (2000): Umweltgutachten 2000 – Schritte ins nächste Jahrtausend. Stuttgart: Metzler-Poeschel.

Rat von Sachverständigen für Umweltfragen (Hrsg.) (1994): Umweltgutachten 1994, Für eine dauerhaft-umweltgerechte Entwicklung. Stuttgart.

Regione Autonoma Fruili-Venezia Giulia (ed.) (1999): European Conference on the New INTERREG III Initiative, Trans-European Co-operation for the Promotion of Cohesion and Economic Development. Grado, 9-10 April 1999, Triest.

Regione Autonoma Fruili-Venezia Giulia (1999b): INTERREG Notizie, La cooperazione transfrontaliera tra Friuli-Venezia Giulia, Austria e Slovenia. Trieste.

Regione Autonoma Fruili-Venezia Giulia (1997): La Regione Fruili-Venezia Giulia. Trieste.

Richardson, J. (ed.) (1996): European Union, Power and Policy-making. London and New York: Routledge.

Richter, G. (1994): Entwicklung der Landesplanung und Raumordnung in Sachsen, Von ihren Anfängen bis zur Auflösung der Länderstruktur. In: IÖR-Schriften, Heft 07. Dresden: Institut für ökologische Raumentwicklung.

Rittberger, V. (ed.) (1993): Regime Theory and International Relations. Oxford.

Robert, J.; unter Mitarbeit von Duckert, R. (1995): Aktionsräume im Aufstellungsverfahren des Europäischen Raumentwicklungskonzeptes, Allgemeine Grundsätze und Fallstudie „Norddeutscher Ostseeraum". Im Auftrag der BfLR, Bonn.

Roch, I.; Scott, J.; Ziegler, A. (1998): Umweltgerechte Entwicklung von Grenzregionen durch kooperatives Handeln. In: IÖR-Schriften, Heft 24. Dresden: Institut für ökologische Raumentwicklung.

Röttinger, M.; Weyringer, C. (Hrsg.): Handbuch der europäischen Integration, Strategie, Struktur, Politik der Europäischen Union. Wien: Manz.

Sabatier, P. A. (1993): Advocacy-Koalitionen, Policy-Wandel und Policy-Lernen: Eine Alternative zur Phasenheuristik. In: Héritier, A. (Hrsg.): Policy-Analyse, Kritik und Neuorientierung. PVS Sonderheft 24/1993. Opladen: Westdeutscher Verlag, 116-148.

Sale, K. (1993): The Green Revolution, The American Environmental Movement 1962-1992. New York: Hilla and Wang.

Salone, C. (2000): Dallo Ssse all'Espon: prove generali di una comunità scientifica. In: Janin-Rivolin, U. (ed.): Le plitiche territoriali dell'Unione europea – esperienze, analisi, riflessioni. Milano: Franco Agneli, 13-30.

Scharpf, F. W. (2000): Interaktionsformen, Akteurzentrierter Institutionalismus in der Politikforschung. Dt. Übersetzung von Scharpf, F. W. (1997). Opladen: Leske und Budrich.

Scharpf, F. W. (1999): Governing in Europe: Effective and Democratic? Oxford and New York: Oxford University Press.

Scharpf, F. W. (1998): Die Problemlösungsfähigkeit der Mehrebenenpolitik in Europa. Politische Vierteljahresschrift, Sonderheft 29/1998, 39. Jg., 121-144.

Scharpf, F. W. (1997): Games Real Actors Play, Actor-Centered Institutionalism in Policy Research. Boulder: Westview.

Scharpf, F. W. (1997b): Introduction: the problem-solving capacity of multi-level governance. In: Journal of European Public policy, Vol. 4, No. 4, December 1997, 520-538.

Scharpf, F. W. (ed.) (1993): Games and Hierarchies and Networks, Analytical and Empirical Approaches to the Study of Governance Institutions. Frankfurt am Main and Boulder: Campus and Westview.

Scharpf, F. W. (1993b): Legitimationsprobleme der Globalisierung, Regieren in Verhandlungssystemen. In: Böhret, C.; Göttrik, W. (Hrsg.) (1993): Regieren im 21. Jahrhundert – zwischen Globalisierung und Regionalisierung. Festgabe für Hans-Hermann Hartwich zum 65. Geburtstag, Opladen: Leske und Budrich, 165-185.

Scharpf, F. W. (1993c): Koordination durch Verhandlungssysteme: Analytische Konzepte und institutionelle Lösungen. In: Benz, A.; Scharpf, F. W.; Zintl, R.: Horizontale Politikverflechtung: Zur Theorie von Verhandlungssystemen. Frankfurt/Main New York: Campus, 51-96.

Scharpf, F. W. (1985): Die Politikverflechtungs-Falle: Europäische Integration und deutscher Föderalismus im Vergleich. In: Politische Vierteljahresschrift 26, 323-356.

Scharpf, F. W. (1973): Komplexität als Schranke politischer Planung. In: ders.: Planung als politischer Prozess. München.

Schindegger, F. (Hrsg.) (2000): Reviewing Transnational Spatial Planning, Proceedings of the VISION PLANET Bratislava Conference, 13-14 January 2000. Vienna: ÖIR.

Schindegger, F. (1999): Raum. Planung. Politik., Ein Handbuch zur Raumplanung in Österreich, Wien Köln Weimar: Böhlau.

Schindegger, F.; Schneidewind, P. (1997): Austria as a Bridgehead? In: Faludi, A.; Zonneveld, W. (eds.) (1997): Shaping Europe: The European Spatial Development Perspective. In: Built Environment, Vol. 23, No. 4, 298-306.

Schindegger, F. (1997b): Ein Leitfaden, kein Leitbild zur europäischen Raumentwicklung. In: Raum, Österreichische Zeitschrift für Raumplanung und Regionalpolitik, Nr. 27, 24-28.

Schindegger, F. (1994): Die Neuordnung des Raumordnungsrechtes des Bundes im Lichte der europäischen Integration. In: Prantl, P. (Hrsg.): Föderalistische Raumordnung – eine europäische Herausforderung. Wien: Universitäts-Verlagsbuchhandlung, 30-48.

Schmidt, M. G. (1991): Vergleichende Policy-Forschung. In: Berg-Schlosser, D.; Müller-Rommel, F.: Vergleichende Politikwissenschaft: ein einführendes Handbuch. Opladen: Leske und Budrich, 197-212.

Schmitt-Egner, P. (2000): Handbuch der Europäischen Regionalorganisationen Akteure und Netzwerke des Transnationalen Regionalismus von A bis Z. Baden-Baden: Nomos Verlagsgesellschaft.

Schmitz, G. (1999): Grenzüberschreitende europäische Bezüge, Einführung. In: Akademie für Raumforschung und Landesplanung (ARL): Grundriß der Landes- und Regionalplanung. Hannover, 114.

Schön, K. P. (1997): What has become of the Leipzig Principles?. In: Built Environment, Vol. 23, No. 4, 288-297.

Schoneweg, E. (1996): Regionalpolitik. In: Röttinger/Weyringer (Hrsg.): Handbuch der europäischen Integration, Strategie, Struktur, Politik der Europäischen Union. Wien: Manz, 809-845.

Schumann, W. (1996): Neue Wege in der Integrationstheorie, Ein policy-analytisches Modell zur Interpretation des politischen Systems der EU. Opladen: Leske + Budrich.

Scott, J. (1999): Grenzübergreifende Planungsorganisationen. In: Akademie für Raumforschung und Landesplanung (ARL): Grundriß der Landes- und Regionalplanung. Hannover, 145-154.

Selke, W. (1999): Einbindung der Bundesraumordnung in die europäische Raumordnungspolitik. In: Akademie für Raumforschung und Landesplanung (ARL): Grundriß der Landes- und Regionalplanung. Hannover, 115-130.

Selke, W. (1998): Sustainable Development in Europe – A Challenge for Transnational Spatial Planning Policies. In: Graute, U. (ed.): Sustainable Development for Central and Eastern Europe, Spatial Development in the European Context. Berlin Heidelberg New York: Springer-Verlag, 31-42.

Siedentopf, H. (1995): Das Subsidiaritätsprinzip der EG und die Mitgliedstaaten. In: EUREG, Heft 2, 7-11.

Sinz, M. (1997): Zwischen Visionen und Projekte – Raumordnung auf europäischer Ebene. In: Raum, Österreichische Zeitschrift für Raumplanung und Regionalpolitik, Nr. 27, 18-22.

Staatsministerium für Wirtschaft und Arbeit (1995): INTERREG II-Programm zur Förderung grenzüberschreitender Projekte mit der Republik Polen und der Tschechischen Republik im Freistaat Sachsen 1995-1999. Dresden.

Staeck, N. (1996): Die europäische Strukturfondsförderung – Entwicklung und Funktionsweise. In: Heinelt, H. (Hrsg.) (1996): Politiknetzwerke und europäische Strukturfondsförderung, Ein Vergleich zwischen EU-Mitgliedstaaten. Opladen: Leske und Budrich, 33-57.

State Office for Housing and Urban Development (ed.) (2000): Modernization of Urban Areas – Bariers, Experiences and Tasks, Special Edition of the Information Bulletin for the Meeting of Ministers Responsible for Human Settlements in European Transition Countries, Zakopane, 5-8 December 1999. No. 3/E/2000. Warsaw.

Stone Sweet, A.; Sandholtz, W. (1997): European integration and supranational governance. In: Journal of European Public Policy, Vol. 4, No. 3, 297-317.

Strübel, M. (1992): Internationale Umweltpolitik, Entwicklungen – Defizite – Aufgaben. Opladen: Leske und Budrich.

Strubelt, W. (1996): Europabezogene Raumforschung der Bundesforschungsanstalt für Landeskunde und Raumordnung (BfLR). In: ARL: Europabezogene Raumforschung, Stand und Perspektiven, Regional Research on Europe, Present Situation and Perspectives, Science Régionale de l'Europe, Situation Actuelle et des Perspectives. ARL-Arbeitsmaterial, Nr. 224. Hannover, 47-80.

Sturm, G. (2000): Wege zum Raum, Methodologische Annäherungen an ein Basiskonzept raumbezogener Wissenschaften. Opladen: Leske und Budrich.

Tetsch, F.; Benterbusch, U.; Letixerant, P. (1996): Die Bund-Länder-Gemeinschaftsaufgabe Verbesserung der regionalen Wirtschaftsstruktur. Leitfaden zur regionalen Wirtschaftsförderung in Deutschland. Köln: Verlag Dr. Otto Schmidt.

Thiel, E. (ohne Jahr): Die Europäische Union. 5., völlig neugestaltete Auflage. München: Bayerische Landeszentrale für politische Bildung.

Tödtling-Schönhofer, H. (1998): Transnationale Kooperation an der EU-Außengrenze. In: Raum, Österreichische Zeitschrift für Raumplanung und Regionalpolitik, Nr. 31, 34-36.

Treuner, P. (1995): Mécanismes de Contrôle: l'autre Côté de la Subsidiarité. In: EUREG, Heft 2, 27-34.

Trevisiol, E. R. (1995): L'Ambiente visto dal territorio, La pianificazione ambientale autosostenibile per i Paesi in via di sviluppo. Torino: L'Harmattan Italia.

Trömmel, I. (2000): Jenseits von regulativ und distributiv: Policy-making der EU und die Transformation von Staatlichkeit. In: Grande, E.; Jachtenfuchs, M. (Hrsg.): Wie problemlösungsfähig ist die EU? Regieren im europäischen Mehrebenensystem. Baden-Baden: Nomos Verlagsgesellschaft, 165-187.

Ungar, P. (1999): Perspektiven nachhaltiger Raumentwicklung in der Europäischen Union – ein Überblick. In: Hübler, K.-H.; Kaether, J. (Hrsg.): Nachhaltige Raum- und Regionalentwicklung – wo bleibt sie? Befunde, Perspektiven und Vorschläge. Berlin: Verlag für Wissenschaft und Forschung, 5-17.

United Nations (1993): The Global Partnership for Environment and Development, a Guide to Agenda 21. Post Rio edition, New York.

Vartiainen, P. (1998): Urban Networking as a Learning Process: an Explanatory Framework for Transborder Cooperation in the Baltic Sea Region. In: Graute, U. (ed.) (1998), 115-126.

VASAB Secretariat (2000): VASAB 2010 Plus, Progress Report to the CEMAT Conference, 7-8 September 2000. Hanover.

VASAB Secretariat (2000b): Compendium of Spatial Planning Systems in the Baltic Sea Region Countries. Gdansk.

VASAB Secretariat (1997): Transnational Cooperation for Spatial Development in the Baltic Sea Region, Conference in Rostock, 12-13 June 1997. Documents, Gdansk.

VASAB Secretariat (1995): Statements Relating to the Report „Towards a Framework for Spatial Development in the Baltic Sea Region". Gdansk.

Vowe, G. (1997): Auf der Suche nach dem „Probirstein des Fürwahrhaltens", Methodologische Aspekte der Analyse von Handlungsorientierungen. In: Benz, A.; Seibel, W. (Hrsg.): Theorieentwicklung in der Politikwissenschaft – eine Zwischenbilanz. Baden-Baden: Nomos Verlagsgesellschaft, 145-163.

Weber, M. (1958): Wirtschaft und Gesellschaft. Tübingen: Mohr.

Weick, K. E. (1995): Der Prozeß des Organisierens. Frankfurt: Suhrkamp.

Weidenfeld, W. (Hrsg.) (1995): Mittel- und Osteuropa auf dem Weg in die Europäische Union, Bericht zum Stand der Integrationsfähigkeit. Gütersloh: Verlag Bertelsmann Stiftung.

Wessel, W. (1996): Verwaltung im Mehrebenensystem: Auf dem Weg zur Megabürokratie?. In: Jachtenfuchs, M.; Kohler-Koch, B. (Hrsg.) (1996): Europäische Integration. Opladen: Leske und Budrich, 165-192.

Wiechmann, Th. (1998): Vom Plan zum Diskurs? Anforderungsprofil, Aufgabenspektrum und Organisation regionaler Planung in Deutschland. Baden-Baden: Nomos Verlagsgesellschaft.

Wiesenthal, H. (1997): Methodologischer Individualismus als Akteurstheorie. In: Benz, A.; Seibel, W. (Hrsg.): Theorieentwicklung in der Politikwissenschaft – eine Zwischenbilanz. Baden-Baden: Nomos Verlagsgesellschaft, 75-99.

Wiesenthal, H. (1990): Unsicherheit und Multiple-Self-Identität. Max-Planck-Institut für Gesellschaftsforschung, discussion Paper 90/2, Köln.

Wilhelm, S. (1994): Umweltpolitik, Bilanz – Probleme – Zukunft. Opladen: Leske und Budrich.

Williams, R. H. (1997): A Happy End? Prospects for the ESDP under the British Presidency. In: Built Environment, Vol. 23, No. 4, 315-318.

Williams, R. H. (1997b): Die Sicht aus raumplanerischer Insellage. In: Raum, Österreichische Zeitschrift für Raumplanung und Regionalpolitik, Nr. 27, 28-31.

Williams, R. H. (1996): European Union Spatial Policy and Planning. London: Paul Chapman Publishing Ltd.

Willke, H. (1992): Prinzipien politischer Supervision. In: Bußhoff, H. (Hrsg.): Politische Steuerung, Steuerbarkeit und Steuerungsfähigkeit, Beiträge zur Grundlagendiskussion. Baden-Baden: Nomos Verlagsgesellschaft, 51-80.

Wincott, D. (1996): The Court of Justice and the European policy process. In: Richardson, J. (ed.): European Union, Power and Policy-making. London and New York: Routledge, 170-184.

Wolf, K. D. (1998): Die Grenzen der Entgrenzung (Kommentar) In: Kohler-Koch, B. (Hrsg.): Regieren in entgrenzten Räumen. Politische Vierteljahresschrift, Sonderheft 29, 39. Jg., Opladen/Wiesbaden: Westdeutscher Verlag, 77-87.

Wolf, K. D. (1998b): Internationale Regime zur Verteilung globaler Ressourcen. Baden-Baden: Nomos Verlagsgesellschaft.

Wuppertal Institut für Klima, Umwelt, Energie/Bund für Umwelt und Naturschutz Deutschland/MISEREOR (1996): Zukunftsfähiges Deutschland – ein Beitrag zu einer global nachhaltigen Entwicklung. Studie des Wuppertal Instituts für Klima, Umwelt, Energie GmbH. Basel: Birkhäuser.

Wurzer, R. (Hrsg.) (1994): Raumplanerausbildung in Europa, 20 Jahre – Raumplanung im Aufbruch. Institut zur Erforschung von Methoden und Auswirkungen der Raumplanung der TU Wien. Wien.

Zaucha, J. (1998): VASAB 2010 – Transnational Cooperation in the Spatial Development of the Baltic Sea Region. In: Graute, U. (ed.) (1998): Sustainable Development for Central and Eastern Europe, Spatial Development in the European Context. Berlin Heidelberg New York: Springer-Verlag, 163-179.

Zintl, R. (1997): Methodologischer Individualismus und individualistische Theorie. In: Benz, A.; Seibel, W. (Hrsg.): Theorieentwicklung in der Politikwissenschaft – eine Zwischenbilanz. Baden-Baden: Nomos Verlagsgesellschaft, 33-43.

Zürn, M. (1997): ‚Positives regieren' jenseits des Nationalstaates, Zur Implementation internationaler Umweltregime. Zeitschrift für Internationale Beziehungen, 4. Jg., Heft 1, 41-68.

Systematik der Quellen zu INTERREG II C (CADSES)

Teil 1

Quellen zum Programm

SYS 1	ALLGEMEINES
SYS 1.1	Aktuelle Verzeichnisse, Verteiler, Übersichten
SYS 2	PROGRAMMENTWICKLUNG UND -VERWALTUNG
SYS 2.1	NATIONALES PROGRAMMSEKRETARIAT BEIM IÖR
SYS 2.1.1	Aufbau und Entwicklung
SYS 2.1.1-1	- Ordner 1
SYS 2.1.1-2	- Ordner 2
SYS 2.1.1-3	- Ordner 3
SYS 2.1.2	Allgemeiner Schriftwechsel des Programmsekretariats
SYS 2.1.2-1	- Ordner 1
SYS 2.1.2-2	- Ordner 2
SYS 2.1.3	Verwaltung des Sekretariats
SYS 2.1.3-1	Vertragsunterlagen
SYS 2.1.3-2	Ausgaben und Einnahmen (Finanzverwaltung des Sekretariats, Vertragsabwicklung, Ausgaben des Sekretariats inkl. Reisekostenabrechnung)
SYS 2.1.4	Presse- und Öffentlichkeitsarbeit
SYS 2.1.4-1	- Ordner 1
SYS 2.1.4-2	- Ordner 2
SYS 2.2	NATIONALER PROGRAMMAUSSCHUSS
SYS 2.2.1-1	- Ordner 1: Geschäftsordnung (GO), Protokolle, Entwürfe sowie Schriftwechsel zur allgemeinen Arbeit des deutschen Programmausschusses
SYS 2.2.1-2	- Ordner 2: 17. September 1997 – 19. Juli 1999
SYS 2.2.1-3	- Ordner 3: 20. Juli 1999 –
SYS 2.3	TRANSNATIONALES SEKRETARIAT und Kooperation zwischen den nationalen Sekretariaten
SYS 2.3.1	Allgemeiner Schriftwechsel
SYS 2.3.2	Programmevaluierung

SYS 2.3.3	Athen – Schriftwechsel mit dem griechischen Programmsekretariat sowie bilateraler Austausch von Programmdokumenten und Informationen
SYS 2.3.4	Rom – Schriftwechsel mit dem italienischen Programmsekretariat sowie bilateraler Austausch von Programmdokumenten und Informationen
SYS 2.3.5	Wien – Schriftwechsel mit dem österreichischen Programmsekretariat sowie bilateraler Austausch von Programmdokumenten und Informationen
SYS 2.4	TRANSNATIONALER KOOPERATIONSPROZESS Begleitausschuss – Lenkungsausschuss – Sekretariatstreffen
SYS 2.4.1	Geschäftsordnungen (GO), Sitzungsprotokolle, Berichte
SYS 2.4.1-1	- Ordner 1
SYS 2.4.1-2	- Ordner 2
SYS 2.4.2	Ausschussunterlagen, Unterlagen zu Sekretariatstreffen
SYS 2.4.2-1	- Ordner I: 1. August 1997 – 13. März 1998
SYS 2.4.2-2	- Ordner II: 14. März 1998 – 18. Oktober 1998 (schriftl. Umlauf 1. call)
SYS 2.4.2-3	- Ordner III: 14. März 1998 – 18. Oktober 1998
SYS 2.4.2-4	- Ordner IV: 14. März 1998 – 18. Oktober 1998
SYS 2.4.2-5	- Ordner V: 19. Oktober 1998 – 25. Mai 1999
SYS 2.4.2-6	- Ordner VI: 26. Mai 1999 – 18. Juni 1999
SYS 2.4.2-7	- Ordner VII: 18. Juni 1999 – 29. November 1999
SYS 2.4.2-8	- Ordner VIII: 30. November 1999 –
SYS 2.4.3	Transnationale Arbeitsgruppen (Projektarbeitsgruppen)
SYS 2.5	PROGRAMMABWICKLUNG
SYS 2.5.1	Monitoring
SYS 2.5.1-1	- Ordner 1: Transnationales Monitoring
SYS 2.5.1-2	- Ordner 2: Transnationales Monitoring
SYS 2.5.1-3	- Ordner 3: Nationales Monitoring
SYS 2.5.1-4	- Ordner 4: Nationales Monitoring
SYS 2.5.2	Allgemeine Rechtsgrundlagen (diverse Verordnungen)
SYS 2.6	PROGRAMMENTWICKLUNG (diverse Aspekte der Weiterentwicklung von INTERREG II C)
SYS 2.6.1	INTERREG II C und PHARE
SYS 2.6.2	INTERREG II C in anderen Programmräumen
SYS 2.6.2-1	- Ordner I
SYS 2.6.2-2	- Ordner II

Teil 2

Quellen zu Projekten

SYS 3	PROJEKTE	
SYS 3.1	PROJEKTIDEEN	
SYS 3.1-1	- Ordner 1: Projektideen zu Maßnahmenbereich A	
SYS 3.1-2	- Ordner 2: Projektideen zu Maßnahmenbereich B	
SYS 3.1-3	- Ordner 3: Projektideen zu Maßnahmenbereich C	
SYS 3.1-4	- Ordner 4: Projektideen zu Maßnahmenbereich D	
SYS 3.1-5	- Ordner 5: Projektideen zu Maßnahmenbereich E	
SYS 3.1-6	- Ordner 6: ohne Zuordnung	
SYS 3.2	ABLEHNUNGEN (abgelehnte Anträge)	
SYS 3.2-1	- Ordner 1: Projekte aus dem 1. Call	
SYS 3.2-2	- Ordner 2: Projekte aus dem 2. Call	
SYS 3.2-3	- Ordner 3: Projekte aus dem 2. Call	
SYS 3.2-4	- Ordner 4: Projekte aus dem 3. Call	
SYS 3.3	Einstellungen (abgebrochene Projekte)	
SYS 3.4	ABWICKLUNG (Projektakten sowie Berichte zu laufenden bzw. abgeschl. Projekten)	
SYS 3.4-1	97/03/D	EDP-SUPPORTED CATALOGUE
SYS 3.4-2	97/05/D	TRANSPORT STUDY ARGE DONAULÄNDER
SYS 3.4-3	97/06/D	ODERREGIO (inkl. 99/13/D)
SYS 3.4-4	97/07/D	PREPARITY (inkl. 99/20/D)
SYS 3.4-5	97/08/D	PLAIN–Local and Regional Planning Instruments (inkl. 99/10/D und 99/14/D)
SYS 3.4-6	97/09/D	VISION Planet (inkl. 99/15/D)
SYS 3.4-7	97/11/D	COOPERATIVE NETWORKS (inkl. 99/16/D)
SYS 3.4-8	97/14/D	TRANSNATIONAL COOPERATION OF CITIES AND UNIVERSITIES
SYS 3.4-9	97/17/D	SHARING OF EXPERTISE IN SPATIAL PLANNING
SYS 3.4-10	97/18/D	CEDN – Central and East European Demographic Networking
SYS 3.4-11	97/19/D	WETLANDS – Integrated Management of Wetlands
SYS 3.4-12	97/20/D	TRANSCOMEDES
SYS 3.4-13	98/02/D	INTEMIGRA (inkl. 99/17/D)
SYS 3.4-14	98/03/D	COUNTDOWN (inkl. 99/09/D; CEE Cities Audit)
SYS 3.4-15	98/14/D	IM-PLAN
SYS 3.4-16	98/15/D	LEIPZIG-GRÜNAU

SYS	3.4-17	98/17/D	SUSTRAIN (inkl. 99/12/D)
SYS	3.4-18	98/18/D	RIVER ELBE TOURISM DEVELOPMENT
SYS	3.4-19	98/19/D	CULTURAL ROUTE DANUBE
SYS	3.4-20	98/20/D	MAIN LINE EUROPE (inkl. 99/18/D)
SYS	3.4-21	99/01/D	NPIS
SYS	3.4-22	99/03/D	REVI
SYS	3.4-23	99/04/D	FOCUS
SYS	3.4-24	99/05/D	IMRA
SYS	3.4-25	99/08/D	SUDMA
SYS	3.4-26	99/11/D	BRIDGE

Teil 3

Vorbereitung des neuen Programms INTERREG III B CADSES (Systematik im Aufbau)

SYS	4	Programmplanung INTERREG III B
SYS	4-1	- Ordner 1
SYS	4-2	- Ordner 2
SYS	4-3	- Ordner 3
SYS	4-4	- Ordner 4
SYS	4-5	- Ordner 5

Den einzelnen Punkten der SYS-Systematik entspricht die Verteilung der Quellen auf einzelne Ordner im Archiv des Deutschen Programmsekretariats beim Institut für ökologische Raumentwicklung e. V. in Dresden. Innerhalb der Ordner sind die Quellen chronologisch oder thematisch gegliedert.

IÖR-Publikationen

Herausgegeben vom Institut für ökologische Raumentwicklung e. V., Dresden

IÖR-Schriften

Band **29** (1999): Erfassung und Bewertung der Landschaftsstruktur – Auswertung mit GIS und Fernerkundung –
Ulrich Walz (Hrsg.)

Band **30** (1999): Aspekte des Umweltschutzes in der Rechtsprechung von 1850 bis 1945
Gerhard Richter

Band **31** (1999): Ökobilanzierung im Kontext planerischer Ineressen – Bewertungsverfahren für Bauprodukte
Karin Gruhler, Clemens Deilmann

Band **32** (2000): Sanierung und Entwicklung in Ostdeutschland – regionale Strategien auf dem Prüfstand
Rainer Danielzyk, Bernhard Müller, Axel Priebs, Peter Wirth

Band **33** (2000): Wandel der Planung im Wandel der Gesellschaft
Dietrich Fürst, Bernhard Müller (Hrsg.)

Band **34** (2001): Auswirkungen städtischer Nutzungsstrukturen auf Bodenversiegelung und Bodenpreis
Günter Arlt, Jörg Gössel, Bernd Heber, Jörg Hennersdorf, Iris Lehmann, Nguyen Xuan Thinh

Band **35** (2001): Wohnungsmarkt in Sachsen im Spannungsfeld von Schrumpfung und Wachstum
Hans Petzold, Thomas Reichart (Hrsg.)

Band **36** (2001): Nutzbarkeit des älteren Geschosswohnungsbestandes
Juliane Banse, Andreas Blum, Karl-Heinz Effenberger, Martina Möbius

Die IÖR-Schriften sind als Einzelbestellungen (Schutzgebühr) und im Schriftentausch erhältlich.

IÖR-Texte

Die IÖR-Texte-Reihe dient der Dokumentation von Auftragsarbeiten und von Arbeiten mit unmittelbarer politischer Relevanz. Zielgruppen sind die jeweiligen Auftraggeber bzw. Entscheidungsträger und andere Partizipanten am politischen Meinungsfindungsprozess.

IÖR-INFO

Das IÖR-INFO informiert über die aktuelle Forschungstätigkeit des Institutes, enthält kurze Fachbeiträge sowie Veranstaltungs- und Publikationshinweise. Die Erscheinungsweise dieser IÖR-Publikationsreihe ist periodisch. Ein kostenloser Bezug ist möglich.

Forschungsprogramme und Jahresberichte

Zur umfassenderen Information über die Institutsarbeit veröffentlicht das IÖR regelmäßig sein Forschungsprogramm sowie den Jahresbericht. Das Forschungsprogramm sowie der Jahresbericht können kostenlos angefordert werden.

Bestellungen richten Sie bitte an:
Institut für ökologische Raumentwicklung e. V., Weberplatz 1, 01217 Dresden
Gisela Richter, Tel.: (0351) 4679267, Fax: (0351) 4679212, E-Mail: gisela.richter@ioer.de

Satz/DTP: Gisela Richter
Druck: Sächsisches Druck- und Verlagshaus AG

Printed in Germany

ISBN 3-933053-16-1